미켈란젤로 부오나로티 1

미켈란젤로 부오나로티 1

조반니 파피니 지음 • 정진국 옮김

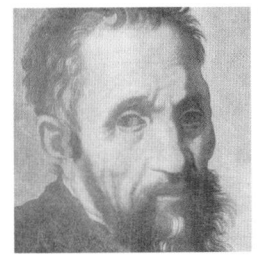

글항아리

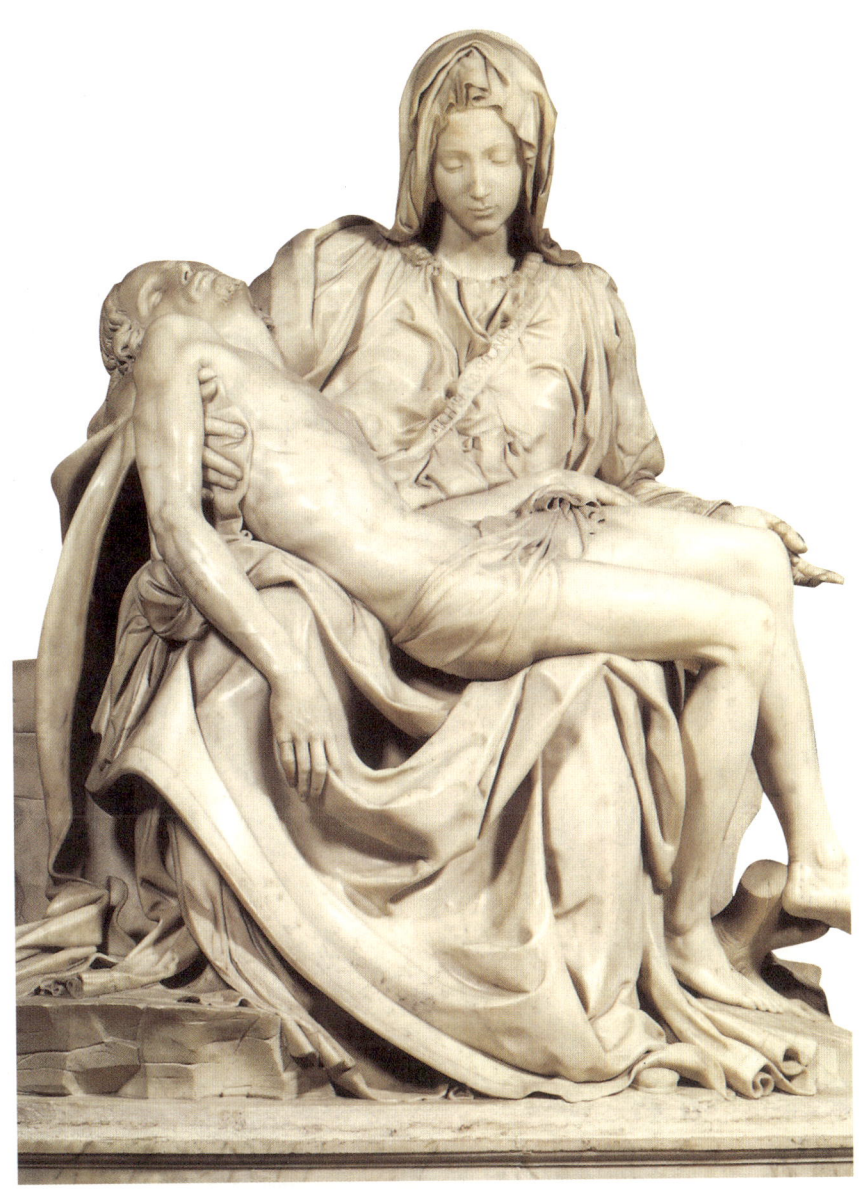

아들을 잃은 슬픔에 젖은 성모를 재현한 「피에타」 상은 과거 불의의 공격으로 한쪽 팔이 떨어져나가는
수난을 겪기도 했다. 그래서 바티칸 대성당 배랑에 자리 잡은 이 조각상은 지금 방탄유리벽에 갇힌 신세가
되었다. 미켈란젤로는 어려서 어머니를 잃었고, 평생 어머니의 정을 목말라했다. 만족을 모르던 작가였지만
청년기의 이 작품을 그는 내심 가장 흐뭇해했을지 모른다. 거룩한 어머니이면서도 그와 동시에 영원히
순결한 처녀라는 두 존재를 한 젊은 여인의 모습으로 표현했다.

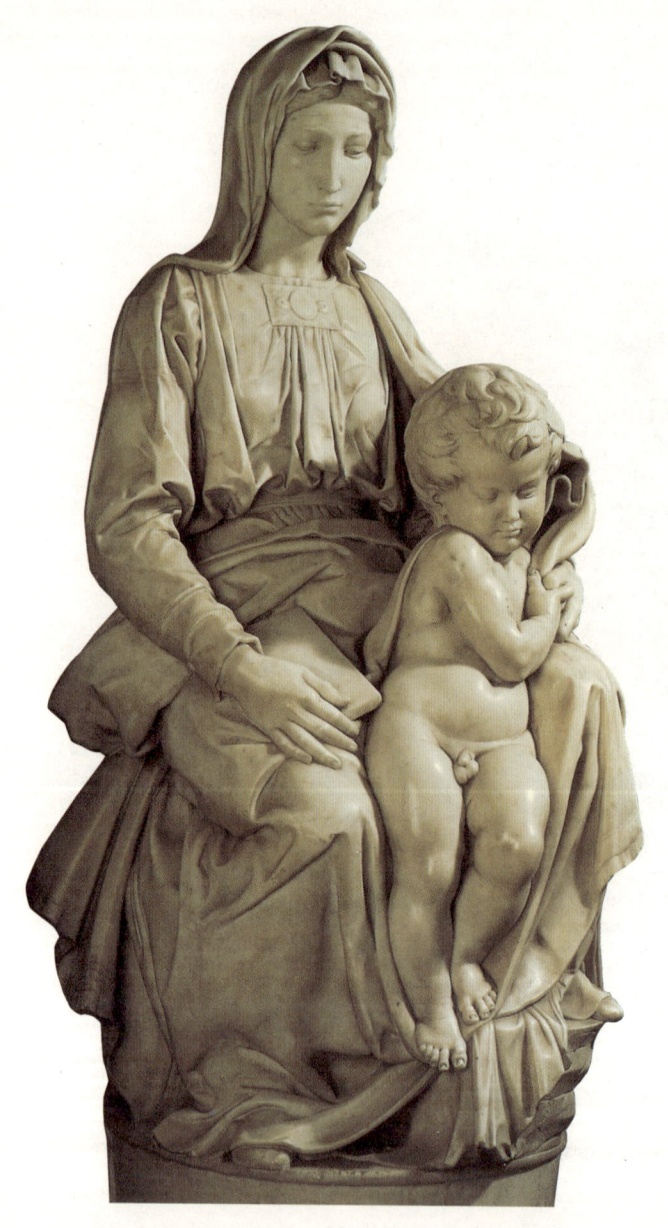

「브뤼헤의 성모」는 "북유럽의 베네치아"로 통하는 벨기에의 아름다운 항구도시에서 가장 숭배받는
유물이다. 플랑드르식 보랏빛 대리석 기단 위에 올린 이 성모와 아기 예수 상에서도
작가는 불가해하고 수수께끼 같은 종교적 비의를 파격적으로 해석했다. 순진한 아기이자 거룩한
구세주의 이미지를 빚어내려고 그는 아기의 덩치를 대담하게 키워 당당하게 표현했다. 아기는 성모의
허벅지에서 내려와 두 발로 서 있는 자세를 취한다.

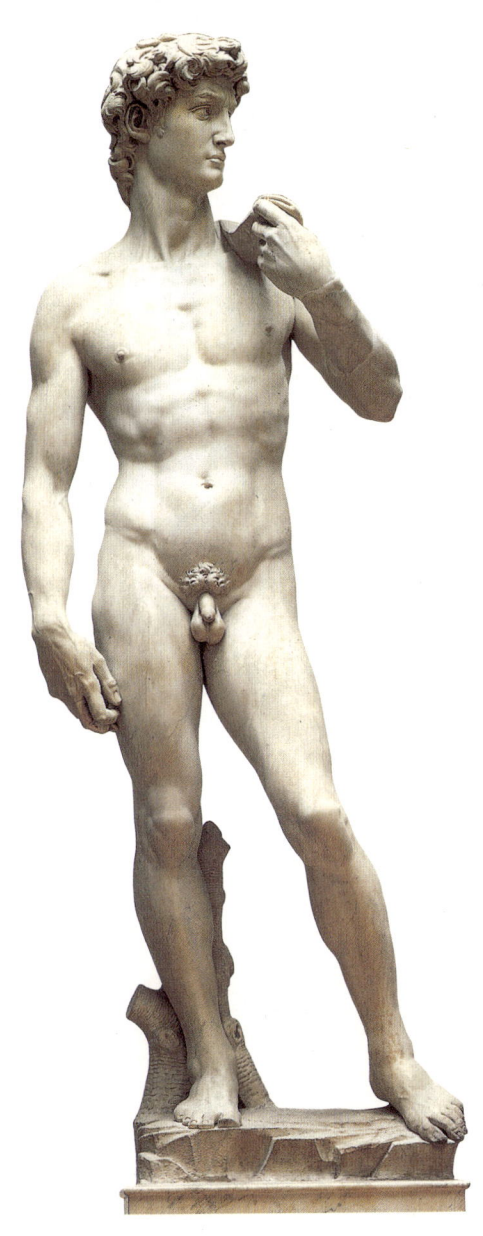

거인과 싸워 이긴 구약성서의 다윗은 미켈란젤로의 손에서 반항적인 청년으로 다시 태어난다.
피에르뤼지 데 베키는 이 상이 기적적 승리를 거둔 어린 소년의 이미지 대신, 당시 피렌체 공화정이
르네상스의 시민적 미더으로 강조했던 "힘" 과 "분노" 의 상징으로, 일대 혁신을 일으킨 것으로
보인다. 미켈란젤로 특유의 "비징힘" 이 그의 찌푸린 눈매에서 다시 한 번 고조된다.

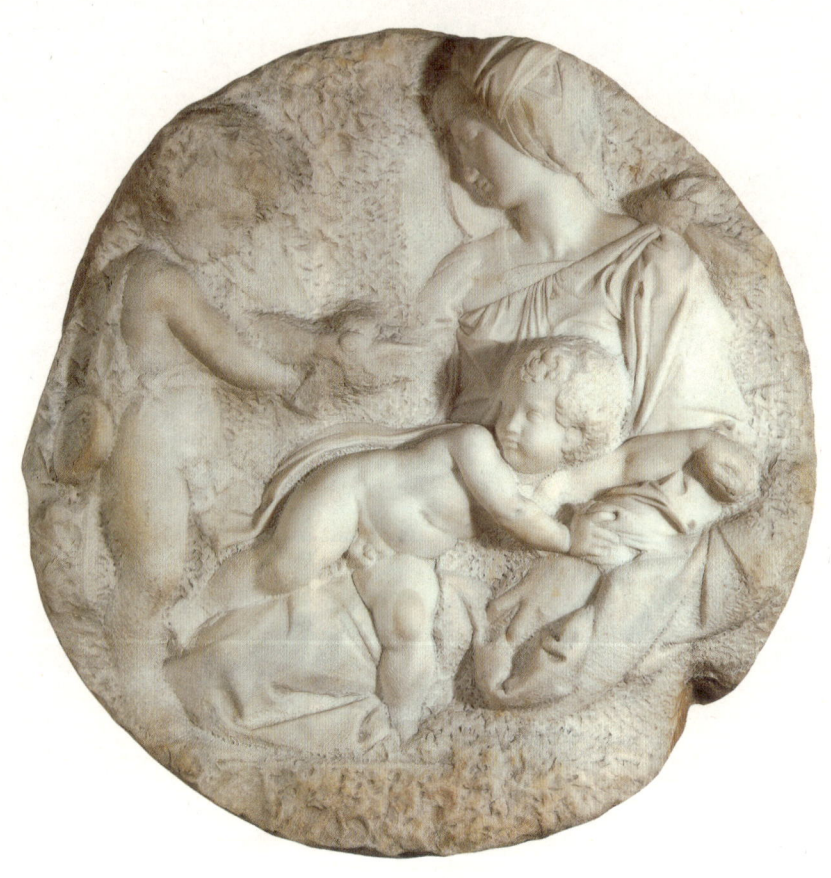

타데오 타데이를 위해 만든 「타데이의 둥근 부조」에서 미켈란젤로는 아기 예수에게 새 한 마리를
보여주는 어린 세례 요한을 소재로 삼았다. 아기 예수의 몸놀림으로 전경을 채운 발상만으로도 당대인들은
감탄해 마지않았다.

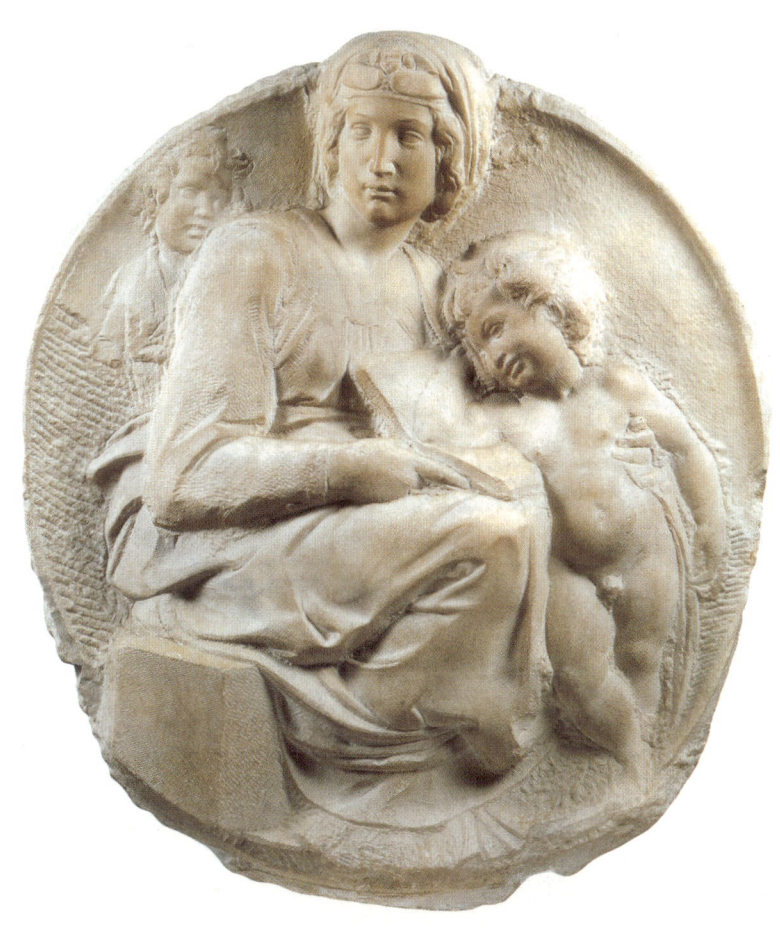

미니아토 피티를 위해 만든 「피티의 둥근 부조」는 당대의 정치가이자 대여행가 구치아르디니가
선물로 받은 것이나. 여기에서 펼쳐진 책장에 눈길을 주는 "뛰어난 지능"을 뜻하는 지품천사 게루빔의
모습이 아기 예수의 이미지와 겹친다.

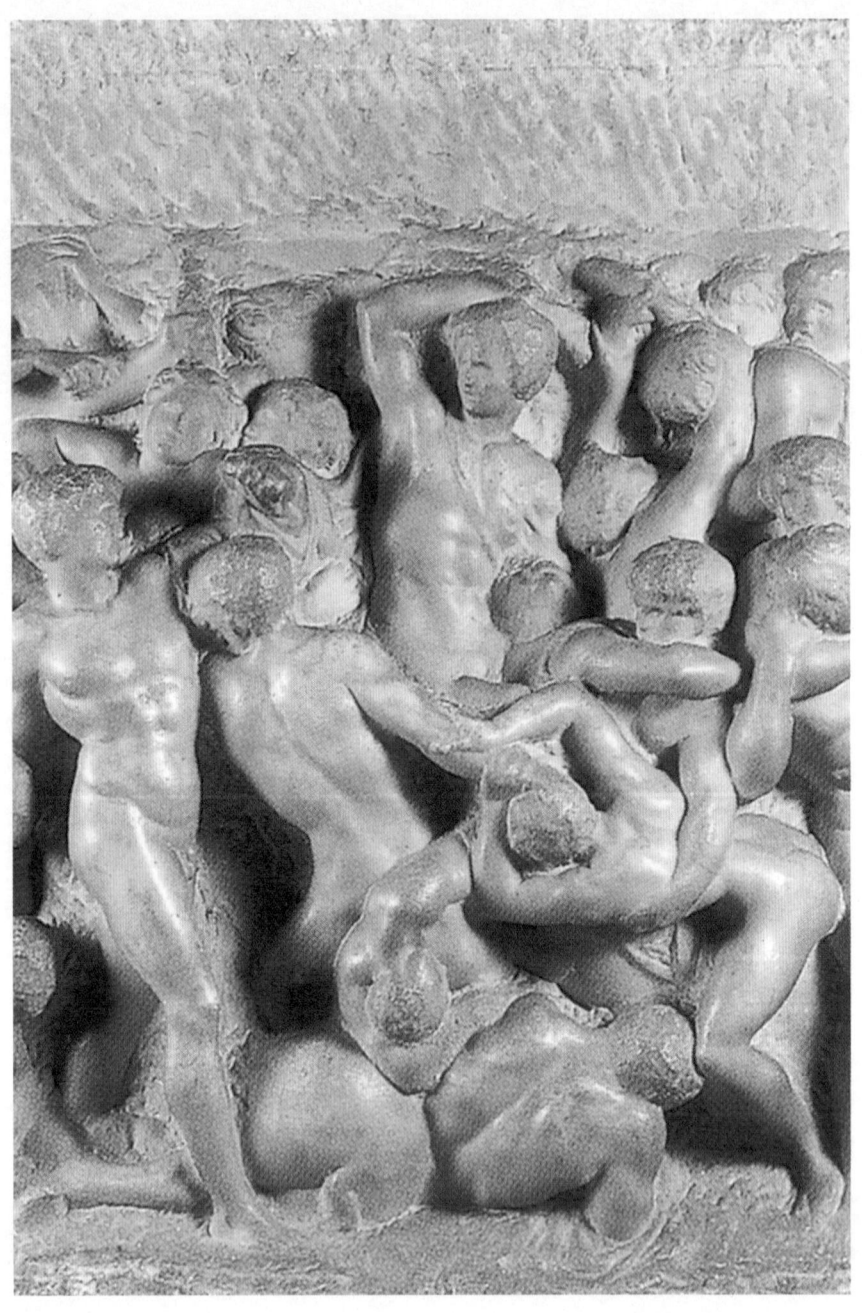

「켄타우로스의 싸움」. 부오나로티 기념관에 있는 이 고부조는 미켈란젤로가 로렌초 대공의 궁에서 살던 시절에 제작했다. 전투 장면은 그저 인체의 풍부하고 극단적인 동작과 표정의 드라마를 연출하기 위한 구실일 뿐이다.

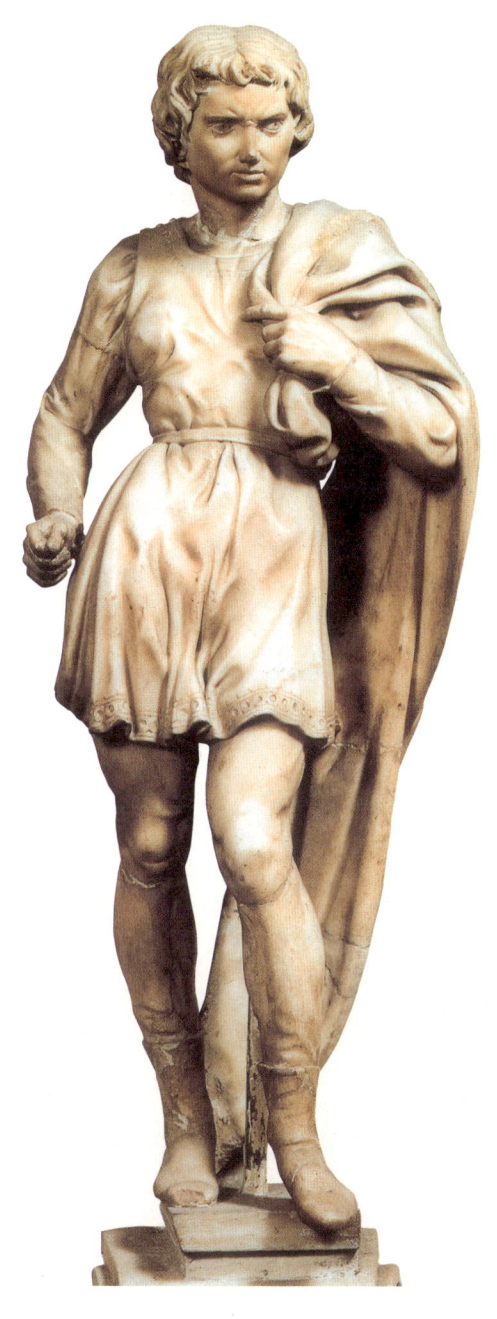

청년다운 결의와 의지에 넘치는 성 프로콜로 상은 그 얼마 전 제작된 거장 도나텔로의
성 게오르기우스와 비슷한 면이 있다. 볼로냐 산 도미니코 성당에 있는 이 상은 미켈란젤로가
이십대 초반에 이미 대리석을 떡 주무르듯 하는 놀라운 실력을 갖추었음을 입증한다.

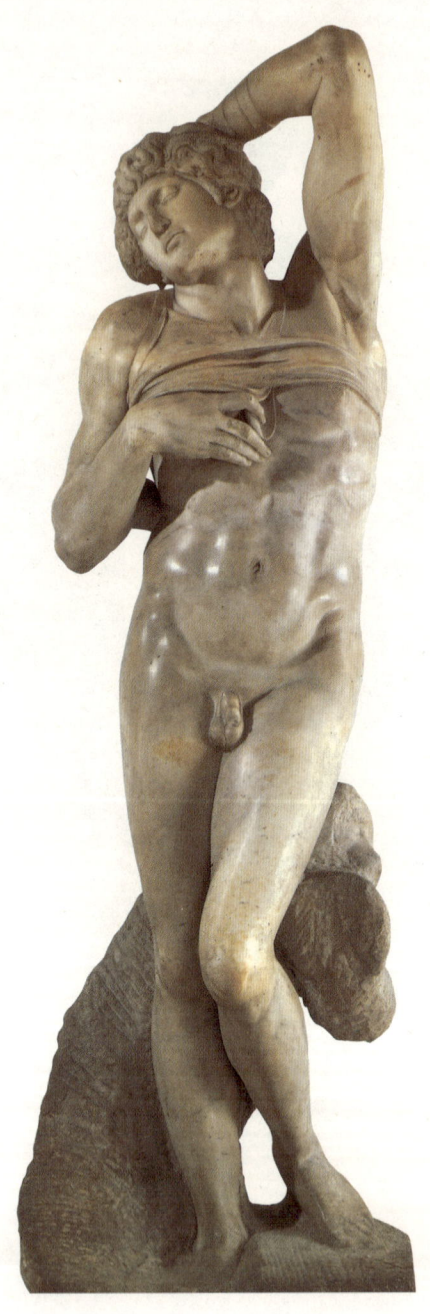

「죽어가는 노예」 상은 단순히 일꾼이나 종의 모습이 아니다. 노예의 고통에 뒤트는 몸짓은 바로 우리 자신의 모습이기 때문이다. "육체라는 감옥"에 갇힌, 그토록 욕망에 사로잡혀 있으면서도 그것에서 벗어나고자 안간힘을 쓰는 우리 인간의 운명을….

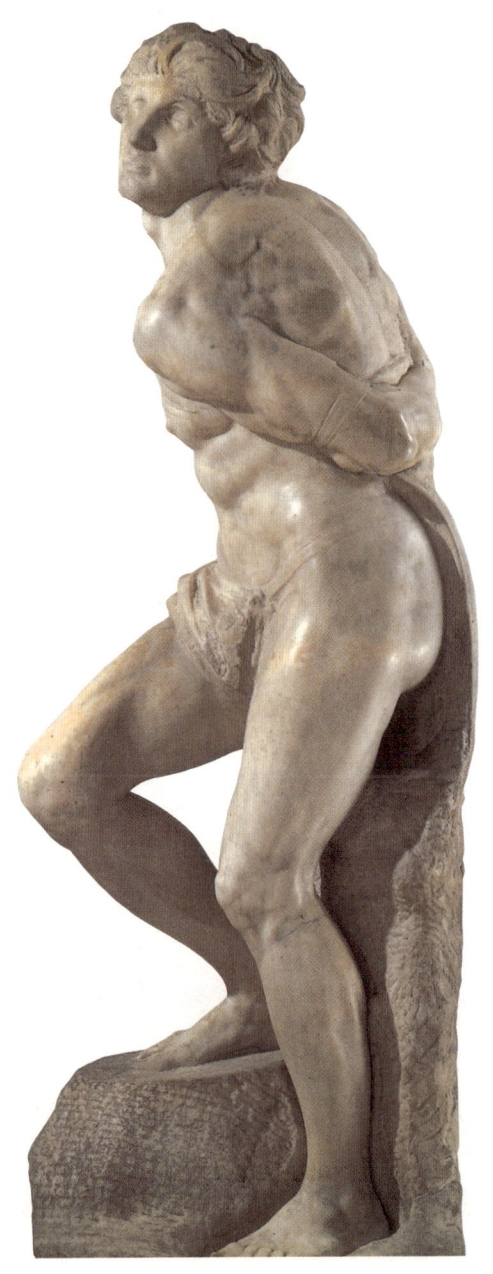

「반항하는 노예」상은 원래 모세 상 양 옆에 배치하려고 했었다. 미켈란젤로는 1513년에 제작한
이 노예 상들을 1544년 피렌체 사람 스드로치에게 선물했다. 스트로치는 리옹에 망명하던 중에 이 상들을
프랑수아 1세에게 선물했고 나중에 여러 사람들에게 하사품으로 전달되있다가 지금은 루브르에 있다.

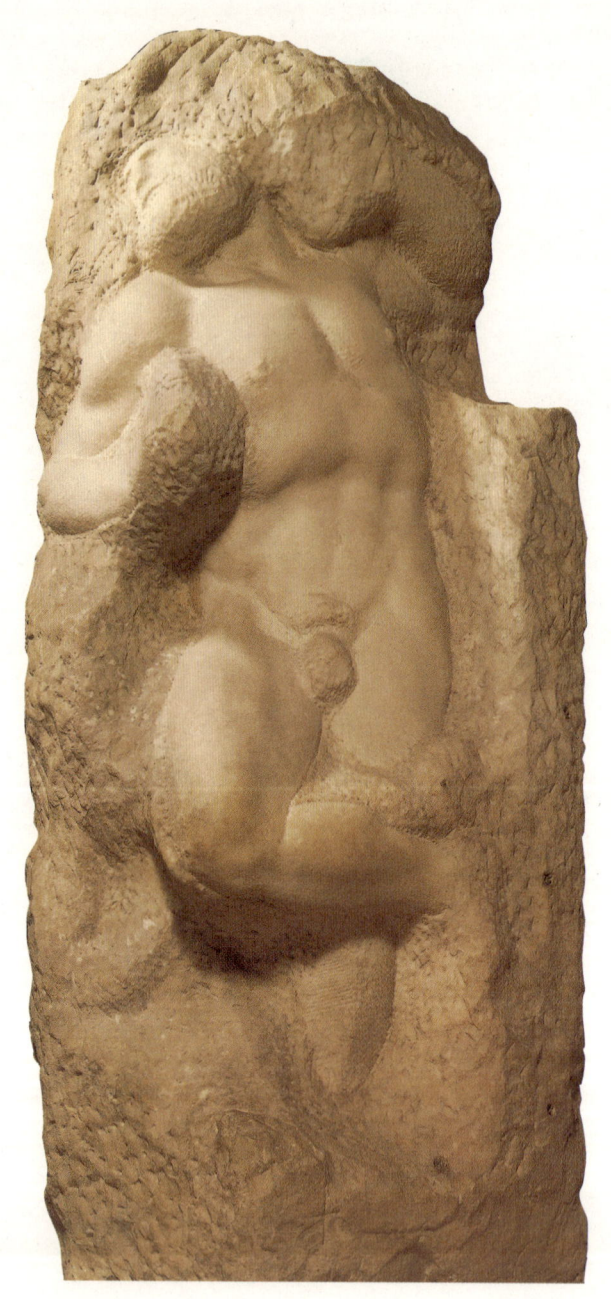

「잠에서 깨어나는 노예」

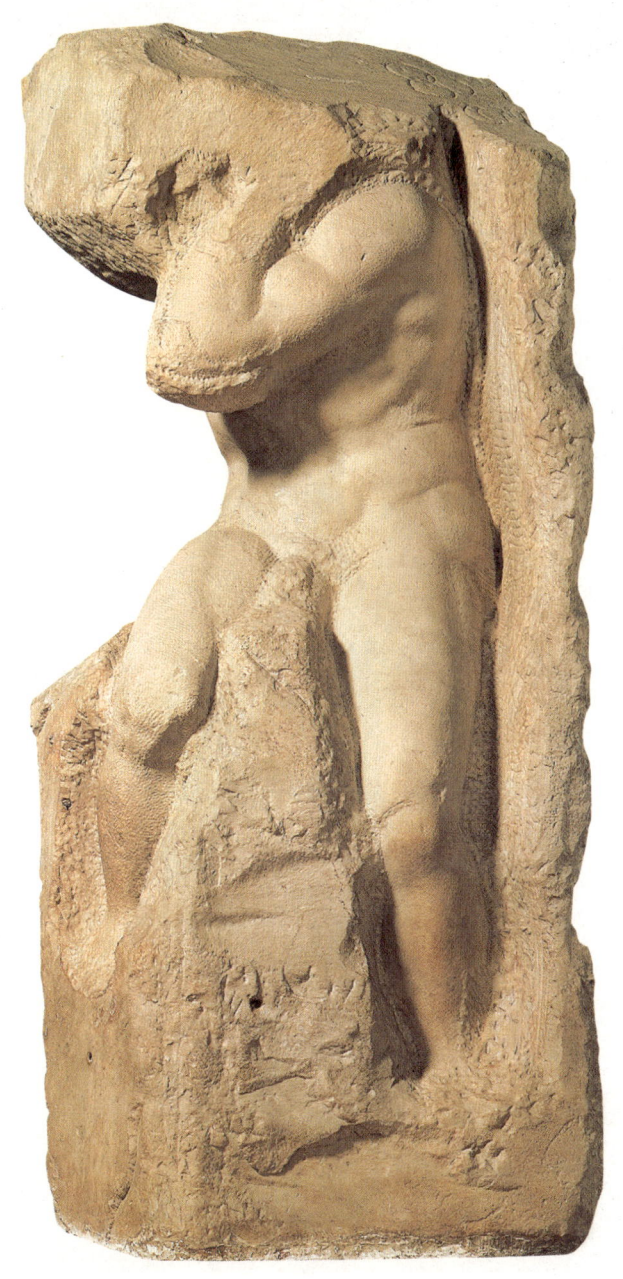

「짐을 지고 있는 노예」

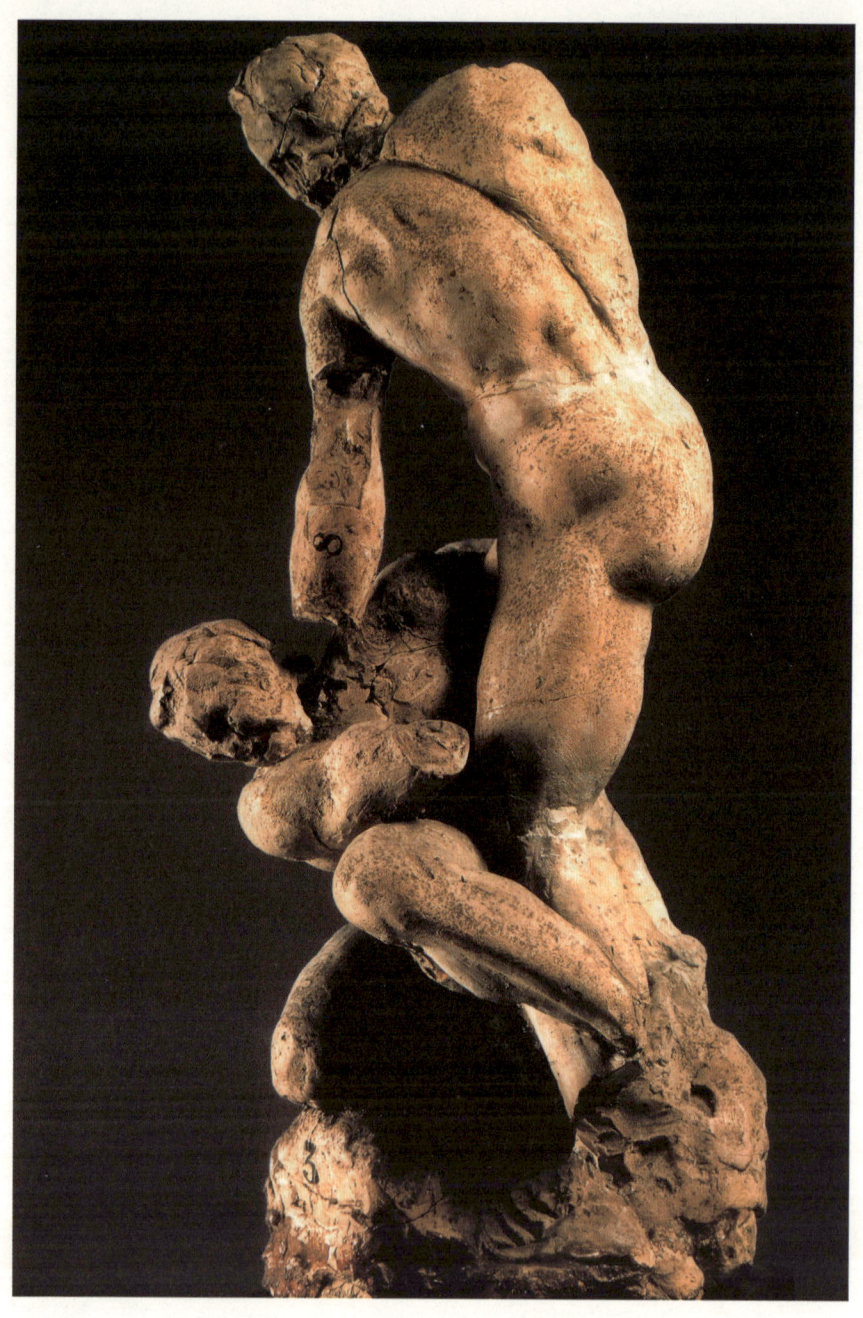

「헤라클레스와 카쿠스」는 거대한 높이로 제작할 예정이었다. 여기에서 보는 찰흙 모형만으로도
미켈란젤로의 조형감각이 매우 현대적이었음을 알 수 있다. 이것을 따라 제자 반디넬리가 빚은 그 상이
지금 시뇨리아 궁 앞에 있다.

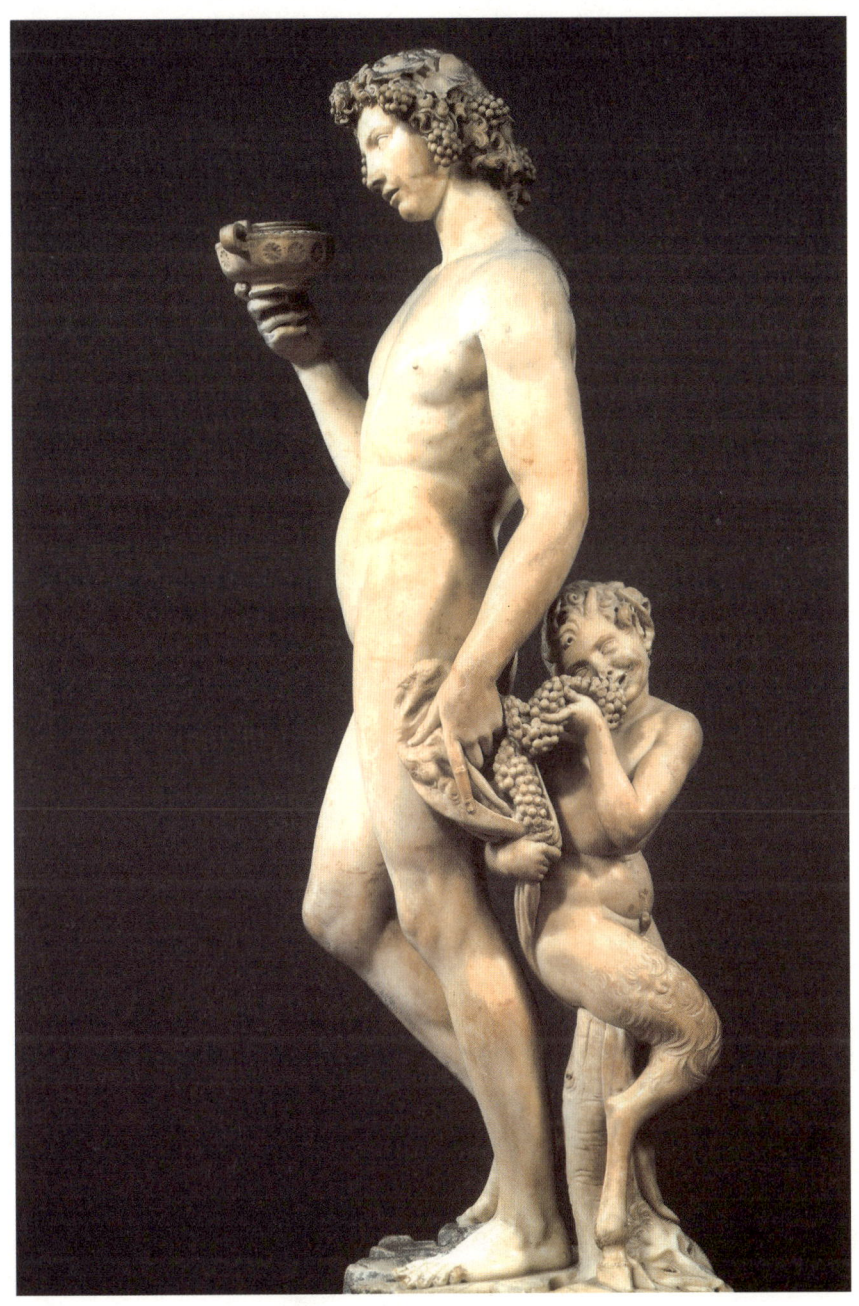

바사리는 이 바쿠스가 "여성적 풍만과 청년의 늘씬함을 기막히게 뒤섞었다"고 감탄했다. 엄격하고
시원하게 뻗은 몸통에도, 포도송이를 너리 장식으로 깃다 붙이고 귀여운 사티로스를 곁들이면서
거장이 만끽한 해학을 함께 나누게 된다.

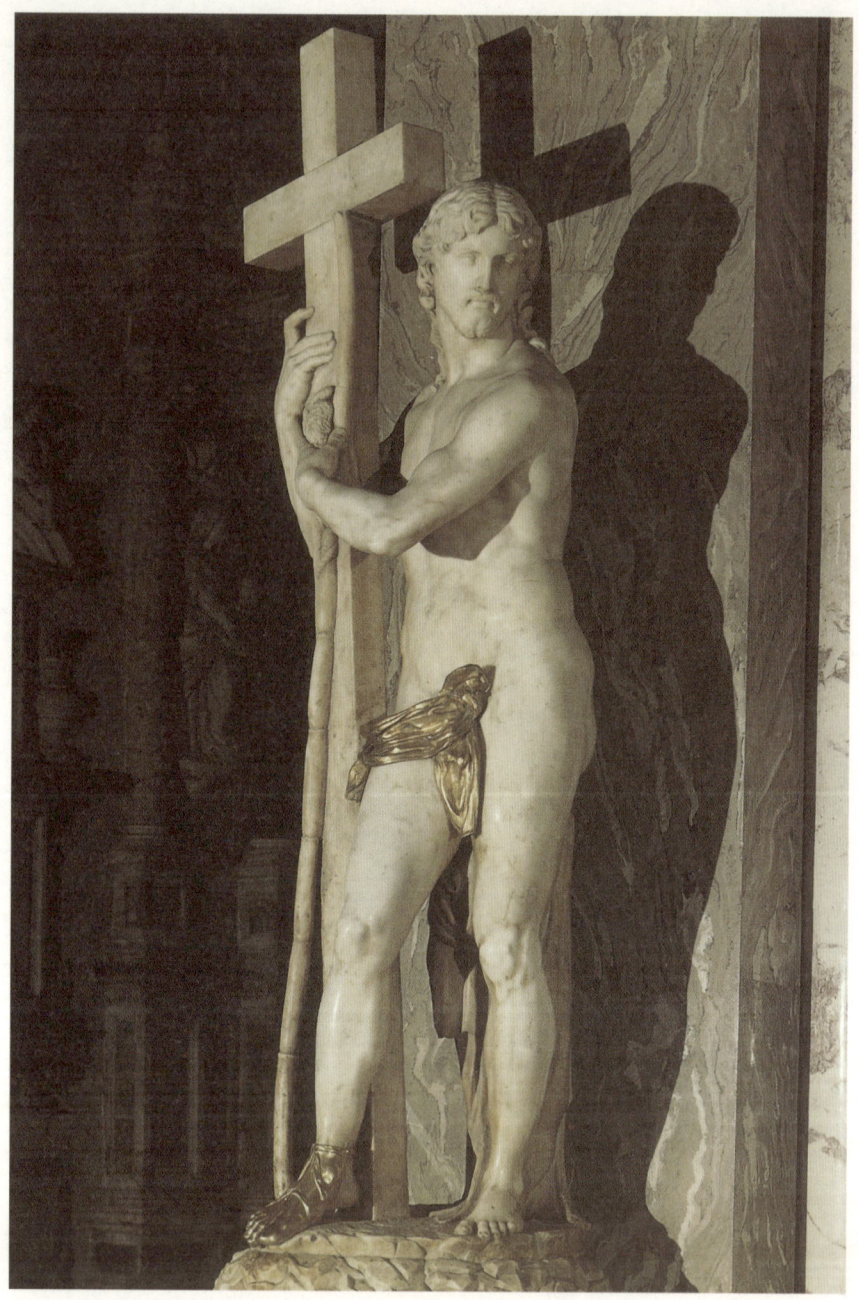

「부활한 예수」는 로마 시내 산타 마리아 소피아 미네르바 성당에 있어, 미네르바의 예수라고도 한다.
2미터 높이쯤 되는 이 거상에 대해 제자들이 마무리했다는 주장이 끊임없이 제기되었다.
예외적으로 차분한 자세로 재현되었기 때문이다. 그러나 이런 수난의 현장에서 고통을 보여주지
않는 방법으로 거장이 이 주제를 새롭게 해석했다고 하는 주장이 우세하다.

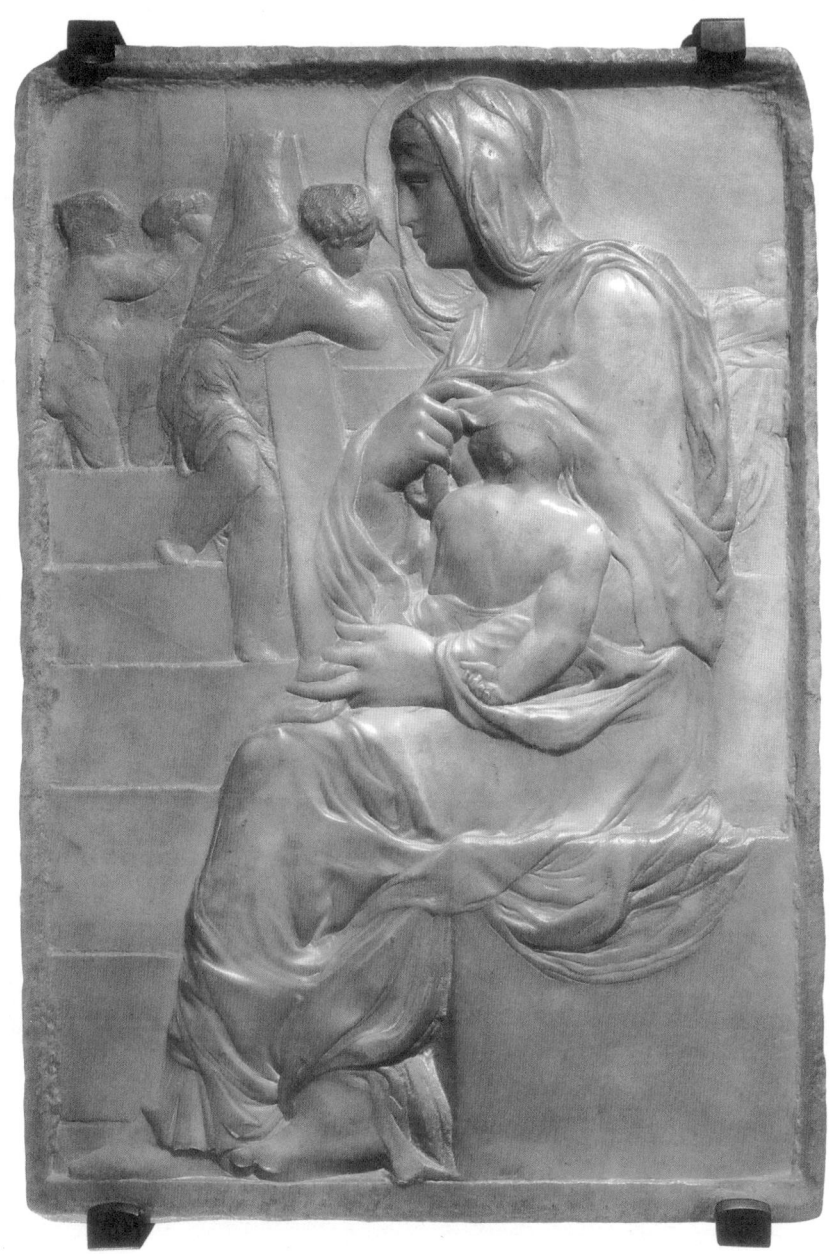

「계단 위의 성모」, 피렌체 부오나로티 기념관에 있는 이 저부조는 고대의 석관이나 묘비에서 종종
드러나는 부조기법을 닮았다. 조금 서툴러 보이기도 하는 이 저부조에서 작가는 아기의 뒷모습과 옆모습을
돋보이게 하려고 고심한 흔적이 역력한데, 이 청소년기 작품에서도 옷주름을 처리하는 솜씨에서
역동적인 형태에 대한 작가의 취미를 알 수 있다. 또 아주 어려서부터 작가가 성모자상에 각별한 애정을
기울였음도 알 수 있다.

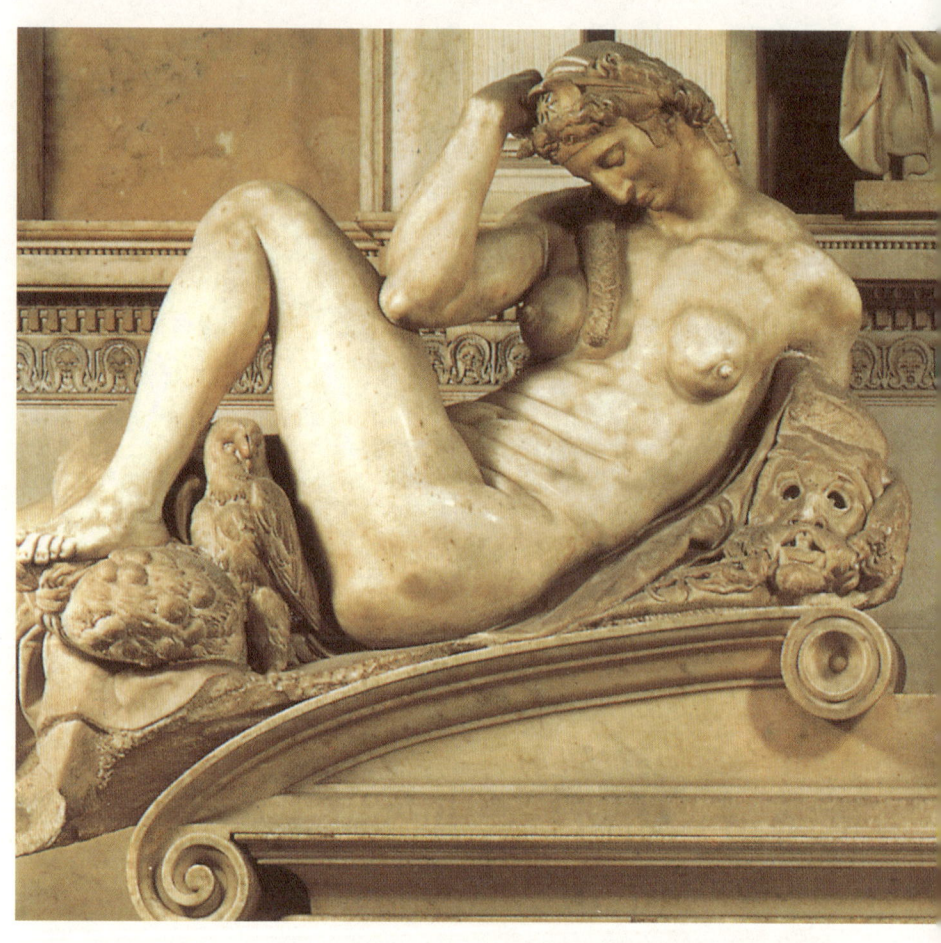

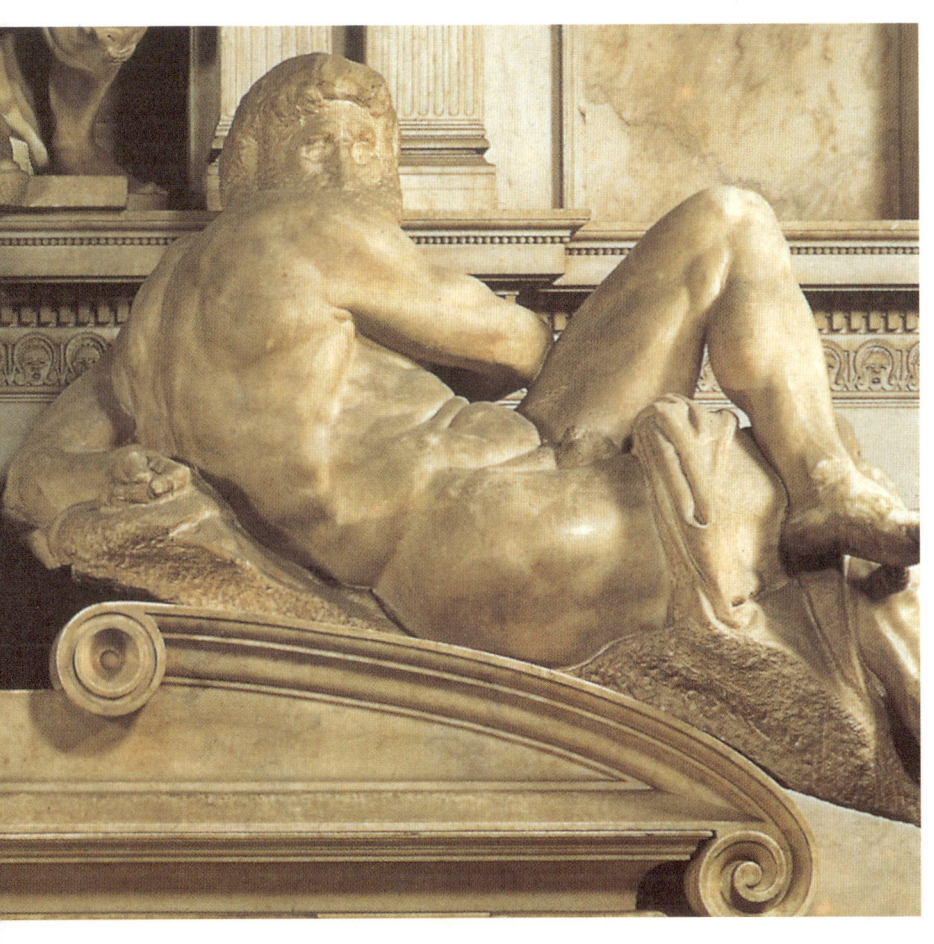

같은 메디치 집안사람인 교황 레오 10세와 줄리오 추기경은 피렌체, 산 로렌초 성당에 가문의 묘소를
짓도록 했다. 한 쌍으로 마주 보이게 조성한 묘소의 감실에는 고인의 상을 배치하고 그 아래 각각 새벽과
황혼, 밤과 낮의 우상으로 떠받쳤다. 이 우상들은 시간 앞에서 인간의 무기력을 암시한다.

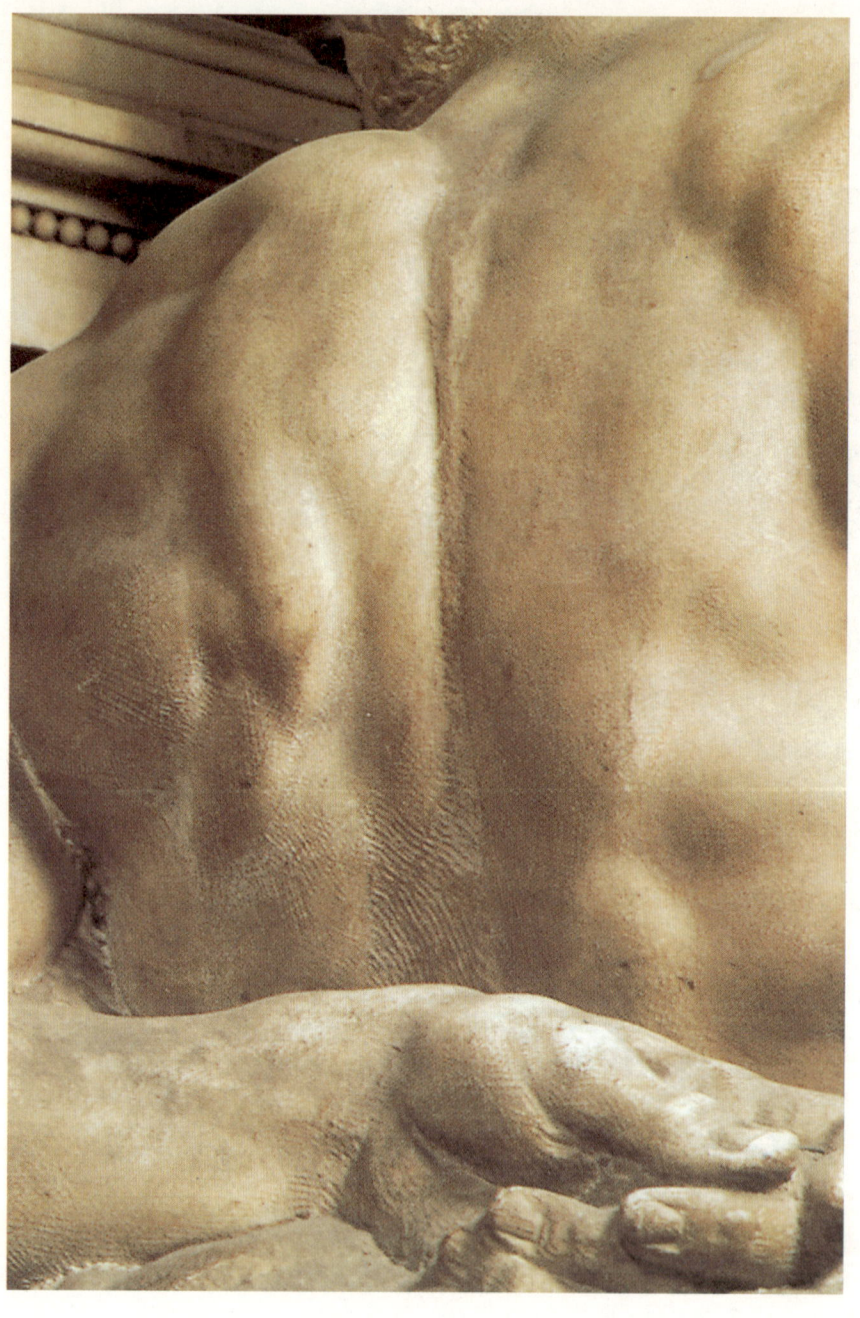

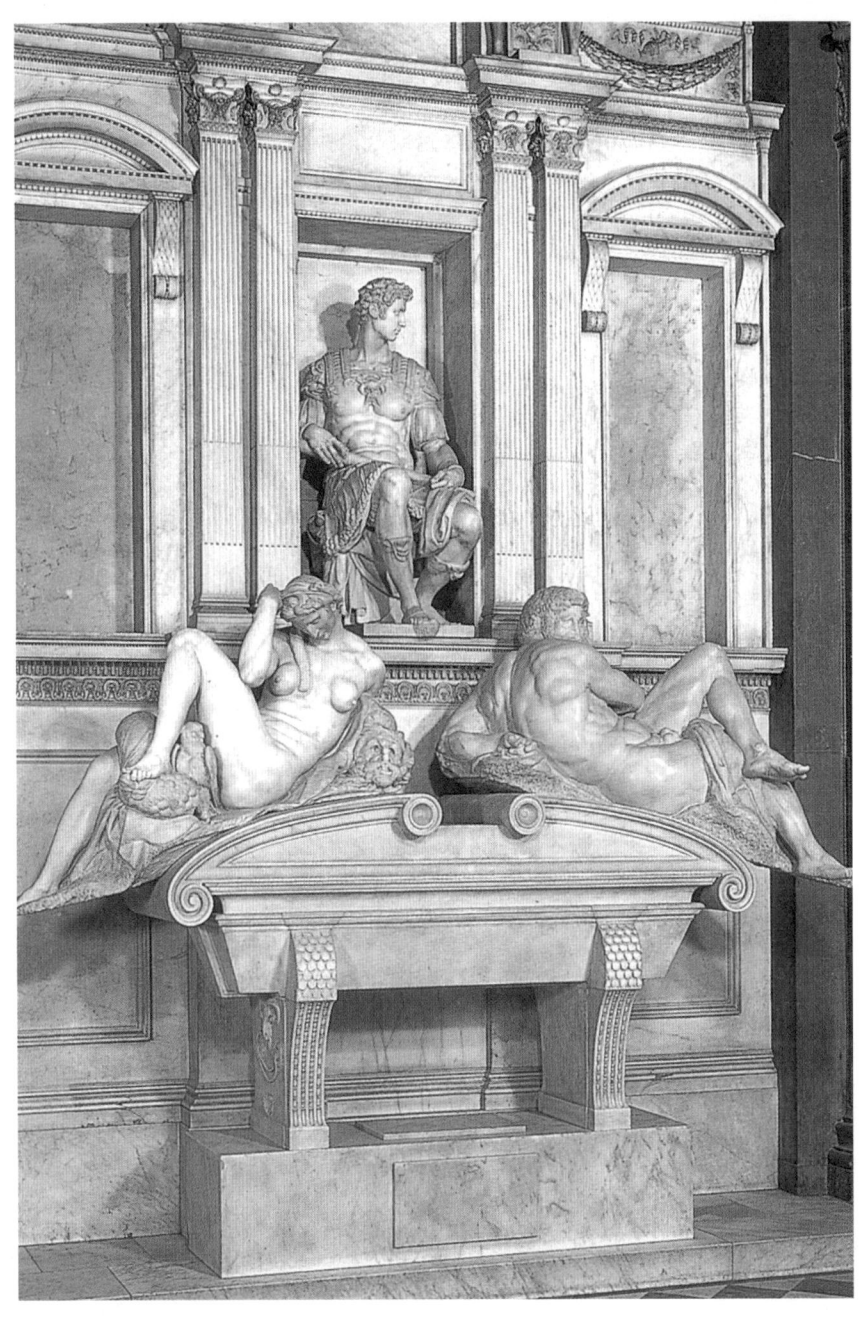

「느부르 공작 술리아노 데 메디치의 묘(밤과 낮)」, 왼쪽 도판은 그 부분.

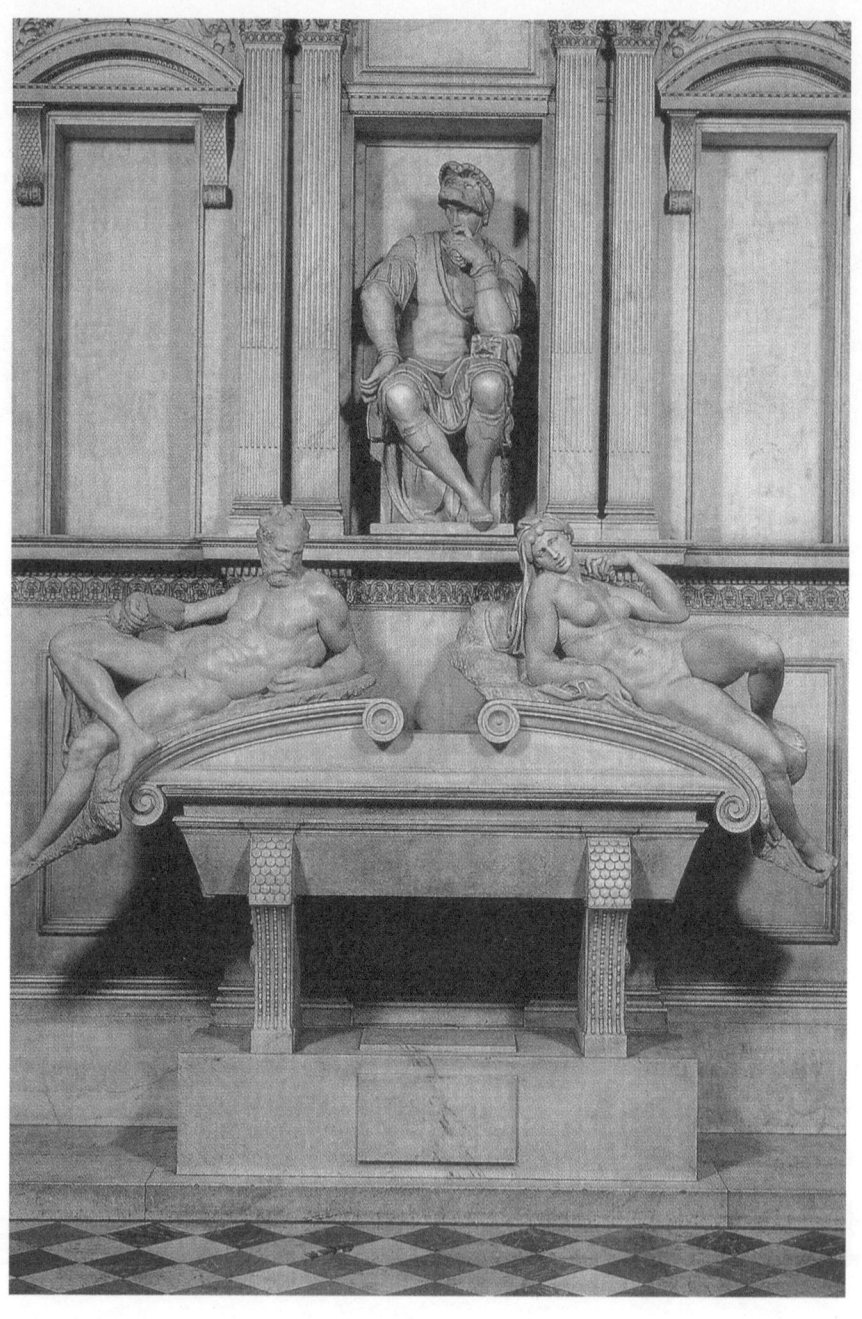

「로렌초 데 메디치의 묘(새벽과 황혼)」

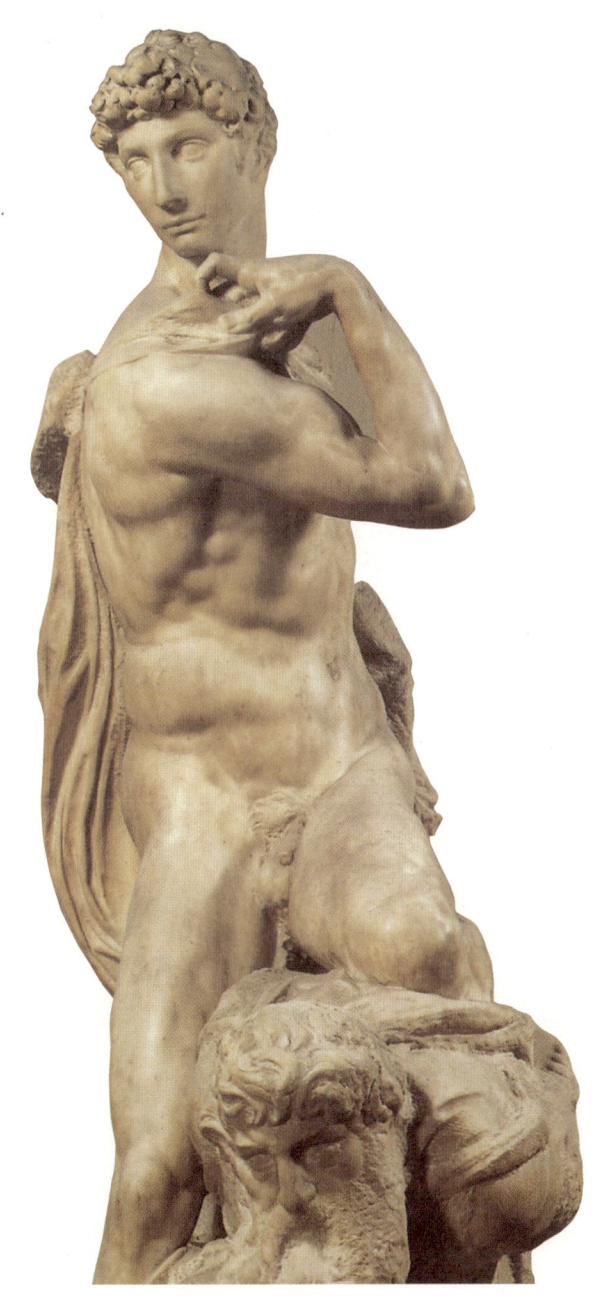

「승리」

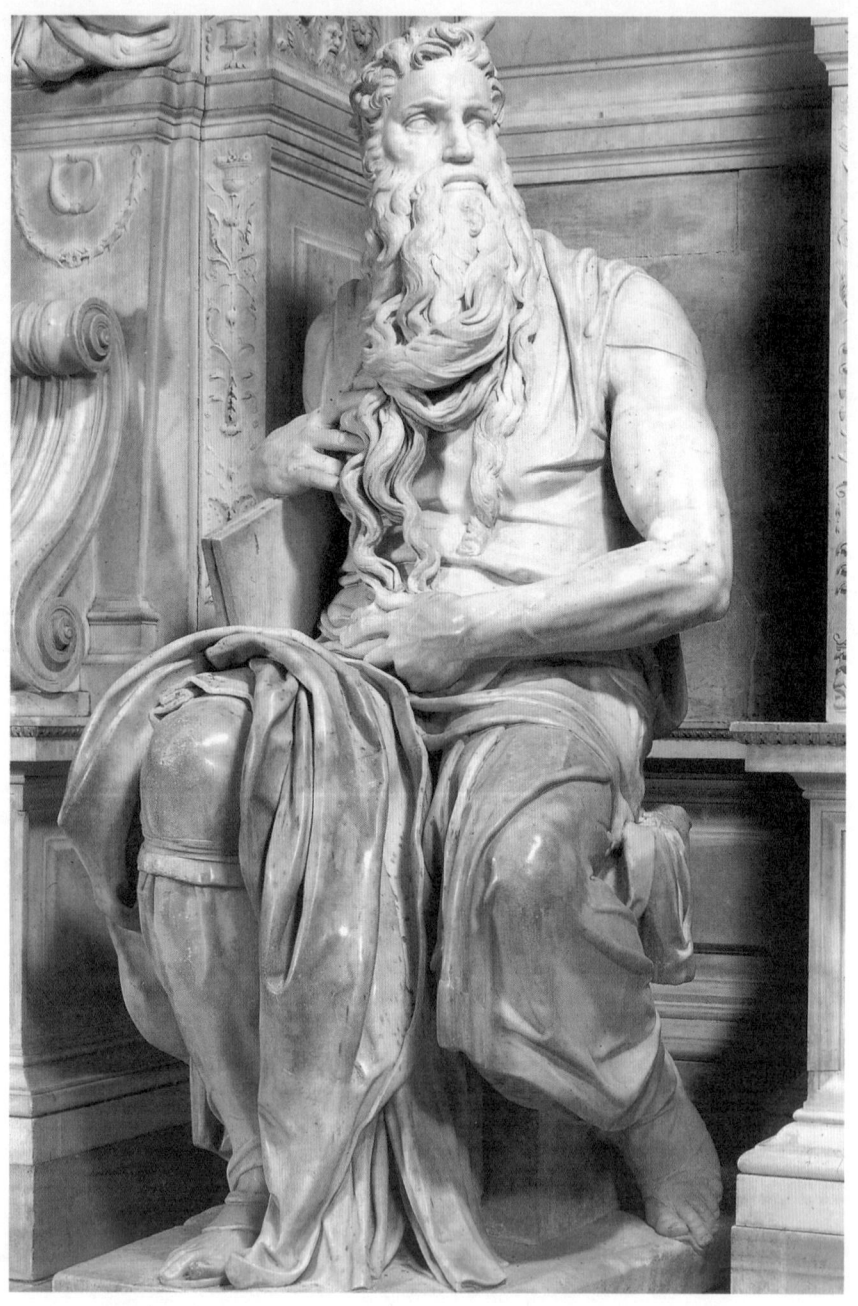

「모세」

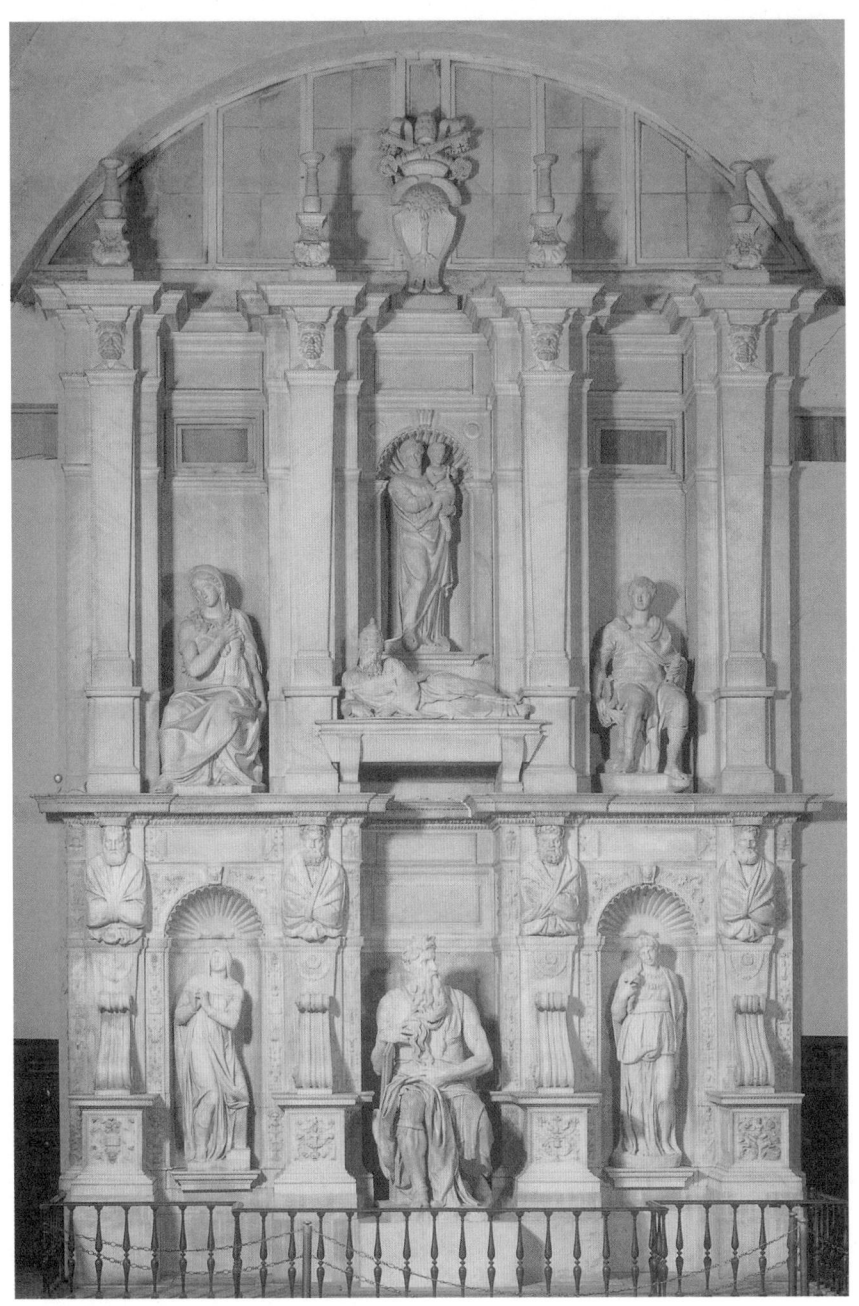

예언자 모세 상은 산 피에트로 인 빈콜리 성당 내에 율리우스 2세의 영묘를 위한 것이다. 하단의
벽감에 들여놓은 이 조각은 "분노에 떠는" 중이다. 이 고대 신화 인물의 신성하고 초인적인
성격을 강조하려고 미켈란셀로는 근육과 수염과 옷주름의 모티프를 죄대한 활용했다.

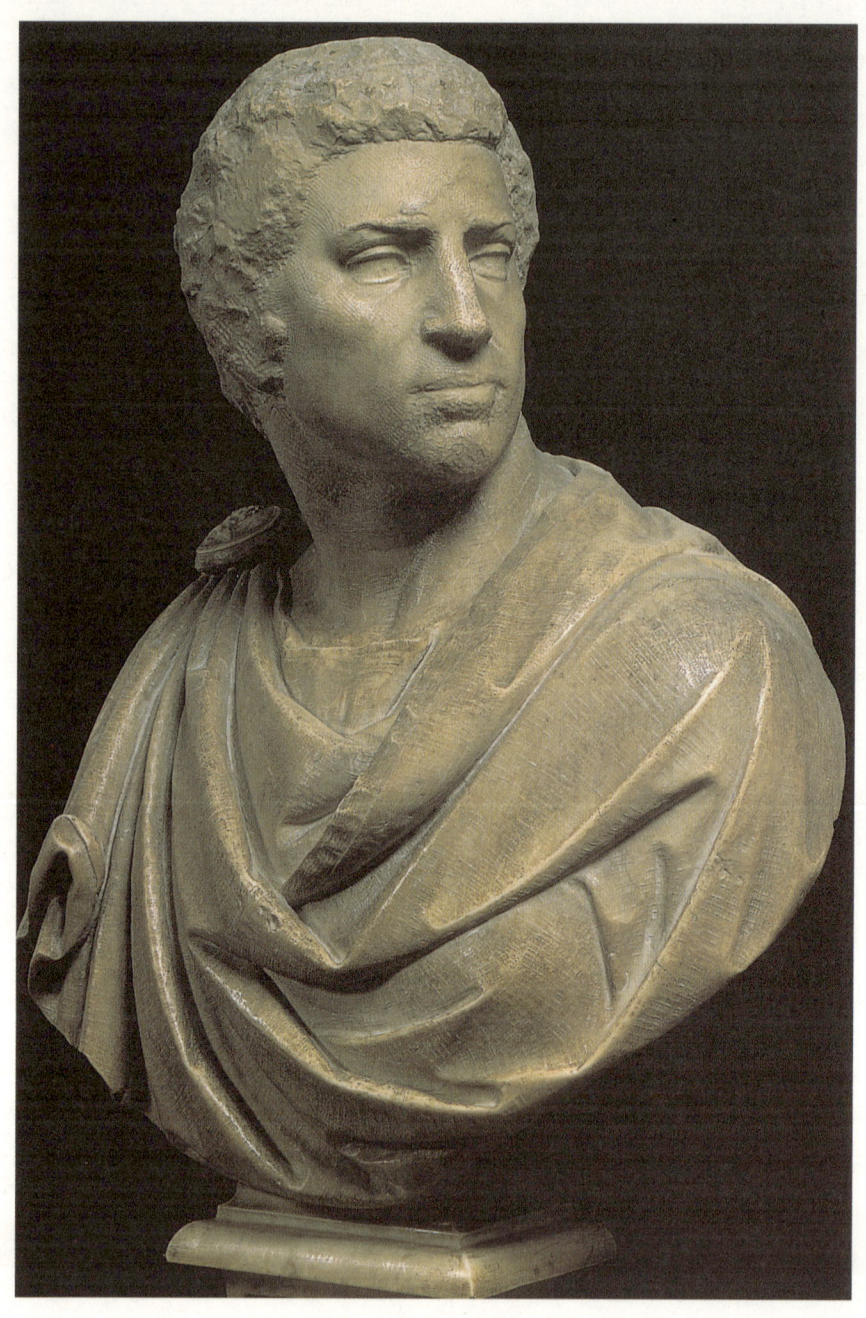

「브루투스 흉상」

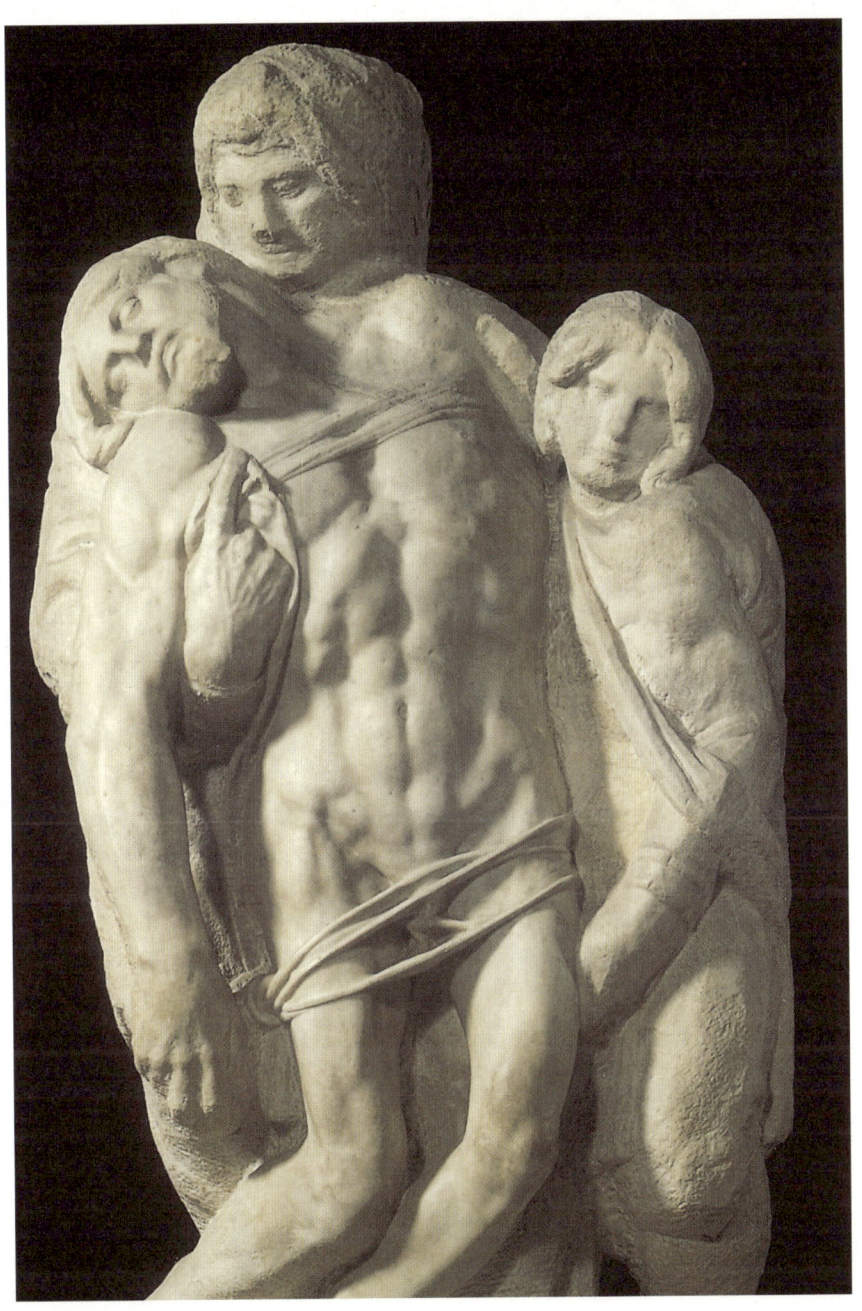

「필레스드리나의 피에타」

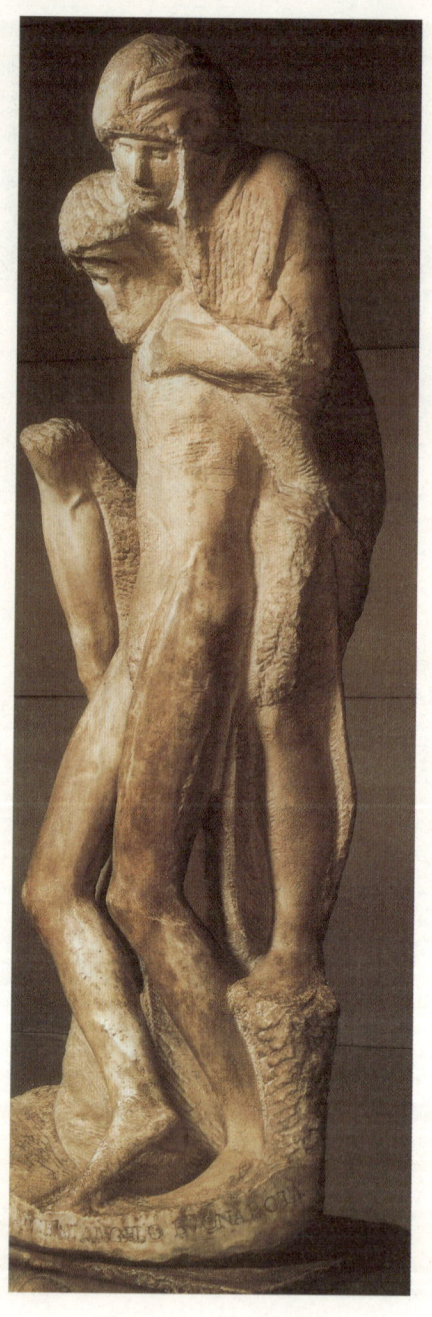

밀라노 스포르차 성에 있는 「론다니니의 피에타」는 미완성 작이다. 하지만 그 거친 끌 자국과
단순하게 늘어진 형체는 미켈란젤로 특유의 비장미를 자아낸다. 인간의 구원을 주제로 삼아 거장이
최후까지 매달렸던 이 작품은 비토리아 콜론나 부인에게 선물하려고 했던 석상이다.

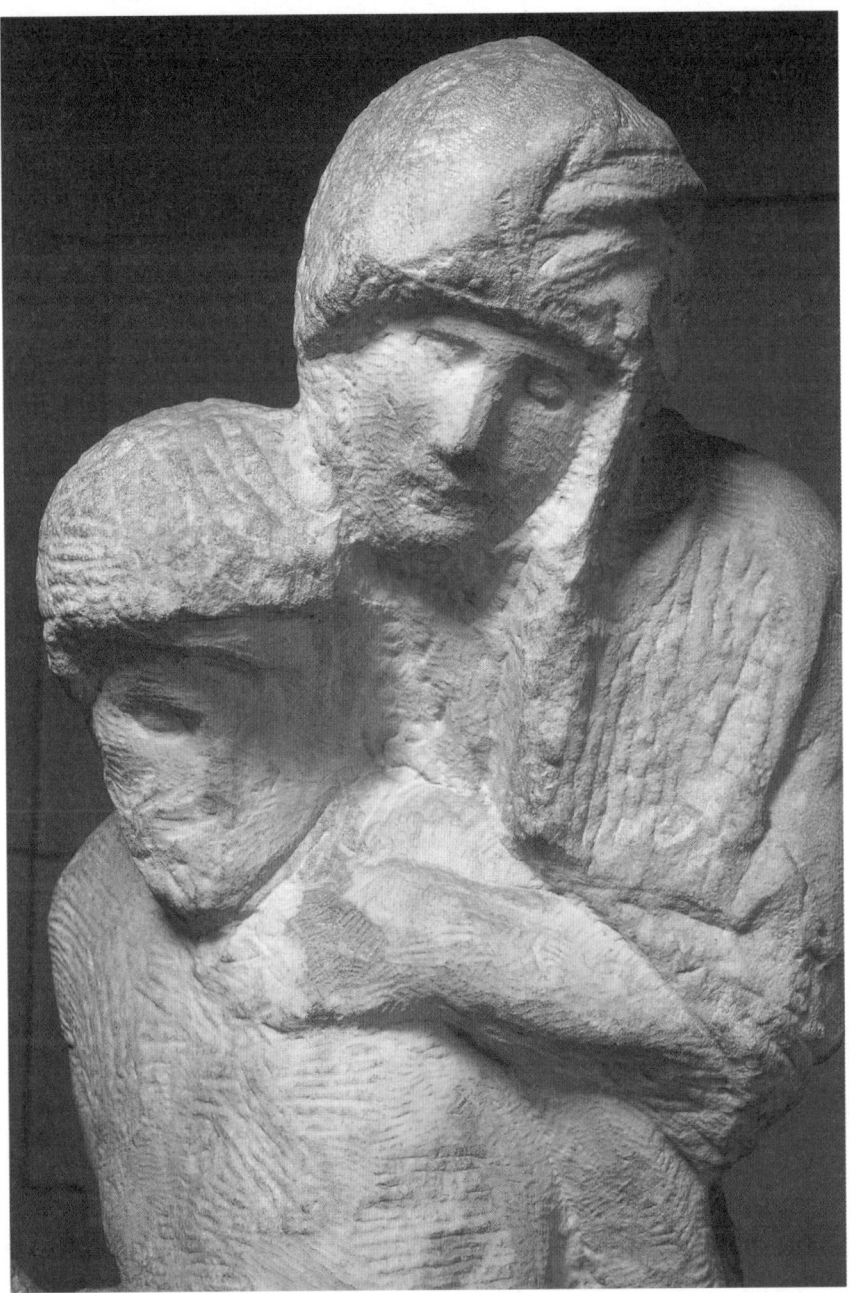

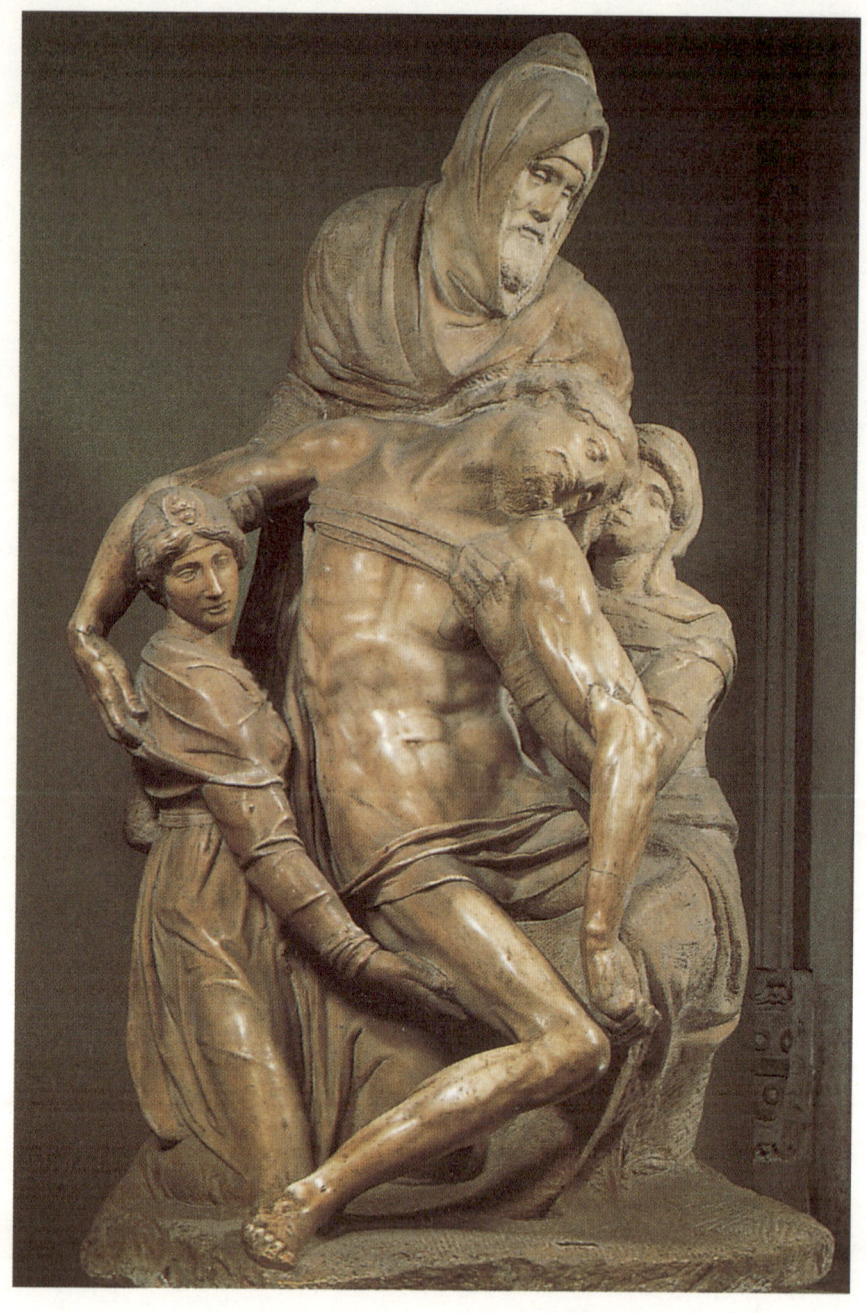

1550년경 제작한 이 또 다른 「피에타」는 피렌체 대성당에 있다. 미켈란젤로 자신이 사후 영묘에 쓸
생각으로 제작했다고 한다. 맨 위에 보이는 인물은 흔히 조각가였다는 전설이 있는, 성서 속에서 예수의
매장을 도운 인물 니고데모로 분장한 거장 자신이다.

책머리에

소년 시절부터 미켈란젤로에 커다란 애착을 느껴왔지만, 필자가 지금까지 나온 것보다 더욱 생생하고 풍부하며, 독창적인 전기를 내놓고 싶은 열망과 의지가 없었다면, 이 위대한 예술가의 새로운 전기를 쓰느라고 4년 동안 고생하지 않았을지 모른다.

분명히 부오나로티의 전기가 없지 않다. 여러 종류와 여러 나라 언어의 전기가 있다. 코끼리처럼 거대하기도 하고 주머니 속에 들어갈 정도로 작기도 하다. 대단히 현학적이기도 하고, 적당히 날림으로 쓴 것도 있다. 꾸며내고 진부한 이야기로 넘치거나, 망언에 가까운 상상을 펴기도 한다. 반면에 독일인 헤르만 그림과 영국인 시몬즈와 토네[미국인으로 귀화했다], 프랑스 문인 로맹 롤랑과 마르셀 브리옹의 전기는 어쨌든 격조가 있다. 이 전기들은 유용하고도 쉽게 읽힌다. 특히 프라이와 슈타인만 같은 독일 사람은 미켈란젤로의 삶과 작품을 연구하는 데크게 이바지했다. 이탈리아에서는 1875년에 고티가 전형적인 19세기의, 참을 수 없는 지도교수 어조로 쓰기는 했지만, 중요하고 방대한 자

33

료를 토대로 전기를 펴낸 뒤로 더 이상 아무것도 나오지 않은 셈이다. 확실치도 않고 서투른 대중 취향의 소책자들이 여기저기서 쏟아졌지만 그뿐이다. 더 정확히 말하자면, 베르티니와 마리아니가 거장의 시와 예술을 다룬 훌륭한 저작들이 있다고 해야 옳지만, 이는 고유한 의미에서 전기는 아니다. 그 인간과 영혼보다는 그의 작품을 이탈리아 사람에게 전하려고 했다.

반대로 필자의 이 책은 사건과 친구, 친지와 반목, 약점과 불운, 출세와 고백 등 그의 기질과 성격과 정신을 찾아서 미켈란젤로라는 인간의 삶을 이야기하고 싶었다.

우리처럼 그보다 아주 오래 뒤에 태어난 사람들에게는 예술이 예술가보다 더 중요한데, 1475년 3월 6일에 태어난 이탈리아 사람에게 집착할 것이 무엇이냐고 반문할지 모른다. 만약 그가 모세를 조각하고 시스티나 벽화를 그리지 않았더라면 말이다. 맞는 말이지만, 요즘 이탈리아 비평의 가장 어리석고 치명적인 실수는 작가의 삶과 기질, 시대와 장소, 또 그가 성장하고 생각하고 일했던 환경을 헤아리지 않고서도 유명한 작품을 꼼꼼히 분석하고 해부할 수 있다는 생각이다. 화가와 문인의 개인 작품집은 넘친다. 엉성하게 과장한 이론과 나약한 힘에 고취된 것들이다. 심지어 수백 페이지를 넘기는 동안 어떤 예술가의 출생 일자조차 찾아볼 수 없기도 하고, 짜증스런 언변과 나름의 공상에 따라 결말을 짓곤 한다.

이는 마치 식물학자가 그 가지와 잎과 싹과 꽃을 쳐다보지도 않고서 그 과실만 들여다보면서 사과나무에 대한 방대한 책을 쓰려는 것이나 다름없다. 또 최상의 결실을 내놓는 토양이라는 자연과 결실의 풍요와

품질을 수정하거나 유리하게 하는 기후를 고려하지도 않는 것이다. 이런 "핵심을 요약하는 자"의 공상이라고나 할 미학적 방법은 헌책방에서 찾아낸 17세기 소책자의 제목, "무염시태無染始胎"를 연상시킨다. 물론 작품의 검토는 비평가의 필수적 임무이지만, 예술작품에는 그 저자가 있고, 그 아버지와 그 작가가 있기 마련이며, 원인을 연구하지 않는 사람은 절대로 그 결과를 이해할 수 없는 법이다. 게다가 위대한 예술가, 즉 예외적인 성격과 자질, 일련의 방대한 창작으로 현저히 두드러진 인간의 삶은 그 자체로서 정신적·역사적 가치를 지니며, 인간 본성의 바탕을 더욱 깊게 해명하는 데에 도움을 준다.

우리의 이 위대한 인물을 보자. 미켈란젤로의 당대인은 바로 이런 점에서 구름 속에 가려진 비행선인 우리보다 훨씬 더 길을 잘 잡고 있었다. 부오나로티의 가장 오래된 전기작가, 바사리와 콘디비는 작품을 설명하지만, 그와 동시에 그 주인공의 분방한 생활을 이야기한다. 나로서는 내 기질과 보는 방식이 부추기는 대로, 이 옛날의 명예로운 이탈리아 필자들에 접근하려 했다. 따라서 이 책에서 나는 그의 모든 삶의 시기와 양상을 이해하려고 했다. 그의 작품이 그 삶의 주요한 사건인 만큼 작품을 이야기하겠지만, 그것이 그 인간적 존재의 표현이자 행위라는 점을 고려했을 뿐이다. 오직 그 작품이 그의 본성과 정신과 운명을 더욱 가까이에서 이해할 수 있게 해주는 지표이자 기록으로서만 고려했다. 이렇게 이 책에서, 오늘의 미술평론가들이 즐기는 고도로 미학적·형식적이며, 난삽한 비약을 좇지 않았다.

한 사람을 철저하게 이해하자면, 그가 남긴 작품을 수단으로 삼아 원칙적으로 두 가지 길을 좇아야 한다. 우선 비밀이 있을 터이므로 그의 내면으로 침투해 들어가야 한다. 그리고 인내심을 갖고 그와 다른 사람의 관계를 추적해야 한다.

나는 당연히 이 두 길 모두를 좇았다. 아무튼 내가 휘청거리며 헛걸음질치지 않았다면, 이 전기의 새로움이란 미켈란젤로의 전기작가들이 보통 거의 활용하지 않았던 이 두 번째 길에 큰 비중을 두고 주목했다는 점이 되겠다.

전기작가 중에서도 특히 낭만주의에 영향을 받은 여러 사람은 조각가의 전기인 만큼, 자의적 고독 속에서 맹렬히 동분서주하면서, 침울하게 절망에 빠진 거인을 빚어내려 했다. 그의 삶이란 아리오스토가 다음과 같은 구절에 담은 듯한 모습일지도 모른다.

"그는 혼자서 야만스레 살았다."

그러나 이 거장을 오랫동안 관찰한 사람이라면—나 또한 그랬지만—이는 사실과 전혀 다르다. 사회생활을 멀리하고 고독 속에서 초연한 이런 침울한 거인의 이미지는 진실과도 맞지 않고 그를 개인적으로 알던 사람들의 기억과도 맞지 않는다.

미켈란젤로는 분명 거인이었다. 그는 창작할 때 고뇌에 차 혼신의 힘을 쏟는 데에 몰두했지만, 일상생활에서는 은자도 아니었고 사람을 싫어하지도 않았다. 어려서부터 만년까지 그는 수많은 사람과 친밀하게 지냈다. 물론 그가 누구든지 좋아하지는 않았으나, 누구와도 대화했고 필요하다면 싸우기도 했다. 그에게는 사랑하는 친구들이 있었고, 좋은 동료와 성실하거나 건방진 제자도 있었다. 또 적과 경쟁자와 중상모략자도 있었다. 확실히 그는 거인이었다. 하지만, 자기 시대의 다른 거장들과 겨룰 걱정은 하지 않았다. 또 친절하고 재미있는 평범한 사람들과 수다를 마다하지도 않았다. 그런데 전기작가들은 그가 항상 둘러싸여 있는 이런 사람들과의 인간관계를 거의 염두에 두지도 않았다. 그들은 비토리아 콜론나, 토마소 데 카발리에리, 우르비노에만 관심을 보였다. 거의 일개 부대를 이룰 만큼 많은 다른 사람들은 희미하게 스쳐 지나갈 뿐이고 기껏해야 이름이나 들먹였을 따름이다.

나는 이와는 다른 방법을 택했다. 과거의 전기와 기록과 당대의 증언에서 미켈란젤로와 관련된 수많은 사람의 이름을 찾을 수 있었다. 하지만, 그들의 이름만 들먹이고 말 수는 없었고 그것들을 뒤지고 열람할수록, 그들이 거장과 적대적이든 우호적이든, 오랜 것이든 일시적이든 접촉한 상세한 사실을 찾지 못해 안달이 날 수밖에 없었다.

이 전기를 쓰면서 나는 이상한 것을 찾아냈다. 즉 학자들에 대한 무관심이다. 자신들의 뮤즈와 둘시네아[돈키호테가 동경한 여인]에 대한 호기심을 택했던 사람들에 대한 무관심이다. 그들은 이름을 들먹일 때마다 대부분 미켈란젤로라고 부르는 사람의 삶과 뒤섞였던 모든 사람에게서 더는 아무것도 중요한 것을 찾을 만한 것이 없다는 듯이 지나쳐 버린다. 요즘의 유행 같다.

나는 이런 인물들에 대한 정확한 정보를 얻고자 필사적인 노력을 기울였다. 그리고 보상도 받았다. 미켈란젤로의 통상적인 전기에서 찾을 수 없는 새로운 사실과 일화와 상세한 정보를 밝힐 수 있었기 때문이다. 특히 이른바 야만적인 은자라고 하는 인물, 자기 세상의 틀에 노호하는 인물을 그 자신의 세상에 자리 잡게 할 수 있었기 때문이다. 그렇기 때문에 나는 이 책에 "자기 시대의 삶 속에서 미켈란젤로의 삶"이라는 제목을 붙이게 되었다.

이런 상세한 정보를 모으는 데에 매달린 것은 그저 즐거운 일이었기 때문만은 아니다. 독자 여러분 또한 그것을 보기 바라지만, 하찮고 성품도 의심스러운 듯한 이 인물들이 종종 미켈란젤로의 위대한 이미지를 새롭게 밝혀주곤 하기 때문이다. 결국 미켈란젤로는 기왕에 밝혀진 것으로도 늘 영예를 얻는다. 그러나 직접적인 기록의 부족으로 그런 분명했던 것이 희미하게 사라지게 될 때, 이 고상한 인물은 그의 위대성과 불행에 어떤 식으로든 연루된 사람들을 그 앞에 놓았을 때 더욱 분명한 모습을 드러낸다.

미켈란젤로의 가장 운 좋은 전기작가로서 헤르만 그림은 이 영웅의 삶에서, 당대의 정치사를 바탕으로 삼아, 부오나로티의 일생이 카를 5세와 프랑수아 1세의 경쟁과, 로마교회와 베네치아 공화국의 분란의 와중에 끼어 있던 것처럼 보이게 했다. 이는 확실히 지나치다. 미켈란젤로는 국가 원수도 아니요, 군대의 대장도 장관도 아니었고, 또 모든 계략과 모든 정치적 갈등이 그의 삶을 재구성하는 데에 반드시 불가피한 것만도 아니다. 사실 그는 당대인, 교황과 군주, 예술가와 시인, 고위 성직자와 학자, 탐구자와 신도, 부유한 상인과 남루한 노동자, 성자와 모험가 등 많은 사람을 접하고, 알고, 사랑하고, 봉사했다. 이렇게 다양한 모든 사람들을 소개하려 하면서, 나는 비록 불완전하기는 하지만, 16세기의 이탈리아와 유럽, 훌륭하면서도 평판이 나쁘고 또 고상하고 심오한 개성적 인물로 넘치는, 독창적 재능과 대담한 사상과 웅장한 작품으로서 다른 어떤 때보다 풍요로운 이 16세기의 방대한 그림을 그려보고자 했다.

겨우 초벌만을 그리게 되겠지만, 독자들은 이 책에서 지금까지 결코 인용했던 적이 없거나 다른 전기작가들이 방치했던 사람들의 초상 미술관을 보게 될 것이고, 또 유명 인사로서도 거장의 곁에서 처음 등장하게 되는 인물들의 초상도 보게 될 것이다.

바로 이런 미술관에, 내 착각이 아니라면, 이 전기의 가장 큰 새로움이 있을지 모른다. 나는 이 전기에서 미켈란젤로의 전문가들조차 지금까지 무시되거나 오도된 사실을 찾을 것이라는 생각이다.

고티 이후로 4분의 3세기가 지나서야 잘 알려지고 상투적인 사실을 성급하게 짜맞춰 중언부언한 것과 다른 미켈란젤로의 새로운 전기를 이탈리아 사람이 쓰게 된 셈이다.

어쨌든, 이 책은 학술적인 것이 아니고 그런 책을 쓰려고 하지도 않았다. 물론 진지하고 제대로 표현된 현학을 무시하지 않는다. 하지만, 이런 것과 다르게 나는 항상 사소한 것까지도 역사적 탐구에 은밀하게 공감해왔다. 그렇지만 나는 직업적 학자가 아니고 그런 사람이 못 되며, 또 그런 사람이 되고 싶지도 않다. 나의 다른 저작과 마찬가지로, 이 책에서도 나는 예술가의 삶을 애정으로 이야기하는 작가이고 싶었다. 내가 이야기한 것은 모두 간행 · 미간행을 막론하고 당대의 기록과 확인된 자료에 따랐다. 그러나 미켈란젤로와 그 시대에 관해 수집한 방대한 소재의 정수만을 제시하고자 했다. 너무 지루하게 늘어지지 않고, 불필요한 군더더기나 현학을 피하고서, 또 확고한 역사적 기초 위에 근거하면서도 읽기 쉽고 가능하다면 술술 읽을 수 있는 책을 쓰려고 했으며, 사건과 인물을, 그 정확한 의미를 알아보도록 되살려내고자 했다. 수많은 장의 제목마다 다른 사람의 이름을 붙였지만, 이는 주제를 위한 것이고 미켈란젤로라는 인물을 중심에 두려 했기 때문이다. 그의 주변의 다양한 인물은 바로 이 하나뿐인 주제를 위해 집중되었다. 각 장은 짧게 끊었다. 가독성을 높이고 찾아보기도 쉽게 하려고 했다. 하지만, 연대적 순서라든가 서술은 서로 방해되지 않는다. 물론 전기적 조건에 필요한 예변법은 불가피했다.

주인공과 그 시대가 아무리 그런 것에 적합하더라도, 나는 백마를 탄 기사를 내세우듯이 환상적 치장을 하려고 하지 않았다. 단순 명확하고 정확한 이야기꾼이고 싶었다. 장황한 문체를 피하려 했고 미화하거나 신비화하는 손쉬운 과장을 가능한 한 피하려 했다.

스타일의 솔직한 어법과 역사적 정확성이 짝을 이루게 되는 책은 이탈리아에서 특히 보기 드물다. 소위 두더지나 나비를 찾듯이 "과학적"이라는 전기의 따분하도록 시시껄절한 사실과 "소설 같은" 전기의 위험한 경박성 사이에서 중용을 찾아보기 어렵다. 프랑스인은 그런 중용에서 성공을 거두고 있고 영국인은 훨씬 뛰어나다.

나는 "과학적"인 전기는 물론이고 "낭만적"인 전기도 쓰려 하지 않았다. 당대인의 증언에서 찾을 수 있고 또는 그의 바로 다음 세대에서 나온 미켈란젤로에 관한 무수한 전설과 전통에서, 신빙성 있고 신뢰할 만한 것만을 취했다. 거장의 성격과 당시의 풍습을 고려할 때, 공식적인 전기에서 무시하거나 거부하는 것 가운데 내가 채택하거나 수용한 전설도 있다. 또 자료의 권위로서 입증하기는 어렵더라도 몇몇 일화는 다윗 상의 조각가의 정신적 면모를 더욱 생동감 있게 하는 데에 이바지했다. 가정법을 사용하기도 했지만, 억지로 지어낸 것은 없다. 또 부오나로티의 상세한 전기에 정통한 독자라면 여기에서 상당수 흥미롭고 새로운 점을 찾을 수 있기 바란다.

반쯤 눈이 먼 나로서는 이 전기를 알차게 한 모든 탐구를 혼자서 해낼 수 없었다. 친구와 학자들의 도움이 컸다. 소중한 정보를 준 수많은 분들 가운데에서 특히 다음 분들께 감사드린다. 피렌체 국립도서관의 카를로 앙겔레리, 친구이자 이탈리아 16세기 전문가 비토리오 치안, 로마 역사·문학출판사 주간인 쥐세페 데 루카 주교, 교황청 총리 조반니 팔라니 주교각하, 쥐세페 파티니 교수, 베네치아 마르치엔 도서관의 조르지오 엠마누엘레 페라리 씨, 페데리코 기시 선생, 코레르 박물관부속 도서관장 로렌체티 교수, 최근까지 피렌체 박물관 감사를 역임하신 부오나로티 고문서보관소장 조반니 포지 교수, 국립 만토바 고문서보관소장 조반니 프라티코 교수, 로베르토 리돌피 후작, 헬싱키 이탈리아 연구소장 로베르토 베이스 교수. 이 모든 분들께 다시 한 번 심심한 감사를 드린다.

조반니 파피니, 1949년 9월 2일

일러두기

· 지명과 인명, 성당 이름은 각 지역 고유어의 표기를 따랐으나, 성경에 등장하는 인물이나 교황 등은 일반적인 관례를 따랐다. 가령 일반인의 경우 바르톨로메오로 표기했으나, 성서 속 인물일 경우 바돌로매로 달리하였다. 또한 같은 이름이더라도 교황의 경우 파울루스 3세로, 성서 속의 인물일 경우 바울로 표기했다.

· 작품 제목은 「」, 책 제목과 잡지 등은 『』로 표기했다.

· 본문 내용 중 •로 표시한 것은 원주와 역주를 구분하지 않고 모두 포함한 것으로, 책 하단에 그에 대한 설명을 해놓았다. 단 본문 중에 ( )는 원저작자의 설명이며, [ ]는 역자가 보충하여 설명한 것이다.

· 이 책에 수록된 작품 가운데 작가 이름을 명기하지 않은 경우 미켈란젤로 본인의 작품임을 밝혀둔다.

차례

제2부

제3부

제4부

제5부

미켈란젤로 부오나로티 2

제6부

제7부

제1부

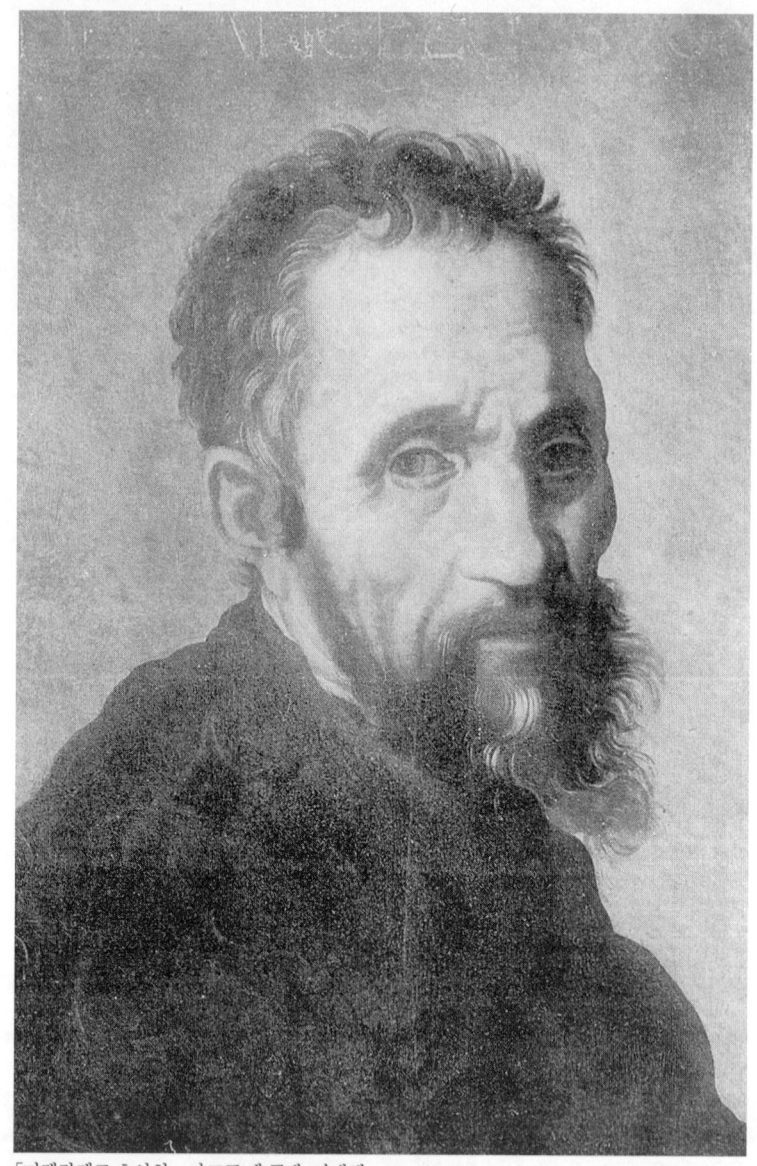

「미켈란젤로 초상화」, 자코포 델 콘테, 피렌체
안드레아 델 사르토의 제자인 콘테가 1544년 말이나 1565년 초에 그렸을 것으로 추정된다.
이 초상화는 미켈란젤로가 로마에서 스트로치에게 선물했던 것이다. 1771년에 페르디난도
스토로치 공작이 피렌체에 기증해 이때부터 예술가 초상실에 전시되었다. 콘디비가
미켈란젤로의 용모를 설명하면서 가리키던 "초상화"가 바로 이것이다.

1
미켈란젤로는 황실 출신이었을까?

사람들은 아주 오래전부터—1520년부터—미켈란젤로를 황실皇室 혈통이라고 생각했다. 이런 엉뚱한 환상이 어떻게 생겼을까? 1520년 10월 8일자로 비아넬로가 미켈란젤로에게 부친 편지에 따르면, 이미 유명했던 이 거장을 찾아간 알레산드로 디 카노사라는 사람이 그를 "존경하는 집안 어르신"이라면서 "가문과 친척을 알아보도록" 자택으로 초대했다. 그는 편지 끝에서 친척 관계를 이렇게 설명했다.

"집안 고문서를 뒤지다가 저는 시모네 디 카노사라는 분이 피렌체 행정관이었다는 사실을 알았습니다."

피렌체에 근무할 무렵 이 시모네 디 카노사라는 사람이 훗날 부오나로티라는 이름을 사용하게 되는 시모니 가문의 조상이 되었을 듯하다.

미켈란젤로가 카노사 백작을 만나러 그의 성을 찾아갔던 적은 없었던 모양이다. 아무튼 그 뒤 1547년에 백작은 로마로 가서 자신의 '어르신'을 찾아뵙고 그에게 이 '혈연'에 대한 정확한 소식을 전했을 터였다. 특히 시모네가 행정관직에 있었던 1250년이라는 연대를 분명히 밝혔을 법하다. 미켈란젤로는 조카 리오나르도에게 쓴 1548년 1월 6일자 편지에서 이렇게 말한다.

"계약서 속에 알레산드로 디 카노사 백작의 편지가 들어 있더라. (…) 그가 로마로 집안 어른이라며 나를 찾아왔었다. 이 점을 잊지 말아라."

유명한 백작 가문이라는 사실에 수긍했기에 그로부터 몇 해 뒤, 아스카니오 콘디비가 그의 전기를 받아쓸 때, 미켈란젤로는 이런 조상의 이야기부터 시작하도록 했다(또 그렇게 하기를 원했을지 모른다).

"미켈란젤로 부오나로티는 유서 깊고 덕행으로 유명했던 명문 귀족 카노사 백작 가문이다. (…) 보니파초 디 카노사 백작은 (당시 만토바 군주로서) 하인리히 2세의 누이와 결혼하지 않았던가. 이 혼인에서 보기 드물게 얌전하고 독실한 마틸데 여백女伯*이 태어났다…."

바로 이런 왕가에서 미켈란젤로의 조상이라는 피렌체 행정관 시모네 디 카노사가 태어났을 것이고, 미켈란젤로는 그렇게 하인리히 2세와 그레고리우스 7세의 진실한 친구였던 자랑스러운 마틸데 여백을 조상으로 삼게 되었다.

• 1046~1115. 토스카나 여백. 마틸데 디 카노사라는 이름으로 통한다.

그러나 미켈란젤로도 콘디비도 중세 역사에 그다지 정통하지 못해 안타깝다. 그렇지 않았다면 이렇게 엉성한 실수를 저지르지 않았을 테니까….

보니파초 디 카노사의 부인이자 마틸데 여백의 어머니, 베아트리체 디 로타린자는 하인리히 2세의 누이가 아니다. 그녀는 페데리코 디 로타린자 공작과 슈바벤의 콘라트 2세*의 아내 지젤라 황후의 조카딸 사이에서 태어난 딸이다. 그녀는 단지 하인리히 3세 황제의 사촌이다(하인리히 2세가 아니다. 콘디비가 잘못 쓴 것이다). 결국 대단히 먼 외척 관계였을 뿐이다.

그런데 시모네 디 카노사가 피렌체 행정관이기는 했을까? 나는 1163년부터 1321년까지 피렌체 행정관직에 있던 사람들을 찾아보았지만, 시모네는 단 한 명이었다. 그는 파도바 출신의 시모네 비코 아르기네라는 인물로 1297년에 행정관을 지냈다. 옛날에 피렌체에 카노사라는 성을 가진 사람도 있었다. 그러나 민병대장인 그의 이름은 시모네가 아니라 롤란디노였다. 더구나 그가 재직했던 때는 1283년 이다. 기간은 1283년에서 1250년이다.

시모네 디 카노사에서 시모니-부오나로티로 이어지는 가계의 전설은 이렇게 근거가 없다. 미켈란젤로는 황실과 단 한 방울의 피도 섞이지 않았다.

• 990년경~1039, 독일 왕(1024~1039)과 신성로마제국 황제(1027~1039) 재위 기간에 독일 군주제를 자생력을 가진 제도로 만들었다.

그렇지만 조카에게 부친 편지가 증언하듯이 미켈란젤로의 저택에서 작성되고 그가 준 정보에 따라 콘디비가 받아쓴 『전기』의 머리말을 보면, 그 자신은 백작 혈통에 황실의 피를 물려받았노라고 생각했던 듯하다. 당대 예술가들의 이 '절대군주'는 내심 자신을 가장 위대한 군주와 동등하게 여기지 않을 수 없었던 듯하다.

미켈란젤로와 견줄 만한 다른 위대한 예술가들도 고귀한 혈통에 대한 환상을 지니곤 했다. 예컨대 플라톤은 아테네의 왕 코드로스의 자손이라고 자부했다. 보카초는 자기 어머니가 프랑스 공주라고 생각했다. 최근에 빌리에 드 릴라당˙은 자기가 비잔티움 마지막 황손 가문의 사람이라고 주장했다. 이런 가계도는 하인리히 2세의 후예라고 믿었던 미켈란젤로와 마찬가지로 상상적이다. 그런데 이들의 귀족적 허영심은 그다지 용서할 만한 것은 아니지만 관대하게 봐주는 편이 좋겠다. 왜냐하면 하느님께서 이들에게 이론의 여지없는 존귀한 재능을 주셔서 군주에 못지않은 반열에 올려놓았으니 말이다.

• 1838~1889. 프랑스의 시인 · 극작가 · 단편소설가.

2
진짜 조상

미켈란젤로의 실제 가계는 황족이 아니라 피렌체 민중이다. 오래된 집안이지만 위대하지도 고귀하지도 않았다. 미켈란젤로 자신은 부오나로티라는 이름이 3백 년 전부터 시작되었다고 믿었다. 그는 1554년 조카 리오나르도에게 이렇게 썼다.

"부오나로티라는 이름이 우리 대에 끊기지 않아야 할 텐데. 우리 집안은 3백 년도 더 되지 않았느냐."

피렌체 역사에서 1197년, 교부와 민중이 벌인 내전의 와중에 주인공으로서 처음 부오나로티의 이름이 등장하므로 4백 년이 넘을 수도 있다. 부오나로티는 사실 그 옛날에 정통성이 없는 새로운 교구장이 성당으로 들어서지 못하도록 무장 세력을 규합하고, 산타 마리아 노벨라 성당 둘레에 진지를 구축했던 민간인이었다. 물론 이 부오나로티라는 사람이 미켈란젤로의 확실한 시조는 아니다.─왜냐하면, 미켈란젤로 이

전에 그의 아버지 미켈을 비롯해 베르링기에리, 베르나르도 등 여러 이름이 있기 때문이다—그렇지만 오직 이 부오나로티에 대해서는 그나마 분명한 사실이 알려졌다. 그는 민권 수호자로서 군주에 반역하는 모습으로 역사에 등장한다. 그는 분명히 모험심에 사로잡힌 대담한 사내였다. 또 머나먼 시칠리아 섬까지 여행했던 최초의 피렌체 사람이기도 했다.

어쨌든 그의 집안은 항상 구엘피 당과 교황을 지지하는 파벌 편이었다. 기벨리니 당에 참여해 1268년 고을에서 반역자로 처벌됐던 제토만 예외였다. 미켈란젤로의 조상 중에서 미켈이라는 군인도 있었다. 그는 카스트루초 카스트라카니와 겨룬 전투에 참전했다. 그러나 승리하지 못했다. 그는 알토파시오 전투(1325년)에서 포로가 되어 루카의 감옥에서 사망했다.

미켈란젤로의 거의 모든 조상은 피렌체에서 기예공방이나 조합, 심지어 시의회에서 일하기도 했으나 그렇게 중요한 지위에 있진 않았다. 단 한 번, 1380년에 이 도시의 수도원장 가운데 부오나로타Buonarrota라는 이름이 등장했었다. 많은 이들이 모직공방에 속해 있었으나 대부분은 당시 피렌체에서 고리대금업과 혼동하곤 했던 환전상에 종사했다. 환전상이자 수도원장이던 부오나라토Buonarrato는 1395년에 대단한 사업적 재미를 보았고, 심지어 잔 갈레아초 비스콘티*와 많은 비용

---

* 1351~1402. 밀라노의 지도자. 비스콘티의 가세를 절정으로 끌어올렸고 이탈리아 북부 대부분을 통치했다.

이 든 전쟁을 수행 중이던 시 당국에 4,500플로린〔1252년에 피렌체에서 발행된 금화〕을 대여하기도 했다. 그러나 그의 후손은 가문의 유산을 늘리지 못했다. 결국 미켈란젤로의 조부 레오나르도는 1449년에 딸 리사를 시집보내려고 페루치 광장에 있던 조상 대대로 물려받은 집을 처분하고, 다른 딸들은 지참금도 없어 가난한 신랑에게 넘겨줘야 했을 정도로 몰락했다. 또 아들 프란체스코, 즉 미켈란젤로의 삼촌은 너무나 비참했던 나머지(1508년) 미켈란젤로는 자기 아버지, 형제와 마찬가지로 그 상속을 거부했다.

부오나로티-시모니 가계에서 이렇게 바리케이드를 친 투사, 반역자, 단기 고리대금업자, 용병과 지역사회의 수도원장을 볼 수 있지만 예술가나 학자는 전혀 없다. 미켈란젤로는 즉흥적으로 갑자기, 마치 시커먼 원시 생물에서 기적적으로 솟아난 한 줄기 불꽃처럼 나타났다. 사업과 사무직에 있던 여러 사람 가운데, 오직 한 사람 베네 수사라는 종교인이 있었다. 그는 도미니쿠스회*에서 60년간 일했고 1343년 산타 마리아 노벨라 수도원에서 사망했다. 1283년에 수도회에 가입했던 베네 수사는 개인적으로 단테와 매우 가까웠을지 모른다. 단테가 산타 마리아 노벨라 신학교에 자주 드나들었기 때문이다. 그 수도원의 사자약전死者略傳을 보면 그는 주임수사도 설교사도 아니었다.

그는 '보누스 메카니쿠스', 즉 나무와 쇠를 다루는 사소한 일을 좋아

• 에스파냐 가톨릭 수사, 도밍고 데 구스만(1175?~1221)이 창립한 수도회. 도밍고회로도 통한다.

하는 교인이라는 뜻으로 불렸고, 노인이 되어서도 일손을 놓지 않아 결코 게으름을 모르는 일을 좋아했던 사람이라고 적혀 있다. 이 베네 수사, 즉 부오나로타의 아들이 최소한 미켈란젤로의 장점을 찾아볼 수 있는 유일한 조상이다. 여든아홉 나이에 죽음의 문턱에서도 최후의 걸작 「피에타」를 마무리하려고 끌을 놓지 않던, 왕성한 활동을 좋아하는 기질이다. 다른 한편, 그는 근검절약하기 좋아하고 열심히 저축하고 가문의 위신을 위해 집과 땅을 사들였던 기질도 물려받았을 듯하다. 미켈란젤로는 예술적 재능 덕분에 '신과 같다'고 불려 마땅했지만, 일상생활에서는 과거의 조상이나 환전상과 마찬가지로 금화와 금전 가치를 잘 알았고, 소박하고 건전하게 생활하던 피렌체의 현명한 소시민이었다.

3
아버지

루도비코 부오나로티는 자식을 깊이 사랑하는 사람은 아니었다. 그의 차남 미켈란젤로는 일생 그를 깊이 존경하고 늘 그리워했으며, 어떤 식으로든 그의 편을 들었지만 진심으로 그를 사랑하지는 않았던 듯하다. 그는 형제에게 편지를 쓸 때면 언제나 아버지를 루도비코라고 불렀다—마치 낯선 사람 대하듯이. 또 아버지에게 편지를 쓸 때마다 집안일과 물건을 샀던 일 등 시시콜콜한 소식을 늘어놓았지만 특별한 애정의 표현은 없었다. 루도비코가 장수한 끝에 사망했을 때, 미켈란젤로는 일종의 삼행시로 애도가를 지었는데, 그것을 끝마치지 않았고 끝내려고 하지도 않았다. 아무튼 그 노래에서 몇 해 전에 사망한 동생 부오나로토의 죽음을 애통해했다. 여기에서 그의 진정한 심정이 드러난다.

"한 사람은 형제이고, 또 한 사람은 우리 모두의 아버지요.
형제에게는 사랑이, 당신께는 존경이 내게로 이어지고."

말하자면 동생을 사랑하기에 슬피 울지만, 아버지에게는 내게 생명을 주었다는 의무감 때문에만 운다는 뜻이다.

루도비코는 이런 친권마저 부인했다고도 할 수 있다. 그는 1490년에 미켈란젤로를 로렌초 대공에게 데려다주었다. 대군은 그 아이를 친자식처럼 자기 집에서 키웠다.

루도비코는 1444년부터 1534년까지 아흔 해 동안 살았다. 그는 여러 직업을 전전했으나 그저 평범했다. 그는 대단한 일을 하지도 않았고 자신에 관해서도 거의 말이 없었다. 효성스런 증손자는 그에 대해 "건강하고 가족적인 사람으로, 젊어서는 성자 안토니오 같은 생활을 했다"라고 했다. 사실 그 지역 성자 안토니오는 1459년에 사망했다. 당시 루도비코는 겨우 열다섯 살이었다. 아무튼 이 사람은 이 도미니쿠스회의 성스런 주교 정신 같은 것은 거의 없었다. 그는 평생 인색했고 사람을 무시했으며, 까다롭고 걱정이 많았다. 1529년에 그는 카스텔프랑코의 공화국 회계관이었지만, 피렌체 공략이 두려워 그 자리를 내놓고 피사로 도피했다. 그가 미켈란젤로에게 쓴 편지를 보면, 거의 언제나 트집을 잡거나 타박하거나 돈을 요구했을 뿐이다. 아들은 때때로 그에게 힘든 답장을 써야 했다.

그는 아내가 둘 있었다. 미켈란젤로의 어머니 프란체스카 디 네리 델 미니아토 델 세라, 그리고 루크레치아 델리 우발디니. 두 여인 모두 그보다 훨씬 일찍 세상을 떠났다. 미켈란젤로의 어머니는 1481년에, 그리고 후처는 1497년에.

이 평범하기 그지없던 사람이 무엇을 했든, 미켈란젤로가 콘디비에게 그렇게 받아쓰도록 했을 테지만, 로렌초 대공과의 만남을 대단히 유익하게 생각했던 모양이다. 대군을 처음 만났을 때 루도비코는 "변변한 일을 하지 못했습니다만… 지금까지 그럭저럭 살았습니다"라고 했다. 그다음 만나서는 "전하, 아는 것이라고는 읽고 쓰는 것뿐입니다"라고 했다. 소중한 고백이지만 이 사람의 영웅적 이미지를 보여주지는 않는다. 그는 연금이나 바라면서 기껏해야 사무실에서 서류나 긁적이며, 고상한 척하는 생활을 원했다.

어린 미켈란젤로가 회화와 조각에 전념하려고 문학을 포기하고 싶다고 밝혔을 때, 루도비코는 펄쩍 뛰었다. 자기 집 아이가 붓과 끌을 놀리는 일을 한다는 것을 수치스러워했다. 그는 반대만 했던 듯하다. 왜냐하면 미켈란젤로는 만년에 회화를 기술이라 생각하고 수치로 여겼던 아버지에게 "매를 맞았다"고 회상했기 때문이다. 나중에 그가 태도를 바꾼 이유는, 아들이 화강암과 대리석으로 작업하더라도 장사꾼과 다름없이 자신에게 금전을 보내줄 수 있다는 사실을 알았기 때문이다. 비록 르네상스의 진정한 본고장 출신이었지만, 루도비코는 예술에 대한 안목이 전혀 없었다. '허영의 쓰레기더미'를 불태우게 했던 사보나롤라 같은 청교도적 감정 때문이 아니라, 소시민 계급만의 특별한 편견 때문이었다. 미켈란젤로가 아버지에게서 물려받은 것은 아무것도 없었다. 있다고 한다면, 오직 귀족 출신이라는 믿음과 집과 땅에 투자했다시피 약간 빗나간 경향뿐이다. 이는 그의 삶에서 가장 고상하지 않은 부분이다. 그 나머지에서 이 눈부신 아들은 그토록 보잘것없는 아버지와 완전히 달랐다.

4
어머니

미켈란젤로의 어머니 프란체스카 디 네리 델 미니아토 델 세라에 대해서는 알려진 것이 거의 없다. 기록에 따르면 그녀는 1455년이나 1457년생이다. 1457년이 맞는다면 그녀는 열일곱 살에 결혼해 그 이듬해에 미켈란젤로를 낳았고 스물넷의 나이로 사망했을 것이다.

콘디비는 『전기』에서 가족의 고문서로부터 건져낸 주해를 덧붙이면서, 필리페 부오나로티 상원의원은 그녀가 기적적으로 하느님의 보호를 받았다고 했다. 미켈란젤로를 임신 중이던 그녀는 어느 날 말에서 떨어져 키우시와 카프레세를 잇는 아주 좁고 가파른 자갈밭 언덕길을 기어가야만 했다. 그런데도 그녀는 말짱했고 낙태하지도 않았다. 또 한 번은 그녀가 흑사병에 걸린 오빠를 자기 품에서 임종했는데도 감염되지 않았다고 한다.

미켈란젤로는 어머니에 대해 철저히 함구했다. 그는 세티가노의 탁아소에 맡겨졌기 때문에 어머니의 젖을 먹지도 못했다. 그녀는 미켈란젤로가 어머니의 따뜻한 손길을 막 느낄 만했을 여섯 살 때에 사망했다. 미켈란젤로는 단테처럼 고아였고, 계모의 냉대를 견뎌야 했다. 그는 비록 입에 올리지 않았지만 평생 그녀를 그리워하면서 어머니를 잃은 한을 간직했을 듯하다. 그리스도를 그리거나 조각할 때 그는 그 곁에 성모상을 결코 빼놓지 않았다—미네르바의 대속자를 위한 것만 제외하고. 동정녀의 표정에서 반영되는 수줍은 온화함과, 산 피에트로의 「피에타」에서—그토록 젊고 슬픔에 젖어 피렌체 여인의 특징을 드러내는—고아의 해묵은 추억, 첫 번째 임신에 미소 짓는 프란체스카의 맑고 부드러운 인상을 보면 좋을 듯하다.

5
형제

미켈란젤로의 형제는 넷이었다. 그를 포함해서 이 다섯 형제는 마치 칼데론*의 희곡 『세계라는 대극장』에 등장하는 인물들처럼 각자의 직업과 소명이 달랐다. 장남 부오나로토는 상인이었다가 나중에 수도사가 되었다. 미켈란젤로는 예술에 몸담았고, 셋째 리오나르도는 이 총명한 둘째 형과 마찬가지로 사보나롤라의 웅변에 사로잡혀 도미니쿠스회 수도사가 되었다. 조반시모네는 쾌락과 시에 빠져 모험의 세계에 뛰어들어 아메리카까지 갔었던 듯하며 추문을 일으키고 가족을 괴롭혔다. 시지스몬도는 군인으로 청년 시절 민병대원이었고 나중에 세티가노에서 농사를 지었다.*

미켈란젤로의 형제는 이렇게 방향과 경험이 서로 달랐다. 상업, 행정, 회화, 조각, 건축, 모험, 농업, 작시, 군생활, 수도원과 선교 등으로.

• 1600~1681. 스페인의 극작가이자 시인.

그들은 다섯 명의 아들이었으며, 모든 인간 영역을 분담하려는 듯했다.

미켈란젤로는 다른 형제보다 가장 오래 살았고 모든 점에서 그들을 능가했다.

• 형제에 관해 다른 견해가 있다. 미켈란젤로는 둘째 아들이었다. 바사리의 『전기』와 콘디비의 『전기』에서 형제에 대한 언급은 없다. 최근에 맏아들과 셋째 아들을 바꿔 보는 견해도 있다. 둘의 수도사 이력 때문에 빚어진 혼동일지 모른다. 이에 대한 정설은 없다. 그리고 그들의 직업에 대한 이견은 없다.

6
카프레세

미켈란젤로의 일생은 지리적 오류로 시작된다. 그는 카센티노〔이탈리아 중부 아르노 강변〕지방의 카프레세에서 태어났다고 한다. 그러나 카프레세는 테베레 강 계곡에 자리 잡고 있다. 이런 오류는 그의 아버지가 카프레세와 마찬가지로 키우시 행정관이었기 때문에 빚어졌다.(키우시는 알베르나 산자락에 있는 도시이고, 따라서 카센티노에 속한다). 그 재직 기간은 6개월이다(1474년 10월 1일부터 1475년 3월까지). 그는 키우시와 카프레세 양쪽에서 3개월씩 분할 근무를 했었다. 그래서 1475년 초에 루도비코는 테베레 강을 건너갔고 그곳에서 아들을 낳았다. 그는 그것을 기억하려고 비망록에 '사내아이'라고 적어두었다.

　이 첫 번째 오류에, 독일의 전기작가 헤르만 그림은 두 번째 오류를 덧붙였다. 즉, 카프레세가 '소도시'라고. 카프레세는 분명히 마을이라고도 할 수 없을 만큼 작은 촌이다. 이 마을에서 가옥은 들과 숲 사이로 듬성듬성 흩어져 있다. 언덕 위에 커다란 농가 한 채가 있는데, 이것은 성채라기보다 농장 비슷한 것으로, 바로 거기에서 미켈란젤로가 태어났고 그곳에서 조금 떨어진 산 조반니 성당에서 세례를 받았다. 15세기에 이 고장은 여전히 황량한 벽촌이었다. 지금은 그곳이 부오나로티의 고향이기도 하지만, 품질 좋은 밤 덕분에 유명해졌다.

그렇게 미켈란젤로는 우연히 깊은 산골에서 태어났지만, 카프레세 사람들은 그 사실을 잊지 않고 있다. 지금으로부터 35년 전쯤에 촌장〔미켈란젤로의 아버지〕이 살았던 돌로 지은 저택 근처에 결코 본 적이 없는 이상한 저부조를 들여놓은 벽감壁龕이 서 있었다. 그 저부조는 땅딸막하고 고무 인형처럼 부푼 발가벗은 아기 상인데, 아기는 황홀경에 취한 듯이 자기 눈앞에 떠도는 이미지를 찾아 허공을 쳐다보는 자세였다. 즉, 이는「모세」나「최후의 심판」의 형상을 본뜬 것이리라. 젖살이 뽀얗게 오른 이 커다란 아기는 바로 며칠 전에 이 세상에 내려와 미래의 걸작을 주시하고 예견하는 미켈란젤로임이 틀림없다.

나는 이 ‘시골 풍속화’에서 튀어나온 듯한 저부조의 작가가 누구인지 기억할 수 없다. (다만) 나는 역사가들처럼 (한 가지) 사실을 기억하고 싶다. 동고트 족族에게 패하고서 카프레세에서 부상으로 신음하다 사망했다는(552년) 바두일라 왕은 토틸라, 즉 ‘불멸의 인간’이라는 별명으로 통했다. 불멸의 인간이 죽음을 맞이했던 바로 여기 카프레세에서 이와는 전혀 다른 영생을 얻을 사람이 태어났다.

7
피렌체 사람들

어느 날 미켈란젤로는 바사리에게 이렇게 말했다.

"조르조, 만약 내 머릿속에 그럴듯한 것이 있다면, 공기가 그렇게 좋은 자네 고향 아레초 지방에서 태어난 사람이라서 그럴 테지."

하지만, 이 말은 아레초 출신의 이 건방진 화가[바사리]를 놀리려는 것이었다. 석공의 아내이자 딸인 세티가노 출신 유모의 젖을 빨면서 성장한 사람[미켈란젤로]의 조각을 사랑하던 그다음 세대가 그 점을 제대로 증명했듯이 말이다.

미켈란젤로는 농담을 좋아했고 완전한 피렌체 사람이라는 사실에 대해 자부했다. 그는 항상 '피렌체 조각가'라고 서명했다. 그 점은 모든 연대기적 사실로 보아 분명하다. 그는 1475년 3월 6일 카프레세에서 태어났다. 그러나 1474년 9월 말에 어머니가 키우시에 도착했을 때 그녀는 임신 4개월째였다. 결국 그녀는 미켈란젤로를 같은 해 6월 초순에 피렌체에서 임신했다는 말이 된다. 그는 태어나서 카프레세에 한 달도 채 머물지 않았다. 아버지가 3월 30일자로 임기를 마치고 4월 초순에 가족은 이미 피렌체로 돌아와 있었기 때문이다. 그는 사실상 모든 점에서 옛날 방식대로 사는 진정한 피렌체 사람이었다. 즉, 아름다움과 자유를 사랑하고 악착스럽게 돈을 벌었으며, 여행을 즐기고 위대성과 비극에 대한 감각이 있었다. 미켈란젤로는 구치아르디니가 『회상록』 끝에서 인용했던 시인 페트라르카의 판단을 가장 엄격하게 부인하는 셈이다. 즉,

"피렌체 사람의 정신을 페트라르카는 '천성이 무르익고 신중하기보다 활달하고 예민하다'고 했다."

그런데 부오나로티의 예술만이 아니라 단테와 마키아벨리, 구치아르디니 자신의 작품조차도 이런 판단과 정반대였다.

8
가장 오랜 기억

미켈란젤로의 가장 오래된 기억은 피와 폭력으로 얼룩졌다. F. 미니아토 피티가 1563년 10월 1일자로 바사리에게 부친 편지에서 이야기하듯이, 여든여덟의 나이에 그는 이렇게 말했다.

"파치 당의 음모가 벌어졌을 때 그는 엄마 품에 안겨 있었는데, 죄를 짓고서 도망쳤던 자코포가 카센티노에서 체포되어 갇혔다고 회상했다."

자코포는 1478년 4월 24일에 팔테로나에서 붙잡혔고 같은 날 저녁 베키오 궁〔시청사〕 창가 난간에서 교수형을 당했다. 반란과 학살이 벌어지던 당시, 미켈란젤로는 다섯 살에 불과했지만 그 끔찍한 광경을 기억에서 결코 지우지 못했다. 이 세상에서 겪은 첫 번째 기억이 높게 매달린 채 궁전의 꺼칠한 벽 위에서 흔들리는 살인자의 모습이었다. 그 불길한 날에 이 죄인은 어머니 품에 안겨 있던 아기의 두 번째 아버지가 될 로렌초 데 메디치를 살해하려 했었다. 그 무시무시한 추억은 세월이 한참 지나 그가 시스티나 예배당 벽에 허공에 걸린 영벌받은 시신을 그릴 때까지 남아 있었다.

9
첫 번째 스승

미켈란젤로의 첫 번째 스승이 프란체스코 다 우르비노라는 것은 누구나 알고 있다. 그런데 그에 대해서 미켈란젤로에게 시를 읽고 쓰는 것을 가르쳤다는 사실 외에는 관심을 두지 않았다. 여기에서 처음으로 그를 자세히 알아보려 한다.

교양 있는 군인이던 나폴리, 갈레오타 가의 지롤라모는 우르비노에 정착했다. 그곳에서 그는 페데리코 다 몬테펠트로 밑으로 들어갔다. 그의 조카 아고스티노 갈레오타는 우르비노에서 라틴어와 수사학을 가르쳤다. 아고스티노에게 프란체스코와 니콜로라는 두 아들이 있었다. 이들 또한 교사였다. 맏아들 프란체스코는 여러 도시에서 가르쳤다. 그는 고대 그리스 문화에 박식해서 그리스 사람이라는 별명도 얻었다. 바로 그가 피렌체에서 미켈란젤로를 가르치게 되는 행운의 주인공이다. 그의 아들도 교사가 되었다. 사실상 1526년 기록에 "프란체스코 우르비노 데 카미요, 피렌체 문법 선생"이라는 구절이 있다.

어린 미켈란젤로는 1482년에서 1483년 사이 어느 때인가 이렇게 그리스에 대한 지식으로 유명한 인문주의자 교실에 보내졌을 것이다. 어쨌든 그는 이런 배움의 기회를 잘 활용하지 못했다. 그는 그리스어를 잘 몰랐고 라틴어도 익히지 못했다.

잔노티[1492~1573]에 따르면, 미켈란젤로는 만년에 자신의 무지를 털어놓았다. 친구들과 이야기하다가 어학자 프리시아네세의 이름이 등장하고 그에 대한 찬사가 쏟아지자, 미켈란젤로는 이렇게 말했다.

"라틴어를 배워 그의 책을 읽고 싶어하게 하려는구먼. 고대 로마의 감찰관 카토네˙도 여든이 다 되어 그리스어를 배웠다고 하더구먼. 피렌체 사람, 미켈란젤로 부오나로티가 일흔 살에 라틴어를 배운다면 그것도 그렇게 중요한 사건이 될까 모르겠소."

훗날 바르키˙는 미켈란젤로의 추도사에서 그가 어려서부터 글쓰기보다 그림 그리기를 훨씬 좋아했다며 그 진짜 이유를 들었다.

"그를 아는 사람들은 그가 젖먹이 때 칠판에 알파벳을 쓰기 시작했을 때부터, 다른 아이들과 다르게 글씨를 쓰지 않고 그 형태를 따라 그리려고 막대기를 사용했다고 합니다."

그는 또 이렇게 덧붙인다.

- BC 234~149. 로마의 정치가·웅변가, 라틴어 산문 작가.
- 1502/1503~1565. 이탈리아 역사가, 시인.

"그 아이는 문법을 배우러 학교에 가는 것보다 그림을 그리러 성당에 가는 것을 더 좋아했습니다. 그렇게 그 아이는 툭하면 학교를 빼먹고 그림 그리는 것을 보러 갔고 공부하는 사람보다 그림 그리는 사람을 찾아다녔습니다."

미켈란젤로는 착실한 학생이 아니었다. 피렌체 사람들이 말하듯이, '페르 포르카', 다시 말해 '땡땡이치기'를 즐겼다. 공부에 게으름을 피우는 미켈란젤로에게 그의 아버지는 물론이고 프란체스코 다 우르비노도 매우 실망했을 것이다. 그러나 이 어린 천재는 책 속에 씌어진 글 대신 세계의 살아 있는 형태를 읽고 재현하는 데에 몰두했다. 심지어 알파벳 문자조차 그에게는 신호와 소리가 아니라 소묘이자 형태였다. 그는 사실상 그 재현법을 배웠다. 대단히 늙어서도, 그의 필치는 꼼꼼하고 매우 선명하다. 바로 이것이 그리스 사람이라고 불렸던 프란체스코 갈레오타 우르비노 선생의 가르침에서 얻은 결실이다.

10
적성

신동神童에게서 예술에 대한 적성이 어떻게 살아나 형성되고 발전하여 강화되는지 알아보는 것은 대단히 즐거운 일이다. 그러나 어떤 소명이나 그 최초의 싹은 수수께끼이며, '타고난 시인'이라고 했던 사람도 이와 비슷하다. 미켈란젤로는 아주 일찍이 예술의 부름을 받았다. 그는 예술가로 태어났고, 어려서부터 뚜렷한 예술가 기질과 애정을 지니고 있었다.

그 기원까지 거슬러 올라갈 순 없지만—즉 하늘과 자연, 살과 피에서 비롯되었기 때문이다—어린 미켈란젤로가 열 살쯤부터 보여주기 시작했을, 그 적성의 초기적 요소와 부수적인 사건을 함께 이어볼 수 있다.

우리는 그가 물려받은 모든 배경을 제외한 채 그를 봐왔다. 즉, 미켈란젤로는 상인 출신의 소시민 집안 태생이며, 치부하지 못하고 변변치 않은 환전상 출신이라는 사실 말이다. 아버지를 비롯한 그의 조상은 예술을 기술보다 조금 낫다고 보았을 뿐이다. 특히 자기 가문의 노선과 무관하거나 상스럽다고 보았다.

어린 시절에 미켈란젤로는 병약했다. 또 억센 사람처럼 폭력에 치우치지도, 힘이 드는 일을 즐기지도 않았다. 여섯 살에 어머니를 잃은 그는 무뚝뚝하기 짝이 없는 아버지와 사랑할 수 없는 계모 아래에서 고아처럼 지냈다. 그는 이렇게 일찍부터 슬픔에 젖어 있었다. 수줍고 우울한 사람은 다른 이들보다 더 위로와 보상을 추구하거나 예술이나 사상으로 도피하는 경향이 있다.

우리가 보았듯이 미켈란젤로는 라틴어를 배우려 하지 않았으며, 문법이라는 첫 번째 장애에 부딪혔다. 그는 문학과 법률을 연구하는 방향으로 나아갈 수 없었다. 그는 법관이나 인문주의자가 될 수 없었다. 상거래처럼 언제나 당대인이 열렬하게 수용하던 직업에 아무런 매력도 느끼지 못했다.

툭하면 우울함에 빠지는 나약한 체질, 문학에 대한 아무런 의욕도 없는 데다가 팔고 사는 일에도 무심한 그가 무엇을 할 수 있었을까? 할 일이라고는 속어(이탈리아) 운문을 읽는 일과 그림을 그리는 일뿐이었다. 그는 언제나 마지막 순간까지도 시를 좋아했다. 한때는 진정 위대한 시인의 모습을 보여주기도 했다. 그러나 그는 새로운 단테가 되기에 너무나 부족했다는 점을 이해한 듯하다. 게다가 자연을 모방하든 다른 사람의 작품을 모방하든 그림을 그리는 것보다 더 즐거운 일은 없었다.

미켈란젤로는 1485년부터 1490년 사이에 강렬하게 천분을 확신한다. 이때는 이탈리아 르네상스와 피렌체 문명이 가장 역동적이고 기적적으로 꽃피운 시기였다. 1469년부터 피렌체는 군주이자 시인이며 예술 후원자인 로렌초 데 메디치가 집정하기 시작했다. 사방에 새로운 건물이 들어섰고 고대 입상을 발굴하고 또 그것에 근거해 새로운 상을 만들었다. 성당은 그림과 벽화로 화려하게 치장되었다. 미켈로초, 상갈로, 보티첼리, 폴라이우올로, 베로키오, 베르톨도가 대공을 위해 일했다. 땅과 번창하는 상업을 유산으로 물려받은 부유한 시민들은 이 도시의 제일가는 시민 로렌초와 경쟁을 벌였다.

어린 미켈란젤로는 혼자서 생각에 잠긴 채, 곧고 구불구불한 골목길과 새로 조성된 광장과 귀족의 궁전 밑을 배회했다. 그는 산타 크로체 성당에 들어가 조토를, 카르미네 성당[산타 마리아 델 카르미네 성당] 안에 있는 브란카치 예배당에서 마사초를, 산 마르코 수도원에서 프라 안젤리코를, 산타폴로니아(수도원)에서 안드레아 델 카스타뇨를, 오르산미켈레[피렌체 조합의 교회] 바깥 벽감에 세운 2개의 대리석상 「성 마가」, 「성 게오르기우스」(모두 1415년경에 완성)와 피렌체 대성당의 종탑에서 도나텔로의 작품을 보았다. 그는 1468년에 내진內陣 벽화를 그리러 산타 마리아 노벨라 성당으로 들어가는 기를란다요를 알아보았다. 또 그는 1489년에 착공된 훗날 스트로치 궁이 될 건물의 거대한 기반이 다져지는 것도 보았다. 그런가 하면 로렌초 대공에게 새 그림을 가져다주려고 라르가 가에 있는 궁전으로 들어서는 보티첼리와 마주치기도 했다. 심지어 길거리에서, 아직 서로 아는 사이는 아니었지만 레오나르도 다 빈치, 루카 델라 로비아, 안젤로 폴리치아노, 니콜로 마키아벨리와도 마주치곤 했다. 왕성한 활기에 넘치고 천재적인 인물들이 새로운 건물들을 지었으며, 새로움과 완전에 대한 사랑, 즉 우아하고 힘차고 아름다운 일상이 활짝 피어나는 것을 자부하기 시작했다.

이렇게 사색과 눈에 보이는 것에 대한 사랑을 본능적으로 타고난 어린 미켈란젤로는 창작활동에 참여하면서 훌륭하고 유명한 예술가들과 빼어남을 겨루고 싶은 욕심을 키웠다. 건강과 유복함이 부족한 아이는 유명해지고 가장 위대한 인물과 같아지고, 심지어 그들을 뛰어넘으려는 극성스럽고 참을 수 없는 욕망을 다지게 마련이다(이는 마치 자신의 약점과 불우함을 설욕하는 것 같다). 부모와 스승에게서 사랑도 평가도 받지 못한, 고독하고 폐쇄적이며 수줍음 많은 사람이 이런 긍지(자존심에서 비롯된)에 대한 욕망이 얼마나 강한지는 그 누구도 상상할 수 없으리라. 상당히 병약하고 어려운 이런 소년들이 가정에서 제대로 칭찬받지 못하고 학교에서도 뛰어나지 못하다가, 사랑에 대한 갈증과 영적인 빛을 느끼게 되면 이와 같은 세상의 냉혹함과 반감에 저항한다.

"내가 누구인지 너희들에게 보여주리라. 또 너희들이 내가 우스꽝스럽고 형편없다고 생각했던 것을 후회할 날이 있으리라."

당대인을 깊이 이해했던 피렌체 사람, 단테는 이미 그것을 매우 잘 보고서 이렇게 묘사했다.

"우월감, 선망 그리고 근성이
그들의 심장에 불을 지피는 불꽃이다."

이렇게 승화되어 미덕에 가깝게 변질한 세 가지 중요한 원죄는 특히 피렌체에서 수많은 예술적 소명이라는 바탕에 깔렸다. 자부심은 그 자신의 가치를 정당화하는 감정이 되면서 고상해진다. 선망은 위대한 인물과 지칠 줄 모르는 경쟁심 속에 녹아든다. 근성은 인간적으로나 정신적으로 자유에 필요한 물적 독립성을 보장하기 위한 열망이다.

뛰어난 영성靈性으로 순화되고 변형된 이런 원죄가 밑거름 된 싹이 아직 어린아이였던 미켈란젤로의 불안하고 부끄러워하는 가슴속 깊이 감추어져 있었을 것이고, 예술을 향한 타고난 자질을 강화하고 발전시켰을 것이다. 몸이 허약했던 그는 자기 정신의 힘으로 복수하고 자신을 믿고자 했다. 그는 무시당했지만 가장 유명한 사람들보다 더 유명해지고 싶어했다. 그는 가난했지만 언젠가는 자기 가족의 여건을 개선할 수 있을 만큼 부유해지겠다는 꿈을 꾸었다.

그러나 이 모든 부글거리는 야심과 열망도 미켈란젤로의 영혼 속에, 모든 것을 거르고 증폭하는 신성한 '사랑'의 불꽃이 없었다면 별다른 효력이 없지 않았을까. 보통의 언어에서 사랑이라는 말은 성적인 본능을 고상하게 미화하기도 한다. 그러나 이는 부끄러운 잘못이다. 언제나 줄기차게 사랑에 불타고 있었다는 사실을 잠시라도 염두에 두지 않고서 그의 삶과 작품을 이해하기란 어렵다.

미켈란젤로는 청소년이 되면서 모든 것을 무섭게 사랑했다. 그는 이 세상의 모든 형태와 모습을, 모든 생명을, 천상과 지상의 가장 큰 것에서부터 가장 작은 것에 이르기까지 모든 경이와 아름다움을 사랑했다. 진정으로 사랑하는 사람, 사랑하려고 태어난 사람은 결국 창조의 경이가 아니라 사소한 부분이 되는 여자만을 사랑하지 않는다. 그는 그가 본 모든 것을 사랑하며, 하늘 아래 찬란한 모든 것과 자기 주변에서 싹트고 미소 짓는 모든 것을 사랑한다. 진정하고 완전한 사랑은 단순히 편파적인 선택이 아니며, 쾌락에 대한 본능적 굶주림도 아니다. 사랑이란 각 존재의 힘찬 결합을 보고 발견해낼 수 있다는 뜻이며, 이런 시각을 즐기고 그것으로 가슴을 채울 수 있다는 뜻이다. 흔해 빠지고 거창한 자연의 구경거리를 포식하는 것이 결코 아니다. 사랑이란 밤새도록 끝없이 무지개를 그리려 운행하는 별부터 덤불을 수놓는 잎사귀들 사이로 향기를 퍼트리는 제비꽃 한 송이에 이르기까지 눈에 드는 것을 음미한다는 뜻이다. 예컨대 진정한 사랑에 취한 사람은 태양은 물론이고 그것에서 비롯되는 모든 광채와 어둠의 대조를 사랑한다. 향기로운 풀과 꽃으로 덮인 언덕의 그윽한 능선을 황금빛으로 적시는 태양은 물론이고, 어두운 골목 담장 저 뒤로 사라지면서, 맹렬한 화염으로 그것을 타오르게 하는 태양도. 탑의 꼭대기를 뜨겁고 노랗게 물들이는 태양도, 진흙탕인 강물의 살랑거리는 모습을 반짝이게 하려고 기다리는 태양도. 이런 신성한 빛의 선물과 놀이를 응시하는 데에서 얻는 기쁨이야말로 바로 사랑이다. 미켈란젤로의 영혼은 모든 존재와 면모에 대해 이런 사랑으로 가득 차 있었다. 물론 이런 사랑은 특히 인간이라는 신의 걸작에서 그 최상의 비례와 완전성을 더욱 잘 보게 되는 피조물의 자리에서 발현될 때에 가장 열렬하다. 아름다운 육체와 얼굴은 남성이든 여성이든, 살이든 대리석이든 간에 항상 미켈란젤로의 사랑에 넘치는 정신을 황홀경에 빠트리곤 했다. 이런 사랑의 불꽃이 어린이나 청년에게서 타오르지 않는다면, 성인이나 노인에게서도 일어나지 않을지 모른다. 미켈란젤로의 가슴속에 보편적인 사랑의 식지 않는 분출과 위력은 예술에 대한 그 소명의 일차적이며 유일한 열쇠인 듯하다. 그에게는 재능이 있었다. 하지만, 그의 작품에서 열렬하고 진정한 이러한 사랑과 소통하는 창조적 능력이 없다면 그 재능이 다 무슨 소용일까?

사랑은 사랑하는 대상을 소유하고 정복하려 하며, 우리 자신을 그것과 동일시하려는 끈질긴 충동이다. 예술이란 이 세상의 가장 감탄할 만한 피조물을 모방하고 재현한다는 점에서, 이와 같은 환락과 소유와 일체화에 이르는 데에 확실하게 승리를 보장하는 수단이다. 그것을 낳은 사랑이 더욱 악착스럽고 충족될수록 예술은 더욱 신성을 폭로하게 될 것이다. 밝은 시선과 능숙한 손, 예리한 지성과 강인한 의지가 그것을 거들어준다면 말이다.

미켈란젤로의 조숙한 소명과 장차 그 위대성의 비밀은 바로 이와 같은 모든 것의 집중 속에, 운과 빛과 재능이 한데 어우러진 데에 있었다.

11
첫 번째 친구

미켈란젤로의 첫 번째 친구는 화가 프란체스코 그라나치였다. 그라나
치[1469년생]가 열여덟 살, 미켈란젤로가 열두 살가량이던 1486년,
1487년쯤에 서로 알게 되었다. 이들은 이웃이었다. 이 화가는 벤타코
르디 가의 꼬마가 예술적 재능이 있다는 것을 처음 간파했던 청년이다.
그는 미켈란젤로의 첫 번째 동무이자 지원자가 되었다.

    그라나치는 일찍이 필리피노 리피와 함께 일했었고, 그 뒤 도메니코
기를란다요의 화실에 들어갔다. 그는 화실에서 가장 뛰어난 학생이었
던 듯하다.(그라나치는 도메니코의 그림을 일부 그리기도 했다고 바사
리는 전한다. 그러나 그는 스승이 사망한 뒤, 레오나르도 다 빈치, 라파
엘로의 화풍을 추종한다.)* 그는 미켈란젤로에게 조언하고 모사할 그
림들을 건네주었다. 그는 그렇게 미켈란젤로에게 호의적이었다. 결국

* 다음을 참조. 앙리 오베트, 『기를란다요』, 플롱, 1907, 파리. 160쪽

루도비코는 마지못해 아들을 기를란다요의 화실로 들여보냈다. 그라나치는 미켈란젤로에게 항상 훈훈한 기억을 남겨주었다. 그러나 이들처럼 서로 다르거나 상반된 화가도 없을 것이다. 그라나치의 그림은 우아하고 능숙하며 세련되고 그윽하지만, 부오나로티의 작품처럼 무서운 힘을 반영하는 자취는 없다. 물론 오늘날 어떤 미술사가는 최근까지 그라나치의 작품으로 간주했던 「성가족」이 한참 어렸을 그 당시 미켈란젤로 작품이라는 주장을 펴기도 한다. 파트모스*의 고독 속에 서 있는 성 요한의 환조丸彫상에서나 이 옛 친구의 것이라고 부인하기 어려운 발상을 찾아볼 수 있다.

바사리는 그라나치에 대해 이렇게 말했다.

"생계 때문이 아니라 취미로 예술에 몰두했던 까닭에, 마음 내키는 대로 작업했다. 또 안락한 생활을 했으므로 부족한 여건에 있는 사람보다 자기 역량을 충분히 발휘하지 못했다."

미켈란젤로의 기질은 이와는 판이하다고 생각할 수밖에 없다. 그는 궁색하게 지냈다.더군다나 부유해지고서도 시간을 때우려고 예술을 하지는 않았다.

그라나치와 오랫동안 진실한 사이였지만 미켈란젤로는 그에게 회화의 역사에서 가장 잊을 수 없는 창피를 주고서도—나중에 보게 될 것이

• 그리스 도데카니소스 제도의 최북단에 있는 가장 작은 섬. 로마시대 유배지. 95년경에 유배된 요한이 가장 유명하다. 그는 요한복음과 요한묵시록을 모두 이곳에서 썼다고 한다.

다―아무런 가책을 느끼지 않았다. 온화한 성품의 그라나치는 유명해진 자신의 옛 학우의 거친 무례를 용서했다. 어쩌면 그는 자신의 큰 영광은 그림이나 깃발에 있다기보다, 자신을 따랐던 이 까다로운 성격의 어린아이를, 기벨리나 거리와 산타 크로체 사이의 어두운 골목길에서 도상과 위대한 미술가들을 주제로 이야기하면서 처음으로 격려하고 도와주었다는 데에 있을 것이라고 예감했을지 모른다.

12
두 번째 스승

도메니코 기를란다요 형제의 화실은 당시 피렌체 미술계에서 명성이 가장 자자했다. 1487년에 조반니 토르나부오니는 의욕적으로 산타 마리아 노벨라의 내진 장식벽화를 기를란다요 형제에게 맡겼다. 이 엄청난 작업은 4년이 걸렸다. 형제는 평판도 높아졌고 상당한 보수도 받았다. 이 화실 소속이었고 허풍을 떨 줄 모르던 그라나치의 찬사에도 만족하지 않은 루도비코 부오나로티는 그림을 배우겠다는 생각에 가득차 있던 이 약간 괴상한 아들을 기를란다요에게 데려가기 전에 나름대로 알아봤을 것이다.

미켈란젤로는 1488년 4월 초하룻날 기를란다요의 화실에 들어갔다. 그의 나이 열세 살이었다. 미켈란젤로의 아버지가 일기장에 기록한 대로 그 기간은 3년이었다. 선생은 이 소년에게 생활비를 지급해야 했다. 24플로린이었다. 이 금액은 1875년 현재 206.40이탈리아 리라인데, 오늘날 최소한 백 배는 더 주어야 할 만큼 빈약한 액수였다.

선배 그라나치의 기약대로 미켈란젤로는 마침내 예술의 천국에 들어갔다고 믿었다. 그러나 그는 금세 도메니코가 생각했던 것만큼 그렇게 자유롭지도 관대하지도 않다는 사실을 눈치 챘다. 그는 우선 도제생활의 신참자로서 가게 점원 일을 해야 했다. 그림을 그리는 것이 아니라 판매하는 일이었다. 그는 가게에 있던 그림들을 이용해서 제 나름대로 붓과 펜을 다루려고 꽤 애를 썼다. 어느 날, 그는 대담하게 도메니코에게 이렇게 물었다.

"양떼와 개, 마을과 집과 유적, 그런 것과 함께 있는 목동이 그려진 초상화첩 가운데 하나를 빌려주실 수 없겠습니까?"

어린 미켈란젤로는 핀잔을 받았고, 누구의 도움도 받지 않고 자신이 직접 그린 마귀들에 둘러싸인 성 안토니우스 상을 기를란다요가 자기 가게에 있던 것이라고 거듭 강조했다는 사실을 알고서 매우 놀랐다. 다른 조짐까지 포함해서 이런 계기로 미켈란젤로는 이 선생이 시기심이 많다고 믿게 되었고 이런 생각을 평생 간직하게 되었다.

'신과도 같은 미켈란젤로'라고 부르던 그의 오랜 지인이었던 바사리는 이런 비난에 대해 기를란다요를 두둔하려 했다. 어느 날 (기를란다요는) 산타 마리아 노벨라 성당의 비계飛階 위에서 벽화를 그리던 미켈란젤로를 마주치고서 이렇게 말했다고 한다.

"나보다 더디게 그리기는 해도 이 새로운 모방 수법은 놀랍구먼."

이 말이 사실이라면 기를란다요에게 큰 영광이지만, 우월한 타인 앞에서 질시하는 그의 선망을 여실히 확인해준다. 콘디비에 따르면, 미켈란젤로는 스승의 '예술과 태도'를 칭송했다고 한다. 그러면서도 그는 거기에서 어떤 유익한 것도 얻지 못했다는 점을 부인하지 않았다. 이런 사실을 믿기란 어렵지 않다. 이 스승은 훗날의 자신의 제자와 완전히 달랐다. 기를란다요는 상당히 혹평을 받았고 현대의 평론가들은 그를 무시했다.─러스킨과 버렌슨만 상기해도 충분하다─평론가들이 약간 둔했을지 모른다. 그러나 그가 위대한 화가도 상상력이 뛰어난 생기 넘치는 화가도 아니었던 것만은 분명하다. 그는 성실하고 능숙하게 매력적인 초상을 그렸으며, 그 채색 효과와 세부 장식은 멋이 있다. 그러나 그 화면구성은 동세가 부족하고 부자연스럽다. 빛과 그림자 사이의 기분 좋은 대조 같은 것은 없다. 극적인 움직임도 없다. 인물의 표현에도 활기가 없다. 피에트로 바르젤리니가 아주 적절하게 지적했듯이, 이 피렌체 화가는 대공 각하 밑에서 출세하고 비대해진 유복한 부르주아 집안의 행운을 물려받았다. 기를란다요는 약간 세속적인 사치와 위엄을 부리기는 했어도 솔직하고 능란하며, 정확하고 유쾌한 화가였다. 그러나 그에게는 약동과 참신한 발견과 창의력과 대담한 상상이 없었다. 말하자면 그는 이 어린 사자에게 가르칠 것이라고는 전혀 없었던 순한 집고양이 같았다.

기를란다요는 어린 미켈란젤로의 초상이라는 대단히 소중한 기록을 남겼다. 필자는 산타 마리아 노벨라의 벽화를 들여다보면서, 벽기둥 사이로 나타난 장면에 놀라고 말았다. 즉, 아직 어린 모습의 성 요한이 사막으로 들어가려고 도시를 떠나는 장면이다. 성 요한은 솟아오른 바위로 둘러싸인 배경 앞에 재현되었다. 그는 손에 지팡이를 들고서, 자신이 살던 고장을 멀리한 채 편안히 걷고 있다. 알다시피 기를란다요는 타고난 능숙한 초상화가였다. 그는 틀림없이 실물을 앞에 두고서 작업하려 했을 것이고, 어린 부오나로티에게 자세를 취해달라고 했을 것이다. 당대인들은 미켈란젤로가 이 성 요한의 모습처럼 얼굴이 둥글었다고 전한다. 마찬가지로 귀는 약간 납작하게 들렸다. 부오나로티의 귀처럼(그랬다고 한다) 표정은 진지하고 심각하다. 이 또한 그 나이의 미켈란젤로를 닮았을 것이다. 이는 기를란다요가 그린 다른 어린이에게서 나타나는 귀염성이나 차분함과 다르다.

신빙성이 없다고 할 수 없는 이런 가정을 감히 내놓아본다. 만약 내의견이 사실이라면, 우리는 종종 자화상을 그리곤 했을 이 화가의 첫번째 모습을 여기에서 볼 수 있을 것이다.

13
성 안토니우스의 마귀들

미켈란젤로는 판화가 숀가우어*가 그린 마귀에 들린 채 신음하는 성 안토니우스를 재현한 판화를 보고 그것을 그리고자 채색물감을 처음 사용했다.

숀가우어는 알브레히트 뒤러의 독창적 선구자로서 1488년 당시 여전히 생존해 있었다. 그는 1491년에 사망했는데 그의 판화는 이탈리아에서 널리 보급되고 인기를 끌었다. 성 안토니우스의 시련을 재현한 판화 한 점을 갖고 있던 그라나치가 어린 친구에게 그것을 보여주었다. 미켈란젤로는 그것을 아주 좋아했다. 그는 그라나치가 가져다준 물감과 붓으로 모사화를 그리려고 했다. 콘디비에 따르면, 그는 정말로 채색화 한 점을 그렸다. 그러나 바사리에 따르면, 판지 위에 색채를 가미

• 프랑스 알사스 지방 콜마르 출신. 본문에서는 독일 화가라고 했다. 당시로서는 틀리지 않은 말이나 알사스는 2차 대전 후에는 프랑스에 편입되었다.

한 담채화를 그렸을 뿐이다. 그러나 콘디비는 미켈란젤로 곁에서 그의 전기를 썼던 만큼, 그의 설명이 사실일 개연성이 더욱 높다.

나중에 미켈란젤로는 인체를 제외하면 자연을 탐구하는 데에 거의 무심했지만, 이 작품에서 대단히 꼼꼼한 사실성을 보여주려 했다. 숀가우어의 판화는 그 늙은 금욕주의자를 아홉 마리의 악귀에 둘러싸인 모습으로 재현했다. 그들은 사방에서 늙은이에게 달라붙어 들어올리고 조롱하고 쥐어뜯고 찢고 있다. 두 놈은 그를 막대기로 내리치고, 또 다른 놈들은 갈고리 모양의 손으로 가슴과 옷자락을 쥐고 있다. 여기에서 악귀들은 과거 이탈리아 회화에서 등장한 것과 매우 다르다. 그 신체는 파충류나 바다괴물을 연상시킨다. 날개가 달렸고 가시와 비늘이 돋아 있다. 그중 하나는 문어의 촉수가 달린 거대한 꼬리가 붙었다.

어린 미켈란젤로는 이 잔인하고 환상적인 괴물에 매력을 느껴 특별히 세심하게 그리려 했던 듯하다. 콘디비는 이렇게 썼다.

"미켈란젤로는 미리 자연 속에서 확인하지 않고서는 어떤 부분도 채색하지 않을 만큼 신중했다. 그는 그림 속에 정확하게 재현하려고 어시장에 가서 그 지느러미의 색깔과 형태를 살폈고, 눈의 빛깔이며 다른 모든 부위를 살폈다. 이렇게 그는 사람을 감탄하게 한 완성의 지점에 이르렀고, 결국… 기를란다요가 그를 질시하게 되었다."

숀가우어의 판화를 못 본 사람이라면―미켈란젤로의 여러 전기 속에 이것은 결코 도판으로 실리지 않았다―어째서 이 어린 화가가 어시장까지 가서 관찰했는지 이해할 수 없을 것이다. 그의 채색화는―열세 살짜리의 작품이라는 점을 잊지 말자— "자신이 보았던 모든 것을 경이 속으로 몰아넣었다"라고 콘디비는 말한다. 아마 베니비에니도 그 작품을 보고 감탄했으리라. 왜냐하면 나중에 보게 되겠지만, 바로 이 사람이 부오나로티가 장차 위대한 인물이 되리라고 처음으로 예언했기 때문이다.

이 거장의 소년기와 장년기의 다른 수많은 작품처럼, 이 작품 또한 불행하게도 유실되었다. 1802년에 카를로 비안코니〔1732~1802〕는 볼로냐의 한 집에서 성 안토니우스의 끔찍한 모험을 재현한 이 화폭을 찾아냈다고 믿었다. 이 그림은 1881년 이 도시 시장에 나왔다. 그러나 그 검증을 위해 당국에서 초대한 화가들은 이 화폭이 미켈란젤로의 것이 아니라고 결론지었다. 왜냐하면 화폭은 유화였고(15세기 내내 피렌체에서 유화는 아직 실용화되지 못했다.) 그 솜씨와 스타일로 미뤄볼 때, 16세기 말엽의 것으로 미켈란젤로와는 전혀 무관하다고 판단했기 때문이다.

어쨌든, 우리는 그가 선택한 최초의 회화적 주제에서 즉, 그가 나중에 첫 번째 조각의 모델로 삼은 늙은 목신牧神과 마찬가지로, 괴기스럽고 무시무시한 존재에 대한 미켈란젤로의 타고난 본능적 취미를 확인한다. 이 첫 번째 시도의 기회에, 그가 나중에 헬레니즘과 이탈리아 취미에 빠지는 화가가 될 북유럽 사람〔숀가우어〕의 중세적이며 북유럽적 상상에 고취되었다는 사실은 우연한 일은 아니다. 숀가우어의 판화에서 그가 끌렸던 것은 분명히, 감내하는 늙은이의 무덤덤한 표정을 보여주는 성 안토니우스라는 인물이 아니라, 괴상망측하고 자극적이며 요동치는 악귀의 모습이라는 데에 의심할 나위가 없다. 우리가 보았듯이,

그는 생생한 빛깔로 그것을 복사하려고 대단한 인내심을 발휘했다. 이때 이미 그는 인간에 대한 저주받은 박해자와 유혹자에 대한 강박관념에 시달리지 않았을까?

이보다 반세기가 더 지나서, 「최후의 심판」이라는 거대한 벽화에서 미켈란젤로는 다시 한 번, 짐승 같은 면은 덜하지만 더욱 끔찍스런, 찌푸린 얼굴로 이를 가는 마귀를 그린다. 미켈란젤로의 최초의 작품과 최후의 작품에서 거대한 적의 하수인들이 찢긴 아가리를 벌린 모습으로 등장한다는 사실을 잊지 말자.

14
최초의 예견

1488년 로마 신사 몇이서 로렌초 대공의 딸 마달레나를 로마로 데려가려고 피렌체로 찾아왔다. 그녀는 프란체스케토 치보의 약혼녀였다. 이 손님들과 메디치가 측근 사이에 예술의 우수성을 놓고서 논쟁이 벌어졌다. 여기에서 피렌체 사람의 관점을 옹호하고 나선 이는 지롤라모 베니비에니[1453?~1542]였다. 그는 시인이자 철학자로 대공의 측근이자 피치노˙의 경쟁자였다. 또 안젤로 폴리치아노의 친구였고 나중에, 피코 델라 미란돌라˙, 사보나롤라와도 사귀었다. 아직 미간행 상태인 베니비에니의 옛 전기가 전하는 바에 따르면, 그는 다음과 같은 찬사로 논쟁을 마감했다.

● 1433~1499. 이탈리아의 철학자 · 신학자 · 언어학자. 플라톤과 그리스 고전 작가의 저서를 번역 · 해설해 2세기 동안 유럽 사상에 영향을 끼쳤던 인물.
● 1463~1494. 이탈리아의 인문학자, 플라톤주의 철학자.

"결국, 이와 같은 예술의 탁월성이란 요컨대, 피렌체에서 나와 또 다른 몇 사람이 알지 모르지만, 가치에서나 평판에서 수많은 예술가를 능가할 만한 인물이 나왔다는 사실입니다. 비록 그가 지금은 어려서 그 재능을 아직 제대로 펼치지 못했습니다만, 언젠가는 로마조차 그에게 경의를 표할 날이 반드시 오겠지요."

어떤 익명의 전기작가는 이렇게 덧붙였다.

"지롤라모는 틀리지 않았다. 당대에 그의 가치를 알아보게 될 신과 같은 부오나로티를 언급하려 했으니까. 로마에서 온 신사들은 그의 습작 몇 점을 살펴보고서, 피렌체를 떠나기 전에 이미 지롤라모의 의견에 동조하게 되었다."

이 플라톤주의 시인의 예상은 열세 살짜리에 대한 것인 만큼 놀라운 것일 수 있지만, 가능성이 없지는 않다. 당시 서른다섯 살이던 베니비에니가 미켈란젤로의 아버지나 그라나치를 알고 있었거나, 아니면 그들로부터 이 소년의 놀라운 소질에 대한 이야기를 들었다는 가설을 뒷받침하는 것은 아무것도 없다. 이해에 미켈란젤로는 기를란다요의 화실 근처로 이사했다. 그런데 베니비에니는 끈질긴 호기심으로 그의 저술이 증명하듯이 그 유명한 화실을 기웃거렸고, 이 어린 신참자에게 모든 것이 유익하길 바라는 엄청난 열망을 품고 있었다. 콘디비의 말대로라면, 베니비에니는 로마 사람들에게 기를란다요의 감탄과 질투를 자아냈던 악귀들에게 붙잡힌 성 안토니우스를 보여주었을 것이다.

이렇듯 그의 예견은 결코 신빙성이 적지 않았다. 또 다른 예언자로서 지롤라모의 믿음직한 친구 사보나롤라의 예언적 정신을 영예롭게 한다. 아무튼 이러한 예견은 조목조목 맞아떨어졌다. 라틴어로 '바테스*' 라고 하는 사람들의 예견이 종종 적중하듯이.

• 혹은 바티스. 예언자, 방랑시인, 시인, 예언 등의 의미.

15
첫 번째 조각

성 마르코 정원에 미켈란젤로가 세운 첫 번째 조각은 누구나 알고 있듯이, 고대 목신 두상의 모작模作이다. 콘디비는 이렇게 말했다.

"이미 늙은 목신은 긴 수염을 늘어뜨리고 웃는 얼굴인데, 입을 거의 볼 수 없지만 머리는 늙은이라고 해야 할지 말아야 할지 알기 어려운 모습이다."

바사리는 이 목신이 '늙고 주름살투성이'에 코와 입이 축 처졌다고 덧붙인다.

이 기적적인 조각가가 완성한 이 첫 번째 습작에 관해서 우리는 아무 말도 할 수 없다. 모두 유실되어 전혀 확인할 수 없기 때문이다. 모델이 되었던 고대의 두상도, 부오나로티의 모작도…. 얼마 전까지도 여전히, 피렌체 바르젤로[국립 바르젤로 미술관]에 있는 웃음 짓는 목신의 가면상이 바로 그것이라고 생각하기도 했지만, 오늘날 대체로 이 작품을 훨씬 뒤의 것이라 인정한다. 아마 16세기 말이거나 18세기 초의 것일지 모른다. 아무튼 이 작품은 1669년 이전의 메디치가 소장 목록에 나타나지 않는다. 이것은 미켈란젤로의 후손인 필리포 부오나로티가 기증했을 수도 있겠지만 입증된 것은 아니다. 전기작가들의 이야기에 매료된 어떤 조각가가 사라진 원작을 재현하려 했던 것일지도 모른다. 아직 많은 사람이 미켈란젤로만의 고유한 솜씨로 보는 이 대리석 가면상의 특징은 고대와 콰트로첸토[1400년대] 미술을 전혀 상기시키지 않는 반면, 바로크 양식의 특징은 완연하다.

바르젤로에 있는 또 다른 목신 시클로프* 두상은 1922년 리오넬로 벤투리*가 바로 우리의 어린 천재가 제작한 진짜 모작이라고 주장했지만, 이것도 미켈란젤로의 것은 못 된다. 그것은 미소를 짓기보다 찌푸리고 있고 반쯤 벌어진 입은 완전히 이완된 모습을 보여주는데, 미켈란젤로의 옛날 전기작가들에 따르면, 대공이 익살맞은 비평을 한 뒤로 그는 완전히 사실적인 인상을 자아내도록 그 늙은 목신의 치아를 지워버렸다고 한다.

피티 궁에 17세기 전반에 제작한 오타비오 반니니의 그림이 있다. 여기에 로렌초 대공과 미켈란젤로가 처음으로 만나던 유명한 장면이 담겨 있다. 바로 거기에서 좌대 위에 놓인 대리석 두상이 보인다. 이것을 충분히 검토해볼 때, 콘디비와 바사리가 설명했던 바로 그것으로 보인다. 그러나 반니니의 시대까지 미켈란젤로의 원작이 실재했는지, 아니

• 그리스 신화에 등장하는 외눈박이 거인족.
• 1885~1961. 미술사가이던 아버지 학풍의 뒤를 이었다. 인상주의를 비롯한 모더니즘의 열렬한 옹호자였으며, 『미술비평사』, 『회화의 이해』 등 주요 저작이 우리말로 번역되어 있다.

면 화가가 자기 눈으로 보고 그렸는지 혹은 자신의 상상에 따라 그렸는지 여전히 알 수 없다.

이렇듯 미켈란젤로가 모델을 따라 제작했던 최초의 습작을 확인할 방법은 하나도 없다. 하지만, 누구도 제기하지 않는 문제가 있다. 어째서 이 초보적인 조각가는 정원에 전시된 수많은 고대조각 가운데에서 바로 이 늙은 사티로스의 두상을 골랐을까? 궁전에는 베르톨도의 후원으로 청순미 넘치는 신과 반신半神의 두상과 눈부시게 무르익은 나신상과 늘씬한 청년 상 그리고 영웅의 힘찬 토르소가 수집되어 있었다. 어떤 가르침과 어떤 순수한 사랑으로 이 어린 부오나로티가 절반은 괴물인 야수 같은 실레노스[사티로스 족의 하나]의 텁수룩하고 흉측한 얼굴에 끌렸을까? 이 목신이 웃고 있었다고들 하지만, 썩어 빠진 치아를 드러내는 그 입이라면 그 웃음은 무섭고, 명랑한 웃음이 아니라 위악스러운 표정이었을 듯하다. 목신의 이미지는 여러 차례 미켈란젤로의 예술에서 나타난다. 몇 해 뒤, 그는 자코포 갈리가 조각한 만취한 「바쿠스」 곁에 비웃는 젊은 사티로스 상을 놓았다. 루브르 미술관에 있는 소묘에서, 많은 이들이 미켈란젤로의 것이라고 주장하는 수염 달린 심술궂은 사티로스의 옆모습을 보게 되는데, 버렌슨은 그의 제자나 추종자였다고 짐작되는 '안드레아 데 미켈란젤로'라는 상상 속의 인물의 것으로 보려 한다.

이렇게 미켈란젤로의 첫 번째 선택에서 우리는 그의 재능의 독창적이며 지속적인 특징을 발견한다. 즉, 기이성과 신비성과 괴기성, 심지어 끔찍한 것에 대한 취미를. 이미 그의 첫 번째 습작에서—마귀들이 덮치는 성 안토니우스—이 초보 화가는 성자를 공격하는 괴물을 특히 돋보이게 하려고 온갖 배려를 다 했었다. 이와 같은 성향은 화가의 모든 작품에 걸쳐 발전한다. 누구나 「밤」의 입상의 찌푸린 모습에서 무시무시한 가면을 연상하게 되며, 「최후의 심판」에서 악마와 해골과 벌 받은 자들의 울부짖는 형상이나 어둡고 뒤집힌 얼굴의 소묘를 보면서 이런 주장에 동의하게 될 것이다.

미켈란젤로는 항상 양극적인 것을 탐색한다. 신성하게 아름다운 완벽성이거나 추악한 끔찍함을. …엇비슷하고 정상적이며, 평범하고 일상적인 피조물은 극단적인 대조로 기울어진 그의 천재성에 걸맞지 않다. 그는 그것을 잊어버리고 무시한다. 조각되고 채색된 그의 『신곡』을 통해 '가시적인 언어'에는 천국과 지옥이 있지만 연옥은 없다.

16
두 번째 아버지

미켈란젤로는 기를란다요의 동아리에서 일하는 데 만족하지 않았다. 어떻게 해서 그렇게 되었는지 자세히 알 수는 없지만, 그는 산 마르코 수도원 근처의 '메디치 정원'이라고 부르던 곳을 소개받았다. 그곳에는 고대조각이 모여 있었다. 또 수많은 청년이 늙은 바르톨도의 지도로 수련을 쌓고 있었다.

바로 거기에서, 그는 대공을 처음 만났다. 그리고 이내 대공은 타고난 안목과 직관으로 어떤 점에서 이 소년이 다른 아이의 수준을 능가하고 또 그 이상으로, 격려하고 가르칠 만한지 알았다.

로렌초 대공은 피렌체에서 무슨 일이든 할 수 있던 사람으로서—바르키의 멋진 표현을 따르자면 그는 "시민의 왕이거나 왕 같은 시민"이었다—루도비코 부오나로티를 소환했다. 콘디비의 이야기에 따르면, "대공은 그의 아들을 자신에게 맡겨달라고 청하려고 루도비코를 수소문했다." 아버지는 이러한 친권의 양도를 거절하지 못하고 계약을 체결했다. 아들을 양자로 보내는 대가로 루도비코는 세관에 한자리를 얻었고 미켈란젤로는 메디치 궁에 가족으로서 입양되었다. 다른 모든 대공의 자식과 마찬가지로 새로운 옷으로 갈아입고 모든 비용을 지급받았다. 바르키의 증언에 따르자면, 매월 금화 5플로린을 받았다. 로렌초 대공은 라르가 가의 메디치 모임에서 대단히 평판이 높았던 베니비에니의 극찬 때문에 이런 입양을 감행했을 것이다.

1490년 열다섯 살이 된 미켈란젤로는 이렇게 두 번째 아버지를 얻은 셈이다. 이 아버지는 더할 나위 없이, 예술에 대한 그의 사랑을 이해하고 칭찬하며 격려했다. 이 거처에서 미켈란젤로는 가장 '영예로운' 복장을 갖추었을 뿐 아니라, 대공의 자식들 곁에 책상과 자기만의 독방을 갖게 되었다. 그리고 무엇보다도 이전의 인문주의 교사에게서 배울 수도 배우려 하지도 않았던 고상한 정신적 교양을 쌓을 수 있게 되었다. 이 궁에서 그는 늙은 마르실리오 피치노, 안젤로 폴리치아노, 베니비에니, 피코 델라 미란돌라와 친해졌고 그 강연을 들을 수 있었으며, 피렌체를 방문한 기회에 이 군주이자 시인을 찾았던 모든 학자, 시인을 만나 그들의 이야기를 들을 수 있었다.

미켈란젤로는 라르가 거리의 이 인기 있는 궁전에 들어가면서 자신에게 마련된 '새로운 삶'을 시작했다. 그때까지 그는 보잘것없는 사람들의 그늘 속에서 살았던 '태양의 아들'이었다. 이제 그는 자신의 짝을 찾았다. 그는 천재와 아름다움을 사랑하던 시인의 귀빈이자 아들이 되었다. 그는 여전히 소년이었지만 이런 지적인 인사들 사이에서 자신이 영주인 듯 느꼈다.

그런데 로렌초의 처신을 설명해야 한다. 그는 왜 당시 피렌체에 자기 집 정원을 드나들던 그렇게 많은 소년 가운데서 반드시 루도비코 부오나로티의 아들을 골라야 했을까? 사람들은 그가 소년이 처음 제작했던 조각에 감탄했기 때문이라고 한다. 그렇지만 다른 이들에게 했던 것처럼 선생과 돈을 제공하면서 그를 후원하는 데 그칠 수도 있지 않았을까? 그런데 그는 왜 이를테면 미켈란젤로를 '사들이려' 했고 그를 친자식처럼 자기 곁에 두려 했을까?

바사리는 대공의 이런 태도를, 피렌체에 "자기 시대에는 유명하고 고상한 조각가가 없다"고 생각했던 그가 새로운 조각가를 발굴하려 했던 욕심 탓으로 돌렸다. 1490년 피렌체의 위대한 조각가 상당수가 사망했던 것이 사실이다. 기베르티는 1455년에, 베르나르도 로셀리노와 데지데리오 다 세티냐노[1430~1464]는 1464년에, 아고스티노 두초는 1481년이 조금 지나서, 루카 델라 로비아는 1482년에, 미노 다 피에솔레는 1484년에, 베로키오는 1488년에 사라졌다. 그리고 거의 칠십이 다 되었던 베르톨도는 1491년에 사망하게 되므로, 그에게 대단한 것을 기대하기도 어려웠다. 그 밖에도 베네데토 다 마이아노[1442~1497]는 아직 살아 있었고(그는 1497년에 사망한다), 폴라이우올로도 살아 있었다(1498년에 사망한다). 조반니 델라 로비아, 안드레아 산소비노는 1490년 당시 서른 살로 피렌체에서 활동 중이었다.

로렌초의 정원에는 청년 조각가로서 미켈란젤로보다 나이가 많은 토리자노, 루스티치, 바초 다 몬텔루포[1469~1523]가 있었다. 따라서 바사리의 주장처럼 이 도시에서 조각가가 완전히 사라진 것은 아니었다. 대군은 미켈란젤로를 자기 집에 양자로 들이지 않고서도 후원할 수 있었다.

그렇다고 대군에게 아버지로서의 사랑이 부족했다고 하기도 어렵다.

왜냐하면 그에게는 자녀가 여섯이나 있었기 때문이다. 사내아이 셋—
피에트로, 조반니, 줄리아노—, 또 계집아이 셋—루크레치아, 마들렌,
콘테시나. 넷째 딸 루이사는 1488년(1493?)에 사망했다. 여기에 수수
께끼를 푸는 열쇠가 있지 않을까. 고상하고 대단히 지적이던 로렌초는
자식들에게 그다지 바랄 것이 없다는 점을 충분히 이해했다. 나중에 보
게 되겠지만 피에트로는 제대로 하는 것이 아무것도 없고 정신적 활동
에 전혀 무심했으며, 공식적인 생활에도 무능했는데, 예상대로 비참한
종말을 맞이했다. 조반니는 미켈란젤로와 동갑이었다(그도 1475년생
이다). 그는 이미 1489년 때부터 추기경이었다. 그가 바로 유명한 레오
10세 교황이 된다. 하지만, 그는 특출한 지적 능력을 보여주지 못했고
훗날에도 위대한 교황이라는 평판을 얻지 못했다. 메디치 가문과 이 고
위 성직자에게 아첨하는 사람들의 말과는 다른 셈이다. 예술 후원자로
서도 그는 자기 아버지보다 수준이 훨씬 떨어졌다. 그는 또 자신의 전
성기에 수도사들의 싸움으로밖에 여기지 않았듯이 폭풍처럼 밀려드는
루터주의를 이해하지도 예견하지도 못했다.

막내 줄리아노는 나중에 느무르 공작이 되는 인물이다. 그는 한동안
피렌체 군주로 있었고 조반니보다 더 무능했다. 그는 어려서부터 병약
했고(서른여섯 살에 폐병으로 사망했다), 나라 살림이나 공부보다 놀
이에 여념이 없었다. 아무튼 줄리아노의 운명은 비상해 보였다. 그는
레오나르도 다 빈치를 휘하에 두었고, 마키아벨리는 『군주론』을 그에
게 헌정했다. 그의 석관은 산 로렌초 성당의 새로 조성된 내진에 미켈
란젤로가 조각했다. 어쨌든, 그에게 특별한 미덕은 없었다. 그는 운문
을 짓기도 했으나 그의 아버지나 당대 시인들보다 보잘것없었다. 그는

국가 원수였지만 통치에 서툴렀다. 그의 행과 불행은 단지 대공의 아들이라는 사실에 좌우되었다.

로렌초 대공은 친자식들에게 그다지 만족하지 못했던 데다가 그 자신은 재능이 출중했으며, 자식 중 누군가가 재능을 보여주기를 염원했으면서도 미켈란젤로를 가로챘다. 적어도 자기 집안에서 친자식과 마찬가지로, 비범하고 유명해질 천재성을 기약했던 청년을 갖고 싶었을 것이다. 대군은 이렇게 가부장으로서 위신을 잃지 않았다. 미켈란젤로는 그에게 수 세기에 걸친 최고의 영예를 가져다주었다. 무능한 피에트로와 열등한 조반니와 경박한 줄리아노를 능가하는…. 라르가 가의 메디치 궁 앞을 지나면서—지금은 관공서가 되었다—그곳에 살던 오직 두 명의 옛사람이 떠올랐다. 시인 로렌초와 그 또한 시인이지만 판이하게 다양한 수법과 예술을 보여줬던, 미켈란젤로가.

17
세 번째 스승

스승의 문제에서 미켈란젤로는 그다지 운이 없었다. 첫 번째 스승 우르비노는 인문주의자였지만, 위대하거나 매력적이지 못했다. 두 번째 스승 기를란다요는 괜찮은 화가였으나 탁월하지 않았다. 세 번째, 조반니는 유능하고 멋있는 예술가였으나 독창성이나 권위는 없었다. 그는 첫 번째 스승에게 대단한 것을 못 배웠고, 두 번째 스승에게서 그림을 거의 배우지 못했으며, 세 번째 스승에게서도 이렇다 할 조각을 배우지 못했다.

베르톨도는 일찍이 도나텔로의 제자였다. 도나텔로는 자신이 가진 것을 그에게 물려주었지만 그 재능까지 물려주지는 않았다. 베르톨도는 입상보다 청동원형부조를 제작했다. 그의 저부조와 입상은 소품들뿐이었다. 미켈란젤로는 베르톨도와 모든 점에서 달랐다. 그는 커다란 것을 추구했고, 베르톨도는 작은 것을 추구했다. 그는 힘에 취했지만, 베르톨도는 멋에 취했다. 그는 대리석과 씨름했지만, 베르톨도는 청동 주물에 만족했다.

베르톨도는 스승이라기보다 오히려 전형적인 학생이었다. 즉, 제자들에게 자신의 자취를 남기지 못한 인물이다. 이 사람은 궁정과 조신朝臣의 예술가였다. 즉, 그는 항상 판매할 것을 염두에 두고서 작업했다. 메달을 조각하거나 작은 성모와 천사 상을 주물로 떠내거나, 책상 위에 놓을 헤라클레스나 네수스* 등 작은 영웅 상을 빚었다.

요컨대 그는 힘과 표현이 아니라 멋과 우아함을 추구했다. 그는 항상 도나텔로의 제자였다고 자랑했지만, 그 위대한 조각가의 비결을 전혀 이해하지 못했다.

일상생활에서 쾌활했던 그는 사람들과 잘 어울리고 여행을 좋아했다. 1479년에 책을 지었다고도 하는데, 그가 로렌초에게 부친 편지를 보면 그것은 요리책이었다.

미켈란젤로는 그에게서 배운 것이 아무것도 없었다. 1490년에 이 어린 소년이 로렌초의 정원에 들어섰을 때, 베르톨도는 '더는 일할 수 없을' 만큼 노인으로서 수다만 늘어놓을 뿐이었다. 왜냐하면 이 메달과 소상小像의 조각가와 장차 「다윗」과 「모세」의 작가는 너무나 격차가 심했기 때문이다. 도나텔로의 위대한 가르침을 배우자면 미켈란젤로는 베르톨도를 뛰어넘어야 했고, 이 스승의 스승까지 뛰어넘어야 했다. 이미 「켄타우로스의 싸움」이라는 첫 번째 부조를 빚었을 때부터, 어린 미켈란젤로는 베르톨도의 소심하고 우물쭈물하는 수법에서 완전히 벗어나 있었다. 이때부터 이미 이 어린 수리 새끼는 늙은 미식가보다 훨씬 높이 자신의 날개로 날아올랐다.

---

* 네소스라고도 함. 반인반마半人半馬.

18
첫 번째 적

로렌초의 정원에는 미켈란젤로와 같은 또래의 피에트로 토리자노라는 조각가가 있었다. 바사리에 따르면, 그는 "거친 데다가 성미가 급하고 우쭐대며, 자만심이 대단해서 다른 사람을 무시하는 언행을 보였다." 이보다 훨씬 뒤에 그를 알게 된 첼리니는 이렇게 묘사했다.

"아주 잘생기고 용기가 대단한 사내였다. 그는 조각가라기보다 군인처럼 보였고 특히 우렁찬 목소리와 누구든지 두렵게 했던 눈썹을 찌푸리는 모습 때문에 더욱 그러했다."

1472년생이었으니까 미켈란젤로보다 세 살 많은 이 불량배는 바사리에 따르면, 미켈란젤로에 대한 질투와 미움이 대단했다고 한다. "항상 말로써나 몸짓으로 그를 공격하려 했고", 결국 어느 날 "주먹질로 미켈란젤로의 코를 부러뜨렸다. 그래서 그의 코는 평생 납작해졌다." 그러나 토리자노는 이 사건을 첼리니와 완전히 다르게 이야기한다.

"어렸을 적에 미켈란젤로와 나는 그림 공부를 하러 카르미네 성당의 마사초 예배당을 찾아갔었다. (…) 그런데 부오나로티는 그림 그리는 사람들을 마구잡이로 조롱하는 버릇이 있었던 만큼, 어느 날 그는 평소보다 더 자극적인 말을 하기에 나 역시 극도로 화가 나 주먹을 한 방 날렸는데, 내 손에 뼈와 연골이 과자처럼 부서지는 느낌이 들었다. 그는 이 상처를 평생 간직했다."

나이를 고려해볼 때 이런 이야기는 정확하지 않다. 피에트로도 미켈란젤로도 '어린아이'라고 할 수 없기 때문이다—한 사람은 스무 살이 다 되었고, 또 한 사람은 열일곱이었으니까. 아무튼 나는 부오나로티를 전적으로 존경하지만, 토리자노의 설명이 바사리의 설명보다 더 사실에 가까울 듯하다. 미켈란젤로를 아는 사람이라면, 그가 장년이 되어서도 주변 사람들, 특히 자기 분야의 사람들을 얼마나 비웃고 조롱하며 당황하게 했는지 잘 알지 않던가. 다혈질의 피렌체 사람으로서는 별것 아닌 말이었을 테지만, 바로 그날 마사초의 벽화 앞에서, 그가 당시에 이미 안달하는 둔재였던 토리자노를 자극했을 가능성은 충분하다.

미켈란젤로 자신이 콘디비에게 말했다시피 그 충격으로 "그는 집에 송장처럼 끌려갔다." 놀랄 일도 아니다. 콘디비의 증언대로 그는 어려서부터 "병약하고 가냘펐기" 때문이다.

아무튼 이런 주먹다짐은 두 청년 모두에게 심각한 결과를 가져왔다. 로렌초 대공의 분노를 피해 피렌체로부터 도망친 토리자노는 이때부터 영국과 또 종교재판소에 구금되어 사형을 걱정하게 되었던 에스파냐로 끝없는 방랑생활을 시작해야 했기 때문이다. 결국 그는 세비야의 감옥에서 1528년에 굶어 죽었다. 얼굴에 상처를 입은 미켈란젤로는, 물론 진작부터 두상과 얼굴의 비례가 신통치 않아 잘생긴 편은 아니었지만, 더욱 기형적인 모습이 되었다. 그는 못난 외모라는 '열등감'에 짓눌려, 애정 문제에서 더욱 부끄럼을 타게 되었다. 아무튼 그는 잘생긴 얼굴을 아주 좋아했었던 만큼—남자들까지도—그렇지 못한 자신에 대해 고민이 심했다. 여느 사람들과 다름없이 이 사람도 자신이 갖지 못한 것을 좋아하고 열망했다. 아름다움에 대한 그의 강렬하고 줄기찬 열정이 그의 위대한 예술가적 재능과 함께했지만, 그래도 거기에는 복수심에 가까운 반감이 들어 있었다. 만약 격분한 토리자노가 야만적인 주먹으로 그의 얼굴에 영원히 추한 모습을 새겨 그와 같은 흉터를 남기지만 않았더라면, 그가 이 문제로 그렇게까지 시달리지 않지 않았을까.

19
스칼라의 성모

조각에서 어린 미켈란젤로의 스승은 늙은 베르톨도가 아니라 도나텔로
였다. 도나텔로의 작품은 일찍부터, 훗날 부오나로티의 작품이 전반적
으로 그렇듯이, 그윽함과 힘이 서로 교대하고 얽히며, 생동하는 형태로
넘쳤다. 그러나 이런 특징이 도나텔로의 직접적 영향이라고 하기는 어
렵다. 많은 사람이 미켈란젤로의 가장 이른 재능이 발휘된 「스칼라의
성모」에서 도나텔로의 특색을 찾아낸다. 이 작품은 도나텔로가 제작했
던 '납작한' 저부조이다. 그러나 그러한 유사성은 기법에만 국한된다.
도나텔로가 제작한 성모상을 주목한 사람이라면―예컨대 지금은 베를
린에 있지만 과거 파치 궁에 있던 것이나 파도바 성모성당에 있는 청동
부조 같은―곧바로 미켈란젤로의 작품이 새롭고 다르다는 점을 알게
된다.

「파치의 성모」 또한 옆에서 본 얼굴이지만, 마치 아기에게 입 맞추려
는 듯이 앞으로 기울면서 긴장되었다. 성모의 표정은 진지하고 슬퍼 보
일 지경이지만, 그 정신은 초기 콰트로첸토의 정신을 간직하고 있다.

다시 말해서 사랑스럽고 눈부신 완전성을 탐구하는 정신이다. 반면에 「스칼라의 성모」는 전혀 다르다. 육신을 풍성한 옷자락으로 감싼 채 앉아 있는 성모의 옆얼굴은 한 점 흐트러짐 없이 근엄하며, 피렌체의 거장들이 제작했던 성모의 관례적인 온화함, 즉 '토토 코엘로'라는 분위기와 매우 거리가 있다. 어떤 젊은 친구의 말처럼, 그녀는 기독교의 동정녀가 아니라 어린 영웅에게 젖을 먹이려는 파르카* 같다. 사실상 가시성 너머로 무엇인가 응시하는 그 차분한 표정은 고대 그리스 미술의 태연자약하며 범접하기 어려운 신성을 반영한다.

성모는 다른 콰트로첸토 작품의 관례대로 아기 예수와 관객에게 눈길을 주지 않는다. 아기 예수는 눈에 띄지 않을 만큼 그녀의 품에 안겨 가슴에 밀착된 모습이다. 그러나 그녀는 아기에게 몰두하지 않는다. 그녀는 심지어 계단에 기대어 그녀 쪽으로 몸을 기울인 다른 아기도 쳐다보지 않는다. 그녀의 혼은 저 멀리 영원에 대한 사색 속에 잠겨버렸다고 하겠다. 그녀의 젖가슴은 하느님의 아들에게 양식을 주고 있지만, 그녀는 이미 이런 지상의 사건을 훌쩍 넘어서 있다. 즉, 그녀는 사랑도 기쁨도, 연민도 보여주지 않는다. 그녀는 어떤 여인이 된 운명의 여신 같은 모습으로, 그녀 자신도 알아차리지 못하는 과업을 맡은 데에 거북해한다.

아기 예수의 표정은 보이지도 않고 뒤통수와 벗은 등만 보여준다. 그의 사지는 상당히 크고 근육도 발달했다. 그가 성인이 된다면 어깨에

---

* 운명의 세 여신. 로마 이름인 파르카는 아기를 낳는 자라는 뜻.

십자가를 짊어지고 기진맥진하게 될 희생자가 아니라 거인이 될 느낌이다.

요컨대 이 작품에서 우리는 기독교 정신에서 벗어난다. 여기에서 장차 거인의 유모가 될 여인의 운명을 본다. 오직 작은 천동들만이—둘은 높은 곳에서 서로 껴안는 몸짓으로 겨우 모습을 나타내고—이 작품에서 토스카나 르네상스를 반영한다. 그러나 이 천동들만으로 그 저부조의 규모는 작아도 거대해 보이는 이 엄격하고 청정한 여인의 고상하고 압도하는 인물에서 눈을 돌리기 어렵다. 이 여인상은 더는 '시녀'도 아니요, 순결을 간직한 모성의 상도 아니다—또 자신의 어린 아기와의 애무를 보여주는 활짝 핀 젊은 아내도 아니다. 이 상은 그녀를 둘러싼 네 명의 아기에게 눈길 한번 주지 않는 지상에 내려온 마리아다. 그녀의 오만한 고독은 구세주의 어머니로서 사랑 이상으로 신성에 대한 두려움을 고취한다. 이 나이 어린 풋내기 조각가는 다른 모든 사람이 빚었던 것과 그토록 다른 방식으로 아들과 함께 있는 성모를 보고 표현할 줄 알았다. 이는 미켈란젤로의 재능이 기적적인 조숙함을 보여주는 결정적 표시였다.

20
안젤로 폴리치아노

로렌초가 군주이던 시절, 라르가 가의 궁전에서 기숙하거나 드나들던 메디치 가문의 손님 중에 안젤로 폴리치아노는 가장 존경받고 유명했다. 대단히 박식한 인문주의자였고 (게다가) 호메로스와 비르길리우스와 단테에 통달한 시인이었다. 1486년에 그는 대성당 참사였고 사실 동정녀에 대한 라틴 찬송을 짓기도 했지만, 교부로서는 대단치 않았다. 그는 되레 처녀 총각들처럼 사랑과 축제를 한결같이 참신하고 활달하게 노래했다. 말하자면 그는 브루네토 라티니*처럼 그리스적 사악에 물들었던 듯하다. 그는 잘생기기는커녕, 굳이 그의 적 마루엘의 묘사를 덧붙이지 않더라도, 형편없었다,

  그 사람 말은 정말이지 무섭고 우렁차네

---

* 1220년경~1294. 피렌체의 학자.

114

미켈란젤로를 알게 된 폴리치아노는 콘디비가 전하듯이 그의 자질을 즉시 알아보고서 "그를 아주 좋아했고, 쓸데없을 정도로 줄곧 공부를 재촉했다." 요컨대 폴리치아노는 어린 부오나로티의 네 번째 스승인 셈이었고, 그에게 틈나는 대로 고전 라틴어를 가르쳐주었다. 그는 그를 이끌고 지도했다. 이는 대군이 자기 양아들에게 "자신의 보석과 홍옥수紅玉髓와 메달과 값진 다른 것을" 보여주는 데에 그친 것과는 다른 그 이상의 일이었다.

잘 알려진 대로, 폴리치아노는 미켈란젤로에게 "그 우화를 자세히 들려주고서 데이아네이라의 유괴와 켄타우로스의 싸움"을 그려보라고 했다. 바사리는 더 정확하게 이 작품을 "헤라클레스와 켄타우로스의 결투"라고 불렀다.

그런데 폴리치아노는 무슨 생각으로 열예닐곱 살에 불과한 이 소년에게 그토록 어려운 주제를 제의했을까? 폴리치아노는 폭력보다는 우아함에, 호전적인 것보다는 관능적인 것에 더 기울어 있었으므로 이런 제안이 애당초 그의 머리에서 나오지 않았을 듯하다. 미켈란젤로의 상상은 헤라클레스에 기울어 있었고, 데이아네이라와 켄타우로스는 폴리치아노보다 훨씬 위대한 시인 단테에게서 나왔을 것이다. 미켈란젤로는 진작에 『신곡』을 읽었음이 분명하다. 1494년 말에 볼로냐에서 알도브란디를 즐겁게 하려고 그것을 낭송하지 않았을까? 단언하건대 미켈란젤로는 이 우화의 영웅들을 단테의 작품에서 만났고 감동하였을 것이다. 단테의 「지옥」편 7절을 보면, 벼랑 끝에서,

…마치 사냥에 나설 때처럼,

115

활을 든 켄타우로스가 추적하는….

또 그 켄타우로스 무리에서,

아름다운 데이아네이라를 원했기에 죽은
네수스였다.

미켈란젤로는 켄타우로스 네수스와 데이아네이라에 대한 더욱 상세한 부분을 위해 폴리치아노의 지식과 호의를 활용했다. 이 인문학자는 그에게 그 일화를 들려주었을 것이다. 즉, 헤라클레스가 칼리돈에 나타나고, 켄타우로스 에우리티온이 데이아네이라와 피로연을 올리고―에우리티온의 아버지는 이전에 아들에게 열두 가지 임무를 맡겼었다―헤라클레스는 켄타우로스를 무찌르고 에우리티온을 죽이고 나서, 원하던 그녀 데이아네이라를 데려간다. 이 일화는 아폴로도로스, 포사니아스, 페디아니우스의 작품들에서도 나타나고, 스타티우스•는『테바이드』에 관한 락탄시우스•의 주해에도 나타난다. 어쨌든, 폴리치아노는 미켈란젤로가 이용할 수 있도록 히기누스•의『우화』를 쉽게 풀었을 것이고 (번역했을 것이고), 또 거기에 오비디우스의『변신』의 제9장에서 몇

• AD 40년경에 태어난 고대 로마 시인. 서사시『테바이드』(이집트 남부지방의 옛 이름)를 남겼다.
• AD 250년~325년경 아프리카 출신의 수사학자.

가지 특징을 추가했을지 모른다. 오비디우스는 헤라클레스의 적수를 에우리티온이 아니라 강물로 변한 아켈로오스로 표현한다.

미켈란젤로는 이와 같은 처절한 싸움에서 뒤엉킨 신체를 그려내는 조형의 몫을 이해했다. 그는 켄타우로스의 반인반마 형태를 무시했다. 그래서 그의 저부조에서 그렇게 말 같은 모습은 찾아보기 어렵다. 그러나 그 장면의 본질적 의미를 간파했다. 즉, 한 떼의 짐승과 겨루는 이 무적의 영웅은 오직 공격의 정당성과 자신이 쟁취할 여인에 대한 사랑으로만 버틸 뿐이라는 점을. 이는 그 모습과 의미는 다르지만, 그의 첫 번째 작품과 같은 주제였다. 즉, 성 안토니우스도 괴물들 사이에서 홀로 승리했기 때문이다. 마치 헤라클레스가 용감하게 맨손으로 켄타우로스를 무찔렀듯이, 자기 자신이 지닌 신앙의 힘 덕분이다.

활짝 핀 청춘의 모습으로 재현한 헤라클레스는 고대 석상처럼 수염을 기른 장성한 모습이 아니다. 이와 마찬가지로 미켈란젤로는 「최후의 심판」을 그릴 때에도 전통과 완전히 다른, 젊고 수염도 없는 그리스도를 그렸다. 내려치려고 팔을 치켜올린 헤라클레스는 사내다운 얼굴이지만, 우아하고 자비로운 영웅의 단호하고 침착한 표정이다. 아무튼, 그는 나중에 싸움에 나선 바로 그 단호함 때문에, 일종의 인간애에 대한 순교자로서 화염에 싸여 산 위에서 죽는다. 이 작품은 「스칼라의 성모」보다 완성도가 떨어지기는 하지만, 그토록 작은 공간에 역동적인 신체들을 그려넣은 자신감에 감탄하지 않을 수 없다. 맹렬한 폭풍 속에

• BC 67~AD 17. 고대 로마의 문인.

서 살아 넘실대는 물결처럼, 대리석에서 솟아오르는 강인한 사지의 조형성은 감동적이다. 헤라클레스의 오른쪽에, 수심으로 가득 차 더욱 온화한 얼굴에서, 에우리티온의 팔에 붙잡힌 채 몸부림치는 데이아네이라를 알아볼 수 있다.

이렇게 여기에서 베르톨도의 정적인 저부조와 완전히 멀어진다. 어린 미켈란젤로의 습작에 불과한 이 작품에서 벌써, 「최후의 심판」 벽화에서 부활하는 육신을 감싸는 바람결을 느낄 수 있다.

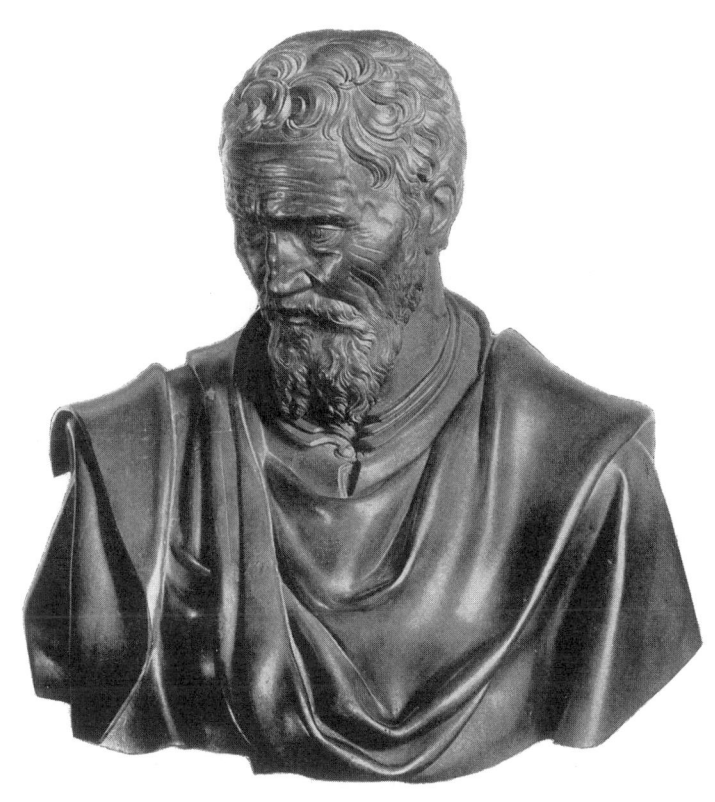

「미켈란젤로 흉상」, 바르젤로 궁 소장, 피렌체
다니엘레가 제작한 세 점의 흉상 중 한 점이다. 이 흉상은 다니엘레의 제자인 디오메데
레오니가 누군가 심하게 끌질한 것을 갖고 있었다. 레오니 사후 1590년, 시에나 시에 있던
이 흉상은 메디치가에서 페르디난도 1세의 유산으로 구입했다.

제2부

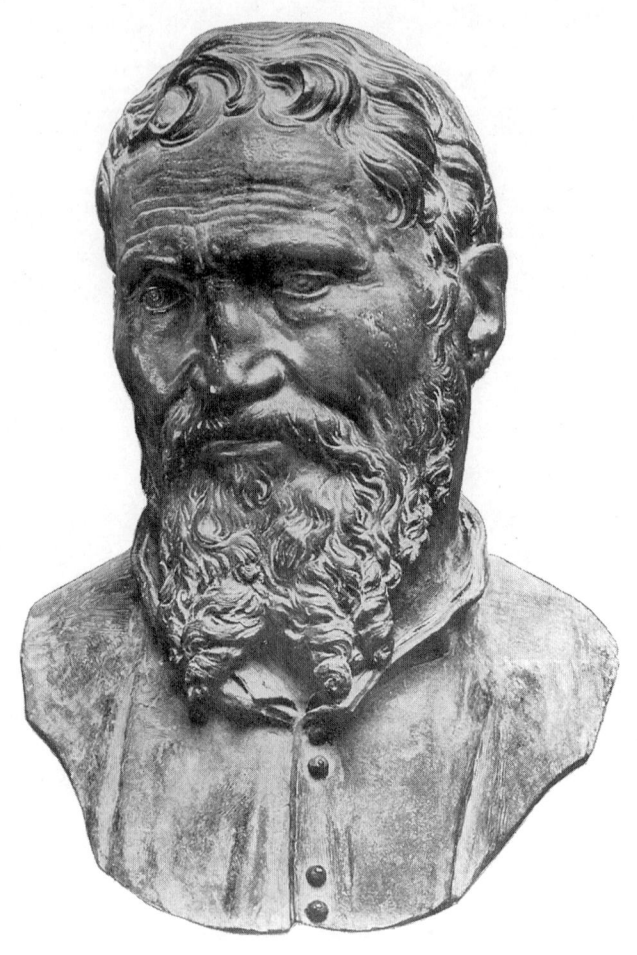

「미켈란젤로 흉상」, 다니엘레 다 볼테라, 리미니 시립박물관 소장.
이 흉상은 미켈란젤로가 작고하던 1564년과 다니엘레 자신이 사망한 1566년 사이에 제작한
세 점의 흉상 중 하나임이 거의 확실하다. 또 1566년 말경, 로마에서 미켈란젤로의 조카
리오나르도가 받은 두 점 가운데 하나일 것이다. 이것을 리오나르도가 피렌체로
가져갔을 듯하다. 하지만 이곳에서 더 이상 찾을 수 없다. 혹은 리오나르도가 미켈란젤로의
마지막 하인이었던 안토니오 델 프란체세에게 주었을 가능성이 크다. 이것을 안토니오가 다시
우르비노 공작 귀도발도 델라 로베레 2세에게 주었을지도 모른다. 그 뒤, 이 청동흉상은
프란체스코 마리아 델라 로베레 2세 시대에 우르비노에서 도난당했을 것이다. 그러다가
리미니, 강바코르타 도서관으로 흘러들었다.

21
첫사랑

잔노티의 『대화』에서 늙은 미켈란젤로는 "나는 어떤 시대에도 없는 사랑에 매달린 사람이오"라고 털어놓는다. 이 말은 그의 친구인 저자가 지어냈을 수도 있겠지만, 그 자신에게는 완전히 진실이다. 글이든 조각이든 그림이든 미켈란젤로의 모든 작품은 그가 항상 사랑에 사로잡혔으며, 육체적으로나 정신적으로나 사랑에 넘치는 사람이었음을 보여준다.

이렇게 볼 때, 예민하고 조숙한 미켈란젤로가 청소년기에 들어서자마자 사랑에 빠지기 시작했다고 생각해볼 수 있지 않을까? 기록의 뒷받침이 없어도 이런 추정이 믿음직하지 않을까?

백 년 전쯤에, A. C.라는 사람이 로잔에서 출간된 『백과사전』에서 미켈란젤로의 은밀한 첫사랑은 로렌초 대공의 딸 루이사 데 메디치 (1477~1488)였다고 주장했다. 스위스의 무명 인사인 이 저자는 상상이 지나쳐, 루이사가 1477년에 태어나 1488년에 사망했다는 사실조차 까맣게 잊고 있었다. 1488년이라면 어린 부오나로티가 메디치 궁에 들어가 살기 두 해 전이다. 아무튼 대공에게 딸은 넷이 있었다. 미켈란젤로를 입양했을 때, 그 집에는 오직 1478년에 태어난 콘테시나라는 딸만 있었다. 이 새 아들의 열렬한 첫사랑이 바로 이 소녀일 수 있다. 미켈란젤로가 처음 콘테시나에게 접근했을 때, 그녀의 나이는 겨우 열두 살이었다고 한다. 그러나 피렌체 사내의 사랑에서 어린 나이는 큰 문제가 아니었다. 처음으로 단테의 가슴을 두근거리게 했던 베아트리체의 나이는 겨우 아홉 살 아니었던가?

어쨌든, 미켈란젤로는 1494년 10월까지 메디치 궁에서 살았고, 그해 5월에 콘테시나는 피에로 리돌피에게 시집을 갔다. 이때 그녀의 나이 열여섯이었다.

콘테시나는 병약하고 창백하고 우울했으므로, 예민하고 동정심이 많은 사내의 연민을 특별히 자극했을 법하다. 감정의 모든 지형이 그것을 가르쳐주듯이, 그것은 첫걸음일 뿐이다. 1490년 3월에 피에로 다 비비에나[로렌초의 비서]는 대공에게 이런 편지를 썼다.

"콘테시나는 리돌피(장래 시부모님 댁을 잠시 찾아갔던 듯하다) 댁에 가 있습니다. 늘 그렇듯이 약간 안색이 좋지 않지만 이전만큼 나쁘지는 않습니다."

그녀는 사실 오래 살지 못했다. 1494년에 결혼했다고 했을 때, 서른일곱을 다 채우지도 못하고 로마에서 1515년에 사망했다. 그녀는 여러 아이를 두었다. 그중 한 아이는—주목할 부분이다—미켈란젤로의 지극한 사랑을 받았다. 이 아이가 바로 나중에 메디치 가문에 대적한 니콜라 리돌피 추기경인데, 부오나로티는 그를 위해 유명한 브루투스 상을 제작했다.

어린 미켈란젤로의 이 첫사랑은 가능성은 충분하지만, 확실한 증거는 없다. 적어도 그럼직하기는 하다. 로렌초 궁에서 함께 생활하던 기회에, 일상적인 친근함이 상당 부분 작용했을 것이다. 궁에는 장성한 사내들만 있었다. 유일한 소녀였던 어린 콘테시나는 죽음이 예견될 만큼 나약하고 사랑스러운 모습이었다. 미켈란젤로는 그녀보다 세 살 위였고 그녀를 사람의 얼굴을 응시하는 초상의 모델로 삼았다. 궁에서 매일 만나는 그에게 애정을 보여준 이 가녀린 소녀에게, 비록 공개하지는 않았지만, 처음으로 가슴이 뛰었다고 해서 놀라운 일은 아니다.

사람들은 그가 그렇게 거물의 딸을 염두에 둘 만큼 대담하지 못했다고 할지 모른다. 그러나 사랑은 그런 거리를 모른다. 미켈란젤로와 같은 시대를 살았던 예수회의 창립자 이냐시오 데 로욜라는 카스티야 왕비에게 사로잡히지 않았던가?

22
첫 번째 거물

미켈란젤로의 친아버지보다 더 아버지 같았던 두 번째 아버지 로렌초의 사망은 그에게 너무나 가혹한 고통이었다. 며칠 동안이나 헛소리를할 정도로 지독했다. 이는 그저 훌륭하고 존경할 만한 후견인을 잃었기때문이었을까, 아니면 쾌적하고 화려한 궁전에서 양아들로서 분에 넘치는 생활을 하던 행복의 기반을 잃었다는 생각 때문이었을까? 장차'신과 같은' 인물이 될 그 또한 인간이었고 정이 많았으니, 그는 사라진 대공과 동시에 자기연민 때문에 괴로워했을 듯하다. 그는 이미 새로운 주인이 된 경박한 피에트로가 그 아버지와 천성이 전혀 다르다는 사실을 잘 알았다. 더구나 이 눈부신 시절을 뒤로하고서 원래 자기 집으로 되돌아가, 여전히 고약한 아버지와 자신을 사랑하지도 않는 계모와함께 살아야 한다고 생각해야 했다.

어쨌든, 그 또래에 늘 그렇듯이 고통은 오래가지 않았다. 콘디비는"여러 날 동안 그는 아무것도 못했다"고 썼다.

여러 달이 아니라 여러 날이라고 했던 것으로 미루어, 이런 낙담과 무력감은 사순절이 지날 때까지 계속되지 않았던 듯하다. 로렌초는 4월에 사망했고 미켈란젤로는 1492년 여름에 다시 조각 작업에 돌입했다. 그리고 대공이 물려준 유산으로 '비바람에 방치되어 있던 커다란 대리석 덩어리를' 사들였다. 만년에 부오나로티는 너무 커서 아니면 너무 상태가 좋지 않다고 여겨서 아무도 그 돌을 사려 하지 않았다고 또렷하게 기억했다.

미켈란젤로는 그 돌로 거인을 조각하려 했다. 유명한 거인 가운데 성경의 인물이 아니라 신화적 인물, 즉 헤라클레스를 고르려고 했다. 부오나로티는 항상 위대하고 당당한 인물상을 좋아했다. 그래서 그는 골리앗을 죽인 어린 유대 소년까지도 거인으로 바꾸어놓았다. 사람들은 이 예술가의 인격에서 이와 같은 취향이 비롯되었다고 보지 않는다. 평론가들에게는 항상 미학이 심리학보다 익숙하기 때문이다.

그의 곁에서 여러 해 동안 살았던 성실한 콘디비는 미켈란젤로의 사람됨과 기질을 매우 정확하게 묘사해서 남겼다. 그는 거인이기는커녕 초라하고 건강하지도 못했다. '그는 작은 키'에 어린 시절에는 ―헤라클레스를 그리던 겨우 열일곱 살, 즉 막 소년티를 벗었을 때― '병약하고 세심했다.' 즉 작고 마르고 연약했다.

결국 신체와 정신이 전혀 다른 대조적인 미켈란젤로가 있었다. 그는 몸은 작고 나약했지만 위대하고 힘찬 사상과 자부심에 넘쳤다. 바로 이런 대조에서 청년 미켈란젤로의 정신에서―보복과 보상처럼―광증이 아니더라도 거대하고 악착같은 욕망이 솟아난다. 작은 키의 사내가 거인상을 창조하고, 예민한 인물이 늠름하고 힘에 넘치는 것에 생명을 불어넣으려 한다. 위대한 것에 대한 열망과 본능을 안고서 태어난 청년의 영혼 속에서 내면의 반항을 겪어본 사람이라면, 곧바로 헤라클레스를 조각하도록 풋내기를 고취시킨 의욕적인 반응을 이해할 것이다.

　이 내적 자극에 선배와 당대인의 사례도 덧붙여야 한다. 헤라클레스 상은 이미 14세기에 출현했고, 미켈란젤로는 피렌체를 벗어나지 않고서도 조토의 종각[피렌체 대성당 종탑]을 위해서 안드레아 피사노가 조각했던 석상을 보았을 것이다. 그는 훌륭한 화가도 만났다. 1496년에 사망한 안토니오 폴라이우올로는 산토 스피리토 성당 교인과 밀접한 관계였고, 문자 그대로 헤라클레스의 이미지에 사로잡혀 있었다. 또 자신의 회화와 조각 작품에 여러 번씩 그 이미지를 재현하기도 했다. 로렌초 대공의 궁 대연회실에 당시 폴라이우올로의 화폭 석 점이 남아 있었다. 아마 1464년에 그렸을 것이다. 이는 모두 헤라클레스를 재현했다. 지금은 유실된 이 그림은 대단한 대작이었고—여섯 발 길이의 정방형—물론 소년 부오나로티는 그것을 자주 들여다보았을 것이다. 그는 스승 베르톨도의 헤라클레스 청동상도 보았을 것이다. 현재 베를린 미술관에 있는데, 상당히 관례적인 작품으로 어린 제자에게 더 잘 만들어보겠다는 야심을 불러일으켰을지 모른다. 이미 「켄타우로스의 싸움」에서, 그는 헤라클레스를 그 대담한 저부조 중앙에 배치했었다. 폴리치아노는 아마 이 소년의 상상에 헤라클레스라는 영웅적 인물을 불어넣었을 것이다. 세네카가 비극 속에서 등장시킨 대로 사악한 존재와 괴물을 죽이는 거의 이교도의 구세주처럼 인류의 해방자로서, 대속자代贖子이자 순교자로서 말이다. 이때부터 미켈란젤로는 고대의 아름다움과 기독교의 비극에 자극을 받아, 이 불운한 영웅, 불길에 싸여 죄 없이 죽었던 인간의 구원자에 사로잡혔으리라.

작은 크기의 저부조에서 헤라클레스는 혼란스럽게 뒤엉킨 여러 몸뚱 어리의 한복판에 모습을 나타낸다. 그러나 이제 그는 이 선의에 찬 거 인의 위대함에 걸맞은 돌덩어리를 손에 넣고서, 2미터 32센티에 달하 는 거상을 쪼아낼 수 있게 되었다.

미켈란젤로의 이 헤라클레스 대리석상은 오랫동안 자취를 찾을 수 없었다. 최근에야 그 두상 부분만 찾아냈을지 모른다. 그것은 스트로치 가의 소유였다는 사실만 알려졌었다. 이 소년 조각가는 그것을 1494년 에 피렌체를 떠나기 전에 당시 메디치가에 반기를 든 유명한 가문 필리 포 일 베키오의 아들 알폰소 스트로치에게 팔았을 것이다. 미켈란젤로 는 항상 메디치가에 반기를 든 이 가문에 은밀히 공감했지만, 그의 헤 라클레스 상은 이 가문에 복을 가져다주지는 못했다. 구입자였을 알폰 소는—이 입상이 상당 기간 스트로치 궁에 있었다고 바사리는 전한 다—1534년 망명지에서 사망했고, 피렌체 방어에 나섰다가 그의 막내 동생 필리포는 아고스티노 디니라는 중개상을 통해서 이 조각을 1509 년에 조반니 바티스타 델라 팔라에게 팔았고, 몬테무를로 전투에서 패 배하고서 1548년 감옥에서 자살했다.

조반니 바티스타 델라 팔라는 프랑스 왕 프랑수아 1세를 위해서 이 탈리아 미술품 구매를 책임지고 있었다. 그에게 부오나로티의 헤라클 레스를 팔았을 것이다. 작품은 퐁텐블로 성으로 옮겨져 아름다운 에스 탕 정원에 자리 잡았지만, 길베르 수도원장의 묘사에 따르면 1713년까 지도 그 자리에서 볼 수 있었다고 하는데, 그 얼마 뒤 정원 보수공사 끝 에 종적을 감추었다. 1753년의 퐁텐블로 재산 목록에는 누락되었다.

이 작품을 유일하게 확인할 수 있는 소년 미켈란젤로의 기억도 오래가지는 못했다. 이스라엘 실베스트르의 판화에서 헤라클레스 입상이 에스탕 정원 한가운데에 높은 사각형 좌대 위에 놓인 모습을 볼 수 있다. 그러나 선명하지만, 아주 작은 실베스트르의 데생으로 원작을 분명히 그려보기는 어렵다. 큰 키의 헤라클레스가 위풍당당하게 서 있지만 그 발밑에서 전설적인 돌덩어리는 알아볼 수 없다.

어쨌든, 미켈란젤로가 제작한 최초의 거인상에 대한 이야기는 여기서 그치지 않는다. 1934년에 파리 근교에 사는 한 폴란드 조각가가 그보다 2년 전에 세바스토폴 대로의 중개상에게서 헤라클레스 대리석 두상을 사들였노라고 내게 편지로 전했다. 상태는 아주 불량했지만 그는 이것이 미켈란젤로의 작품이라고 불현듯이 생각하게 되었다고 했다. 그 두상은 오랫동안 비바람에 시달린 흔적이 있었고—이를 퐁텐블로 정원에 있었기 때문이라고 생각하면 이는 사실이다—그 대리석은 의심할 나위 없는 이탈리아 산產, 아니 토스카나 산이었다고 하면서, 39센티미터 높이의 그 두상은 고대조각의 기준에 따르면, 콘디비와 바사리의 말대로 크기도 원작의 부분과 일치한다고 전해왔다. 그는 내게 사진도 보내주었다. 비록 몹쓸 기후 때문에 훼손되기는 했지만, 시원스레 조각한 헤라클레스 상이라는 점을 부인할 수 없었다. 그러나 이것은 과거의 작품을 훗날에 모방한 것일 수 있다. 아니면 당시 열일고여덟 살이던 미켈란젤로의 손으로 직접 쪼았을지 모른다. 고대작품을 완전히 잊을 수 없었고, 그 개성적 솜씨를 충분히 익히지 못했을 나이였기 때문이다.

따라서 1932년 파리에서 폴란드 조각가가 사들인 이 두상은 정말로 1492년에서 1493년 사이에 미켈란젤로가 조각한 이교도 거인상에서 살아남은 마지막 일부일 가능성이 크다. 이런 확인은 그가 예술가이기 때문에 가능했다. 때때로 예술을 창작하는 사람이 평론가보다 더 정확한 안목을 갖기도 한다.

23
산토 스피리토 수도원

일생 동안 번번이 겪곤 했던 일이지만, 대군의 죽음에 극도로 상심에
젖어 있던 얼마 뒤에, 그는 시신들 곁에서 삶의 종말을 숙고하기라도
하려는 듯이 망자들 사이로 도피했다.

산토 스피리토의 아우구스투스회 수도원은—과거에 교회 박사와 독
실한 신도가 모이던 곳이다—자기 비용으로 올트라르노*를 차렸다. 수
도원장은 이 구호소에 미켈란젤로를 받아들였다. 그는 "종종 해부학
공부를 위해 시신을 살펴볼 수 있도록 병실에 머물게 편의를 제공했고,
이렇게 나중에 가장 잘하는 재주가 될 데생을 완전하게 익힐 수 있었
다"라고 바사리에게 말했다. 인간을 하느님의 가장 감탄할 걸작이라
생각했던 미켈란젤로는 그 구조의 모든 부분과 사지의 형태를 알려 했
고, 이런 목적을 이루려고 그는 산토 스피리토 구호소에 위탁된 가엾은

• 구역의 빈민을 수용하고 보살필 구호소.

시신에 의지했다. 당시 대다수가 신성모독이라고 여겼을 일을 미켈란젤로에게 허용한 예술의 친구인 이 수도원장이 누구였는지를 알려고 하는 사람은 거의 없었다. 나는 산토 스피리토의 기록과 자료를 뒤졌지만, 단지 이름만 찾아냈을 뿐이다. 교회 참사회의 문서로 지금은 국립 고문서보관소에 있는 서류에 단지 "니콜라 데 피렌체, 1486년부터 1503년까지 수도원장"이라는 사실만 적혀 있다. 부지런한 토렐리는 자신의 『아우구스티누스회의 세기』*에서, 이 점을 시사하지 않았다. 그러나 바르테 신부에 따르면, 미켈란젤로라는 어린 천재를 알아보았던 사람은 안드레아 디 알레산드리아 신부라고 한다. 1498년에 사망한 그는 산토 스피리토의 수도원장이었으며, 라우렌치아나 도서관에는 아직도 산 가조의 신도에게 헌정한 미간행 『고행록』이 수장되어 있다.

미켈란젤로를 후원한 아우구스티누스 회원 수는 상당했을 것이고 이 어린 조각가는 그 성당을 위해 「십자고상十字苦像」을 제작함으로써 감은의 표시를 남겼을 것이다.

실물보다 훨씬 작은 이 십자고상은 산토 스피리토 내진에 여전히 남아 있다. 많은 미술평론가는 이것이 미켈란젤로의 작품이 아니라고 주장하지만, 어떤 이유로 그와 같은 반론이 제기되었는지 이해하기 어렵다. 산토 스피리토의 문서에서 미켈란젤로의 십자고상이 도둑맞았다거나 팔려나갔다거나 불타버렸다는 어떤 암시도 찾아볼 수 없고, 그것이

• 아우구스티누스회의 4세기 창설 당시부터 현대까지의 활동을 기록한 8권짜리 방대한 연대기. 그 저자 루이지 토렐리는 같은 수도회 수사이다.

제작된 지 몇 해 되지도 않아 매우 유명해졌던 만큼, 이 작품이 사라졌다면 그렇게 조용히 넘어가지는 못했을 것이다. 17세기 초에 조반 바티스타 카치니는 산토 스피리토에 새로운 내진을 조성하면서 이 유명한 십자고상에 어울리는 자리를 골랐다. 당시에 값싼 재료를 사용했지만, 그 작품이 이 위대한 예술가의 것이라고 누구나 알고 있었다는 사실을 분명하게 시사하는 표시로서, 동정녀와 성 요한 상을 그 양쪽에 조각해 놓았다. 이때부터 이 작품은 한 번도 그 자리를 떠나지 않았다.

이 십자고상이 대단히 오래된 것이라는 자취는 뚜렷하다. 벌레 먹은 작은 구멍들이 숭숭 뚫렸기 때문에 더 상하지 않게 하려고 특별한 조치를 취했어야 했다.

앞에서 말한 평론가들이 만약에 작가의 개성을 거기에서 볼 수 없어서 이 작품이 미켈란젤로의 것이 아니라고 한다면, 나는 그들이 그 재료와 작가의 나이를 잊어버렸다고 하겠다. 이 십자고상은 1493년에서 1494년 사이에 제작된 것이 거의 틀림없다.〔지금은 이 나무십자가를 1492년에 제작한 것으로 보는 것이 정설이다.〕 그 무렵 부오나로티는 열여덟 아홉 살쯤이었고, 전통과 화파를 여전히 의식하고 있었다고 해도 놀랄 일은 아니다. 그가 나무로 조각한 것은 이것이 처음이었다(그리고 또 마지막이기도 했다). 그는 대리석을 선호했다. 그는 나중에 '알프스 산에서 나는 단단한 것을' 좋아한다고 혼잣말을 하기도 했지만, 아무튼 대리석은 그의 재능에 더 잘 적응되는 재료였다.

그러나 가까이에서 이 십자고상을 들여다보면, 이것이 대단하거나 무르익은 걸작은 아니라는 점을 쉽게 간파할 수 있다. 서투른 솜씨지만 특히 그 손놀림에서, 신체는 모든 부분에서 훌륭하게 빚어졌을 뿐만 아

니라, 이미 미켈란젤로 예술의 장기長技가 될 해부학적 확실성을 드러
낸다. 겸손한 표정을 지은 그 얼굴에서, 산 피에트로 「피에타」의 그리
스도에서 더욱 의식적인 솜씨로 승화할 수준을 보여준다.

　마지막으로 분명하게 짚고 넘어가야 할 것이 또 있다. 즉, 그리스도
의 팔은 십자고상을 그린 소묘나 비토리아 콜론나를 위해 제작했던 그
림과 마찬가지로 높이 치켜 들려져 있다.

　산토 스피리토의 「십자고상」이 걸작은 아니다. 이보다 여러 해 뒤에
제작한 「미네르바의 그리스도」도 그렇기는 마찬가지이다. 그렇다고 해
서 이 작품이 산토 스피리토의 손님인 어린 부오나로티에게 수치스러
운 작품은 아니다.

24
눈으로 빚은 상

1492년 4월 13일의 공화국 칙령 덕분에, 로렌초의 맏아들 피에트로는 부친의 직위와 권위를 물려받았다. 스물두 살의 잘생긴 청년이었지만 그의 기질과 정신은 아버지와 아주 달랐다. 그의 선생 폴리치아노는 문학과 품위에 대한 사랑을 심어주려 했지만 허사였다. 선생은 시험 삼아 라틴어로 이렇게 받아쓰게 했다.

"만약 네가 내 말을 따른다면, 1481년부터 (네게 정이 들었고, 사실인즉 나는 너를 사랑하지 않더냐) 너는 항상 네 얼굴보다 정신을 가꾸겠지. 너는 성스런 여신의 숲에 사는 사람을 존경하게 될 것이다."

어쨌든, 이 스승은 제자에게 만족한 적이 없었다. 그는 제자에게 이렇게 쓰기도 했다.

"운명이라는 가면이 어떤 것이고 얼마나 무겁게 너를 덮는지를 안다면, 너는 명예와 영광을 얻으려 할 때 아무것도 무시하지 못할 게다."

하지만, 청년 피에트로는 로렌초가 가졌던 것을 다시는 얻지 못했다. 사랑도 예술도, 지혜도 정치도. 아들의 자질을 알고 있던 대군은 그에게 나라를 물려줄 일이 큰 시름이었고, 아들이 금세 망각해버린, 현명한 조언을 죽음의 침상에서도 남겨주었다.

그는 권력을 잡고서도 늘 하던 대로 환락을 일삼았다. 공화국의 사업에 몰두하는 대신 그 의무를 망각하고 사냥터로 나돌아다녔다. 마상시합을 즐기고 손쉬운 사랑에 탐닉했으며, 말을 타거나 공놀이로 소일했다. 그의 집에서 2년 가까이 그 아버지의 사랑을 받던 미켈란젤로는 쉽게 잊혔다. 1493년 혹은 1494년 1월에 큰 눈이 내리지 않았더라면, 그를 찾는 일은 다시는 없었을지 모른다. 피에트로는 미켈란젤로를 불러들여, 라르가 궁에 크고 아름다운 눈의 우상을 만들도록 하려는 공상에 젖어 있었다. 그는 옛날에 지내던 방을 다시 주고 그에게 칭찬을 늘어놓으면서 미켈란젤로를 자기 집에 다시 붙잡아두려 할 만큼 아주 만족해했다. 그렇지만 미켈란젤로가 60년 뒤에 콘디비에게 털어놓듯이, 피에트로는 "자기 곁에 아주 대단히 재능 있는 두 사람이 있다고 자랑하곤 했다. 한 사람은 미켈란젤로이고 다른 한 사람은 에스파냐 마부였다. 이 마부는 놀라운 체격은 물론이고 힘이 좋고 대담해서, 피에트로는 말을 타고 달리면서 조금도 그를 따라잡지 못했다."

이 대공의 맏아들은 이렇게 천재적 예술가와 달리기 선수를 같은 수준으로 취급했다. 이 조각가에게는 꼬마들이 쌓아올리면 햇빛에 금세 녹아버릴 눈 조각상을 만들게 했을 뿐이다. 바로 이때에 미켈란젤로의 영혼 속에서 메디치가에 대한 반감이 싹텄을 듯하다. 이것은 두려움 때문에 억누르고 현실적 필요 때문에 감추기는 했지만 그의 일생 동안 지속되었다. 피에르프란체스코〔메디치 가문의 친척〕는 그가 일할 수 있게 배려했지만, 그는 그에게 「쿠피도」*에 대해 몹쓸 충고나 해주었다. 미켈란젤로는 레오 10세와 클레멘스 7세에게 마음에도 없는 억지 봉사를 했다. 그는 또 알레산드로 공작의 미움을 샀을 뿐 아니라, 피렌체로 돌아오라는 코시모 1세의 초대에 절대 응하지 않았다. 이렇게 그는 소년기부터 줄곧 메디치가에 둘러싸여 있었지만 항상 그 적과 친했다.

피에트로에게서 우리는 이 세상의 권력자들이 종종 망각하는 진실을 확인하게 된다. 재능과 예술을 사랑할 줄 모르는 사람은 나라를 다스릴 때도 무능하다. 1494년 9월에 샤를 8세가 토스카나에 입성했을 때, 피에트로는 그 앞으로 달려가 도시와 요새를 선뜻 내주기만 했다. 이런 무능 때문에 그는 프랑스인에게 무시받고 피렌체 사람에게 쫓겨났으며, 1503년 프랑스 군영 내의 가릴리아노에서 익사하는 비참한 최후를 맞았다. 바로 이때 미켈란젤로는 하얀 눈이 아니라 카라라의 아름다운 대리석으로 거대한 「다윗」 상을 마무리 짓던 중이었다.

• 영문 표기는 큐피드.

25
사보나롤라

미켈란젤로는 영적인 통찰에 넘치는 폴리치아노의 목소리만 경청했던 것은 아니다. 이즈음 피렌체에서는 메디치 가문 이외에 또 다른 목소리가 커지기 시작했다. 이 목소리는 메디치에 극히 적대적이었다. 그것은 페라라 출신의 도미니쿠스회 수사의 목소리였다. 바로 지롤라모 사보나롤라의 격앙되고 우렁찬 목소리였다.

미켈란젤로가 언제부터 이 새 예언자의 설교를 들으러 다녔는지는 알 수 없다. 로렌초 대공이 아직 살아 있던 1491년, 1492년 무렵이었을 듯하다. 그의 목소리는 심지어 대공에도 맞서곤 했지만, 너무나 힘차고 설득력에 넘쳐 메디치 궁의 까다로운 플라톤주의자들의 가슴과, 피코 델라 미란돌라의 가슴을 비수처럼 파고들었다. 대공의 양아들이던 미켈란젤로는 로렌초의 사후에 이 두 번째 아버지의 적이 되는 사람의 목소리를 들으러 갔을 수도 있겠다.

이 대담한 예언자는 설교대 위에서 장차 예언자들을 조각할 이 소년 앞에 언제 나타났을까? 이 노호하는 신앙인은 이탈리아 사람이라기보다 아랍 사람 모습이었다. 마르고 가무잡잡하게 그을린 피부에 큰 매부리코며, 튀어나온 입술에 깊이 들어간 눈은 광채와 어스름이 교차하는 밤을 향해 부릅뜬 듯이, 베두인 족의 기다란 백색 두루마기 같은 차림이었다. 사보나롤라는 아르노 강변으로 오고자 요르단을 떠나 공포와 참회의 메시지를 전하려는 혹독한 사막에서 빠져나온 성 요한처럼 보였다….

성경과 단테를 탐독하며 불안하고 악착같은 기질의 미켈란젤로는 이 목소리에 흔들렸다. 콘디비는 그가 만년에도 여전히 그 목소리를 듣는 듯했다고 전한다. 이 수사는 메디치 궁의 우아한 인문주의자들이 하는 주장과는 전혀 다른 문제를 제기했지만, 그의 사상은 미켈란젤로 영혼 깊은 곳에서 울렸다. 폴리치아노가 미켈란젤로의 상상을 자극했다면, 사보나롤라는 그의 가슴을 뒤흔들었다. 이 청년은 신앙심이 깊었지만, 이제 이 수사의 말은 더욱 비극적으로 그의 폐부를 찌르며, 설득력 있게 압도했다. 만약 기독교 정신이 절대적이고 영원한 진리라면 그것은 오직 실천과 일상적 기도 속에서만 그럴 것이다. 사보나롤라는 이 젊은 예술가에게 마음을 완전히 새롭게 해야 하며, 이 세상의 허영과 부패에서 벗어나 애덕의 불을 태워야 한다고 말했다.

이와 같은 영적 변모가 실제 예술과 어울릴 수 있을까? 미켈란젤로는 일생 이 문제를 생각했고 그 고뇌는 죽는 날까지 그를 괴롭혔던 이러한 의문에서 나왔다. 눈에 보이는 것에서 완벽한 아름다움을 찬미해야 할까, 아니면 보이지 않는 것에서 완벽한 성스러움을 추구해야 할까? 그에게서 두 인물이 바로 이런 내적 갈등의 화신이었다. 즉, 시인 폴리치아노와 예언자 사보나롤라였다. 전자는 그의 눈앞에서 고대 우화의 매혹과 우아한 미녀, 선의로 넘치는 영웅의 힘을 내놓았다. 후자는 구약성경의 순수한 권위와 심판의 위협, 구원의 힘겨운 노력을 상기시켰다. 다시 말해서 호메로스 편에 설 것인가, 이사야 편에 설 것인가의 문제였다.

미켈란젤로는 이 문제를 결코 완전히 풀지 못했다. 그러나 유혹과 가책에서 비롯된 갈등을 치르면서 불완전하게나마 해소했다. 인체의 아름다움 또한 하느님의 작품이며, 에덴의 정원에서 그랬듯이 하느님이라는 그 최초의 조각가를 모방할 수 있는 것 아닐까? 하지만, 육신은 부패하고야 말 부패의 수단이다. 이런 점에서 오직 영혼만이 중요할지 모른다고 미켈란젤로는 대답할 것이다. 그렇지만 우리의 신앙 또한 육신의 부활을 약속받지 않았던가? 다시 말해서, 신앙은 육체 자체와 그 아름다움에 영원한 가치를 약속하지 않았던가?

사보나롤라가 예술의 적이었다고 누누이 말하면서도, 그가 보티첼리, 프라 바르톨로메오 델라 포르타, 미켈란젤로 같은 예술가에게 그토록 지속적인 영향을 주었다는 사실에 누구도 놀라지 않는다. 사실 사보나롤라는 허영의 화형식에 대한 기억 때문에 많은 사람이 그렇게 생각하는 것과는 달리 예술가의 적이 아니었다. 더구나 감출 것이 없는 그 작은 도시에서 그런 생각을 하기 어려웠을 듯하다.

사실상 사보나롤라 자신은 적어도 한 번 조각을 직접 제작하기도 했다. 옛날에 부를라마키가 지었다고 알려진 그의 『전기』에는 이런 이야기가 실려 있다.

"어느 날 이런 일이 있었다. 휴식 시간에, 이 하느님의 종이 무화과나무 아래에서 쉬고 있었는데, 나뭇가지들을 주워 모으더니 능숙한 솜씨로 그 껍질을 벗겨내고서, 여러 마리의 순박한 비둘기 형상을 깎아 초심자들에게 나누어주었다."

무화과나무 줄기의 조각가였으니 이 사람도 자연을 모방한 셈이다. 미켈란젤로도 눈으로 입상을 빚지 않았던가?

사보나롤라는 피렌체 외곽에 산 마르코 수도원보다 더 소박하게 새 수도원을 짓고 싶어했다. 같은 전기에서는 그의 소망을 이렇게 전한다.

"(속사에 종사하는) 수도사들이 너무 요란하거나 거창할 필요는 없지만 회화, 조각, 건물, 글 등의 예술작품을 제 손으로 만들고 싶어 한다."

회화와 조각 제작은 이렇게 이 수사의 비난을 받지 않았으며, 그에 따르면 그 자신이 꿈꾸던 수도원에서 수사 자신이 만들어내기를 바랐다. 우리는 나중에 사보나롤라의 맹세가 미켈란젤로에게 가져온 결과를 보게 된다. 어쨌든, 이 자리에서 그가 사보나롤라의 말을 결코 잊지 않았고 일생 그의 목소리를 들었으며, 그의 글을 읽고 추앙했다는 사실만 밝혀두자. 1498년 3월 부오나로토가 쓴 편지에 사보나롤라의 최후에 대해서 경멸적인 말이 들어 있다고 하는데, 이는 지금까지 우리가 생각했듯이, 미켈란젤로(의 편지)가 아니라 그 조수 피에트로 다르젠타가 쓴 것이다. 반면에 1524년 1월 피에로 곤디에게 부친 편지는 그의 것이 틀림없다. 그는 이 편지에서 자신이 "피아뇨니파를 배신했다는 모습을 보이지 않으려는 어떤 일도 하지 않았다"고 주장하고 있다.

미켈란젤로가 천사 같은 말을 외치던 악마 같은 얼굴의 이 수도사의 목소리를 처음 들었을 때, 그는 열일곱 살이었지만 적어도 그의 혼 속에 그 일부는 항상 살아 있었다. 미에 대한 젊은 열정에 불타는 그는 그리스 신상을 조각하겠지만, 그의 혼과 작품은 항상 장차 자신을 불태울 화염에 휩싸인 듯했을 이 예언자의 얼굴에 대한 기억에 압도된다. 그 하느님의 사신을 영벌받고 악마 같은 모습으로서, 바쿠스와 아리안의 승리와 "야만적인 독재자"가 다스리는 피렌체에서 에제키엘과 예레미야를 부활시켰던 바로 그 모습 말이다.

26
첫 번째 도피

1494년 10월 초순에 동료 두 사람과 미켈란젤로는 급히 피렌체에서 도망쳤다. 이 사건은 콘디비가 전해준다. 류트 연주자, 일명 '카르디에레' 즉, 실 잣는 사람이라는 안드레아는 대군이 그의 즉흥적 노래와 연주를 매우 즐기곤 했던 사람인데, 같은 해 팔구월쯤 끔찍한 꿈을 꾸었다.

"헐벗은 몸에 다 찢어진 검은 누더기를 걸친 로렌초 대공이 그 앞에 나타났다. 그러면서 그는 아들에게 그가 이제 얼마 가지 않아 자기 집에서 쫓겨나 다시는 되돌아오지 못하게 되리라고 전하라 하셨다."

카르디에레가 이 꿈을 친구 미켈란젤로에게 전하자, 미켈란젤로는 그 말을 피에트로 데 메디치에게도 해주라고 조언했다. 카르디에레는 이 새 군주의 거만한 성격을 알고 있었기 때문에 감히 한마디도 꺼내지 못했다. 그러나 로렌초가 또다시 꿈에 나타나 먼젓번과 똑같은 모습으로 그에게 "큰 한숨을 지으면서" 자기 명을 어겼다고 했다. 카르디에레는 미켈란젤로에 떠밀려, 자신이 꿈에 보고 들은 것을 피에트로에게 고하려고 카레지로 향했다. 그 노상에서 그는 피에트로를 만났으나 이 청년 군주와 그를 수행 중이던 비비에나는 그를 비웃었을 뿐이다. 집으로 돌아온 카르디에레는 이 모든 사실을 미켈란젤로에게 털어놓았고, 피에트로의 몰락을 확신했던 미켈란젤로는 이틀 뒤 피렌체를 떠났다. 그의 이런 도주는 곧바로 기록으로 남았다. 아마디오는 동생 하드리아누스에게 10월 13일자로 이렇게 썼다.

"정원의 조각가 미켈란젤로가 피에트로에게 아무 말도 없이 베네치아로 떠났어. 피에트로가 궁전에 돌아와 격분했던 모양이야."

피에트로는 분명 아무것도 예상치 못했다. 10월 24일이나 25일에 그도 황급하고 은밀하게 피렌체를 떠나야 했기 때문이다. 샤를 8세의 위협을 피해서 말이다.

콘디비의 이야기는 탁월한 근거가 된다—미켈란젤로 자신의 회상이고 의심의 여지가 없기 때문이다. 그러나 문제가 없지는 않다. 어린 류트 연주자의 꿈만으로 이 어린 조각가가 정말로 탈출이라고 할 만한 이런 황급한 출발을 작정할 수 있었을까? 미켈란젤로의 전기작가들은 당시 상황에서 그의 심정을 더 파고들지 않았고, 콘디비의 이야기를 줄여서 전하는 데 그친다. 그러나 필자로서는 그럴 수 없는 노릇이다.

미켈란젤로는 오래전부터 이런 도피를 준비했을 듯하다. 카르디에레의 이야기는 베네치아로 말을 타고 줄행랑을 놓게 한 마지막 동기였다.

무엇보다도 눈으로 조각을 만드는 일을 맡고 나서부터, 그는 더는 피에 트로를 존중할 수도 좋아할 수도 없었고, 그에게서 벗어나야겠다는 생 각을 키웠을 것이다. 바로 그해 1494년은 고통스럽고 비극적인 사건들 로 점철되었다. 이는 차츰 미켈란젤로의 예민한 가슴을 요동치게 했을 것이다. 그가 떠날 결심을 한 것은 가장 심각했던 결정적 사건 때문인 데, 카르디에레의 이야기보다 훨씬 전에 일어났다.

그해 5월 24일에 사보나롤라는 '새로운 키루스*'라 했던 프랑스 국 왕 샤를 8세가 이탈리아로 침공해오자 대성당에서 흥분한채 모세의 예 언을 외쳤다. "내가 이제 땅 위에 폭우를 쏟으리라〔창세기 6장 17절〕." 당대인들이 듣기에 그때까지 들었던 것 중에 가장 무시무시했다. 체레 타니는 이렇게 썼다.

"그는 산타 라파라타 성당에서 설교했다. 그 조금 전에 프랑스 왕은 닫힌 그 도시의 문 앞에 당도했다. 사보나롤라는 아주 끔찍하고 공포 에 떨게 하는 강론을 했다. 사람들은 소리치고 눈물지으며 감히 한마 디도 하지 못한 채 거리에서 초죽음이 되어 도망쳤다."

바로 이날, 미켈란젤로는 그 설교를 들으러 갔을 터이고, 그의 말에

• 키루스 2세, BC 585?~BC 529. 페르시아 제국의 창건자. 메디아를 멸망시키고 에크 바타나를 수도로 하였으며 박트리아 · 칼데아 등을 함락시켜 이집트를 제외한 오리 엔트를 지배 하에 두었다.

충격을 받은 사람들 틈에 끼어 있었을 것이다. 물론 그 혼자만은 아니었다. 미켈란젤로보다 나이 많은 철학자 피코 델라 미란돌라는 "모골이 송연해지는 전율을 느꼈다"고 했다. "머리칼이 쭈뼛 일어설 정도였고, 사보나롤라도 그날 다른 청중 못지않게 감격했다"고 단언했다. 필자는 미켈란젤로가 산타 마리아 델 피오레 대성당에서 강론을 듣고 나온 9월 21일에 도망칠 결심을 했다고 생각한다.

　조금 뒤의 또 다른 사건도 그를 크게 흔들어놓았다. 9월 28일과 29일 사이에, 그를 좋아했던 시인 폴리치아노가 매우 불행하게도, 실연의 아픔을 이기지 못하고서 갑자기 사망했다. 로렌초 대공의 충실한 친구의 죽음은 미켈란젤로에게도 커다란 슬픔이었으리라. 피에트로의 무시, 외국 군대의 접근, 사보나롤라의 두려운 웅변, 메디치가 시인의 불운한 종말은 미켈란젤로의 혼을 통째로 뒤흔들어놓지 않았을까. 대군이 찢어진 옷을 입고 절망에 사로잡힌 모습으로 카르디에레의 꿈속에 나타났다는 이야기는 그 결심을 실행하게 했을 것이다. 미켈란젤로는 배낭에 옷가지를 챙기고서, 자루에 가진 돈을 모두 집어넣고, 그들에게 여비를 대겠노라고 약속하고 두 친구와 함께 살아 있는 수도사와 죽은 군주의 일치된 예언이 엄청난 재앙을 예고하던 그 도시를 떠났다. 그러나 그에게는 이 모든 것보다 '자신의 우상이자 지고의 군주'였던 예술이 더욱 중요했다. 그는 자신을 스스로 구해야 한다고 느꼈다. 그는 메디치가의 식구였고 그 가문의 몰락은 곧 자신의 죽음이라고 할 수 있었다. 그는 유약하고 어리석고 무지한 피에트로를 위해서 죽을 용기가 없었다. 그는 열아홉 살이었다. 게다가 모든 창작생활이 그를 기다리고 있었다. 그는 곧바로 도망쳤다.

27
알도브란디의 집에서

피렌체에서 미켈란젤로와 함께 도주한 두 친구가 누구인지는 알 수 없다. 로렌초의 보호를 받던 그와 마찬가지로, 메디치 가문과 함께 몰락하고 싶지 않았던 예술가들일지 모른다. 혹 그라나치와 카르디에레가 아닐까.

그들은 베네치아에 도착했지만 그곳에서 며칠만 지냈다. 공화국이 크게 술렁이고 있었기 때문이다. 사람들은 샤를 8세에 맞서 무장하고 있었고, 누구도 그들에게 관심을 두지 않았다. 그들은 피렌체로 되돌아가려는 생각도 들었지만 볼로냐로 건너갔고, 이 도시의 규율을 몰랐으므로 벌금을 물러 세관으로 끌려갔다. 미켈란젤로만 약간 돈이 있었는데, 그나마 벌금으로 치른다면 굶주리고 구걸이나 해야 할 판이었다. 그러나 다행히도 시당국의 고위직 한 사람이 어떤 문제를 해결하려고 이 사무실에 와 있었다. 그가 잔프란체스코 알도브란디였다. 그는 이 청년들의 어려움을 면제해주고 미켈란젤로를 자기 집으로 초대했다. 그는 약간 남은 돈을 동료에게 주고서 이 신사의 초대에 응했다.

이 볼로냐 거물 인사의 갑작스런 동정과 호의를 어떻게 설명해야 할까? 그는 비록 법학박사는 아니었지만 1482년에 루카에서, 1485년에 페루자에서, 또 피렌체에서 1488년에 법관을 지냈다. 이렇게 그는 토스카나 지방을 잘 알았고 피렌체 사람들을 좋아하게 되었다. 그는 피렌체에서 루도비코 부오나로티를 만날 기회가 있었을지 모른다. 이 사람은 예술과 학문의 대단한 애호가였다. 그는 문인들을 후원했다. 특히 잠바티스타 플로치오는 인문주의자 특유의 아첨하는 강세법으로 유명했다.

알도브란디는 단순한 문학 애호가가 아니라 시인이요, 문인이었다. 16세기 문집 속에 그의 운문이 상당수 실려 있다. 1470년 볼로냐에서 조반니 2세 벤티볼리오가 조직한 마상시합은 그에게 「대마상시합」이라는 시 한 수를 짓게 할 만큼 깊은 인상을 주었다. 이 시는 1478년에 폴리치아노가 지은 「스탄차」 시편보다 더 이전의 일이다. 그는 시에 대한 열정이 대단해서 『시 예술에 관하여』라는 글을 쓰기도 했다.

따라서 멋진 피렌체 억양으로 미켈란젤로가 읽어주는 단테, 페트라르카, 보카초를 알도브란디가 알고 있다고 해서 놀랄 일은 아니다. 사실 부오나로티가 콘디비에게 들려주었다시피, 그는 "잠이 들 때까지" 밤마다 이 시를 탐독했다. 시에 대한 이 사람의 애정을 아는 우리로서는, 그가 단테의 『신곡』을 자장가로 삼지 않았을까 짐작하게 된다.

예술에 관한 것을 이해하고 도시에 영향력이 있던 알도브란디는 이 청년 조각가에게 산 도메니코 성당의 석관을 위한 조상 3점을 주문했다. 즉, 성 페트로니우스와 성 프로쿨루스, 촛대를 들고 무릎을 꿇은 천사 상이다. 마지못해 제작했을 이 대리석상은 부과된 주제와 작은 크기

149

때문에 걸작은 못 되지만 미켈란젤로의 작품이 틀림없다. 산 도메니코 성당 석관에서 자부심에 가득한 성 프로쿨루스의 두상은 더욱 무표정한 다른 성자상과 구별되며, 깊은 수심에 잠긴 천사의 두상은 그 기념물 전체에서 가장 뛰어나다고 하겠다.

이 무렵에 볼로냐 대주교는 그 유명한 줄리아노 델라 로베레였다. 바로 그가 나중에 교황 율리우스 2세에 오르며, 미켈란젤로는 산 도메니코 석관을 위해 작업 중이었지만, 나중에 무서운 교황이 되고 그를 위해 영묘를 준비하게 되고 볼로냐에 입상을 세우게 될 사람을 처음 만났을지 모른다. 한편 볼로냐에서 미켈란젤로의 가장 중요한 만남은 위대한 고인故人 자코포 델라 퀘르차의 작품일 것이다. 이 젊은 피렌체 조각가는 옛 시에나 조각가의 산 페트로니오 대문(포르타 마냐, 거대한 홍예문)을 압도하는 막강한 저부조를 볼 수 있었고, 거기서 자신이 먼 훗날 시스티나 예배당 벽화에서 마주칠 주제의 형상을 볼 수 있었다. 즉, 아담의 탄생, 지상낙원에서 추방되는 최초의 인류 한 쌍, 예언자들을. 고딕 전통과 거칠게 유리되어, 자유롭고 단순한 구조 속에서 장엄하게 펼쳐지는 활달한 조형성으로 자신감에 넘치는 이 작품에서 미켈란젤로는 얼마간 자신을 되찾고 반성했다. 조각에서는 도나텔로와 자코포라는 오직 두 사람의 거장이 있을 뿐이었다.

28
두 번째 도피

알도브란디의 넘치는 호의와 자코포 델라 퀘르차의 힘찬 아름다움에
도, 볼로냐 체류 시절은 미켈란젤로에게 그렇게 즐겁지 못했으리라는
증거가 있다. 그는 피렌체 사람의 기질이 강했다. 게다가 그 도시와 거
기 남겨둔 가족과 친구, 스승들에 애착이 깊었다. 볼로냐에는 영예로운
대학 주변에 활달한 지적 생활이 있었지만, 피렌체만큼 예술가들과 걸
작들은 없었다. 아름다운 것에 대한 보편적 열정, 새로운 것에 대한 초
조한 탐구와 재능 있는 사람들이 일상적으로 등장하고 활짝 피는 모습
은 볼 수 없었다. 피렌체 르네상스의 가장 풍요롭고 활력에 넘치는 작
업실에서 나온 재주꾼 같은 인물은 없었다. 당시 볼로냐에서 활동하던
화가들 가운데, 코스타〔1460년경~1535〕와 프란차〔1450~1517/18〕
는 창작에서 훨씬 높은 수준에 이끌렸던 젊은 부오나로티의 세련된 취
미를 채워주기 어려웠다. 이런 화가들을 그가 얼마나 무시했는지 나중
에 보게 된다.

미켈란젤로가 이 무렵에 제작했다고 추정되는 성모상 넉 점이 있다.

현재 더블린, 빈, 피렌체, 취리히에 각각 흩어져 있다. 의심할 나위 없이 이 토스카나 지방의 작품인 더블린 소장품은 그라나치의 것이 거의 확실하다. 반대로 그 나머지 것은 이탈리아 북부 화파에 속하는 이류 화가들의 솜씨가 완연하다. 만약 이것들 가운데 하나라도 미켈란젤로의 것이 있다면, 그가 볼로냐에 머물렀을 때, 피렌체와 아주 다른 회화 장르에 끌렸었기 때문이라고 가정해야겠지만 이는 동의하기 어렵다. 그가 볼로냐에서 보낸 몇 달 동안 회화를 새삼 시도했다고 가정할 만한 어떤 지표도 찾을 수 없다. 비록 작기는 하지만, 산 도메니코 석관의 대리석상은 교조적이며 무거운 분위기의 볼로냐에서 미켈란젤로로 하여금 몇 달간 완전히 그것에만 매달리도록 만들었을 것이다.

또 이 작품들 때문에 그는 1495년 어느 늦가을 볼로냐를 서둘러 떠나야 했다.

알도브란디는 자기 도시에서 자신의 영향력으로 무명의 이탈리아 청년에게는 정말 과분했던 30두카토에 그 작업을 맡겼다. 더구나 대리석 재료비도 대주었고 그의 집에서 먹고 자며 식객으로 지내도록 했다. 그러나 이 낯선 침입자를 매우 불쾌해했던 볼로냐의 한 조각가 때문에 사태는 악화되었다. 원래 그 작품은 이 조각가에게 주문할 예정이었기 때문이다. 미켈란젤로는 그를 수상하게 보게 되었다. 그는 단지 말로 역정을 내는 데 그치지 않고 그에게 "비참한 꼴로 만들겠다"고 위협했다. 당시 표현으로서 그 말의 뜻은 아주 분명했다. 즉, 병신으로 만들어놓거나 죽여버리겠다는 말이었다.

이 질투에 불탔던 폭력적인 조각가는 니콜로 델라르카의 제자 빈첸초 오노프리[1493~1524]라고 한다. 아무튼 이 조각가에 대한 정보는 전혀 남아 있지 않다. 몇몇 사람에 따르면, 그는 1524년경에 활동했다고 한다. G. F. 아칼리노는 『정원』(1513)에서 이렇게 썼다.

자연을 놀라게 할 것을
조각해내는 빈첸초에 관해 무슨 할 말이 있을까?

그러나 훌륭하다는 이 작품을 본 사람이나 기억하는 사람은 아무도 없다. 걸작이라고 보기 어려운 「카테리나 스포르차」 흉상을 제외하면.

내 생각으로는 미켈란젤로를 혼내주겠다고 위협한 조각가는 제롬 코르텔리니라고 여겨진다. 그는 산 도메니코 석관을 위해 세례 요한 상을 조각했었다. 이 세례 요한이 보여주듯이 그는 거의 바로크에 물든 솜씨를 보인 형편없는 예술가였다. 같은 성당에 있는 청동 흉상 「D. 볼로니니」(1508)와 볼로냐의 산 프란체스코 성당에서 보는 「루도비코 보카디페로 상」도 그의 작품이다. 예술가가 열등할수록 시기심은 더 고약하게 마련이다.

미켈란젤로는 원래 걱정이 많은 성격이었다는 것은 앞에서 보았던 대로이지만 앞으로도 충분히 보게 될 것이다. 볼로냐의 분위기가 더는 무익하다고 생각한 그는 다시금 적이 길목을 지키는 이 도시를 떠나 피렌체로 돌아가려 했다. 고향에서는 메디치를 몰아내고서 사태가 조금 진정되었던 만큼, 그는 그곳에서 자신의 재능과 자부심에 더욱 충실하면서 더 중요한 작품을 만들고 싶었다. 피에트로 데 메디치도 식솔을 이끌고 볼로냐로 피신했지만, 미켈란젤로는 카르디에레의 꿈과 로렌초 대공의 예언을 믿지 않았다고 그를 조롱했을 것이다. 그러나 피에트로도 자신과 마찬가지로 망명객 신세였고, 미켈란젤로는 겨우 스무 살이었다. 그는 피에트로에 맞설 용기가 없었고 그런 대립을 피할 만큼 신중했다. 1495년 11월에 미켈란젤로는 다시 한 번 아펜니노 산맥을 넘어 피렌체로 돌아왔다. 그곳에는 그 불안한 기독교도의 가슴을 그토록 뒤흔들어놓았던 '무기 없는 예언자'인 사보나롤라가 군림하고 있었다.

29
또 한 사람의 로렌초

가령 미켈란젤로가 알도브란디의 집에서 거의 1년을 보냈다면, 그가 피렌체로 돌아온 때는 1495년이겠다. 조국은 '아라비아티'와 '피아뇨니' 당으로 갈라져 싸우고 있었다(전자는 과격한 자라는 뜻으로 메디치 편이었고 후자는 울보라는 뜻으로 수도사 편이다). 피에트로 데 메디치는 환국하려 애썼지만 사보나롤라는 진정한 민중 정권을 세우려고 온 힘을 기울였다.

그런데 청년 조각가 앞에 마치 갑작스런 사건처럼 금세 또 한 명의 후견인이 나타났다. 메디치와 같은 집안으로 또 다른 로렌초였다. 그는 로렌초 대공의 사촌 형제 피에르프란체스코 데 메디치의 아들 로렌초였다. 그 또한 코시모 일 베키오라는 같은 할아버지의 피를 이어받았지만, 민중당에 속했고 대군과 피에트로의 적이었다. 그래서 그는 유배되었다가 1494년 11월에야 피렌체로 귀향했다. 같은 해 12월, 산 조반니 지구의 개혁정화 20인 위원에 지명되었다. 그는 비록 로렌초 일 포폴라노(민중의 로렌초)라는 이름을 쓰면서 메디치라는 이름을 혐오했지만,

그 또한 대공과 마찬가지로 인문주의자이자 예술 후원자였다. 폴리치아노는 그에게 『망토』를 헌정했고, 마룰로는 『에피그람』을, 아메리고 베스푸치는 『바스코 다 가마의 여행에 관한 서한』을 그에게 헌정했다. 로렌초는 특히 화가 산드로 보티첼리를 좋아했다. 그는 자신의 카스텔로 별장의 벽화와 『신곡』의 삽화도 그에게 맡겼다. 그 자신 시인이었고 그의 나이 겨우 열아홉이었던 1482년에 쓴 원고 『십자가의 재현과 창작』이 전해지는데, 이 글에서는 독재에 대한 증오를 에둘러 표현하고 있다.

민중정부 아래 태어난 자에게 복이 있으나
독재자 밑에서 살아갈 운을 타고난 자는 불행할 뿐
이는 삶이 아니라 죽음을 부르나니

비록 더 유명한 그의 사촌인 로렌초 대공 때문에 약간 가려지기는 했지만, 이 로렌초가 그저 그런 인물은 아니었다. 그는 단테에 감탄했고 보티첼리를 사랑했으며, 부오나로티를 이해하는 데 필요한 모든 노력을 다했다.

사실상 미켈란젤로가 고향에 돌아오자마자, 로렌초는 지금은 유실된 어린 성 요한의 대리석상을 부탁했다. 오늘날 베를린 소장품으로 보데 •가 미켈란젤로의 작품이라고 생각했던 것은 내가 보기에 피에르프란체

• 빌렘 보데. 미술사가로서 그의 이름을 붙인 미술관이 베를린에 있다.

스코의 아들 로렌초를 위해 제작했던 것은 아닌 듯하다. 무용수 같은 몸짓으로 어깨를 쓰다듬으면서 반쯤 입을 벌린 채, 한 손에 쥔 벌집을 들여다보는, 이 여자처럼 곱게 재현된 청년은 피렌체의 콰트로첸토를 상기시키는 세련되고 덧없는 우아함을 띠고 있지만, 복음을 전하는 나사렛 사람의 야성은 전혀 없고 장차 「다윗」 상을 깎을 작가에게만 고유한 남성적 수법도 부족하다.

30
첫 번째 피에타

볼로냐에서 돌아오고 나서 미켈란젤로는 처음으로 프레스코화를 시도했다. 또 발델사 지방의 마르치알라에 있는 산타 마리아 수도원 성당에서 비록 훼손되고 엉성하게 복원되었으나 지금도 볼 수 있는 「피에타」를 그렸을 것이다.

오늘날 이 거장의 전기작가들은 이 청년기의 그림에 대해 말이 없다. 그러나 17세기 증언이라는 오래된 전통 덕분에 그의 것으로 간주한다. 18세기 학자들은—고리, 라스티, 보타리 등—이것이 미켈란젤로의 청년기 작품이라고 의심하지 않는데, 이런 견해는 벽화를 검토해보면 확실해진다.

미켈란젤로는 소년기부터(1496년) 만년에 이르기까지 '피에타' 라는 주제에 특별히 매력을 느꼈다는 점은 누구나 알고 있다. 「마르치알라의 피에타」는 그 최초의 시도이자 습작이며, 독창적인 화면구성과 비범한 상상력의 자취를 담고 있다. 그리스도의 넋을 잃은 신체는 천으로 덮인 커다란 반석 위에 반쯤 누워 있다. 성모는—비토리아 콜론나를 위해 그렸던 그림이 이 같은 경우가 되겠다—화면 한가운데에서 아들을 응시한다. 막달라 마리아는 이 구세주를 사랑으로 떠받든다. 그러나 이 프레스코화의 독창성은 화면 구석에 등장한 두 남자에 있다. 십자가의 팔을 붙잡는 두 도둑이다[예수와 함께 십자가에 못 박혔던 도둑을 이른다]. 「피에타」 상에서 도둑이 등장하는 것은 관례를 벗어난 일이다. 이는 미켈란젤로가 일찍부터 참신한 것을 치열하게 추구했음을 드러낸다. 오른쪽의 회개하지 않은 못된 도둑이 특히 주목할 만하다. 그는 헤라클레스의 스타일을 상당히 연상시키며, 얼굴은 미켈란젤로 자신을 슬쩍 연상시키기 때문이다. 그의 자화상이든 다른 사람이 그린 것이든, 장년기와 노년기의 초상으로 미루어 보건대 말이다. 구세주의 자세는 「미네르바의 그리스도」에서와 같아 보인다. 또 막달라 마리아도 피렌체 대성당의 「피에타」에서 죽은 그리스도를 오른쪽에서 떠받치는 여인상의 동작과 어렴풋이 닮았다.

1879년에 이 작품을 옮길 때, 옛날 액자 속에서 두 세기가량 숨겨져 있던 B. M. F.라는 액자가 발견되었다. 이는 부오나로티, 미켈란젤로, 피렌체 사람의 약자다. 마르치알라 성당은 1394년에서 1570년까지 산토 스피리토 수도원 부속의 성 아우구스티누스 은자회 수도원이었다. 따라서 미켈란젤로를 후원했던 산토 스피리토의 수도원장 니콜라스 디 피렌체가, 마르치알라로 그를 초대해서 성당 한구석에 프레스코화를 제작하게 했다고 해서 전혀 이상한 것은 아니다. 미켈란젤로는 산타 마리아 노벨라에서 기를란다요의 제자로 일했던 1488년에 프레스코 기법을 익혔음이 틀림없다.

그러나 이 「피에타」는 독창적이면서도 아직 무르익지 않은 솜씨를 드러내며, 바로 그 점이 미켈란젤로의 것이라는 확증이다. 미켈란젤로는 그 무렵에, 열여덟 아홉 살 정도였고, 회화보다 조각을 주로 다루어왔기 때문이다.

마르칠리아의 「피에타」의 못된 도둑의 모습은, 같은 시기의 것일 스트로치의 「헤라클레스」와 마찬가지로, 비극적 표현에 실린 내적 힘을 지적한다. 이는 훗날 다윗, 모세, 그리고 율리우스 2세 영묘에 있는 노예상에서도 볼 수 있다. 그렇게 힘을 감추는 우울한 그림자는 하나의 서명과 같다. 즉, 이는 그의 초기작에서부터 뚜렷한 미켈란젤로의 개성적 수법과 영웅적 재능의 본질적 성격이다.

31
잠든 쿠피도

미켈란젤로는 여러 해 동안 기독교와 이교, 복음서와 플라톤의 향연 사이의 내적 갈등을 겪으며 오락가락하는 리듬을 자신의 작품에서 관찰했다. 고전적 주제에 고취된 작품마다 기독교적 영감에 취한 것이 뒤를 이었고 그 역도 마찬가지였다. 「성 안토니우스」 다음에는 「목신」이, 「켄타우로스의 싸움」 다음에는 「스칼라의 성모」가 뒤를 이었다. 또 「바쿠스」 다음에는 「피에타」, 「어린 성 요한」에는 「쿠피도」가 뒤따랐다. 그는 마치 고대우화의 마법과 기독교의 신성한 상 사이에서, 폴리치아노에 대한 그리움과 사보나롤라의 포효 사이에서 균형을 잡으려는 듯하다.

「어린 성 요한」 이후 그는 깊이 잠이 든 어린 쿠피도 신상을 조각하기 시작했다. 피에로 델라 프란체스카의 아들 로렌초는 종종 그를 찾아가 이 작품을 보았다. 너무나 우아하고 세련되어 작가가 그것을 고대작품으로 속일 수 있을 정도였다. 그렇게 하면 자신의 솜씨라고 하는 것보다 훨씬 큰 이익을 볼 수도 있을 것이었다. 이는 진정한 후원자가 아니라 음흉한 상인이 하는 조언이었다. 그리고 미켈란젤로가 그 말을 듣지 않았기를 바랄 것이다. 그러나 이 청년 조각가는 '온갖 재능을 다 갖춘' 예술가의 허영심으로, 돈이 필요하고 욕심이 났는지 자신의 쿠피도 상을 유적에서 발굴한 것으로 하기로 했다. 그러고 나서 로렌초의 제안에 따랐을 테지만, 그는 그것을 로마에 사는 발다사레 델 밀라네세라는 이에게 보냈다. 이 사람은 또 이것을 포도밭에서 발굴된 고대조각이라면서 산 조르조 추기경—라파엘로 리아리오—에게 200두카토에 팔았다.

한편 미켈란젤로는 로렌초의 상업적 조언을 너무 순진하게 따른 탓에 그 잘못의 대가를 치르고 말았다. 왜냐하면 정직하지 못한 발다사레가 그 조각으로 그렇게 큰 값을 받지 못했다면서 그에게 겨우 30두카토만 보냈기 때문이다.

「잠든 쿠피도」 상의 이 사건은 속임수를 제안했던 로렌초, 맹랑한 술책을 따른 미켈란젤로, 작가와 고객을 속인 상인, 또 그것이 위작이라는 사실을 알게 되어 상인에게서 200두카토를 되돌려 받고 미켈란젤로에게 작품을 돌려주면서도 당대의 작품으로서도 결코 손색이 없었던 그 작품에 대해 어떤 안목과 판단도 보여주지 못한 리아리오 추기경, 이 모든 사람에게 명예롭지 못했다.

「잠든 쿠피도」 상은 체사레 보르자의 손에 들어갔다. 그는 그것을 다시 만토바 후작부인에게 선물했으므로 곤차가 가에 있다가 사라져버렸다. 오늘날 토리노 왕립미술관에서 볼 수 있는 부오나로티의 것이라고 하는 작품이 「잠든 쿠피도」 상이라는 점은 분명한 편이지만, 미켈란젤로의 것도 고대의 원작도 아닌 듯하다. 기껏해야 17세기 초의 서투른 무명작가의 습작으로 보인다.

32
산 조르조 추기경

「잠든 쿠피도」에 얽힌 사건으로 미켈란젤로는 1496년 처음으로 로마 여행길에 나서게 되었다. 리아리오가 자신이 구입한 가짜 고대석상 문제의 진상을 알리려고 피렌체로 파견한 인물은 미켈란젤로에게 로마로 함께 가자고 설득했다. 미켈란젤로는 "자신이 속았다는 데 분개했기 때문이기도 하지만, 다른 한편 이 인물이 그 도시에 자신의 가치를 보여줄 엄청난 기회가 있다는 어마어마한 찬사를 늘어놓았기 때문에 그곳으로 가고 싶기도 했으므로 그를 따라가 그의 집에 묵었다."

그는 추기경의 궁에도 들렀지만 콘디비가 말하듯이, 추기경은 아무런 일도 맡기지 않았다. 그런데 이 부분은 1497년 7월에 미켈란젤로가 아버지에게 쓴 편지와 모순된다.

"추기경과 그 일을 아직 결말짓지 못했습니다. 제 작업에 대한 보상이 만족스럽지 않다면 그냥 떠나려 합니다."

이 일이 무엇이었는지 우리로서는 알 수 없다. 산 조르조 추기경은 고위직의 인물이었다. 그는 1477년에 겨우 열일곱의 나이에 추기경에 올랐고, 1478년에는 파치 당의 음모에 가담했다는 혐의를 받은 끝에 피렌체의 시뇨리아 궁에 연금 상태로 지내면서 일생의 가장 큰 공포에 시달렸다. 식스투스 4세와 알렉산데르 6세의 후견으로 그는 엄청난 부를 쌓았다. 어쨌든, 그는 인문주의자를 후원하기도 했다. 그는 지금도 그의 이름으로 불리는 웅장한 재판소 건물인 과거 자신의 궁을 축조했다. 미켈란젤로가 그를 만났을 때 추기경은 서른다섯 살이었다. 그는 모든 권력과 사치의 위세를 누렸으니 그가 호의를 베푼 한 해 동안 이 청년 작가에게 어떤 일도 주문하지 않으려 했었다면 되레 이상할 것이다. 미켈란젤로가 편지에서 말했던 것이 1480년에 리아리오가 이 장엄한 궁을 위해 착수하게 하려던 것이었을 가능성이 크다. 그 작품은 1495년에 다시 시작되었을 뿐이다.

1497년에 미켈란젤로의 삶에 당시 로마에 망명 중이던 대공의 불운한 장남이 재등장한다. 그는 1497년 8월 루도비코에게 이렇게 썼다.

"저는 피에트로 데 메디치를 위해 조각을 해야 합니다. 대리석을 구입했지요. 그러나 아직 손도 못 대고 있습니다. 그가 내게 했던 약속을 지키지 않았기 때문입니다. 그래서 지금은 조용히 있습니다."

역사가들이 '불운한 피에트로'라고 불렀던 피에트로는 미켈란젤로에게도 불운했다. 처음에는 눈으로 조각을 만들라고 했었다. 두 번째는 4년 전에 저지른 어리석음을 후회했는지, 대리석상을 주문했지만 약속을 지키지도 않았고 대리석은 다른 작품에 사용되었다. 로렌초의 이 경박한 아들이 무슨 주제를 미켈란젤로에게 주문할 수 있었을까? 어쨌든, 추방되고 가난해진 이 군주가 아름다운 석상으로 위안을 삼으려 했다는 사실은 불행이, 그토록 운명적 시련을 겪은 사람에게 부친의 피를 조금이나마 일깨워주었다는 표시이다.

33
은행가를 위한 바쿠스

로마에서 미켈란젤로는 다행스럽게도, 산 조르조 추기경이나 피에트로데 메디치보다 훨씬 더 열렬한 자코포 갈리라는 찬미자를 만났다.

이 로마 귀족은 유서 깊은 가문 출신으로서 매우 번창하는 은행가였고, 교황청과 중요한 거래를 하고 있었다. 그는 심지어 박물관 학예관으로 참여하기도 했다. 피렌체 상인의 이미지대로 그는 자유로운 성격에 조신의 기질이 있고, 학예의 친구이자 고대작품 수집가이며, 재능 있는 이들의 후원자였다. 그가 1505년에 사망했을 때, 벰보는 사돌레 추기경에게 편지를 쓰면서 갈리에게 바치는 「찬가」와 묘비명을 썼다고 알렸다. 그러나 이 글은 전해지지 않는다.

자코포 갈리의 은행에 피렌체 사람 발두치라는 직원이 있었다. 아마 이 사람이 미켈란젤로를 그에게 소개해주었을 듯하다. 갈리의 저택은 아름답고 넓었다. 산 조르조 추기경 궁에서 그다지 멀리 떨어지지 않은 곳이었다. 그곳에서 1494년에 부르카드가 이야기했던 대로, 샤를 8세 왕을 따라왔던 몇몇 프랑스 사람을 식객으로 영접하고 있었다. 바로 미켈란젤로도 이곳에 초대받았다. 그는 우선 「바쿠스」를 주문했고—바르젤로 궁에 있는—또 오늘날은 없어진 「쿠피도」를 주문했다. 한편 미켈란젤로의 작품으로 추정하는 런던 빅토리아 앨버트 박물관이 소장한 쿠피도는 그의 것이 아니라 라파엘로의 친구이자 제자 로렌체토 로티라는 피렌체 조각가의 작품이다.

우리는 이 부유한 은행가의 집에서 보르자가 통치하던 이 혼란기의 로마에서 미켈란젤로가 어떤 생활을 했는지 알 수 있다. 그러나 그의 가슴속 깊숙이 자리 잡은 보르자에 대한 적대감은 식지 않았음이 틀림없을 듯하다.

바쿠스라는 주제는 솔직히 이교도의 것이다. 그러나 관례적인 사고 방식을 버리고서 이 상을 보면, 그것이 고대 그리스의 행복하고 당당한 디오니소스의 모습이 아니라고 느낄지 모른다. 그 청년의 벌거벗은 육체는 보기 드물게 완벽한 모습으로 빚어지고 다듬어졌다. 미켈란젤로가 대리석을 이토록 조심스럽고 부드럽게 만진 적은 거의 없었다. 게다가 그토록 단단한 재료에 이처럼 육체의 미묘한 촉감을 느끼게 한 적도 극히 드물었다. 그렇지만 그 얼굴을 예의 주시하면, 그 청년의 얼굴은 상당히 취기가 올라 있고, 술잔에 던지는 시선은 탐욕스럽기 짝이 없으며, 오르기 시작한 취기로 흐려진 채 슬픔을 담고 있기 때문에, 미켈란젤로의 이 모델에 대한 깊은 혐오를 간파하게 되고, 인간의 위엄과 의식의 명증성이 퇴보된 이 사악한 신에 대한 뚜렷한 고발을 엿볼 수 있다. 여기에는 부활의 신비를 주도했던 강력한 신성은 없다. 술에 대한 탐욕으로 퇴화되고 완전히 사실적인 경멸로서 표현된 로마 불량배의 모습이다.

이 놀라운 작품에서 우리는 미켈란젤로의 양면성이 다시 나타나는 것을 본다. 가장 세련된 조형미에 대한 자만과 원죄에 대한 뚜렷한 반감을 입증하는, 엄격한 인간적 삶에 대한 동경이, 이 바쿠스에서 육체미에 대한 사랑과 정신을 흐리는 방탕을 혐오한다. 그는 아름다운 사지를 조각하는 즐거움을 만끽하면서도 그 얼굴이 드러내는 비천한 혼을 경멸하고 비난한다. 이 걸작에서 우리는 폴리치아노의 제자와 사보나롤라의 청강생, 그리스인의 학생과 중세 고행자가 동시에 결합하고 대립함을 볼 수 있다.

34
두 번째 피에타

너그럽고 감각적인 것에 감탄할 줄 아는 자코포 갈리는 미켈란젤로를 인간적으로나 예술가로서나 모두 좋아했다. 그는 이 젊은 천재가 자기 집에서 작업하는 것만으로 그치지 않고, 그에게 세계적인 명성을 가져다줄 정도로, 더욱 중요한 작품을 하기에 좋은 여건을 마련해주려고 했다. 그는 바티칸을 자주 드나들었고 로마를 좌지우지하는 추기경들과도 쉽게 만나곤 했다.

그는 생 드니● 추기경이 1498년 4월 7일에 사망한 샤를 8세를 추념하려고 산 피에트로 근처의 프랑스 왕을 위한 산 페트로니오 성당을 아름다운 입상으로 꾸밀 생각이라는 것을 알고서, 자기 집에 그 독실한

● 생 드니는 3세기 파리 초대 주교를 지낸 순교자. 자신의 잘린 머리를 들고 찾아가 묻혔다는 전설의 땅에 그의 이름을 붙였다. 이곳에 대성당이 있는데 역대 프랑스 왕들의 묘가 있다. 파리 시 외곽 북쪽에 있다. 추기경은 이 수도원 출신이다.

기독교 왕의 위신과 관용에 걸맞은 작품을 그 누구보다 훌륭하게 해낼 조각가가 있다고 급히 알렸다.

생 드니 추기경은 사실 프랑스 사람이다. 그의 본명은 장 빌리에 드 라 그로슬레(그는 현재 센 에 우아즈 도에 속하는 그로슬레 출신이다)였고, 베네딕투스회 소속이었다. 루이 11세는 친구였던 그를 1473년 롱베즈 주교로 추천했고, 그후 1474년에 생 드니 수도원장에 앉힐 정도였다. 샤를 8세가 1483년에 아버지를 이어 왕위에 올라서도, 그는 여전히 왕의 총애를 받아, 교황 알렉산데르 6세에게 청탁해 그로슬레에게 추기경 자리를 만들어주게 했다. 그렇게 그는 1493년 9월 20일에 추기경에 올랐다. 샤를 8세가 그다음 해에 이탈리아에서 퇴각하고 나서도 왕의 뜻에 따라 추기경은 피렌체와 로마로 왕을 수행했다. 심지어 샤를 8세는 로마 체류 시절 시내를 혼자서 원행(말을 타고 순행)할 때에도 그로슬레 추기경만은 데리고 다녔다. 추기경은 나폴리까지도 국왕을 따라갔다. 샤를 8세가 세상을 떠나고 나서, 추기경은 비록 비공식이었지만 프랑스 대사 자격으로 로마 궁정에 남았다. 그는 신앙심이 돈독했고 예술의 친구였으며, 부르카드가 전하듯이, 자신의 궁에 수태고지의 신비를 제작하게 했다.

이렇게 생 드니 추기경은 산 피에트로 대성당에 자신과 프랑스의 기억을 드높이려고 궁리했다. 어쩌면 그 자신이 손수 주제를 택했을지 모른다. 베네딕투스회 수사로서 그는 젊어서 분명히 동정녀 마리아에 대한 성 베르나르두스의 열렬한 글을 읽었을 것이다. 또한 그는 사생활이 추문에 휩싸였지만 성모에 대한 각별한 헌신을 증언했고 그 숭배의식을 발전시키려고 교칙을 펴냈던 알렉산데르 6세의 환심을 사기도 했다.

추기경은 자코포 갈리의 조언을 존중하여 미켈란젤로에게 금화 450 두카토를 지급하는 조건으로 「피에타」 상을 주문했다. 이 계약은 1498 년 8월 26일에 체결되었고, 자코포 갈리가 추기경과 미켈란젤로 두 사람 모두의 보증인으로서 연대 서명함으로써 공고해졌다.

사실상 자신이 직접 작성에 참여했던 그 기록 일부에서 그는 이렇게 피력했다.

"여기 서명한 자코보 갈리는 추기경(각하)에게 언약합니다. 위의 미켈란젤로가 일 년 내에 그 장소에 위의 작품을 제작할 것이며, 그 작품은 로마에 현존하는 어떤 것보다 뛰어나고 어떤 거장도 그보다 더 뛰어나게 만들 수 없을 최상의 대리석 작품이 될 것입니다."

역사적 기록에서 천재에 대한 이러한 믿음의 약조를 공공연히 한다는 것은 극히 이례적이다. 전폭적이며 확고한 이런 믿음 자체는 충분한 보상을 받았다. 미켈란젤로는 결코 이런 약속을 할 만큼 대담하지 못했을 테지만, 그는 갈리의 약속을 진실로 눈앞에서 실현했다. 450년이 지난 지금도, 산 피에트로의 「피에타」를 모든 시대 모든 조각 가운데 최상의 걸작으로 간주하니까 말이다.

그러나 생 드니 추기경은 이 경이로운 작품을 보지 못했다. 1499년 8월 6일 아직 연말이 되기도 전에 사망했기 때문이다. 그의 초상으로 장식된 그의 묘는 지금도 바티칸 지하 묘실에 있다.

작품에 착수했을 때 미켈란젤로는 어떤 기분이었을까? 바로 그해 1498년 5월 23일에 피렌체에서 사보나롤라는 산 채로 화형당했다. 예언자의 이와 같은 비참한 종말은 일생, 이 수사에 대한 기억을 소중히 간직했던 부오나로티에게 깊은 충격이었으리라. 사보나롤라는 구세주에 대한 충성심이 확고하다던 피아뇨니파에 배신당하고 팔리고 순교했다. 미켈란젤로는 감히 지롤라모를 그리스도에 견주지는 못했을 것이다. 그러나 그 사망의 비극은 미켈란젤로가 「피에타」를 조각하고 있었을 때였던 만큼 그를 더더욱 슬픔에 젖게 했을 것이다. 이 피에타는 죽임당한 신神의 주검과 그 어머니의 고통을 재현했다. 이미 미켈란젤로가 그림 속에서 시도했던 숭고한 주제였다. 그리고 그 이후로도 여러 번 다시 취하게 될 주제였다. 그가 삶을 마감할 때까지도, 마르치알라에서 자신의 마지막 끌질을 하면서도….

이 「피에타」에 부오나로티는 기독교적 수난의 고통을 완전히 옮겨놓았다. 순결한 성모의 얼굴은 꺼져가는 아들의 인간성을 주시하는, 그 침묵에 젖어 얼어붙은 창백함 속에서 영혼의 저 깊은 곳을 두드리는 말문을 연다. 여기에서 고통을 읽게 되지만, 이를테면 모성 자신의 고뇌보다 더욱 강렬한 그 무엇이 담겨 있다. 우리는 여기에서 어떤 인간적인 요소로서도 왜곡할 수 없는 심오한 비애를 본다. 우리는 여기에서 여전히 젊은 여인의 아름다움이지만, 순결함으로 가득 찬 나머지 육신의 존재로 보이기보다, 하늘나라는 아니지만 그렇다고 지상도 아닌 그런 세계를 반영하는 듯한 아름다움을 본다! 동정녀는 아들을 그가 아기였을 때처럼 무릎 위에 올려놓고 있지만, 그 얼굴은 그때처럼 기쁨에 젖지 않고 그 왼손은 쓰다듬는 몸짓이야 어떻든, 그 펼쳐진 손바닥으로 동정을 구하는 가난한 여인의 손 같아 보인다.

이 군상 전체는 고요하고 빛나는 장엄에 휩싸여 있다. 마치 우주 한

복판에서 초자연적인 고독 속에 자리 잡은 듯하다. 그리스도는 죽었다. 그리고 사람들을 하느님과 묶어주던 바로 그 사랑조차도 중단되고 훼방받은 듯하며, 이렇게 자명한 포기의 순간은 마치 십자가 고행과 부활 사이의 심연과도 같다. 하느님은 비록 잠시일망정 어디에서도 찾을 길이 없고, 인류는 그를 기다리는 당혹감에 충격을 받는다. 예수의 늘어지고 무기력한 신체는 잠든 장정의 몸도 실제 사람들의 학대를 받은 시신도 아니다. 인간이 그 광채를 지지할 수도 없고 그 완전성을 반박할 수도 없어서 죽임을 당했던 완벽한 인간성이다. 죽음으로도 그를 망치거나 그의 품위를 떨어뜨리지 못한다. 고문으로도 그를 해치지 못한다. 이 부동의 유해는 성 베드로가 말하는 신전으로 느껴진다. 그곳에 신성이 살아 있고 거기에서 그 자취와 흔적을 보존하는 신전 말이다. 바로 하느님이 기쁨 속에 잠든 아기처럼 고통 속에 편안히 영면하고 있다.

이 작품 「피에타」로 젊은 천재 미켈란젤로는 모든 사람에게 눈부신 자신감은 물론이고, 헬레니즘의 완성미와 중세적 영성을 기적적으로 종합한 위대한 근대 기독교 조각가의 탄생을 보여주었다.

작가는 이 대리석 속에서 완전히 풀어낸 그 같은 감정을 입증하려 했을 것이다. 그전으로도 그후로도 작가는 자신의 이름을 어떤 대리석상에도 새겨넣지 않았기 때문이다.

어느 날, 아마 1500년이라는 대희년大禧年에 미켈란젤로는 어떤 롬바르디아 사람이 자기 동료에게 이 피에타를 밀라노의 꼽추, 즉 크리스

• 1460~1527. 이탈리아 조각가, 건축가.

토포로 솔라리*가 만든 작품이라고 하는 소리를 들었다. 바사리는 이렇게 말한다.

"어느 날 밤, 그는 성당에 처박혀 작은 등불을 비추며 거기에 끌로 자신의 이름을 새겼다. '미카엘 안젤루스 부오나로투스 플로렌티누스 파세바트(피렌체 사람 미켈란젤로 부오나로티 작)이라고."

이 글은 동정녀의 가슴에 걸친 일종의 띠 같은 것에 새겨졌다. 즉, 성모의 심장 위에 새겨진 명문이다. 동정녀의 얼굴에서 그는 젊은 아들을 잃어버린 어머니에게서 엿보이는 고통스러운 표정에 고취되었으며, 고아였던 자신의 이름을 모든 기독교도를 동정하는 어머니의 가슴 위에 남겨놓고 싶어했을 것이다.

35
코페르니쿠스의 교훈

바로 이 해 서기 1500년에 미켈란젤로는 여전히 로마에 머물렀다. 알렉산데르 6세는 대희년을 선포하고 수많은 순례자가 유럽 각지에서 그곳으로 몰려들었다. 그들 가운데 나중에 이 세상에서 가장 유명한 천문학자가 될 스물일곱 살의 폴란드 성당 참사회원도 있었다. 그는 장차 『천구天球의 회전에 관하여』를 쓸 니콜라우스 코페르니쿠스였다. 그는 당시 외국인이 모든 나라와 모든 학문의 고향으로 생각했던 이탈리아로 왔다.

1496년부터 그는 이미 볼로냐에 체류하고 있었으며 1500년 부활절에 로마에 도착했다—이해의 부활절 축제는 4월 19일이었다—그리고 그해 내내 이곳에 머물렀다. 도착한 지 얼마 뒤에 그는 많은 사람이 생각하듯이 대학이 아니라 사택에서, 학생들이 아니라 그 학문을 배우려 했던 사람들을 위해 수학과 천문학 강의에 착수했다.

코페르니쿠스의 이 강의를 알레산드로 파르네세(나중에 파울루스 3세가 되는 인물이다)와 미켈란젤로도 참석했다는 오랜 전설이 있다.

내가 아는 한 미켈란젤로의 어떤 전기에서도 이런 전설을 언급하지 않고 있으나, 그러지 못할 이유도 없다. 평생 미켈란젤로는 자신의 예술과 관계가 있을 학문을 배우고 싶어했다. 예컨대 그는 당시 그 분야에서 가장 명성이 높았던 학자로서 존경하고 협력을 구할 만큼 매우 뛰어난 해부학자 레알도 콜롬보도 만났다. 도나토 잔노티의『대화』편에서—그 어조와 회상은 부오나로티에 매우 근접했다—미켈란젤로는 이렇게 주장한다.

"유식한 사람과 대화하는 것은 늘 즐겁다. 당신도 기억하겠지만, 피렌체에서 학자치고 내 친구가 아니었던 사람은 없었다."

이『대화』편은 미켈란젤로가 우선 놀라운 천문학 지식이 있었고, 그가 로마에서 코페르니쿠스의 강의를 듣지 않았다는 말을 듣는다면 더욱 놀랄 일이 될 것이라는 점을 보여준다. 그 대화 상대 가운데 한 사람인 안토니오 페트레오는 미켈란젤로의 천문학 지식에 기절초풍할 지경이다. 즉, "그는 이미 엄청난 것을 알고 있었다, 천문학에 추가해야 할 정도로…." 미켈란젤로는 여느 때처럼 이렇게 대답한다.

"천문학을 주제로 오늘 아침에 우리가 나눈 대화는 별것 아니오. 나는 천구를 이해하는 사람만이 진실을 이야기한다고 생각하오."

천구 또는 천계는 중세부터 기초천문학을 가르치는 말이었다. 토마세오에 따르면, "천체의 위치와 운동을 가르치는 과학"이며 갈릴레오도 같은 의미로 이 용어를 사용했다.

『대화』의 또 다른 부분에서 미켈란젤로는 절친한 친구 루이지 델 리치오를 설득하려고, 모든 훌륭한 화가, 조각가, 건축가는 자기 분야와 마찬가지로 "자연과학과 수학을 이해한다"라는 점을 상기시킨다. 미켈란젤로는 이런 말을 농담 삼아 했겠지만, 이 진실은 다른 누구보다 자신에게 자명하다는 것을 알고 있다. 우리는 『운문』을 읽어서, 미켈란젤로가 밤을 사랑했으며, 밤을 사랑하는 사람이 별과 또 그 운행과 관계와 수수께끼를 사랑하지 않을 수 없다고 알고 있다.

그 유명한 『신성한 숲의 세계』는 1537년에 피렌체 사람 마우로가 이탈리아어로 번역했다. 미켈란젤로는 1545년 로마의 친구들과 집단적으로 천체에 관한 박식한 대화에 참여했을 때에, 그 책을 갖고 있었을 것으로 짐작된다.

미켈란젤로가 청소년기 여러 해 동안 단테의 애독자였다는 점을 잊지 말아야 한다. 또 수학과 천문학에 대한 상당한 개념을 모르고서 그가 『신곡』의 짜임새와 시각에 빚을 졌다고 하기는 난감하다. 따라서 1500년에 미켈란젤로가 자신이 좋아하는 시인을 더욱 잘 음미하자면 과학을 더 깊이 이해해야겠다고 느꼈다거나, 친구의 권유대로 코페르니쿠스의 수업을 자주 들으러 다녔다고 해서 놀랄 일은 아니다.

코페르니쿠스는 라틴어로 말했을 것이고, 미켈란젤로는—앞에서 말한 잔노티의 『대화』에서 그가 실토했듯이—라틴어를 몰랐다고 사람들은 말할 것이다. 그렇지만 코페르니쿠스는 엄격한 라틴어를 고수하는 대학이 아니라 개인의 저택과 신사들의 집에서 강의했다. 그런 만큼 그가 이탈리아어로 우주를 주제로 강연하지 않았다고 생각할 이유가 전혀 없다. 그는 알프스 이남에서 살았던 지난 4년 동안 이탈리아어에 상당히 익숙해졌을 것이다.

우리는—심지어 반박할 수 없는 자료가 잘못일지라도—그 대희년에 세계적 영광의 운명을 타고난 이 젊은 두 천재가 만났을 것이라는 상상으로 즐거워할 수 있다. 사람들에게 우주에 대한 폭넓은 사상을 전했을 토룬[폴란드 도시]의 젊은 참사와 시스티나의 벽에 창세기와 인류의 종말을 재현하게 될 이 피렌체의 청년 조각가 말이다.

36
죽은 자들 틈에서

미켈란젤로의 로마생활은 그다지 즐겁지 못했다. 부오나로토가 1500년 말에 찾아왔다가 피렌체로 돌아가 아버지에게 그가 사정이 나빠 보였다고 전했다. 루도비코는 사실상 12월 19일에 그 곁에 없는 아들을 나무라고 잔소리하는 편지를 썼다.

"부오나로토가 그러던데, 너는 거기에서 비참하지는 않아도 아주 궁색하다고 들었다. 크게 절약하면 좋지만 가난은 몹쓸 것이야. 하느님과 세상 사람을 언짢게 하는 사악한 것이기 때문은 물론이려니와 네정신을 흐리게 하는 것 못지않게 몸도 망가지게 하니까. (…) 부오나로토는 잘 쉬지도 못하고 일만 너무 해서 살만 쪘고, 배에 가스만 차는 나쁜 음식을 먹었거나 발이 냉하거나 습기 때문일지도 모른다고 하더구나."

그는 계속해서 미켈란젤로에게 음식에 대한 이야기와 조언을 하고 있다. 그리고 편지에 "가능한 한 어서 돌아왔으면 좋겠다. 네가 여기 있다고 해서 일이 없지는 않을 테니"라고 추신을 붙였다.

루도비코는 아들의 이런 극도의 궁핍이 자기 때문이라고 생각하지 못했다. 왜냐하면 3년 전에 로마에서 미켈란젤로는 돈 문제로 아버지에게 편지를 썼기 때문이다. 상당히 애증의 자취가 담긴 어조였다.

"저 또한 고단하게 일하고 있고 지출도 해야 한다는 점을 좀 알아주셨으면 합니다. 아무튼 제게 부탁하신 것은 보내드리겠습니다. 그러자면 노예처럼 일할밖에요."(1497년 8월 10일)

사실 미켈란젤로는 아버지의 조언대로 1501년 정월에 로마를 떠났다. 1501년 3월에 사법장관이 된 피에로 소데리니는 공화국에서 대단한 권위를 누렸고 중요한 작품을 그에게 주문하겠다는 사실을 알려주었을지 모른다.* 얼마 뒤인 같은 해 8월에 그는 대리석 덩어리를 마련해주었고, 이것에서 이제 「다윗」상이 나오게 될 터이니까….

집으로 돌아온 미켈란젤로는 해부학 공부를 다시 시작하면서 시신을 해부하기 시작했다. 산토 스피리토 수도원장 니콜라스 디 피렌체는 아직 생존해 있었으며, 미켈란젤로를 다시금 아고스티노 수도원 병원으

• 본문에서 곤팔로니에레라는 호칭은 나중에 곤팔로니에로 줄여 쓰고 있다. 이것이 일반적인 공화국 도시국가의 행정관을 이르는 말이며 실권자를 뜻한다. 따라서 마치 최근 이라크에서 미국의 행정관이 전후 이라크를 통치하는 사실상의 제국주의 총독인 것과 비슷하다. 그런데 이 시점이 1501년이 아니라 1502년이라는 설이 있다.

로 맞아들였을 듯하다. 도서관에 전해지는 문서에서 말리아베차노라는 별명을 사용한 전기작가는 이와 관련해서 지금까지 부오나로티의 삶에서 결코 등장한 적이 없는 이상한 이야기를 하고 있다.

"리피 가의 사람을 다치게 해서 연금 상태에 있던 미켈란젤로는 어느 날 시신이 모여 있는 곳을 찾아 수많은 시체를 해부하면서, 그것들을 자르고 살갗을 벗겼다. 이때 우연히 코르시니 가의 한 시신을 건드리게 되었는데, 이것이 코르시니 가문에서 큰 비방을 사게 되었다. 당시 행정관 소데리니에게 이런 민원이 들어갔으나, 이 사람은 그가 자신의 예술 공부를 위해서 그렇게 했을 뿐이라면서 웃어넘겼다."

이 이야기에서 소데리니가 미켈란젤로를 얼마나 좋아하고 감탄했는지 알 수 있지만, 그 가엾은 시신의 가문에서 터져나온 '비방'도 이해할 수 있다. 이런 이야기가 생소한 편은 아니다. 왜냐하면 그 주인공은 확실히 1501년 5월 4일 사망한 아메리고 코르시니일 것이기 때문이다. 그리고 그런 소란은 여름이 되기 전에 벌어졌을 것이다. 미켈란젤로가 「다윗」상 제작에 돌입했던 것은 8월이니까, 여름에는 해부할 시간적 · 심리적 여유가 없지 않았을까.

인문주의자 아메리고 코르시니는 피코 델라 미란돌라와 베니비에니와 마찬가지로 사보나롤라의 열성 당원이었다. 산 마르코 수도원에서 설교를 금지하는 알렉산데르 6세의 간단한 연설이 끝나고 나서, 1498년 3월 3일에 시뇨리아 광장에서 열린 집회에서 아메리고 코르시니는 '피아뇨니' 당을 지지하면서 이렇게 외치고 말았다.

"모든 사람이 우리의 적이 될지라도, 하느님은 여전히 우리와 함께하실 것입니다."

이 일화의 살벌하고도 역설적인 면은 다음과 같다. 인문주의자의 친구이자 사보나롤라의 신자인 미켈란젤로가, 사보나롤라의 지지자이며 제자인 인문주의자의 시신을 벗기고 자르고 파헤치고 있다는 점이다.

바로 거기 궁륭으로 덮인 방에서, 아직 매장하지 않은 채 무질서하게 쌓인 시체의 역겨움 속에서, 석공의 끌과 살인자 같은 칼로 무장한 채, 거의 반쯤 해체된 그 시신을 뒤적이는 것이 어떠했을지, 하느님과 영혼의 신전인, 신체기관의 비밀과 형태를 배우려고 말이다.

37
두 번째 거인

미켈란젤로가 피렌체로 귀향한 근본적 이유는 산타 마리아 델 피오레 대성당 인부들이 여러 해 전에 예언자상 조각에 쓰려고 베르실리아에서 가져다놓은 채 성당 구석에 놓아두었던 거대한 대리석 덩어리를 얻으려는 욕심과 희망 때문이었다. 그 돌덩어리에는 1464년에 그 작품을 포기한 조각가가 초벌 작업을 했던 유감스런 자취가 남아 있었다.[미술사가 베키에 따르면 아고스티노 디 두초는 1463년에 중단했다.] 이렇게 훼손되고 불량한 상태의 이 대리석을 바라는 사람은 아무도 없었을 것이다. 하지만, 거물급 예술가 세 명이 그것을 차지하려 했다. 레오나르도 다 빈치, 일명 산소비노로 통하는 안드레아 콘투치, 그리고 미켈란젤로였다. 행정관 소데리니는 사람들이 주장하듯이, 원래 레오나르도에게 주려 했지만—실각한 루도비코 일 모로가 막 피렌체에 와 있었다—결국 1501년 8월 6일에 부오나로티에게 주었다. 그 작업 기간은 2년으로 조각가는 금화 6플로린의 월급을 받았을 것이다. 2월 28일에 금화 400플로린을 일시금으로 받기로 했다. 미켈란젤로는 1501년 9월

13일에 작업을 시작했다. 새로운 거인상을 어느 곳에 두어야 할지를 결정하려고 이듬해 1월 25일에 위원회가 소집되었을 때, 그의 작업은 '거의 끝나가는' 중이었다. 콘디비는 미켈란젤로가 「다윗」 상 제작에 열여덟 달이 걸렸다고 전한다. 어쨌든, 기록을 보면 적어도 스물여덟 달이 걸렸음이 입증된다. 아니면 그 이상이거나. 그렇게 해서 모든 민족의 조각 가운데 최상의 걸작 하나가 나오게 되었다.

미켈란젤로가 이런 시도에 뛰어든 이유는 여러 가지가 있다. 우선 근성이다. 그는 거인적인 그 무엇을 한 점의 작품에서 담아내려고 씨름할 정도로 근성이 대단했다. 그다음은 모든 사람, 특히 자신을 의심하는 사람들에게 제자리를 벗어나 훼손된 대리석에서 완벽한 형태를 끌어낸다는, 엄청난 난관을 극복할 수 있다는 것을 보여주려는 욕심이다. 또한 자신의 조국에 그 가치를 충분히 입증할 작품을 세우려는 의지이다. 그리고 마지막으로, 이 대리석을 경쟁자에게서 뺏어내 비록 어리고 덜 유명하지만, 자신이 그것을 위해 태어난 예술가로서 그들을 능가하고 이길 수 있음을 보여주겠다는 의지이다. 특히 레오나르도 다 빈치처럼 그를 평가하지도 좋아하지도 않은 사람에게.

바사리에 따르면 그는 「다윗」 상을 시뇨리아 궁 곁에 상징물로서 세울 생각이었다. "정의로서 민중을 옹호하고 지배했던 예언자와 왕의 모범을 본떠서, 그 도시를 지배하는 자가 악착같이 그것을 지켜주고 정의롭게 보존할 수 있도록." 바사리처럼 훌륭한 신사도 여기에서는 아무것도 이해하지 못했다. 미켈란젤로는 이 대리석으로 돌팔매질하는 거인을 깎아냈을 때, 어떤 식으로도 알레고리 형태로서 정치적 교훈을 부여하려 하지 않았다.

이스라엘 목동의 상은 미켈란젤로에게 성서와 기독교 전통으로 수용된 그 이름보다 더한 논쟁거리였다. 다시 말해서 그는 야콥 부르크하르트가 이미 지적했던 역설에 말려들지 않을 것이다. 즉, 성서는 나중에 거인이 될 소년의 일화를 상기시키지만, 미켈란젤로는 그 관계를 뒤집어 이야기의 기적적 요소를 제거한다. 모든 그럴듯한 이미지와 반대로, 청년은 거인이 된다. 피렌체 민중은 바사리 못지않게 이 작품의 의미를 이해했고, 그것을 어린 '다윗'이 아니라 '거인'으로 불렀다.

미켈란젤로는 이 젊은 영웅을 절정기의 청년으로 조각했다. 스물여섯이나 스물아홉쯤의 나이로서. 다윗은 여기에서 처음으로 열정적이고 엄격하며, 불만에 가득 차고 호전적이며 참을성 없는 성격의 초상으로 나타났다. 이 다윗은 유대의 목동이나 골리앗을 죽인 목동이 아니라, 승리에 도취한 청춘의 기념비다. 부오나로티는 그에게서 폭력과 고통의 씨앗을 느꼈다. 다른 모든 이들과 과거와 현재의 거물을 압도하는 꿈, 관대한 청년 정신, 고귀하고 격렬한 천재의 정신에 고유한 꿈을.

조약돌로 무장한 이 거인의 균형잡힌 근육질의 신체는 완전성과 힘을 상징한다. 힘겹게 분노를 삭이는 위엄에 찬 표정과 힘에 넘치는 얼굴은 모든 사람과 모든 것에 대한 확고한 승리를 표현한다. 이 고독한 작업을 하던 몇 년간 미켈란젤로가 누구를 적수로 여기고 있었는지 알기는 어렵다. 당대의 경쟁자이든 고대의 위대한 예술가이든 평범하고 건방진 열등한 인간에 대한 것이든, 그저 모든 위대한 자유를 가로막는 세상에 대한 것일지 모른다. 그가 골리앗을 염두에 두고 있지 않았음은 분명하다. 다윗을 결코 염두에 두지 않았던 것과 마찬가지로.

청순한 남성미를 보여주는 이 상은 당시의 다른 모든 상과 미켈란젤로 자신의 상과도 현저히 다르다. 베로키오와 도나텔로도 그 두려운 유대 청년 상을 빚었었지만, 성서를 충실하게 따라서 힘차기보다는 작은 미소년의 모습이었다. 부오나로티가 조각한 다윗의 두상이 도나텔로의 「성 게오르기우스」와 닮았다고 하지만, 그것은 마치 요동치는 바다가 고요하게 잠든 호수를 상기시킨다고 하는 것이나 마찬가지다. 이 성자의 표정은 심각하고도 평온하다. 계획된 시도를 하기 전에 또는 그것을 실행하고 나서 오랫동안 휴식을 취하는 모습이다. 예배나 열병식에 참석한 부동자세의 군인이 아님이 분명하다. 반대로 다윗의 얼굴은 적을 후려치고 거꾸러뜨릴 준비가 된 결연한 힘으로 넘친다. 깊이 들어간 눈은 적을 주시하고 콧구멍은 벌름거리며, 도전적인 입술은 침묵으로 확고하게 닫혀 있고 앞으로 왼쪽 다리는 돌팔매질을 할 태세다. 이 힘찬 조형성은 미켈란젤로가 청년의 공격성을 표현하려고 했음을 말해준다. 소년기에 켄타우로스와 헤라클레스의 혼전에서 인간의 힘을 표현하려 했던 사람이, 이 거인상을 통해서 오직 청년에게서만 찾을 수 있는 자유분방한 힘으로 자신의 이상을 표현하는 데 성공했다.

미켈란젤로에게는 가능한 모든 경쟁에서 이기려는 욕망으로 충천한 남성적 영웅정신이 있다. 반면에 자신의 삶에서 그는 수줍고 말이 없으며, 우울한 예술가였을 뿐이다. 단지 그의 예술 속에서 내면 깊은 곳에서 요동치는 감정을 드러낼 뿐이던 그는 군인도 정치인도 아니었다. 그는 사람을 죽이려 하지도 지배하려 들지도 않았다.

그는 메디치가의 그 멋진 세계의 청년처럼 놀이와 춤과 노래, 축제와 사랑 속에 혈기방장하지도 않았다. 그러면서도 그는 어느 날인가 폭발하고야 말 청춘의 근성과 열망을 지닌 청년이었다. 그의 이 거인상은 승리하고자 싸우고, 해방되고자 승리하려는 불후의 청춘에 대한 찬가였다.

　그 뒤 미켈란젤로는 또 다른 정신적인 자화상들을 빚어내게 되겠지만, 그것들 가운데 그 어느 것도 이 작품만큼 신과 같은 무구함으로 변형된 인간적 위엄의 순수하고도 자긍심에 넘치는 격정을 새기지는 못한다. 미켈란젤로가 사로잡혔던 이런 생각은 훨씬 나중에, 덜 알려진 작품에서 더욱 뚜렷하게 드러난다. 현재 베키오 궁에 소장된 「승리감에 도취한 천재」에서도 다시 한 번, 우리는 잘생긴 청년을 보게 되는데, 그는 벌거벗고 자부심에 넘치며 당당하다. 이 청년상도 다윗처럼 한 손을 어깨 위에 걸치고서 오른쪽 무릎으로 수염 난 노인을 짓밟고 있다. 그러나 이 노인은 골리앗이 아니다. 흉측한 거인이 아니기 때문이다. 여기서도 발상은 마찬가지다. 노쇠를 압도하고 굴복시키려는 열망으로 가득한 꽃피는 청춘이다.

　이 세상의 새로운 젊음에 대한 자신감의 표현이었던 르네상스는 16세기 초에 그 절정을 맞아 그 자체의 기념비를 갖고자 했다. 미켈란젤로가 바로 그것을 실현했다.

38
제단의 비극

미켈란젤로가 다시 찾은 조국은 안타이오스*가 지상에서 어머니를 껴안았을 때와 같았다. 조금 전 로마에서 그를 괴롭히던 불운은 사라졌다. 그는 일할 욕심뿐이었고 힘겹고 오랜 작업이라도 거절하려고 하지 않았다. 그는 이제 완전히 젊은 사내였고 자신의 손으로 창조한 수많은 초상의 세계에 둘러싸여 있었다.

1501년부터 1505년까지 피렌체에서 지내면서 그는 모든 제안과 주문을 받아들였다. 그는 1501년 5월에 시에나 추기경이 주문한 조상 15점을 수락했다. 8월에 산타 마리아 델 피오레 참사회가 제공한 돌로 거대한 상을 쪼아내려고 했다. 1502년 8월에 또 다른 다윗을 청동상으로 제작했다. 1503년 4월은 피렌체 대성당을 위한 12사도상의 차례였다. 이밖에도 성모상 넉 점―석 점은 조각, 한 점은 그림, 또「카시나 전투」

---

* 바다의 신 포세이돈과 땅의 여신 가이아 사이에 태어난 거인.

를 위한 대형 밑그림을 그렸다. 그가 예약을 받은 조상은 전부 서른두 점이었지만 모두 제작할 수는 없었다. 미완으로 남긴 「성 마태」를 포함해서 열 점을 제작했다. 그러나 겨우 2년 동안의 일이라는 점을 생각해보면, 또 거기에 도니를 위한, 둥근 틀에 맞춰 그린 '통도 도니'라고도 하는 「성가족」과 팔라초 베키오의 어마어마한 프레스코를 위한 밑그림을 추가해볼 때, 미켈란젤로 자신의 힘에 대한 놀라운 확신은 젊은 객기가 아니었다.

첫 번째 계약—그가 로마를 떠나기 전이었을 듯하다—은 시에나 대성당의 피콜로미니 제단을 위한 열다섯 점의 입상이었다. 이것도 그의 친구 자코포 갈리가 중재했을 것이다. 그가 계약서에 보증인으로 서명했고 「피에타」와 마찬가지로 그는 시에나 추기경에게 당시 로마에서 보는 것보다 훨씬 훌륭한 조각이 될 것이라고 약속했기 때문이다.

미켈란젤로 자신은 3년 안에 금 500두카토에 열다섯 점을 제작하겠노라고 약속했다. 그러면서 작품의 완성도에 대한 모든 보장을 다짐했고, 이 3년 동안에 다른 작품은 하지 않겠노라고 했다.

그러나 이 계약은 여러 가지 점에서, 생 드니 추기경과 맺었던 것과 상당한 차이가 있다. 피콜로미니는 미켈란젤로가 조상을 제작하기 전에 미리 그 밑그림을 보고 싶어했다. 그 외에도, 추기경과 작가가 각자 한 사람씩 지명한 인사들이 그 '완성도'를 인증해주기를 바랐다. 이렇게 피콜로미니는 갈리와 부오나로티의 약속을 신용하지 않았고, 제작에 앞서 작품의 구상을 미리 알고자 했다. 게다가 그는 예술계 인사들이 그것을 확인해주기를 바랐다. 감탄할 만한 「피에타」로도 추기경에게는 완벽한 솜씨에 대한 보증이 되지는 못했다. 그런데 같은 계약서에는 주문의 신중함만이 아니라 미켈란젤로라는 천재가 자극했을지 모를 질투를 입증하는 구절이 있다. 피콜로미니는 사실상 그 입상의 제작이 끝나게 되면 그것을 미켈란젤로의 수중에 놔두지 않고 피렌체의 다른 장소로 안전하게 옮겨놓아야 한다는 조건을 붙였다. "그것들이 그의 수중에 있게 되면 못된 경쟁자들이 훼손하거나 부숴버릴지 모르기 때문"이었다.

이토록 거만하고 성가신 주문을 했던 인물은 과연 누구였을까? 시에나 추기경은 비상한 고위 인사였다. 그의 본명은 프란체스코 난니 토데스키니[1439~1503]인데, 그가 에네아 실비오, 즉 교황 피우스 2세의 누이 라우도미아 피콜로미니의 아들이었으므로, 이 외삼촌에게 입양되고 보호를 받으면서 1460년 불과 스물한 살에 가족의 이름을 부여받은 추기경이자 시에나 대주교가 되었다. 그러나 프란체스코는 인문주의 교황의 '족벌주의'를 영예롭게 했다. 왜냐하면 그는 피우스 2세의 후계자들로부터 평가받고 고용되었으며, 당시의 고위 성직자들과 전혀 다르게 경건한 자취를 남긴 부지런한 생활을 했기 때문이다. 그는 알렉산데르 6세의 재위 기간에 로마에 체류하려 하지 않았고, 이 교황이 사망하면서 피우스 3세로 교황에 등극했다. 선량한 기독교 민중의 환호를 받으며 그는 1503년 9월 22일에 등극했지만 10월 18일에 사망했다. 그는 교회의 부패를 정화하려고 공의회를 소집하려 했지만, 이런 신성한 의도를 실현하기에는 재위 기간이 너무 짧았다—불과 26일간이었다. 그는 부지런하고 검소한 사람으로서, 외삼촌이 그러했듯이 예술가들을 찾아다니고 후원했다.

바로 이 사람이 피우스 2세를 추념하려고 시에나 대성당에 있는 브레뇨[*]가 짓던 주제단 장식을 미켈란젤로에게 맡겼다. 미켈란젤로는 작업을 시작했으나, 새 교황은 첫 번째 두 작품만 보았을 듯하다. 1504년 기록을 보면 그는 넉 점만을 제작했다. 즉, 성 베드로, 성 바울, 성 그레고리우스, 성 피우스 상이다. 이것들은 현재 피콜로미니 제단에서 볼 수 있다. 그 뒤로 그는 다른 작품을 제작하지 않았다. 1537년에 피콜로미니의 후계자들이 교섭을 재개했으나 허사였다. 미켈란젤로는 「최후의 심판」 벽화를 그리느라 바빴고, 1501년 계약을 잊은 지 오래되었기 때문일 것이다. 아무튼 1561년 이미 상당한 나이가 된 그는 이 미완의 작품을 아쉬워했다. 또 즉 그것을 주문했던 시에나 대주교 피콜로미니가 떠나버려 중단할 수밖에 없었으니까.

이렇게 '제단의 비극'이라고 부를 수 있는 이 사건은 60년이 지나서야 마무리되었다. 법적인 점에서는 끝이 났지만, 미적인 면에서는 여전히 계속되었다. 부오나로티의 전기작가나 평론가 대부분은 이 시에나의 입상에 대단히 무관심하다. 그들은 대체로 이것이 이 위대한 예술가에게 어울리지 않는 신통치 않은 작품으로 혹평하며, 일부는 그것이 미켈란젤로의 작품이 아니라 제자들의 것이라고 생각한다.

그 진품성을 부인할 수는 없다. 기록은 그 점을 명확히 이야기한다. 그렇지만 이 작품들을 쪼았던 끌이 피에타와 다윗을 쪼았던 것과 같은 것이라면, 그것들은 산 도메니코 석관의 작품을 더 잘 이해하도록 그 작품으로 역행하는 효과를 빚어낸다. 그것들은 높은 자리에 있어 제대

• 1418~1503. 조각가, 건축가.

로 보기 어렵다. 그러나 크리그바움이 그렇게 했듯이, 더 가까이 다가가서 본다면, 바로 이 평론가가 그 청년 조각가의 자화상으로 보는 성 바울의 입상에서 특히 그렇듯이, 미켈란젤로 예술의 특징을 찾아볼 수 있다. 어쨌든, 이 넉 점의 소상이 그 얼마 전에 미켈란젤로가 로마에서 만들었던 것보다 열등하다는 점은 인정해야 한다. 내가 아는 한 작가의 이렇게 분명히 후퇴한 정신적 원인을 찾는 사람은 아무도 없었다.

시에나 추기경과 체결했던 계약은 미켈란젤로를 전혀 즐겁게 하지 않았을 듯하다. 전제와 교활함과 무시가 지나쳤다. 그중 한 조항은 특히 불쾌한 것이었으리라. 즉, 그의 코를 부러뜨렸던 끔찍한 적수, 피에로 토리자노가 착수했던 미완의 성 프란체스코 상을 마무리 지어야 한다는 조항이 있었다.

이런 것보다 더 중요한 이유가 있었다. 미켈란젤로는 이 무렵에—그 다음에도 종종 그렇게 하듯이—'거상巨像'을 만들고 싶어했고, 자신의 유명한 거인상을 깎아낼 대리석을 손에 넣고 싶어했다. 그런데 시에나 입상들은 이런 소망보다 너무나 작았다. 겨우 1미터 남짓했다. 게다가 브레뇨가 조성한 벽감은 비좁았고, 그 속에 들여놓은 입상의 동작을 허용하지 못할 만큼 공간이 부족했다. 결국 뻣뻣이 서고 압축되고 부동의 자세가 될 수밖에 없었다. 엄격한 피콜로미니는 우선 밑그림을 보려고 했다. 누드 입상을 원치 않았기 때문이다. 그러나 미켈란젤로는 신성한 주제에서조차—도시의 환조에서 보게 될—늘 그렇듯이 나체에 열정적이었다.

이런 모든 이유 탓에—또 파악하기 어려운 다른 이유 때문에—미켈란젤로는 시에나 작품을 싫어하게 되고 자신의 기질과 창조력에 더욱 잘 어울리는 임무를 맡게 되자마자 그것을 포기해버렸다. 그러나 문제는 끝나지 않았다. 어쩌자고 그 계약을 수락했을까? 친구 자코포 갈리를 실망시키지 않으려 했을까? 계약을 체결할 당시 거인상을 위한 돌덩어리를 확보할 수 있다는 확신이 없었기 때문일까? 아니면 가족을 도울 금화 500두카토를 벌어야 했기 때문일까? 아무튼 이 끔찍한 임무를 무작정 미룰 수는 없었지만, 그에게 새로운 기회가 찾아오자 곧바로, 그가 다른 작품을 해서는 안 된다는 계약을 까맣게 잊어버리고 말았다. 그의 천재적 충동이 계약서를 신중치 못하게 부인하게 했다. 그는 시에나의 어색한 꼭두각시들을 기꺼이 제쳐놓고서 골리앗을 물리친 거인을 조각하는 데에 맹렬하게 뛰어들었다.

39
청동 다윗 상

1504년 8월 12일, 피렌체 총독은 미켈란젤로에게 또 다른 일을 맡겼다. 즉, 두 번째 다윗 상이다. 대리석으로 조각하던 거대한 다윗 상이 아직 끝나지도 않았지만, 소데리니는 정치적 이유로 프랑스 국왕의 총애를 받는 막강한 피에르 드 로앙 원수元帥를 즐겁게 해주려고 그 작업을 서두르도록 했다. 피에르 드 로앙은 샤를 8세를 수행해서 피렌체 원정을 왔을 때, 1494년에 보고서 감탄했던 도나텔로의 다윗 상과 비슷한 것을 갖고 싶어했기 때문이다. 또 나중에 1499년에 루이 12세를 따라서 이탈리아를 다시 찾았을 때에도 그는 그 작품을 보고 감탄했었다. 원수는 대단한 예술 애호가였으나 특히 작품을 거저 손에 넣었을 때 아주 좋아하곤 했다. 사실상 1499년에 그는 피렌체 총독으로부터 대리석상 일곱 점과 청동상 두 점을 받았다.

이 두 번째 다윗 상은 첫 번째 것과 판이할 수밖에 없었다. 그것은 대리석이 아니라 청동이었고 높이는 3미터 정도였으며, 그 발밑에 골리앗의 머리를 집어넣어야 했다. 미켈란젤로는 작업에 착수했고 주물을 뜰 때는 베네데토 다 로베차노의 도움을 받았다. 그러나 그사이에 루이 12세가 병으로 드러눕고, 로앙 원수는 왕비가 낭트로 파견했던 상당수 함선의 항로를 바꾸게 했다가 그 행운의 절정에서 총애를 잃고 말았다(1504년). 소데리니는 다윗 청동상을 프랑스 왕의 새로운 신임을 얻은 재상 폴로리몽 로베르테에게 보내려고 생각을 바꾸었다. 1508년에 다윗 상을 받은 재상은 그것을 자신의 뷔리 성에 갖다놓았다. 그것은 나중에 빌르루아 성으로 옮겨졌다가 언제인지 사라져버렸다. 이 작품은 밑그림만 남아 있다. 루브르에 있는 것에서 그 유명한 구절을 읽을 수 있다.

"다윗은 석궁을, 나는 활을 들고 있다."

이 수수께끼 같은 도발이 무엇인지 짐작하기 어렵다. 어떤 사람은 어리석게도 늑골이나 척추라는 말로 이해했다. 그의 노고를 상징하는 것으로, 또는 활이라는 말에서 오늘날에도 여전히 조각가의 도구를 지칭하는 것으로 이해하기도 했다. 그러나 미켈란젤로의 말을 이해하는 최상의 방법은 그가 잘 이해하고 좋아했던 시인 단테를 참고하는 편이 낫다. 즉, 『신곡』에서 우리는 '활'이라는 말을 여러 번 만난다. 본능의 충동이라는 의미에서나(천국, 1장 119절), 천국의 사업의 영향으로서(천국, 8장 103절) 또는 감정의 힘으로서(천국, 15장 25절). 그러나 부오나로티는 성 요한이 애덕에 대해 단테에게 질문하는 행간을 생각했을 법하다.

네 화살로 겨누었던 것

(천국, 24장 24절)

여기에서 화살은 지성과 정신과 혼이라는 뜻이다. 또 의심할 나위 없이, 미켈란젤로가 자신의 다윗 상 밑그림에 적어놓았던 바로 그 의미일 것이다. 다윗은 석궁을 날려 펠리시테 사람을 때려눕혔다. 미켈란젤로는 자신의 천재적인 예술적 능력으로, 즉 실수할 줄 모르는 정신력으로 죽었든 살았든 경쟁자를—도나텔로와 레오나르도—물리치려고 했다. 부오나로티는 도나텔로를 좋아했고—자신의 다윗 청동상으로 이겨야겠다고 생각했다—자신과 너무나 다른 레오나르도를 싫어했다. 그러나 그는 이 두 사람 모두가 거장이라는 점을 잘 알았으며, 그들을 이길 천재적 활을 당길 필요가 있음도 알고 있었다.

같은 밑그림에서 미켈란젤로가 친필로 쓴, 로라의 죽음에 대한 페트라르카가 노래한 소네트의 유명한 첫 구절을 볼 수 있다. "고귀한 콜론나 가문의 붕괴여…."라고. 그 소네트 전편을 다시 읽어보면, 우리는 이 구절이 상기하는 것을 알 수 있다. 그 마지막 행은 이렇다.

그토록 매혹으로 가득해 보이는 삶이여!
너를 얻으려고 힘겨웠던 그 세월을
불행한 일순간에 파괴해야 한단 말이냐.

대단히 자신감 넘치는 도전이다. 부오나로티의 슬픔을 그토록 잘 대변하는 페트라르카의 이 우울한 시 때문에 그는 죽음과 종말과 수치심

196

에 사로잡혔다. 이기고 싶어하고, 때로는 자기 영혼의 화살로서 그렇게 이길 수 있었던 사내가 어느 날 아침에, 그 오랜 세월에 걸친 노고와 탐구와 슬픔을 치르고서야 얻을 수 있었던 것을, 잃어버릴 수 있다는 것을 잊지 말아야 한다. 골리앗은 땅바닥에 거꾸러졌지만 청년 다윗은 늙어갈 것이고, 수치스런 원죄와 그 반격을 알게 될 것이니까 말이다.

40
어머니와 아들

1501년부터 1505년까지 5년 동안—로마의 율리우스 2세 곁으로 가기 전까지—산 피에트로의 「피에타」상으로 유명해진 미켈란젤로는 모든 주문을 받아들이면서 우리가 보았듯이 이탈리아, 외국 상인의 주문도 거절하지 않았다.

그런데 그는 영웅과 성인을 조각하던 시절에, 어려서 여읜 어머니에 대한 그리움에 젖어 있었다. 그의 어머니 프란체스카는 그가 여섯 살 때에 아주 젊어서 사망했기 때문에 그녀에 대한 기억은 희미했어도 '어머니의 따뜻한 손길'에 대한 향수는 스물여섯에서 서른 살이던 이 청년에게서 여전히 강렬하기만 했다. 성년이 되고 늙어서조차 그는 어머니에 대한 그리움에 사로잡혀, 그의 최후의 피에타 가운데에서도 특히 '비탄의 성모'에 강박적으로 매달리게 된다. 그러나 이제 '정감에 넘치는 상상'으로 그는 온순하고 순진한 어린 아기를 품에 끌어안은 젊은 어머니로 되돌아온다. 바로 이 시기에 그는 성모와 아기 넉 점을 제작했는데, 그중 석 점은 조각품이고 나머지 하나는 회화작품이다. 사람들은 그를 산 피에트로의 「피에타」의 작가로 간주하던 주문자가 이런 주제를 내놓았다고 한다. 가령 이 주제가 여전히 위로받지 못한 이 고아의 가슴과 은밀한 하나가 되지 않았다면, 일감이 그토록 과도했던 그가 이 작품들을 만들겠다고 했을까?

이번에는 상인과 은행가의 주문이었다. 로마 사람 자코포 갈리처럼 사업가이자 예술 후원자였다. 이들 가운데 특히 장 그리고 알렉상드르 무스크론이라는 플랑드르 형제가 있었다. 이탈리아 사람들이 이름을 멋대로 모스케로니라고 부르던 사람들이다. 이들은 브뤼헤 무역상의 대표로서 영국 직물을 수출하고 피렌체, 로마에 지사를 두고 있었다. 이들은 자코포 갈리의 조언에 따라 미켈란젤로에게 「성 모자母子」 상을 주문했던 듯하고, 이는 1501년에 완성되었지만 1506년에 가서야 플랑드르로 보내졌다. 이 작품은 지금도 브뤼헤의 노트르 담 성당에 있다. 이른바 칠성사 소성당 내에.〔내진의 제단 바로 앞자리에 배치한 플랑드르 성당 특유의 구조다.〕 바로 이곳에서 1521년 4월 7일 알브레히트 뒤러는 이 작품을 보았고, 자신의 『일기』에 그것에 관한 이야기를 남겼지만 두 가지 잘못을 저질렀다. 즉, 그는 이 작품을 미켈란젤로가 흰 대리석으로 로마에서 제작했다고 했으니 말이다. 나폴레옹은 이 작품을 파리로 가져가게 했지만 1815년에 다시 브뤼헤로 돌려보냈다.

미켈란젤로에게 주문을 낸 두 번째 인물은 타데오 타데이라는 피렌체 사람이다. 그는 바사리에 따르자면, "뛰어난 자질을 타고난 사람을 대단히 좋아했다." 사실상 그는 벰보의 친구로서 서로 편지를 주고받았으며, 라파엘로가 피렌체를 찾았을 때 그를 항상 자기 곁에 잡아두고 싶어했다(그의 집은 캄포 델 비조뇨에 있었다). 이 젊은 우르비노 청년

(라파엘로)은 타데이에 대한 존경을 삼촌 시모네 치칼라에게 편지로 전하기도 했다. 미켈란젤로는 그를 위해 1505년부터 1506년 사이에 오늘날 런던 아카데미에서 볼 수 있는 대리석 환조를 제작했다. 이 작품에서 어린 성 요한이 도착하자 놀란 듯이 어머니의 품으로 파고드는 아기 예수는 감탄할 만하다.

세 번째 주문도 피렌체 사람 바로톨로메오 피티의 몫이었다. 그는 메디치에 대적한 가문이었다. 그는 부모 세대처럼 공화국 사업에 끼어들지 않았고 사업에 종사했다. 그는 1521년 우르비노에서 회계 업무를 보았다는 기록이 있다. 그에게 줄 환조는 1505년 이후에 제작되었다. 현재는 바르젤로 궁에 있는데, 당시 미켈란젤로의 작품들 가운데 가장 뛰어나다. 온화하면서도 근엄한 성모는 무한을 응시하는 듯이 부드러운 미소를 지으며 믿음으로 그녀의 어깨에 기댄 아들이나 다른 쪽에서 그녀를 바라보는 또 다른 아기에는 관심조차 두지 않는다.

어쨌든, 주문자들 가운데 가장 유명한 인물도 피렌체 사람이다.

아뇰로 도니는 미켈란젤로보다 한 살 어렸다. 1476년생으로 평민이지만 모직물로 부자가 된 집안 출신인데, 보르고 데이 틴토리 구에서 살았다. 아뇰로는 이 도시의 역사를 영예롭게 하는 데 한몫을 했다. 1527년에 그는 산타 크로체 구의 '10인 자유평화 위원회'에 참여했다. 1529년에는 피렌체 함락 이후 제국주의자가 요구한 64인 볼모의 한 사람이었다. 해방되고 나서 그는 조국을 버리고 망명객으로서 리옹으로 도피했고, 그곳에서 1539년에 사망했다.

그는 정치적 열정만큼 강한 예술적 열정 덕분에 피렌체의 자유를 수호했던 사람들 속에 그의 이름을 남길 수 있었다. 그는 예민했고 세련된 취미를 지녔다. 그는 일찍이 미켈란젤로가 그린 성모상을 갖고 싶어했고(1506년), 어린 라파엘로에게 자신과 부인 마달레나의 초상을 그리게 했다. 또 바로 이 그림들 덕에 그는 지금까지도 미술사와 저 두 거장의 전기에서 계속 거명되곤 한다. 라파엘로가 그린 초상은 이제 갓 서른을 넘긴 사내를 보여준다. 당당한 풍채에 커다란 코, 부리부리하고 자신감에 찬 눈과 숱이 많은 검은 머리를 어깨까지 늘어뜨린 모습이다.

이 초상에서 그는 미술 애호가라기보다 교양 없는 사업가로 보인다. 사실상 그는 요즘 같으면 인색하다고 했을 '경영자'로서 평판이 자자했다. 바사리에 따르면, 미켈란젤로와 친했던 그는 그에게 「성가족」상을 부탁했다고 한다. 작품이 완성되기 무섭게 화가는 그것을 도니에게 전하면서 70두카토를 요구했다. 그림이 매우 마음에 들기는 했지만 이 상인은 40두카토면 되지 않겠느냐면서 그림을 가져왔던 사람에게 내놓았다. 할 말을 잃을 수밖에 없었던 미켈란젤로는 그 돈을 곧바로 돌려주면서 작품을 반환하든지 아니면 정해졌던 금액의 두 배를 지급하라고 했다. 도니가 140두카토를 내놓아야 한다는 말이었다. 이 구두쇠는 70두카토만 더 내놓으면서 부오나로티를 거만하고 탐욕스럽다고 떠들고 다녔다.

현재 우피치 미술관에 있는 이 「성가족」은 미켈란젤로가 가장 애정과 심혈을 기울였던 그림일지 모른다. 그림의 배경을 차지한 나체상에서 명민하고 상상력이 풍부한 연구자들은 미켈란젤로 작품에 대해 엄청난 해석을 쏟아냈다.

나는 이 자리에서 동정녀를 재현한 이 네 작품을 더는 이야기하지 않겠다. 이 책에서는 그 인간과 생활만을 다루기 때문이다. 나는 그 미학적 분석과 스타일과 비교 연구를 평론가와 역사가에게 남겨두겠다. 객설과 가설을 아낄 줄 모르는 사람들에게. 나는 미켈란젤로의 회화, 조각을 오직 그의 삶과 혼을 더 잘 이해하는 데 필요한 사실이자 자료로서만 간주한다.

아기 예수와 함께 있는 이 넉 점의 성모상은 어린이의 눈앞에서 너무 일찍 사라진 그의 어머니를 그리워하는, 묵묵하지만 대단히 웅변적인 간접적 고백이다.

이 성모상의 얼굴은 매우 온화하지만, 깊은 우울함에 가려진 온화함이다. 마치 죽은 여인의 얼굴이 꿈속에서 다시 나타난 듯이, 거의 고통을 겪고 죽게 되리라는 것을 아는 표정이다. 그녀의 표정에는 죽음에 대한 예감 또는 추억이 어려 있고, 마치 진작 삶을 떠나버린 듯이 보인다—도니의 성가족에서만 제외한다면. 그녀는 자기 품에 안긴 어린 아기를 주시하지 않는다. 브뤼헤의 성모는 아기를 무릎에 앉히고 있어도 명상에 잠긴 모습으로 다른 곳으로 눈길을 돌리고 있다. 타데이의 성모는 어린 성 요한 쪽을 향하지만, 그녀의 가슴에 파고든 아기 예수를 주목하지 않는다. 피티의 성모는 어린 아기들을 외면한 채 먼 세계를 응시한다. 오직 도니의 성모만 그윽한 눈길로 팔 위에 무릎을 꿇고 올라앉은 아들을 향하고 있다. 그러나 사실은 그 얼굴을 바라보는 것이 아니라 이 시선 또한 깊은 슬픔에 젖어 있다.

메디치의 정원에서 수련기에 제작한 「스칼라의 성모」 또한 아기를 바라보지 않고서 젖을 먹이고 있음을, 훨씬 뒤에 산 로렌초 성당의 새로 지은 제의실을 위해 조각한 성모상에서도 이와 똑같은 성모를 볼 수 있다. 그러나 시스티나의 최후의 심판 정상에서 또 다른 쪽을 바라보는 심판관 그리스도의 곁에 있는 동정녀에서까지 그런 것은 아니다. 미켈란젤로의 회화와 조각에서 빈번하고 집요하게 다시 나타나곤 하는 이 이탈의 동기는 무슨 의미일까?

1491년부터 1540년까지 줄기차게 계속된 이 주제는 고아의 절대 아물지 않는 영원한 그리움을 의미할지 모른다. 그가 아직 어렸을 때 어머니는 그를 멀리 떠나버렸고 너무 일찍 그를 버렸으므로, 다른 어머니처럼 그가 어른이 되어서도 그를 주시하거나 안아주지 못했다. 성모가 그 아들을 바라보는 것은 오직 첫 번째와 마지막 피에타뿐이다. 왜냐하면 아들은 이제 죽었기 때문이다. 그러나 미켈란젤로 자신은 죽어서 어머니와 재결합하기 전까지는 절대 어머니의 눈길을 끌지 못할 것이다. 그가 살아 있는 한, 어려서든 젊어서든 그녀는 그를 다시는 쓰다듬어주지 않고 그를 돌봐줄 수도 없다. 왜냐하면 그녀는 꽃다운 나이에 그때가 오기도 전에 죽었기 때문이다. 자신의 조각과 회화에서 미켈란젤로는 아주 젊어서 죽은 어머니이자 가까스로 알아보는 어머니, 그를 충분히 품어주지 않았던 어머니이자 자신이 충분히 사랑할 수 없었고 너무나 일찍 어린이의 정을 떼었던 어머니의 얼굴을 다시 찾고 재현하고 소생시키려고 애썼다. 어쩌면 동정녀에 가까우면서도 멀리 있는 이 아기들을 통해서 그 자신을 상상했을지 모른다. 바로 거기에서 모성애를 상실한 유아기의 상징을 찾았을지 모른다. 그것은 죽음이라는 수수께끼와 그에 대해 깊이 생각에 잠긴, 멀리 떨어진 그 어머니 곁에 출현한 아기이다.

미켈란젤로의 작품에는 다른 비극보다 앞선 '고아의 비극'이 있다. 이것은 눈과 두뇌만이 아니라 가슴속에서 우러나는 비극이다. 그가 로마에서 보낸 첫 번째 시기와 두 번째 시기 사이에 피렌체에서, 여전히 가슴 아프게 돌이키곤 했던 잃어버린 어머니에 대한 추억이 어린 자기 고향집 근처에서, 제작했던 성모상들이 그 명백한 증거들이다.

41
카시나 전투

교양 있는 일반인 사이에서 별다른 평판을 얻지 못했던 가엾은 피에로 소데리니는 1501년부터 1512년까지 피렌체의 최고 행정관이었다. 대부분 그를 거의 알지 못했고, 단 몇 사람만 여전히 마키아벨리의 씁쓸한 묘비명을 기억하고 있다.

피에로 소데리니가 죽은 밤에
그의 혼은 지옥의 아가리에 던져졌구나.
플루톤은 이렇게 소리쳤다.
딱한 영혼이로다. 네게 지옥이라니?
어린애의 명계*로 가려무나.

• 림보라고도 한다. 세례 받지 못하고 죽은 유아의 경우처럼, 원죄 상태로 죽었으나 죄를 지은 적이 없는 사람이 머무르는 곳. 지옥과 천당의 중간에 있다.

짜릿한 묘비명이다. 어쨌든, 이것은 『군주론』의 저자에게는 명예롭지 못하다. 왜냐하면 마키아벨리의 민병대를 위한 계획을 실질적으로 지지한 인물이 바로 소데리니였다. 또 이 행정관은 마키아벨리에게 중요한 직위와 임무도 맡기지 않았던가. 그런데 마키아벨리는 신음하던 피렌체의 상처를 거지반 치료했다고 축하했던 『첫 번째 10년』에서 완전히 다른 식으로 그에 대해 말했다.

소데리니는 현명하고 온건했고, 평화와 공존과 예술의 친구였다. 당시 예술가들 가운데 그는 레오나르도 다 빈치와 미켈란젤로를 특히 좋아했다. 그는 그들을 후원하고 일감을 맡겼는데, 그 작품들은 이때부터 수 세기 동안 회자된다. 이런 선택을 한 것을 보면 그는 전혀 '딱한 영혼'의 티를 보이지 않았다. 재능 있는 인물들에 대한 그의 자유로운 견해는 피렌체 밖에서도 인정받았을 것이다. 피렌체로 가고 싶어하는 우르비노의 라파엘로에게 조반니 델레 로베레는 동생인 소데리니 추기경에게 보내는 소개장을 써주었기 때문이다.

바로 그가 닦달하는 코르시니 가문의 압력에서 미켈란젤로를 구해주었다. 다윗을 위한 거대한 대리석을 구해준 이는 그였을 것이다. 물론 다윗 청동상을 주문했던 것도 바로 그였다. 대회의실〔현재 베키오 궁의 대회의실〕의 프레스코 벽화를 두고서 미켈란젤로와 레오나르도의 경쟁을 붙였던 것도 바로 그였다. 1503년 소데리니는 레오나르도에게 (이해 3월에 그는 귀향해 있었다) 거대한 방의 두 벽면을 맡겼다. 1504년 8월에는 또 다른 벽을 미켈란젤로에게 맡겼다. 그 벽화의 밑그림을 종이에 그리면서도 이 두 예술가는 임금을 받았다. 그 작업을 할 수 있도록 레오나르도에게 산타 마리아 노벨라 성당에, 미켈란젤로에게 산

토노프리오의 오스페달레 데이 틴토리〔염색 조합 병원〕에 각각 방을 제공해주었다.

이렇게 미술사를 통틀어 가장 유명한 경쟁을 주도한 인물이 소데리니였다. 두 거장은 각자의 재능에 걸맞은 거창한 작품을 위해 맞서고 있었다. 레오나르도는 당시 쉰둘의 나이였다. 미켈란젤로는 겨우 스물아홉이었다. 바로 이 무렵에 피렌체에 나타난 세 번째 천재가 그 삼각형을 완성한다. 즉, 라파엘로였다. 그러나 그는 너무 어렸고 거의 무명으로 스물한 살이었다.

레오나르도가 미켈란젤로를 어떻게 생각했는지는 알 수 없다. 그러나 미켈란젤로가 이 「최후의 만찬」의 작가를 좋아하지 않았고 좋아할 수도 없었다는 점만은 확실하다. 바사리를 믿어본다면, 그들은 1495년 말에 서로 알게 되었다. 이때 그들은 사보나롤라가 시뇨리아 궁의 대회의실을 어떻게 장식할지 의견을 구했던 때였다. 하지만, 이 만남은 우정으로 이어지지 못했다. 1501년에 미켈란젤로가 흥분하며 피렌체로 귀향했기 때문이었다. 그는 산타 마리아 델 피오레의 대리석 덩어리를 레오나르도에게 줄 것이라는 이야기를 들었다. 소데리니가 이 두 예술가를 경쟁시킴으로써 두 점의 걸작을 자신이 지휘하여 얻게 될 열망으로 최대한 활용하려 했기 때문일 듯하다.

이미 앞서 말했다시피, 레오나르도의 지위에 대한 미켈란젤로의 감정은 거의 신체적인 반감에서 나온 복잡한 열등감을 넘어 경멸과 자만심, 질투에 가까웠다. 옷을 잘 입는 멋쟁이이자 취미와 작업도 다양했던 레오나르도를 미켈란젤로는 완전히 남성적인 자신의 재능과는 전혀 다른 역겨운 계집애 같은 사내로 보았으리라. 모든 것에 위대한 레오나르도는 문예 애호와 탐미주의를 오가는 인물이었고, 궁정과 저잣거리의 사내였다. 또한 시간을 낭비할 틈이 없는 예술가이자 물길을 돌려놓으려고 겸허하게 궁리하는 철학자이지만, 그러면서도 항상 누구와도 산책하거나 손님으로 들이지 않는 귀족적이며 형이상학적인 자신만의 세계 속에서 사는 듯하였다. (그런) 레오나르도 앞에서 비록 자신은 귀족 가문이라고 믿고 있는 미켈란젤로였지만, 분명히 거만하고 매우 까다로운 귀족 앞에 서 있는 노동자 같은 기분이 들었을 듯하다. 그는 모든 것을 다 하고자 했지만 아무것도 하지 않던 이 사람을 무기력하고 방탕하게 보았을 것이고, 동시에 실증적 탐구자이자 사실주의자, 실용적 감각인, 다시 말해서 반플라톤주의자로 보았을 것이다. 강건한 노동자이자 더구나 플라톤 식의 이상주의자인 미켈란젤로가 보기에, 그런 것은 짜증스럽고 불쾌했을 것이다. 이 두 사람의 인간관계는 다 빈치의 익명의 전기 속에서 단 하나의 기억만이 전해지고 있다.

"레오나르도가 조반니 디 가비나와 스피니 궁전 앞 산타 트리니타 광장을 걷고 있었는데 단테의 글을 논하던 몇 사람이 그들을 불러 세웠다. 그리고 그들의 의견을 물었다. 바로 그 순간에 우연히 미켈란젤로가 그곳을 지나치게 되면서 그들 중 한 사람이 그에게도 같은 질문을 청하자, 레오나르도는 '미켈란젤로가 잘 설명해줄 거네'라고 답했다. 미켈란젤로는 레오나르도가 자신을 조롱했다는 생각이 들었고 그에게 흥분한 어조로 이렇게 응수했다. '당신이 설명하지 그러십니까. 청동으로 주물을 뜨려고 말을 그리지 않으셨던가요. 주물에 실패해서 포기해버린 것이 창피한 줄 아시는지요?'라고. 그렇게 말하고는 훌쩍 가버렸다. 이 말을 들은 레오나르도는 황당해하면서 얼굴을 붉혔다.

레오나르도는 미켈란젤로처럼 말로써 그를 당황하게 하려는 마음은 없었을지 모른다―누구나 미켈란젤로가 『신곡』에 얼마나 익숙한지 잘 알았다. 하지만, 욱하는 성격이었던 미켈란젤로는 그 문장에서 고약한 부분을 취했다. 이 피에타와 다윗의 작가는 다른 사람 이상으로 자신으로서는 당연하다고 자평한 첫 번째 대성공을 거두었던 예술을 자기 때문에 명백히 실패를 맛본 다 빈치를 비아냥거리는 기회로 삼았다.

그러나 누구도 화가로서 레오나르도의 자질을 반박할 수 없었다. 바로 회화 분야에서 두 사람은 그 능력을 평가하려고 소환되었다. 이 도도한 두 경쟁자가 거대한 벽화를 준비하려고 얼마나 밑그림에 매달렸을까는 상상하기 어렵지 않다. 앙기아리 전투를 주제로 삼은 레오나르도는 깃발 주위에서 기마병들의 요란한 혼전을 상상했다. 미켈란젤로는 피사 전쟁 중 벌어진 카시나 전투의 일화를 골랐다. 피렌체 병사들은 아르노 강에서 목욕하고 있었다. 적의 공격 나팔 소리가 울려 퍼질 때, 모두 놀라 물 밖으로 뛰어나와 황급하게 옷을 주워 입고, 무기를 찾고 구원을 청한다. 부오나로티의 선택은 누구의 지시에 따른 것이 아니라 모든 자세로 상상한 모든 움직임을 지어내는 나체 군상을 재현하려는 강한 열의에 따랐다. 이 소묘가 나왔을 때, 그것을 본 사람에게 이는 기적적인 작품이었다. 또 오랜 세월 동안 청년 화가들에게 (그 작품은) 부오나로티의 세대에게 마사초의 예배당과 같은 것이 되었다. 라파엘로도 당시 피렌체에서 그것을 공부하고, 일부를 복제하기도 했다.

하지만, 지금 우리는 이 두 작품을 비교·평가할 수 없다. 레오나르도와 미켈란젤로의 소묘는 몇 해 뒤에 유실되었다. 앙기아리 전투를 벽화로 그리기 시작했던 레오나르도는 프레스코 대신 유화로 그릴 생각이었으나, 벽면에 붙이기에는 물감 반죽이 너무 두꺼워 그 시도를 포기하고 말았다. 그 밑그림을 위한 소묘의 단편적인 모사화만 전해지기 때문에 그것만으로 그 두 거장의 작품이 어떤 것이었는지 분명히 알기 어렵다. 미켈란젤로의 작품은 남성 나체들이 벌이는 거창한 잔치나 동작에 대한 회화적 해부학으로 상상할 수 있다.

이 세상에서 오직 인간만을 보고 있던 미켈란젤로는 숭고한 편집증에 사로잡혀 역사적 사실이나 풍경에는 무관심했다. 그는 벌거벗은 근육질 청년 집단을 재현하고, 이를테면 인체로서 가능한 모든 포즈와 자세, 몸짓을 모조리 파헤치고자 한다. 그는 실제 전투 장면을 그리기 싫어했다. 거기에서 몸은 무기와 갑옷에 가려질 것이고—피사의 전투가 1364년 사건이라는 점을 상기해보자—아르노 강에서 멱을 감는 것은, 움직이는 사지의 조형적 놀이를 만끽하고 해부학 연구의 성과를 과시하며, 조각가의 참을 수 없는 본능에 자유롭게 호소하기 위한 핑계일 뿐이었다.

만약 그 작품이 완성되었더라면 우리는 마침내 최상의 걸작을 보게 되었겠지만, 여러 점에서 시스티나의 벽화보다 수준이 떨어졌을지 모른다. 시스티나 벽화에서 더욱 방대하고 심오한 관념을 볼 수 있고, 몸은 그 자체가 목적이 아니라 정신의 명상과 절망, 정념을 표현하는 데에 쓰인다.

미켈란젤로는 카시나 전투에서 해부학과 소묘에서 자신의 갈고닦은 경험을 아낌없이 쏟았다. 해부학과 소묘는 마침내 달인의 경지에 달했다. 하지만, 화가로서의 위대성에는 더 나중에야 이르게 될 것이고 그때까지 이것은 비할 데 없이 고상하고 빛나는 자질이 된다.

42
시로 도피하다

카시나 전투의 소묘에서 신체의 절대적 승리를 보여준 후, 미켈란젤로
는 싫증과 피로 비슷한 것이 찾아옴을 느꼈다. 그리고 그는 시에 빠졌
다. 콘디비는 이렇게 썼다.

"그는 조각에는 한동안 손도 대지 않았다. 그러면서 시와 세속어로
〔이탈리아어〕 낭송을 공부하는 데 몰두했다. 기분 풀이를 위해서 소
네트도 쓰기 시작했다."

그는 해야 할 일이 있었지만 이렇게 시를 다시 읽고 지었고—그는 여
전히 시에나를 위한 열한 점의 입상을 조각해야 했고, 산타 마리아 델
피오레를 위해서 열두 점을 조각해야 했다—정말로 끝을 놓았다. 시인
들과 어울리고 운문을 짓고 싶었기 때문이다. 재료를 이겨내려고 씨름
하고 해부의 비밀을 자기 것으로 삼으려고 갖은 노력을 한 끝에, 그는
이제 말과 영혼의 목소리에 대한 향수를 느꼈다.

이 일은 그가 서른 살이 된 1504년 말에서 1505년 초쯤에 벌어졌다. 그는 이제 완숙한 청년이었고, 악마의 시간인 정오를 맞이해서 가장 뜨거운 사랑의 계절에 돌입했다. (그와 같이) 연구와 일에, 순수한 고독에 파묻혀 살던 사람이 갑자기 시인이 '사랑에 대한 절망적 의지'라고 부르는 감정을 느꼈다. 미켈란젤로는 새롭고 강한 애정으로 그의 청소년기에 그토록 소중했던 시인들에게로 빠져들었고, 이 시기에 처음으로 시를 지었을 가능성은 충분하다.

우리에게 전해지는 소년기의 단편적 습작에 따르면, 우리는 그가 사랑했던 여인이 있었다고 이해할 수 있다. 자부심이 강하고 고독한 사람처럼, 미켈란젤로는 매우 수줍어했고 이 무렵 그는 '고독한 사랑'에 젖었을 수 있다. 사랑에 대한 사랑에 빠졌다고 말이다. 자신의 못생긴 모습에 대한 과장된 감정은 그에게, 우리가 프로이트의 표현에 따라 '콤플렉스'라고 할 것을 키웠다. 우리는 육체의 아름다움을 공공연하게 탄식하는 부오나로티를 상상해볼 수 있다.

그는 처음에는 소네트와 마드리갈•로 습작했다. 사랑에 빠진 시인들에게 친숙한 주제가 있다.

만약 네가 사슬도 없이 타인을 사슬로 묶는다면

• 당시 마드리갈의 가사를 쓴 시인들은 자신들이 중세 후기의 대표적인 마드리갈 작시자(페트라르카, 보카치오)의 계통을 잇고 있다고 생각했다. 1501년 페트라르카의 시집을 벰보가 펴내면서 음악과 시에 대한 관심이 높아졌고, 이러한 관심이 세속 노래 중 사랑을 주제로 삼은 이 중요한 장르를 탄생시켰다.

손도 팔도 없이 나를 끌어당긴다면
무엇으로 너의 아름다운 얼굴을 가려야 한단 말이냐?

이 첫 번째 시도에서 늙어서도 되풀이할 동기를 이미 볼 수 있다. 이 것은 자신의 위축과 상실로서 바라보는 사랑의 관념, 자신의 순결과 자 유를 포기하는 것으로서 사랑의 관념이다.

내가 더는 나 자신이 아닌데, 무엇을 할 수 있을까?

이것이 바로 미켈란젤로의 드라마이다. 그는 사랑을 극히 좋아했지 만, 그만큼 자유와 자제도 사랑했다. 사랑한다는 것은 자기 자신을 거 부한다는 뜻이면서 결국 고독과 슬픔을 비난한다는 뜻이다. 오직 노예 와 주인 중 어느 편에 설 것인가의 문제만은 아니다.

하지만, 미켈란젤로에게 시는 단순히 사랑의 표현만이 아니었다. 그 이상으로 그것은 그의 정신적 발전에 요긴했다. 그는 모든 예술의 통일 성과 친근감을 깊이 느끼고 있었다. 시인이 될 수 없는 사람은 훌륭한 조각가가 될 수도 없다. 왜냐하면 조상彫像은 손으로서만 빚어지는 것 이 아니라 영혼으로 빚어지는 것이고, 또 영혼이 성상과 정열, 사상의 양식을 취하지 않는다면, 이와 같은 석상을 상상할 수도 창조할 수도 없을 것이다. 그와 같은 돌은 영혼의 숨결로써 숭고해지기 때문이다. 만약 시라는 하느님의 선물을 거기에 불어넣지 않는다면 완벽하게 빚 어진 육체일지라도 그것은 아름다운 시체일 뿐이다.

미켈란젤로는 시에 대한 재능을 타고났다. 그의 혼 깊은 곳에서부터 그는 서정시인이었다. 그는 시인이자 시인들 친구의 궁전에서 자랐다. 일찍이 볼로냐에서 그는 시에 사로잡힌 사람의 손님이었다. 그곳에서 그는 매일 시인들의 책을 읽었다. 어려서부터 단테와 페트라르카의 단골이었다. 단테의 작품에서 그는 사보나롤라의 강한 웅변 속에서 다시 알아보게 되었던 근엄한 기독교 정신에 대한 생각을 찾아내곤 했다. 페트라르카의 작품에서는 거의 금욕적인 염세주의를 찾아냈다. 사랑과 믿음으로 완화되기는 했어도, 그토록 자기 정신의 천성에 충실한 이 천재 조각가는 단테의 작품에서 만족감을 느꼈다. 자신의 작품 속에서 뚜렷하게 드러나는 고상하고 강인하고 폭풍 같은 것에 대한 감흥을. 그래서 다윗 상은 그 도전적 자세에서 카파네우스*의 형제라고 할 수 있고, 노예상은 「지옥」과 「연옥」에서 등장하는 인물의 고취된 자세일 것이다. 반면에 페트라르카로부터 메디치의 묘나 시스티나의 초상에서 보게 되는 그윽한 슬픔이 비롯된다. 이는 쾌락과 고통 사이의 비장함 같은 것으로, 미켈란젤로가 창조해낸 인물상의 가장 강렬한 매력이다. 이렇게 부오나로티의 예술은 도나텔로와 자코포 델라 퀘르차에게서만 유래하지 않았다. 베아트리체의 시인과 로라의 시인에서 나온 것이기도 하다.

콘디비에 따르면, 미켈란젤로는 이 무렵에 세속 웅변가의 글을 읽었

---

* 그리스 신화에서 오이디푸스가 왕위를 버린 테베를 공격한 아르고스의 일곱 장군 중 하나. 카파네우스만이 테베의 성벽을 기어오를 수 있었다. 그는 성벽 위에 선 채 제우스신조차 자기를 막을 수 없다고 큰 소리 쳤고, 이에 격분한 제우스는 그를 번개로 내리쳤다.

다고 한다. 이 '웅변가'들은 누구일까? 알 수 없다. 당시 탁월한 웅변가로 꼽히던 사람이라면 키케로가 되겠지만 미켈란젤로는 라틴어를 읽지 못했다. 그는 기껏해야 1472년경에 갈레오토 다 볼로냐가 펴낸 세속 라틴어 '불가타'로 번역된 키케로의 고문선집古文選集이 있었을 것이다. 그 첫 장에는 "천박하고 교양 없는 사람을 위한 매우 요긴한 작품"이라는 글이 있다. 그러나 '웅변가'라는 말로써, 이 전기작가는 콤파니, 빌라니 같은 세속어를 사용했던 피렌체의 역사가들을 이야기하려 했을 듯하다. 아니면 레온 바티스타 알베르티의 작품을 염두에 두었을지 모른다―예컨대 이미 1491년에 베네치아에서 출간된 『에카톤필레아』(1429년경)나 마테오 팔미에리 •의 『시민 생활』 같은 것을. 이 책은 1529년에 초판이 나왔지만 그 수사본은 이미 16세기 초에 피렌체에 나돌았을 것이다. 알베르티의 『에카톤필레아』는 사랑을 주고받는 기술을 다루고 있다. 팔미에리의 『시민 생활』은 인간과 시민의 기본적 미덕을 웅변적으로 표현했다. 이런 독서는 부오나로티처럼 온 힘을 다해서 미와 조국과 자유를 사랑했던 청년을 즐겁게 해주었을 것이다.

• 1406~1475. 이탈리아 인문학자, 역사가.

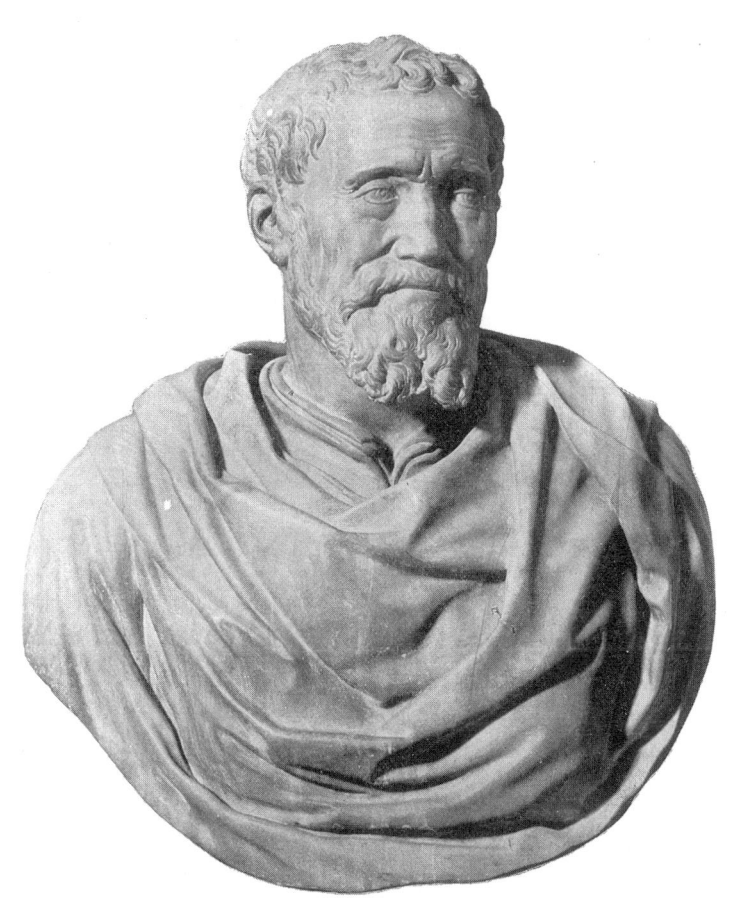

「미켈란젤로 묘석상」, 조반 바티스타 로렌치, 산타 크로체 성당, 피렌체
1568년에서 1570년 사이에 제작했다.

제3부

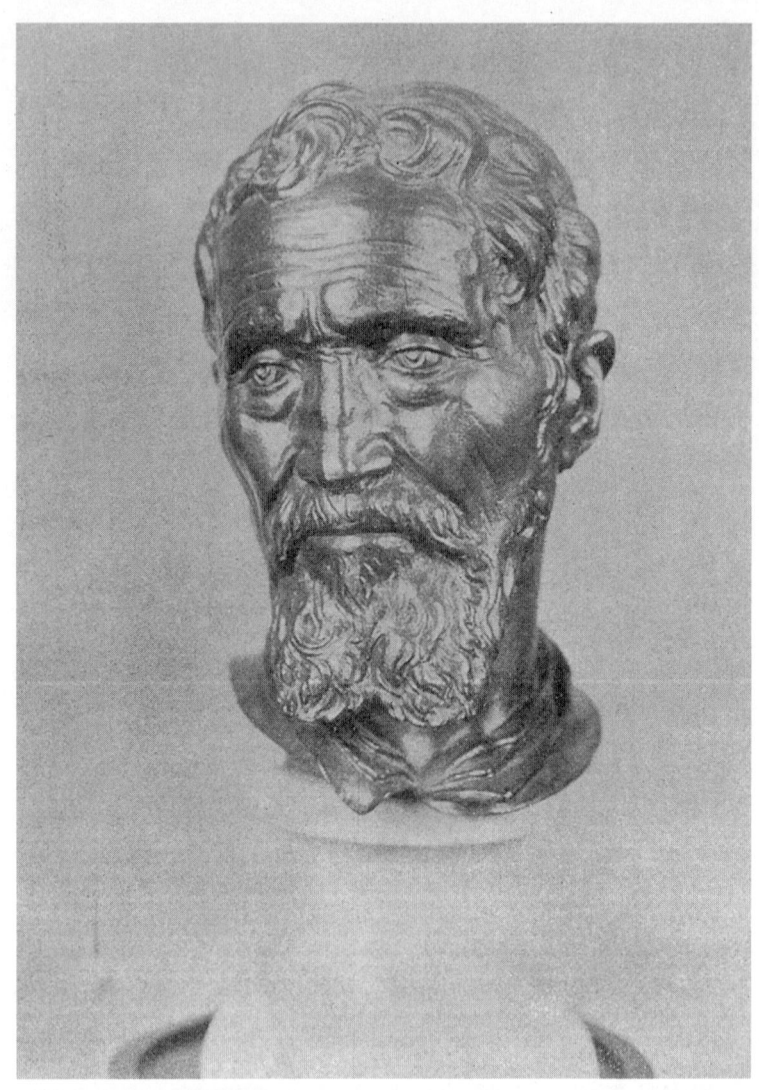

「미켈란젤로 흉상」, 피오 보나 소장
청동흉상이다. 오늘까지(1910년 당시) 전혀 알려지지 않던 것이다. 프랑스, 바이욘 시의
보나 소장품에 들어 있었다. 옛날에 전혀 언급이 없던 피오의 흉상일 듯하다. 이 흉상은
루부르 소장품과 또 부오나로티 기념관에 있는 조반니 볼로냐의 것과 동일하다.
이것에서 직접 유해한 것이 틀림없다.

43
천재성의 확인

미켈란젤로의 타고난 자질은 열 살쯤부터 나타났다(1485년 이후로).
창조적 재능이 확실해지는 것은 서른 살쯤이었다(1505년 이후).

　미켈란젤로는 지식인을 '정신 철학자', 수도사를 '자의식自意識'에
가득 찬 사람이라고 불렀다. 그는 요즘에 '내성적'이라고 부르는 그런
사람이었다. 그러나 그는 자신의 천재성에 대해서조차, 내밀하게 탐색
하는 확신을 갖지도 남기지도 않았다.

　그는 시편에서 부분적이나마 정이 많고 종교적인 사람임을 드러내지
만, 편지나 발언에서는 드물게 예술을 이야기할 때에도 개인적 경험을
거론하지 않고 일반적 문제와 원리만 끄집어내곤 한다. 창조적이고 절
대적인 예술가의 의식에 대한 이야기라고 해야, 다른 예술가와 관련된
몇 가지 외적 징표와 반응, 특히 그의 작품에서 거창하지만, 수수께끼
같은 증언만 남아 있다.

　1485년부터 1505년까지, 즉 그에게 결정적인 20여 년 동안 그 정신
이 성숙하고 다스려지는 것을 어렵지 않게 상상할 수 있다. 누구나 놀

라운 행운이 점점 증폭되는 것을 목격한다. 어린 시절에 그는 로렌초 대공 덕분에 막강하고 재능 있는 사람들 틈에서 자랐다. 그 뒤로 그는 메디치가의 또 다른 피에르프란체스코의 아들 로렌초의 보호를 받았다. 그 조금 뒤에 그는 거물 추기경의 손님이 된다. 그리고 또 다른 추기경은 기독교계에서 가장 중요한 성당을 위한 작품을 맡겼다. 피렌체로 귀향했을 때, 그 행정관은 고향의 심장부에 수십 세기 동안 결코 보지 못했던 가장 크고 완벽한 경이로운 거인상을 세우게 했고, 마침내 그는 가장 유명하고 호사스러운 교황의 부름을 받아 로마로 가서, 그를 위해 묘비가 아니라 기념비가 될 영묘를 준비하게 된다.

당시 로마와 피렌체는 서로 겨루고 있었다. 이 천재들의 시대에 그는 다 빈치, 브라만테, 라파엘로 같은 최고의 천재들과 비교되었고 그들과 경쟁에 돌입했다. 경쟁의 자극, 시기에서 비롯된 음모, 불만에서 나온 욕심, 그 어떤 것도 그의 영광을 막지 못했다.

청년이 된 그는 고상하고 사내다운 어린 부오나로티와 다른 인간으로서 자부심에 부풀었을지 모른다. 「피에타」를 끝내고 나서(1496년) 몇 해 동안, 당시 가장 탁월하고 유명한 예술가의 반열에 서게 된 그는 벌써 자기가 최고라는 기분이었을 것이다. 그러나 이런 확신은 어떤 빛, 어떤 형태로 그의 정신에 깃들었을까?

그의 주요 작품에서—로마의 「피에타」, 피렌체의 「다윗」—미켈란젤로는 자신의 삶에 어둔 그림자를 드리웠고 털어놓지 못하던 두 가지 고민을 덜어내기 시작했다. 그것은 모성애에 대한 그리움과 자신에게 없던 미와 위대성에 대한 향수였다.

바로 죽은 아들을 무릎에 안은 어머니의 묵묵한 온화함을 재현했다.

그런가 하면 작고 약하며 올리브 빛 피부에 코가 깨진 청년은 광장에 크고 잘생겼으며 득의만만한 청년의 거인같이 군림하는 이미지를 세웠다. 그리고 이제 교황 율리우스 2세의 무덤과 더불어, 그는 거인과 설산雪山에서 끌어낸 사지가 든든하고 근엄한 예언자, 초인적 인종의 초자연적 구경거리였던 천재와 죄인 등, 모든 인간과 죽음의 관념을 극복하려는 준비에 나섰다. 한편 바로 이러한 창조자적 도취에서 처음으로 절망의 주제가 등장한다.

기막힐 만큼 절정의 의욕에 넘치던 미켈란젤로는 자기 힘을 분명히 의식하게 되었다. 어떤 때에는 자신에게 불가능이란 없고 장차 자신의 생각을 제외하고는 아무것도 금지되지 않았으며, 복 받고 뛰어난 인간형이 신과 같은 끌을 통해서 대리석에서 튀어나오리라고 생각했을 듯하다. 미켈란젤로에게 문제는 개인적인 것이 아니었다. 모든 인간이 고아, 난쟁이, 기형이었다. 인간이 육신을 뛰어넘어 자신의 죄를 갚도록, 자신감 넘치고 아름다우며 강한 또 다른 인간성의 조형적 모범을 낳게 될 때가 왔다. 부오나로티라는 한 개인 속에서 르네상스의 인간은 하느님과 동업자이자 거의 경쟁자라도 된 듯하다. 조각가 같은 하느님의 손으로 빚어낸 최초의 인간 아담은 퇴화하고 불결해지며, 우울하고 추하고 왜소해졌다. 아담에게 으뜸가는 초자연적인 위엄을 되찾아주는 것이 예술의 몫이었다. 미켈란젤로는 자신의 끌로서 피코 델라 미란돌라가 『인격론』(1486)에서 거침없이 펼친 이야기를 원용했다.

그런데 이런 자신만만한 시도는 기독교 교리와 어울렸을까? 부오나로티는 메디치가의 플라톤주의 담화만 들었던 것이 아니다. 그는 사보나롤라의 성경 강론에 큰 감동을 받았다. 그는 기독교가 영혼 못지않게 육체를, 정신적 영광 못지않게 신체적 아름다움을 배려한다고 알았다. 기독교는 육신의 부활을 믿고 있지만 새로운 땅과 하늘, 인류에 대한 이상적 관념은 이 세상이 아니라 삶과 죽음 저 너머에 있는 천국의 영생을 다룬다. 미켈란젤로에게서 지상의 꿈은 물질에 대한 자만이나 청년의 객기 같은 데에서 쏟아져 나오지 않았을까?

자의식에 충만한 미켈란젤로는 다른 많은 예술가처럼 단순히 뛰어난 거장이나 일급 조각가가 되는 것에 만족할 수 없었다. 그는 영혼의 울림으로 돌의 형상을 깨어내면서 내면의 갈등을 식혔으리라. 그가 깎은 얼굴들은 고대적·영구적 기준에 충실한 순수한 아름다움이 아니라, 그것으로부터 내면을 구원하려고 효과적인 숨결을 끌어냈던 사랑과 고통, 따뜻함과 슬픔의 표현이다. 이는 단순하게 신적으로 형상화한 육체가 아니라 재료 속에 갇힌 영혼의 초상이다. 미켈란젤로는 새로 태어난 페이디아스이자 폴리클레이토스*, 즉 흠잡을 데 없는 육체를 노래하는 시인이면서 복음서 읽기에 취한 페이디아스이자 천국의 가장 높은 곳〔엠퓌로스〕까지 단테를 좇았던 폴리클레이토스라고 하겠다.

그 재능에 맡겨진 두 가지 의무를 생생하게 의식하고, 재료를 승화시킴으로써 영혼의 정열과 감동을 깨우려고 노력하면서, 머지않아 미켈란젤로에게 지고의 예술가요 신격을 부여해줄 만한 형상이 탄생하게 된다.

* 고대 그리스 고전 전기(BC 5세기)를 대표하는 조각의 거장으로 이상적인 남성상을 만들었다. 인체 각부의 아름다운 비례를 수적數的으로 산출한 『규범』의 저자다.

44
교황의 영묘

1505년 3월, 율리우스 2세는 오랜 지인 피렌체 사람 줄리아노 다 상갈로의 조언에 따라 미켈란젤로를 로마로 불러들였다. 여비 100두카토를 받은 조각가는 로마로 떠나 교황 성하聖下 앞에 출석했다. 교황은 애당초 이 예술가에게 무엇을 요구해야 할지 잘 몰랐다. 하지만, 결국 결정했다. 즉 그는 고대 이후로 어떤 시대와 기독교 국가에서도 전혀 본 적이 없던 가장 웅장하고 위엄에 넘치는 영묘靈墓를 만들고 싶어했다.

누구도 교황이 어떻게 해서 이런 선택을 할 수 있었는지 그 이유를 묻지 않았다. 그는 예순둘의 나이였지만, 여전히 힘과 의욕이 넘치는 생활을 하고 있었다. 그의 계획은 방대했다. 그는 모든 이탈리아 국가의 연합회를 소집하려 했다. 거기에서 자신이 의장을 맡아 반도에서 외국인을 몰아내고, 무력이든 계략을 동원해서든 산 피에트로가 물려받은 모든 약속을 이루려고 했다. 어쨌든, 줄리아노 델라 로베레는 그의 삼촌 식스투스 5세가 사망하자마자 교황의 삼중관을 쓰려 했고(1484년), 식스투스 5세는 1471년 스물여덟 살의 그를 추기경에 임명했다.

하지만, 그는 20년 가까이 그 욕심을 참아야 했다. 그동안 인노켄티우스 8세, 알렉산데르 6세, 피우스 3세가 차례로 자신보다 먼저 교황 자리에 오르는 것을 지켜보았다. 마침내 오랜 기다림 끝에 그는 산 피에트로의 성좌聖座에 올랐고, 잃어버린 시간을 만회하고 기다림 속에서 꿈꿔왔던 것을 실현하고자 했다.

율리우스 2세는 교황답지도 기독교도답지도 않았다. 그는 정복과 지배욕으로 가득 찬 군인이었다. 그는 군대의 선두에서 말을 달릴 때 진정한 자신의 참모습을 되찾곤 했다. 예전에도 그랬고 앞으로도 그렇듯이 말이다. 이런 사실을 잘 알았던 프랑수아 1세는 어느 날 그에 대해 이렇게 말했다.

"로마 교황보다 군주가 더 잘 어울릴 사람."

그의 기질은 모든 면에서 르네상스의 군주였다. 위대성과 영광, 사치와 불멸에 굶주렸고 당시의 군주들과 마찬가지로 음탕했다. 그는 추기경이었지만 세 명의 사생아를 낳았다. 그는 매독에 걸렸는가 하면, 중년에 이르러 그 거친 남성적 면모에도 동성애자가 되었다고도 한다.

지상의 사업에 온 힘을 쓰던 그였기에 땅은 시간의 왕국, 즉 죽음의 왕국이라는 점을 잘 이해했다. 이 세상에서는 승리자이든 위대한 자이든 그 생명은 다하게 마련이다. 이렇게 시간을 두려워했던 율리우스 2세는 그것을 이겨낼 수단을 모색했을 법하다.

이런 인간이 저세상을 생각하지 않을 수 없었을 터이고, 기독교도로서 그의 두려움은 날로 커갔을 것이다. 그는 자신의 원죄인 거만함과 분노, 음탕한 타락 때문에 죽고 나서 지옥에 떨어질 것을 알고 있었기 때문이다. 따라서 그는 세속적이며 물질적인 방식으로 살아남기를 바랄 수 없었다. 그는 인간의 기억과 역사 속에, 자신이 남길 위대한 과업 속에, 그리고 자기 묘의 장엄함 속에 살아남기를 바랐다.

그리스도 사제 이상으로 대담한 그리스도 군의 대장으로서, 그는 모든 병사처럼 인생이 극단적인 게임이라는 것을 잘 알았다. 단 한 번 독사의 공격으로도 그의 활동은 종지부를 찍을 수 있다. 이제 그는 자신이 원하고 또 그것을 실현했던 사람에게 누구도 잊지 못할 어마어마한 영묘를 다짐했다. 그는 수많은 계획을 이끌기에는 살아갈 날이 얼마 남지 않았다는 것을 알았다. 따라서 낭비할 시간이 없었다. 여건은 아주 좋았다. 그는 문명 세계의 중심지 로마에서, 기독교 세계 전체의 으뜸가는 성전 산 피에트로 대성당 한복판에 위치한 엄숙하고 눈부신 자신의 묘를 상상했다. 그의 영묘는 언제나 그렇게 대성당 중심에 화려하고 고립된 채로 이 세계의 중심처럼 자리 잡아야 한다. 그는 우울한 성미에 거대한 것을 사랑하는 미켈란젤로를 이러한 시도에 가장 적합하게 보았다. 그는 틀리지 않았다. 예술의 걸작이 정치적 승리의 걸작을 수행하고 영예롭게 하게 된다. 당대 최고의 건축가 브라만테는 새로운 산 피에트로를 짓게 된다. 또 가장 위대한 화가 라파엘로는 교황궁의 벽을 고귀한 이미지로 장식한다. 그리고 가장 위대한 조각가 미켈란젤로는 그에게 어떤 왕이나 교황도 갖지 못했던 휘황찬란한 영묘를 세워준다.

그는 자신의 의도를 미켈란젤로에게 알렸다. 그 누구도 그보다 이 일을 더 잘 이해하고 실행할 수 없었을 듯하다. 이 두 사람은 서로 이해하게 되었다. 그들은 도도한 성격과 숭고함에서 끔찍한 것까지, 성화에서부터 열정에 이르기까지 놀랍도록 서로 닮았고, 그 친교는 한때 이 거인들의 애증만큼이나 요란했다.

미켈란젤로는 즉시 거대한 영묘를 구상하고 밑그림에 착수했다. 고대의 가장 거대한 황제들의 시신을 안치한 묘—케오프스의 피라미드, 하드리아누스의 묘—는 그 규모의 기념비적 성격에 걸맞게 그 의도를 충분히 옮기지 못했다. 율리우스 2세의 묘는 성당에 자리 잡아야 했다. 사실상 가톨릭 세계에서 가장 큰 성당에…. 그러나 이 거상에 광영도 덧붙여야 했다. 미켈란젤로는 눈앞에 영묘를 떠올렸던 듯하다. 카리아의 전설적 태수 마우솔로스*를 위한 분묘를. 그는 그 설명을 신플라톤주의자 크리스토페로 란디노가 1476년에 피렌체에서 근대 라틴어 번역본을 펴낸 플리니우스의 『박물지』에서 읽었을 듯하다. 그는 고대의 가장 유명한 조각가들 다수가 그 상을 수놓았던, 이 기념비적 건축물과 비슷한 그 무엇인가를 상상하면서 즐거워했으리라. 그가 대성당 속에 들여앉힐 영묘는 그 아름다움과 거창함이나 풍부한 상에서 이 세계 7대 불가사의에 드는 것보다 열등하지 않아야 했다. 피렌체에서 몇 년 안에 서른 점 이상의 조각을 끝내기로 약속했지만, 미켈란젤로는 이런 문제 앞에서 두려움을 느낄 사람이 아니었다. 그는 오히려 다가올 세대에게 자기 예술의 거인적 증거를 남겨줄 생각으로 고무되어 흥분했다. 그는 줄리아노 다 상갈로에게 "그것을 해야 한다면, 세상에서 제일 멋져야 할 텐데"라고 썼다. 그는 난생 처음으로 건축가로서 일도 맡아야

• BC 353/352. 페르시아의 사트라프(총독). BC 377(376)~353년에는 아나톨리아 남서부 카리아의 독립 군주나 다름없었다. 세계의 7대 불가사의인 마우솔레움이라는 무덤으로 유명하다. 현재 마우솔레움靈廟이라는 용어는 규모가 크고 훌륭하지만, 시신이 없이 영령을 모신 무덤을 일반적으로 지칭하는 말이다.

했지만, 그의 생각에 건축 구조는 여러 입상을 위한 지지나 평계에 불과했다.

벽에 기대놓고서 한쪽 면만을 볼 수 있는 쾌트로첸토의 묘는 그에게 참고가 될 수 없었다. 그는 반대로 폭넓고 높은 사각형 기념물을 생각했다. 그 네 모서리가 트여 잘 보이는 바닥층 벽감 속에 들어서고, 지주에 기댄 상징적 상들이 화관처럼 펼쳐지는데, 그중에 바로 유명한 노예상들이 들어서게 된다. 이 비천한 노예상들의 행렬 위로 높이, 이 건축물을 둘러싼 배내기의 네 귀퉁이를 거대한 예언자들인 모세, 성 바울, 다윗, 성 요한이 지키게 될 것이다. 즉 이들은 노예였지만 항거하고서 자신을 방어했다. 그 한가운데 맨 꼭대기에는 육중한 홍예를 올린다. 이 홍예는 그토록 위대한 인간도 죽을 수밖에 없는 허탈함 때문에 웃고 있는 하늘의 우상이 떠받치는 텅 빈 모습이다―선민들 사이에서 통곡하는 지상의 우상에서 영원한 경배를 음미할 율리우스 2세를 생각했을 듯하다. 타원형으로 조성된 작은 신전의 내부 대리석 석관 속에는 교황의 시신을 안치하기로 했다.

미켈란젤로는 이 영묘에 최소한 석상 40점을 배치할 작정이었다. 그 석상들 주변 공간을 꾸밀 청동 고부조와 저부조를 제외하더라도…. 상층에 있는 예언상 자리와 구별되도록 하층의 대리석 민중상을 분리하는 띠벽도 생각했다.

이런 구상은 지상의 제왕으로서 율리우스 2세의 위신과 미켈란젤로의 천재성에 걸맞은 힘차고 특별한 것이었다. 그 밑그림을 본 교황은 아마 처음으로 자신과 마찬가지로 위대한 인간의 이해를 받았다고 느꼈으리라. 죽음에 대한 생각조차 그 기쁨과 자부심을 억누르지는 못했

다. 그는 지체해서는 안 된다는 조바심을 느끼기 시작했다. 며칠 뒤, 그
는 미켈란젤로에게 어서 카라라 산으로 가서 이 비상한 작업에 필요한
대리석 덩어리를 캐오라고 주문했다.

45
카라라 산의 거상

1505년 4월에 미켈란젤로는 피렌체로 돌아왔다. 그곳에서 알라만노 살비아티는 교황의 회계를 대신해서 그에게 1,000두카토를 지급했고 그는 곧장 카라라로 필요한 대리석을 구하러 떠났다. 그는 5월에서 12월까지 여덟 달 동안 하인 둘, 말 한 마리와 이 산에 머물렀다. 그는 콘디비에게 자신의 개인 계좌에 식비를 위한 별도의 비용도 있었다고 털어놓았다. 그는 발길 닿는 곳마다 내내 그 고장의 자연처럼 거칠고 다루기 어려운 베르실리아 사람인 채석공, 석공, 노새꾼, 마차꾼 그리고 배의 선장과 흥정하고 계약하곤 해야 했다. 묘에 쓸 대리석을 [확보하는 일을] 다른 이들에게 맡겨서 노고와 지겨움을 덜 수도 있었겠지만, 창조적 재능뿐만 아니라 진정한 장인이었던 그는 위대한 작품을 위해 색과 크기가 자신이 깎아내려는 상에 완벽하게 어울리는 덩어리를 골라내려 했다.

카라라 산의 채석장으로 말을 타거나 걸어서 흰 돌가루로 뒤덮인 가파른 오솔길을 천천히 오르던 그를 생각해보자. 이 산은 오늘날보다 훨

231

씬 더 장중하고 거칠었으리라. 넓게 펼쳐진 바다와 청명한 하늘 사이로, 중간쯤에서 수목이 그리고 정상에서는 완전히 흰 대리석이 장엄하고 고독하게 서 있었으리라…. 미켈란젤로는 부드러움에 넘치고 꽃으로 덮인 풍경에 취미를 보이는 콰트로첸토 회화에는 전혀 관심이 없었다. 주제 때문에 할 수 없이 벽화에 자연을 그려 넣어야 했을 때에도 꼭 필요한 최소한의 부분만 다루었다. 헐벗은 바위, 삭막한 해안, 고립된 산, 거의 앙상한 나무 등걸 등. 돌과 높은 산의 텅 빈 공간뿐인 카라라 산에서, 그는 자신의 진정한 고향을 발견했을 듯하다. 그는 전원이나 낙원, 기사의 숲을 즐기는 사람이 아니었다. 그는 바위처럼 강인했고, 그 피조물을 파내려고 돌과 더불어 살았던 사람이다. 일견 단테의 함정이나 그 주변을 닮았고, 대리석으로 지옥의 변두리 같던 이 산은 그를 무척 즐겁게 했을 듯하다. 그는 고독과 가난, 이 세상의 끝없는 황량함과 엄숙한 슬픔 그리고 거대한 돌덩어리 사랑에 완전히 젖어버렸다. 그는 태초의 세계와 마주친 인간이라고 느꼈다. 풀과 과실나무로 넘치던 모습은 온데간데없었다. 그의 앞에는 날아오르는 독수리들과 하느님의 뜻뿐이었다. 그는 자신에게서 산을 정복한 자의 모습을 보았다. 그는 몇 해 뒤에 부오나로토에게 이렇게 썼다.

"나는 이 산을 정복하려고 (기어오르면서) 죽은 사람을 살려내고 싶었어."

다시 말해서 이 산은 그가 자신의 의지에 굴복시키려 했던 거대하고 말 없는 짐승 같았다.

바로 이 자리, 이날에 그는 자신의 인생에서 가장 초자연적인 환상을 체험했다. 콘디비는 이렇게 썼다.

"그는 바다를 압도하는 산을 보면서, 선원들 눈앞 멀리에서 나타나던 거인을 만들고 싶은 생각이 들었다고 한다. 그는 원하는 것을 정확하게 끌어낼 이 돌덩어리를 쉽게 얻을 수 있었고, 이런 생각으로 능숙한 솜씨에 대한 빼어난 관념을 주기는 하지만, 완전하지 못하고 마무리 짓지 못하던 옛사람들과 경쟁하고 싶은 욕심에 떠밀려서…. 그는 시간과 여건이 허용했다면 그렇게 했을지 모른다. 나는 언젠가 그가 자신의 계획을 실현하지 못했다고 투덜대는 소리를 들었다."

　이는 분명히 미켈란젤로다운 공상이었다. 하지만, 새롭지는 않다. 콘디비가 말하는 "고대인들과의 경쟁"이란 알렉산더 대왕 시대의 그리스 건축가를 가리키는 듯하다. 이 건축가는 아토스 산을 통째로 마케도니아 사람의 거인상으로 조각하자고 제의했다는데, 그 거인상에 한 손으로 그 도시를, 다른 손으로 이 산의 물이 폭포처럼 바다로 흐르는 잔을 들게 하려고 했다. 이 놀라운 공상을 플리니우스는 디노크라테스에게서, 플루타르코스는 스타시크라트에게서, 그리고 유스타티우스는 디오클레스 다 레지오에게서 본다. 이런 공상은 알렉산더 대왕의 꿈을 실현한 사람의 정신과 일치했지만, 1800년[의 세월]이 지나고 나서, 피렌체 조각가가 품었던 것과 마찬가지로 꿈으로 남았을 뿐이다.
　이 카라라 산에 미켈란젤로가 새기려는 초상은 어떤 것이었을까? 청년과 승리를 다룬 또 다른 상일까? 삿대질하며 위협하는 예언자일까,

축복을 내리려고 손을 치켜든 그리스도일까? 그러나 미켈란젤로처럼 이 작품을 실현하지 못할 것이라며 아쉬워하는, 숭고함에 사로잡힌 사람은 아무도 없다.

카라라 산을 돌아다니던 시절에 미켈란젤로는 틈이 나는 대로 수수께끼 같은 시를 지었다. 이 단시에서 그는 심지어 유명한 포르투갈 시인 루이스 카몬엔스가 노래한 거인 아다마스토르가 상상했던 어떤 거인보다 더 큰 거인을 그려낸다.

어마어마한 거인이 있네.

여기 우리는 그의 눈에 들지도 않네.

그는 툭하면 발바닥으로 도시를 깔아뭉개고,

태양을 갈망하며 높은 탑을 쌓는다네.

보이지 않는 천국에 이르려고

(…)

그의 머리는 별들 곁에서 꿈쩍도 않네.

(…)

이마로 하늘을 편평하게 다지듯이

지상에서 그는 온 산을 발로 다지네.

(…)

우리야 아주 작은 모래알 같다지만

그의 발치에서라면 산도 그러하네.

이마로 별들을 툭툭 건드리는 이 엄청난 외눈박이 거인은 이 예술가의 상상에서 무슨 뜻이었을까? 자부심이라고도 하고 사탄이라고도 한다. 어쨌든, 산에 대한 비유는 미켈란젤로가 실제의 거인상을 조각할 수 없었으므로, 말과 이미지로서 여전히 거대한 상을 지어냈다고 짐작하게 한다. 이마로 별에 박치기하고 발로 산을 뭉개는 이 타이탄이 부오나로티로서는 실패한 꿈을 대신하는 최고의 상상이다. 모든 위대한 인물과 마찬가지로, 그 자신도 살아 있는 거인처럼 보이지 않던가?

46
미켈란젤로와 루터

대리석을 실은 거룻배들이 테베레 강을 따라 속속 도착하고, 미켈란젤로도 로마로 돌아왔다. 석재는 산 피에트로 광장에 부려졌다. 그 엄청난 고급 석재는 사람들의 호기심을 끌었다. 미켈란젤로는 산 피에트로 바로 옆에 붙은 산타 카테리나 성당 뒤쪽에 자리를 잡고서 대작업에 착수했다. 볼로냐 정벌을 준비하면서 다른 정치적 구상으로도 머리가 복잡했지만 교황은 조각가를 잊지 않았다. 그를 쉽게 만날 수 있도록 교황은 은밀하게 여닫히는 도개교跳開橋식 복도를 놓게 했다. 그곳을 통해 교황은 외부에 노출되지 않고서 종종 미켈란젤로와 대리석상 작업장에 찾아가곤 했다. 자신의 묘를 장식할 상들이 차츰 모습을 드러내고 있었으니까….

미켈란젤로가 처음에 깎기 시작했던 것은 무엇일까? 확실치는 않지만 모세상일 가능성이 크다. 그때까지도 네 사람의 거인 가운데 모세만 형상화하지 못했다. 모세가 율리우스 2세의 초상은 아니다. 그렇지만 격렬하고 단호한 성격인 교황에게서 직접 영향을 받아 구상했다는 점이 눈에 띈다. 일생에 걸친 모든 기념비적 작품을 통틀어, 조각가는 바로 이 사람, 즉 히브리 사람의 해방자가 그 분노를 가장 잘 재현할 수 있다는 생각에서 선택했다. 모세는 자기 민족의 우상숭배에 분개해서, 하느님에게서 받은 율법 석판을 깨뜨릴 찰나의 모습이다. 그런데 우리는 이런 분노가 율리우스 2세가 쉽게 저지르던 악습이었다고 알고 있고, 미켈란젤로는 그 결과를 훗날 느끼게 되었다. 모세의 이 놀라운 자세는 분명히 그런 식으로 자주 분노와 원한을 터트리는 교황의 관상에서 영감을 받았다.

극성맞은 성격인 미켈란젤로는 모세를 조각하면서 이 거물의 영향을 강하게 느낄 수 있었다. 교황도 조각가가 대리석에서 쪼아낸 이 대단히 격노한 얼굴이 자신의 것임을 기꺼이 인정해야 했다.

이 그리스도의 비서와 예술가는 이렇게 거창한 창작 과정에서 우애의 감정을 느꼈을지 모른다. 미켈란젤로를 보러 오면서 교황은 자신을 재발견하게 되었다. 그가 원한 듯했던 또 다른 자신이 일부 사실이었다고 말이다.

작가는 나중에 콘디비에게 이렇게 말했다.

"거기서 교황은 자기 형제와 하고 싶어했던 다른 일을 나와 의논했지."

율리우스 2세가 부오나로티와 친밀하게 의논했던 "다른 일"이 무엇이었는지 궁금할 뿐이다. 그 거대한 영묘를 세울 자리를 말한 것은 아니었을까. 니콜라우스 5세가 로셀리노에게 맡겼던 산 피에트로의 새로운 설교단說教壇은 규모가 크고 현대적인 스타일로 그곳에 묘를 세울 수도 있었을 듯하다. 설교단은 아직 완성되지 않았고 지붕을 올리지도 못한 상태였다. 일이 더뎌지는 것을 참을 수 없었던 교황은 자신이 신임하는 줄리아노 다 상갈로와 브라만테에게 뒷자리를 알아보도록 했다. 그러나 이 건축가들이나 미켈란젤로와 자리 문제를 의논했으면서도, 항상 대역사大役事에 끌렸던 교황은 콘스탄티누스 시대에 지어진 옛 성당을 헐어내고, 그 자리에 현대식으로 더욱 장엄한 건물을 세울 작정이었다. 즉시 율리우스는 상갈로와 브라만테에게 이 새로운 건물의 초안을 내놓으라고 했다. 브라만테가 제출한 도면은 정말이지 가장 훌륭하고 완벽했다. 결국, 그가 선택된다. 교황은 대성당 파괴는 신성모독이라는 추기경단의 반대를 무릅쓰고서 새로운 성전의 건설을 승인했다. 그리고 1506년 4월 18에 그 화려한 기공식을 치렀다.

이러한 결정은 이탈리아 미술의 역사에서 작은 일화처럼 보일 듯하다. 하지만, 그 결과와 반향은 사실상 기독교 세계 전체의 운명을 좌우했다. 사태는 다음과 같이 전개되었다. 율리우스 2세는 미켈란젤로에게 어울리는 일이었던 방대한 묘를 주문한다. 그것을 세울 적당한 자리를 찾으려고, 교황은 산 피에트로를 새로 짓기로 한다. 이 새 건물에 엄청난 비용이 들게 되자, 율리우스 2세와 그 후계자들은 곳곳에서 면죄부 판매를 늘리라고 지시한다. 이 면죄부 판매의 추문은 특히 독일에서 아우구스티누스회 수사에게 신학적 위기를 초래하고, 1517년에 유명한 비템베르크 강령으로 루터가 승리하면서 기독교계는 갈라졌다.

1505년부터 1506년까지 독재적인 교황과 피렌체 조각가의 정다운 대화는 프로테스탄트 혁명의 간접적인 원인이 되었다. 율리우스 2세의 묘는 미켈란젤로의 인생에서는 가장 큰 "비극"이었고 현대 유럽에서는 종교적 비극의 서막이었다.

율리우스 2세의 묘와 산 피에트로 성당 신축이 착공한 지 몇 년 뒤인

1510년 말에, 교황청에—수도회와 자신을 위한—두 가지 허가를 신청하려고 문제의 아우구스티누스회 신부가 로마에 도착했다. 물론 허가는 받지 못했다.

마틴 루터는 로마의 모든 성스러운 장소를 방문했다. 바티칸을 수차례 찾아갔던 그는 미켈란젤로를 만났을 것이다. 나중에 이 사보나롤라 숭배자는 루터에 대한 이야기를 들어야 했고 언제나 충실한 가톨릭 신자로 남겠지만, 자신의 가슴 깊은 곳에서 베르니와 비토리아 콜론나 등 다른 친구들과 마찬가지로, 교회가 대담하게 기독교 개혁에 나서서 루터의 분리주의를 비판할 것이라고 생각했을 듯하다. 미켈란젤로는 공격받고 상처 입었다고 느꼈고, 가톨릭교회가 정신적·도덕적 쇄신을 하기를 간절히 바라는 독실한 기독교도였다. 이는 단테와 페트라르카가 이전에 그랬던 것과 마찬가지다. 두 사람도 수많은 교부를 떠나게 한 로마 교회의 성직매매와 부패를 겪었다. 그는 결코 프로테스탄트가 아니었다. 결코 독일 개신교회 운동을 일으킨 부차적 원인의 일부가 되었다고 할 수 없었고 그는 종종 이러한 운동을 부채질하고 정당화하던 사람들에게 진심으로 항의했다.

「최후의 심판」의 하단에는 그 틀 밖으로 삐져나온 수도사의 두건을 뒤집어쓰고 겁에 질린 얼굴이 있다. 이는 루터의 초상, 특히 그의 만년의 초상을 닮았다. 로마에 반대했던 이 개신교의 우두머리는 1546년 최후의 심판도가 완성된 지 엿새 뒤에 사망했다. 부오나로티는 이 파란만장한 벽화에 당시 생존 인물을 다수 그려 넣었다. 만약 그가 정말로 이 번민하는 수도사의 모습으로 루터를 재현하려 했다면, 원치도 알지도 모르는 채로, 엄청난 이단을 조장하는 데에 이바지한 사람을 그렸다는 이단성으로 비난받게 될는지 모른다. 그런데 루터와 어쩌면 바티칸에서 만났을 수도 있었을 이 사보나롤라의 신봉자인 피렌체 사람은 루터의 사상과 완전히 소원하지만은 않았다. 미켈란젤로가 만년에 지은 운문에, 아마 비토리오 콜론나의 친구들 영향이 상당했겠지만, 그리스도의 보혈이 믿음을 통해서만 정당하다는 이론을 꿰뚫은 듯한 몇 구절이 보인다.

47
라오콘

1506년 1월 14일 당시, 미켈란젤로는 묘에 쓸 석상 밑그림을 아직 작업에 옮기지 못했다. 대리석이 카라라에서 도착하지 않았기 때문이다. 바로 이때 로마에서 새로운 발굴 소식이 모든 예술가를 술렁이게 했다. 티투스라고 부르는 온천 유적지〔티투스 공공욕장〕위에 조성된 세트 살레스〔7번째 욕실〕의 저수지 근처 프레디라는 사람의 포도밭에서, 이색적인 아름다움으로 넘치는 매우 중요한 대리석 군상이 발견되었기 때문이다. 미켈란젤로는 제일 먼저 현장으로 달려갔다. 친구 줄리아노 다 상갈로도 아들 프란체스코를 데리고 그와 함께 달려갔다. 바로 이 아들이 나중에 이 사건을 전하게 된다. 군상을 아직 땅속에서 완전히 파낸 상태는 아니었지만, 줄리아노는 그것이 무엇인지 즉시 알아보았다. 플리니우스가 헬레니즘 조각에서 가장 뛰어나다고 했던 라오콘이었다. 그것을 검토한 미켈란젤로도 이 걸작의 부활에 감격했고 줄리아노, 교황과 긴 대화를 나누었다. 추기경 몇이서 금세 이 작품을 사려고 프레디에게 상당한 액수를 주었으나, 고대 미술의 한결같은 애호가였

241

던 교황은 그 누구도 자기보다 먼저 나서도록 허용하지 않았다. 그는 포도밭 주인에게 관대한 보상을 하고서 그것을 바티칸으로 실어오도록 조치했으며, 브라만테가 그것을 배치할 정자를 세웠던 벨베데레 별장에 가져다놓았다.

오늘날에 라오콘의 작가는 세 명으로 밝혀졌다. 로도스의 조각가 아게산드로스와 그의 두 아들 폴리도로스와 아테노도로스는 BC 1세기 중반에 활동했다. 이 군상은 [우선] 미켈란젤로부터 시작해서, 특히 독일인을 통해서—빙켈만, 레싱, 괴테—고대 입상의 가장 기적적인 사례로 평가받았다. 하지만, 지금은 그런 평가가 덜하다. 취향이 바뀌어 의고적 미술과 5, 6세기 미술을 선호하게 되었기 때문이다. 어쨌든, 아게산드로스의 라오콘이 고대 헬레니즘 조각의 가장 감탄할만한 증거이며, 조형적이며 극적인 힘으로 부오나로티의 상상을 사로잡았다는 것은 놀랍지 않다.

학자들은 플리니우스가 『박물지』에 기록한 설명을 연구하고 해석했으며, 교황은 이 라틴 학자가 이 군상을 말했던 것이 사실인지 확인하고 싶었다. 즉 그 엄청난 크기에도—거의 2.5미터 높이였다—한 덩어리의 대리석으로 조각된 것인지를 말이다. 걸작의 새 주인이 된 교황은 서둘러 미켈란젤로에게 이 문제를 풀어보라고 요청했다. 자신이 좋아하는 조각가라며 극찬했으면서도 교황은 그를 완전히 신뢰하지 못해 다른 조각가와 함께 그 문제를 풀어보도록 했다. 그 조각가는 오늘날은 잊혔지만 당시 대단히 인기 있던 조반 크리스토포로 로마노[1456~1512]였다. 그는 미켈란젤로보다 몇 살 위로—1472년생이다—이 출생년도는 나중에 1456년으로 밝혀졌다. 비스콘티 가문과 에스테 가문,

곤차가 가문을 위해서 일했다. 그는 1505년 말에야 로마에 당도했다. 그는 애당초 브라만테의 조수 자격으로 로마에 왔다. 브라만테는 로레토 성당 내진에서 그와 작업했고 로마노는 그곳에서 1512년에 사망했다. 우리는 여기에서 마르케 거장과 피렌체 거장이 경쟁하기 시작하는 것을 본다.

어쨌든, 로마노는 미켈란젤로에게 반감을 드러낼 수 없었다. 그 또한 다른 예술보다 조각의 우월성을 지지했기 때문이다. 그와 우르비노 궁에서 만나 친구가 된 발다사레 카스틸리오네는 자신의 책 『조신朝臣』〔1513~18년 저술, 1528년 출판〕에서 여러 번 그를 이야기했고 입상의 변론자로서 대화에 등장시켰다. 이 대화에서 조반 크리스토포로에 응수하는 카노사 백작은 율리우스 2세를 대변한다. 즉 그를 미켈란젤로와 동등하게 대한다.

"미켈란젤로의 탁월함을 모를 정도로 나를 무식하다고 생각하지는 않으시겠지요. 대리석을 조각하는 예술에서 당신과 다른 이의 것도 있지요."

조반 크리스토포로도 또 다른 영묘 작업을 하고 있었다. 이는 파비아의 샤르트뢰즈 수도원〔카르투지오 수도원인 체르토사 디 파비아〕에 있는 잔 갈레아초 비스콘티의 것이었다. 물론 부오나로티의 것과 비교할 수 없었다. 그는 신고전주의적 우아함을 갖춘 훌륭한 부조 작가였으나 대작을 만들어내지도 대단한 평판을 얻지도 못했다. 이렇게 미켈란젤로에 열세였지만, 라오콘 검토에 초대받을 정도로 교황의 신임이 두터웠다는 점에서 그와 견줄 만했다. 부지런한 검토 끝에 두 조각가는 플리니우스가 착각했다는 사실을 알게 되었다. 이 군상은 네 개의 접합부로 이어져 여러 덩어리로 구성되었으나 아주 교묘하게 감추어 로도스의 조각가들은 보통 사람의 눈을 속일 수 있었다.

미켈란젤로는 라오콘을 항상 예술의 기적이라고 생각했고 시스티나 궁륭에 아담의 단죄를 그릴 때에도 그 점을 잊지 않았다. 미켈란젤로는 자기 작품을 짜 맞추지 않고서 대리석 덩어리에서 통째로 깎아내길 원했다.

48
브라만테

미켈란젤로와 교황의 평화로운 관계는 오래가지 못했다. 율리우스 2세는 자신의 영묘 조각가를 찾아 도개교를 건너는 횟수가 점점 줄어들었고, 대리석이 포구에 도착함에 따라 필요한 경비를 지급하는 문제에 더 큰 관심을 쏟고 있었다.

미켈란젤로는 교황의 이런 변화를 감지했고 그 이유를 알 만하다고 생각했다. 즉 걱정과 질투 때문이겠지만, 브라만테가 이런 시도를 중단시키려 애썼기 때문이다. 그는 살아 있을 때 묘를 준비한다는 것은 불길한 징조라는 점을 교황에게 누누이 강조했다.

브라만테가 한 이런 노파 같은 이야기에 영향을 받은 교황이 미신적 불안감을 느낀 나머지 돌연 의도를 바꾸었는지는 확실히 알 수 없다. 그러나 브라만테가 미켈란젤로를 좋아하지 않았으며, 그가 로마를 떠난다면 기뻐했으리라는 점은 분명하다. 레오나르도와 마찬가지로 이 새로운 경쟁자 또한 부오나로티만큼 훌륭한 사람이었다. 도나토 브라만테는 당대 최고의 건축가였고 모든 시대를 통틀어서도 가장 뛰어난 건축가에 들었다. 바티칸을 위한 그의 데생과 산 피에트로 대성당 신축을 위한 도면은 그의 예술적 상상력과 능력이 결코 미켈란젤로 못지않다는 점을 입증한다. 그의 구상을 꼼꼼히 따랐었다면 산 피에트로는 오늘날 그 거대하면서도 조화로운 단순성으로, 이 세상에서 가장 훌륭한 신전이 되었을 것이고, 지금처럼 바로크의 위축되고 기고만장한 스타일과 둔한 절충적 취미를 드러내지는 않았을 것이다. 여러 해 뒤에 미켈란젤로는 브라만테와 치른 격전을 잊지 않고 있었으면서도, 1555년 바로톨로메오 암마난티°에게 이런 편지를 썼다.

"브라만테가 건축가로서 얼마나 소중한지 부인할 수 없다. 고대로부터 지금까지 그 누구보다도 말이다. 그가 바로 산 피에트로의 첫 번째 도면을 그렸지, 혼란스럽지도 않고 명쾌하고 깔끔하며, 빛에 넘치고 주변에서 우뚝 솟아 너무나 아름다웠지. (…) 그러니 브라만테의 설계도에서 멀어진 것은 죄다 진실에서 멀어지고 만 것이야."

브라만테도 미켈란젤로와 마찬가지로 보편적 천재였다. 비교할 수 없는 건축가였던 그는 조소 작업도 했다. 그는 회화에서 피에로 델라 프란체스카의 제자였고 남성미를 드러내는 작품을 남겼다. 그는 노래도 즐기고 즉흥적인 리라 연주도 즐겼다. 그런가 하면 사랑과 익살이 넘치는 단장을 남겼는데, 이것들은 비록 미켈란젤로의 것보다 깊이와

• 1511~1592. 조각가 · 건축가.

개성은 떨어지지만 결코 무시할 만한 것은 아니다. 브라만테는 미켈란젤로보다 훨씬 연장자였다(1444년생이다). 두 사람은 무척 닮은꼴의 창조적 재능을 보였다. 또 그래서 서로 미워했을 듯하다. 세 번째 거물이라고 할 수 있는 율리우스 2세가 이들의 위대함을 증명하지 않았던가. 교황은 두 사람 모두에게 그들의 재능에 걸맞은 작품을 맡겼다.

브라만테가 미켈란젤로를 훼방한 이유는 제대로 알려지지 않았고 그 일부만 알 수 있다. 교황 주변의 예술계는 피렌체와 마르케 두 당파로 나뉘어 있었다. 전자는 부오나로티와 산소비노를 로마로 끌어들인 다 상갈로가 우두머리였다. 후자는 조반 크리스토포로 로마노와 특히 우르비노의 라파엘로를 후견했던 브라만테가 우두머리였다. 산 피에트로 설계안 공모에서 브라만테가 승리를 거두었을 때, 그는 상갈로의 친구이자 보호를 받던 미켈란젤로를 궁전에서 몰아낼 수 있었을 뿐만 아니라, 자신이 설계한 산 피에트로 신성당이라는 대역사에 들어갈 교황의 모든 자금과 이익을 거머쥐었다.

이 무렵에 브라만테는 고대의 숭고한 성당을 서둘러 무자비하게 제거했다. "루이난테〔도도하다〕"라는 별명에 어울리게 맹렬하게 그 안에 있던 성스러운 추억과 예술작품을 모두 무시해버렸다. 건축에서도 결코 무능하지 않았던 미켈란젤로는 매일 만나다시피 하는 상갈로와 이런 야만적인 파괴 방식과 훼손을 비판했다. 그는 쾌락을 위해서라면 물 쓰듯 낭비하며 사치스런 생활에 젖은 브라만테가 교황이 보장한 풍족한 이득에 만족하지 않은 데다가 벨베데레와 산 피에트로에 새로운 장벽을 세우면서 자신과 공모자를 위해 불순한 소득을 끌어내려 했다는 사실을 알고 있었다. 그런 장벽은 필요한 두께에도 미치지 못했고 재료도 부실했다. 따라서 브라만테는 미켈란젤로가 교황을 자주 만나면서 이런 악행을 고발하지 않을까 걱정했다. 사람들이 보기에 다음 시대에도 가장 위대한 영광이 될 이 거대한 축조의 방향을 틀어놓게 되지나 않을까 해서 말이다.

미켈란젤로가 브라만테 문제로 교황을 불쾌하게 했을 가능성이 있다. 이것을 맞받아쳐 브라만테는 율리우스 2세에게 영묘를 포기하도록 하려고 했을 수도 있다. 그런데 바로 여기에서 브라만테 측이 승리했고, 교황은 자신의 거대한 영묘에 흥미를 잃게 되었다. 훗날 미켈란젤로는 이런 변화의 책임을 라파엘로에게도 돌린다. 그는 1542년에 이렇게 썼다.

"교황과 나 사이의 불화는 브라만테와 라파엘로의 질투 때문이다. 그래서 자신이 살아 있는 동안 당신의 영묘를 짓지 않으려 했다. 나로서는 엄청난 고통이었다."

그러나 라파엘로의 역할에 대한 이런 비난은 사정을 좀 더 살펴보아야 한다. 라파엘로는 1509년에야 로마에 도착했기 때문이다.

율리우스 2세의 갑작스러운 변덕은 브라만테의 악의적인 조언 때문만이 아니라, 더욱 심각한 원인 때문이었을 것이다. 1506년 첫 몇 달 동안 교황은 프랑스와 베네치아를 도모할 계획을 짜고 있었고, 비용이 들고 만만치 않은 위험천만한 페루자와 볼로냐 원정을 준비하고 있었으며—같은 해 8월에 결국 착수한다—자신이 궁리하던 여러 정복전쟁을 치르는 데 필요한 모든 수단을 동원한 심각한 음모를 꾸미느라고 격정도 태산 같았다. 사태를 냉각시킨 또 다른 원인도 있었다. 교황은 이제 세우기로 한 방대한 새 성당이 경이롭고 장엄한 성전으로서, 자신의 영묘보다 더 기독교계와 그 후손에게 영예롭다고 생각했기 때문이다. 그가 비록 예수 그리스도를 대신하는 사람의 혼보다 황제와 정복자의 혼을 지니기는 했어도, 그의 재능 자체가 브라만테의 생각대로 과거와 현재를 통틀어 가장 위대한 건축물로 이루어질 과업을 성취하는 데에 모든 수단과 노력을 쏟으려고 고무했다. 새로운 산 피에트로는 영원히 세계 교회의 어머니 교회가 될 것이다. 반면에 자신의 영묘는 그 개인적 자랑거리에 대한 추억이 될지 모른다. 자신의 영광을 영원히 보장해줄 진정한 기념비는 그의 의지로써 세워진 찬란하고 거인 같은 성당이 될 것이다. 영묘가 제아무리 훌륭하더라도 말이다.

두 가지 작업을 동시에 할 수도 있었으리라. 하지만, 첫 번째 것은 더 많은 시간과 돈이 들게 마련이다. 따라서 모든 것보다 이것을 우선해야 했다. 영생을 믿었을 율리우스 2세는 자신의 묘는 좀 더 나중에 하기로 하고서 모든 것을 다음 두 가지 지고의 목표에 집중시켰음이 분명하다. 즉 교황국의 확장과 이 세상에서 가장 거대하고 아름다운 성소의 건축에….

49
세 번째 도피

이러한 교황의 변화는 미켈란젤로에게 더욱 심각하고 오랜 모험을 부과했다. 그가 "묘의 비극"이라고 했던 것은—그로서는 과장된 표현이 아니었다—우리가 보게 되겠지만, 거의 40년 동안 그의 인생의 쓰디쓴 고충이 되었다. 그것 때문에 박해와 중상, 불의와 논쟁, 권태와 모든 종류의 창피한 음모가 그를 덮쳤다.

이 "비극"의 첫 번째 장은 1506년 4월 17일에 시작되었다—부활절 뒤의 금요일에. 이날 조각가는 황급히 로마를 떠났다. 이 사건은 미켈란젤로 일생의 희귀한 사건 중에서도 그 자신이 상세하게 전했기도 하지만, 그것으로 그의 자서전을 쓸 수도 있었을 정도였으리라. 그 맨 처음 이야기는 사건이 난 지 이 주일 뒤인 1506년 5월 2일자 편지에 실려 있다. 1524년 1월의 편지는 그 두 번째, 1542년 편지는 그 세 번째 그리고 1551년 편지가 그 네 번째 사건이다.

이날에 대한 기억은 너무나 쓰라려서 그는 결코 지워버리지 못했다.

영묘에 쓸 마지막 대리석 덩어리가 광나루에 도착했고, 미켈란젤로는 여기에 지급할 돈을 교황에게서 받지 못한 상태였다. 아무튼 그 운반비를 지급하려고 친구 자코포 갈리의 은행원인 피렌체 사람 조반니 발두치에게서 250두카토를 빌려야 했다. 그는 꾼 돈을 갚아야 했고 작업도 계속해야 했으므로 교황에게 지급을 재촉했다. 그렇지만 교황은 조각가를 불쾌하게 하는 태도로 차일피일 미루기만 하면서 입장의 변화를 알렸을 뿐이다. 그는 1506년에 상갈로(줄리아노)에게 이렇게 썼다.

"지난 주말(성 토요일)에 교황에게서 큰 돌이든 작은 돌이든 더는 단 한 푼도 지출하지 않겠노라고 식탁에서 보석상과 집사와 함께 이야기하는 것을 들었습니다. 아주 놀랄 수밖에 없었지요. 아무튼 떠나기 전에 나는 내 작업을 계속하는 데에 드는 비용을 요구할 생각입니다. 성하께서 내게 월요일에 다시 보자고 하시더군요. 물론 월요일, 화요일, 목요일 언제라도 성하를 뵐 수만 있는 날이면 찾아갔었지만, 결국 금요일에는 밖으로 밀어내더군요."

교황청에서 쫓겨난 자세한 사연은 1542년 편지에 적혀 있다.

"교황이 가능한 한 계속해서 [지불을] 미루기만 하니까, 어느 날 아침 나는 이 문제를 제기하러 갔지요. 마부를 시켜 나를 문밖으로 끌어내게 하더군요. '내가 누군지 모르겠소?'라고 하니까 마부는 이렇게 대꾸했지요. '죄송합니다, 신사 양반. 저는 명령에 따를 뿐입니다.' 나는 집으로 돌아와 교황께 이렇게 썼습니다. '경애하는 성하,

오늘 아침 궁에서 쫓겨났습니다. 성하의 지시로 말입니다. 그러니 이제부터 만약 저를 보시려거든 로마 아닌 다른 곳에서 찾아야 하실 줄 압니다.' 이 편지를 집사 아고스티노에게 보냈지요. 그가 교황께 전달하도록 말입니다. 집에 돌아와 나는 우리 집에 기거하면서 집수리를 하고 있던 목수 코시모를 불렀고, 같이 살았던 석공도 불렀습니다. 그리고 그들에게 이렇게 말했습니다. '유대인을 찾아가서 이 집에 있는 것을 모두 팔아 피렌체로 떠나게. 나도 말을 타고 피렌체로 뒤따를 테니.'"

그는 피렌체 땅 포기봉시까지 잠시도 쉬지 않고 달렸다. 그곳에서야 안심할 수 있었다. 미켈란젤로의 새로운 도피 행각이란 이런 식이었다. 교황에게 받았던 모욕 때문에 피렌체 사람으로서 욱하는 성미가 치밀었다.

하지만, 교황의 거절이 미켈란젤로가 서둘러 떠났던 유일한 이유였을까? 1506년 5월 2일자 편지에서 그는 전기작가들이 별로 관심을 두지 않았던 다음과 같은 이상한 말을 덧붙이고 있다.

"내가 떠났던 것은 그것 때문만은 아니었습니다. 다른 일도 있었지요. 밝히고 싶지는 않습니다. 만약 로마에 남아 있었다면, 교황의 묘보다 내 묘를 먼저 짓게 되지 않았겠습니까, 정말로 급히 떠난 이유라고 생각하시면 됩니다."

의미는 분명하다. 가령 미켈란젤로가 로마에서 도망치지 못했다면,

그는 살해당할 위험에 빠졌을 것이다. 그렇다면, 누가 죽음을 궁리하고 준비했단 말인가? 교황은 결코 아닐 것이다. 그는 어쨌든, 그러한 극단적인 방법을 쓰지는 않을 것이고, 항상 부오나로티에 대한 감탄과 우정을 보여주었기 때문이다. 로맹 롤랑은 그의 말이 브라만테에 관한 것이라고 생각한다. 우리가 아는바 이 늙은 건축가는 쾌락과 영화榮華를 좋아하지만, 천성이 그렇게 폭력적이거나 잔인하지 못했고, 이런 추측을 살 만한 자질은 전혀 없었다. 우리가 알듯이, 미켈란젤로는 나중에 그의 건축가로서의 천재성을 찬미했다. 만약 그가 브라만테가 살인을 계획했다고 생각했다면 그렇게 말하지는 못했을 것이다.

브라만테 밑에서 산 피에트로 신축공사장에서 일하던 자들 가운데 일부, 즉 미켈란젤로가 율리우스 2세에게 고했던 잘못된 공사의 실질적인 책임자들이 이런 음모를 꾸몄을 수 있다고 짐작된다. 아니면, 부오나로티로부터 교황의 영묘 공사를 물려받기를 열망했던 경쟁관계에 있던 조각가일 가능성이 더 그럴듯하다. 그해에 로마에서 부오나로티와 겨룰 의사를 피력할 수 있을 만한 유명한 조각가라면 단 두 사람뿐이었다. 파비아에서 이미 묘 작업을 한 적이 있던 브라만테가 후견하는 조반 크리스토포로 로마노와 1504년에 율리우스 2세에게 이끌려 로마로 왔던 산소비노가 있다. 산소비노는 같은 해에 산타 마리아 아라코엘리에서 피에트로 만치의 묘를 짓고 있었고, 그다음 해에는 산타 마리아 델 포폴로 성당에서 아스카니오 스포르차 추기경의 묘를 지었다. 그는 1506년에 로마에 정착했다. 그렇지만 이 두 사람에 관한 기록은 극히 빈약하기만 하다. 산소비노는 피렌체 쪽에 무언가 앙심을 품었었다고 생각할 수 있다. 왜냐하면 그는 1501년에 산타 마리아 델 피오레 참사회에, 미켈란젤로가 차지하고 나중에 시뇨리아 광장에 세울 다윗 상을 깎게 된 대리석 덩어리를 요구했었기 때문이다. 일단 미켈란젤로가 손을 떼게만 된다면 교황의 묘를 그가 맡을 수 있다고 생각할 수 있다. 그가 이미 유명하기 때문이든, 아니면 로마에서 장묘조각을 세우면서 그의 장점을 잘 입증했기 때문이든 훨씬 뒤, 1524년 1월에, 산소비노는 부오나로티에게 편지를 써서 산 로렌초의 신新제의실에서 메디치의 묘 공사에 참여하면 어떻겠냐고 제안했다. 이 편지는 특히 "늘 사랑했던 친애하는 미켈란젤로"라는 말로 시작되며, 클레멘스 7세가 자신에게 "자네가 나를 좋게 말했다"고 전했다고 썼다. 산소비노가 여러 해 전의 일일지라도 자신이 죽이겠다고 위협했을 사람에게 이런 식의 편지를 썼을 리는 만무할 듯하다.

줄리아노 다 상갈로에게 부친 그 수수께끼 같은 이야기에서 두 가지 결론을 끌어낼 수 있다. 즉 우리가 모르는 어떤 적대자이거나, 미켈란젤로가 두려워하던 교황이 자신에게 분노를 터트리게 했던 이 갑작스러운 도피를 더 잘 변명하려고 상상적인 우려를 구체적인 모습으로 표현했을 것이라고. 사실 그는 단 한 번도 이 일화로 되돌아오면서 만약에 로마에 남아 있었다면 죽었을지 모를 만큼 위험했다고 재론한 적이 없었다.

50
포기봉시의 싸움

말을 달려 로마에서 멀어졌지만, 미켈란젤로를 흥분시킨 감정과 생각을 상상하기란 어렵지 않다. 마부에게 떠밀려 쫓겨난 데에 대한 분개와—교황은 최소한 품위 있는 사람으로서 처신할 수도 있었을 것이다—, 이 세상에서 가장 경이로울 작품을 포기해야 한다는 생각에, 또 음모와 협박으로 이런 포기를 가져왔던 자에 대한 원망과 로마에 남겨둔 일이 다른 사람의 손에 그르치게 될까라는 염려 때문에….

한편 율리우스 2세 또한 가만히 있지 않았다. 늘 그렇듯이 그는 천둥처럼 노했다. 집사 아고스티노가 조각가의 간단한 편지를 전해주기도 전에, 교황은 이미 또 다른 증인의 소문을 들어 대기실에서 무슨 일이 있었는지 훤히 알고 있었다. 마부를 이야기하면서 파투치에게 부친 편지에서 미켈란젤로가 "루카의 주교"라고 불렀던 사람은 1503년부터 1508년까지 루카에서 주교를 지낸 갈레오토 파란초티 델라 로베레였다. 이 사람은 교황의 외조카로 1505년에 추기경에 올랐다. 그 또한 대기실에서 교황을 알현할 준비를 하고 있었기 때문이다. 그 조금 뒤에 전달된 편지는 그의 이야기를 추인할 뿐이다. 율리우스 2세가 비록 이런저런 이유로 자신의 묘에 그렇게 신경을 쓰지 않았다 해도, 그의 위신은 대단히 중요했다. 그는 그런 이유 때문에 빚어진 이런 도주가 로마에서나 밖에서나 자신을 비판하고 쑥덕거리게 하는 험담의 동기가 되었으리라고 생각했다.

　게다가 대리석재에 대한 금전 지출을 유감스러워했든 아니든, 그는 미켈란젤로에게 진정으로 호감을 느꼈던 마침 그 시점에—분통을 터트리는 그의 기질에서 자신의 성격과 같은 친밀감을 느꼈다—그가 그런 식으로 도망치는 모습이 서글펐다. 그러나 특히 그의 독재자 기질이 그 순간 치밀어 올랐다. 줄리아노 델라 로베레는 어린 시절에 알비솔라의 가난한 뱃사공이었으나 지금은 위대한 군주임을 의식하고 있었고 또 자기에게 봉사하는 사람이 해임 허락도 없이 떠난다는 것을 허용할 수 없었다. 더구나 교황은 자신의 거대한 묘에 대한 생각을 접기는 했어도, 이미 진작부터 미켈란젤로를 시스티나 천장 장식화 작업에 화가로 기용할 마음이었다. 이런 사실은 1506년 5월 10일자로 피에로 로셀리가 부오나로티에게 보낸 편지에서 확인된다. 편지에서 이 친구는 브라만테가 이 조각가가 피렌체에서 돌아오지 않을 것으로 생각했고 그에게 힘겨운 벽화 작업을 회피하려고 그렇게 할 것으로 생각했다고 이야기하고 있다.

　어쨌든, 율리우스 2세는 미켈란젤로가 로마로 돌아오길 바랐던 만큼, 그가 도망친 바로 그날인 금요일에, 습관대로 추적대를 보내 그를 자기 앞으로 데려오라고 명했다. 미켈란젤로는 이렇게 말한다.

　"교황께서는, 내 편지를 보고는 금세 기병 다섯 명을 보냈다. 새벽 세

시쯤에 그들이 포기봉시에 도착했고 내게 교황의 편지를 보여주었다. '이것을 보는 즉시, 우리의 오해야 어쨌든 간에 로마로 돌아오시오.'"

여느 때처럼 흥분한 미켈란젤로는 돌아가거나 심지어 답을 쓰지도 않았지만, 콘디비에게 털어놓았다시피, 사정은 고약한 국면에 접어들었다. 기병들은 어디에서 찾든지 무조건 그를 데려오라는 명령을 받았다고 막무가내였다. 미켈란젤로는 절대로 로마로 되돌아가지 않겠다고 외쳤다.

"그러나 기병들이 그에게 완력을 쓸 장소가 아니었던 만큼, 미켈란젤로는 그들을 위협하면서 그런 시도를 한다면 죽여버리겠다고 겁을 주었고, 그들은 빌며 그에게 애원했다. 이런 짓도 소용이 없어지자, 교황께 전할 편지라도 써달라고 했다. 특히 그들을 피렌체에서 만났다고 써달라면서. 그렇다면, 교황이 그를 억지로 데려갈 수 없었다는 점을 이해할 것이라면서…."

우리가 보다시피 시비는 아주 거칠었다. 살해의 위협을 피해 로마를 탈출했던 사람은 다섯 명의 기병을 죽게 만들겠다고 위협할 정도였다. 비록 그들은 교황의 지시를 수행하려고 했을 뿐이지만 말이다. 결국 이 가엾은 악마들을 위해 자비를 베풀기로 마음을 바꾸어 교황께 답신을 썼다. 그것은 다음과 같았다.

"다시 되돌아가지 않겠습니다. 선량하고 충직한 봉사를 한 끝에 겨우 이렇게 악한처럼 교황님 앞에 불려갈 까닭은 없습니다. 성하께서 당신의 묘에 관심을 두려 하지 않았던 때에, 저는 모든 의무에서 벗어난 것으로 간주하였고, 또 다른 약속도 할 의사가 없었습니다."

이 마지막 발언은 시스티나의 벽화를 암시했다. 이튿날 아침, 율리우스 2세의 기병들은 주인께 끌고 갔어야 할 그 반항자를 내버려둔 채 로마로 길을 떠났다. 미켈란젤로는 이제 피렌체를 향해 놓인 다리를 건너 여행을 계속했다. 포기봉시의 소란은 이렇게 끝났지만, 이 도망자는 적어도 여덟 달 뒤에는 새롭고 훨씬 더 고된 일에 착수하라는 명예로운 벌칙에 얽매일 것이라는 점을 생각도 못 했다.

51
마키아벨리

집으로 돌아온 미켈란젤로는 "겁이 났던 만큼 거의 숨어 지내다시피 했다." 그러나 곧 다시 일을 붙잡고 대회의실을 위한 소묘도 그리기 시작했다. 소데리니는 미켈란젤로가 교황에게 불려갔던 것이 불만이었다. 그렇게 해서 이 작품을 한쪽으로 제쳐놓았었기 때문이다. 그는 대형벽화를 어서 그리게 되는 모습을 보고 싶어했다. 이와 동시에 미켈란젤로는 자기가 가장 좋아하는 예술을 소홀히 하지 않으려고, 산타 마리아 델 피오레의 작품으로서 약속했던, 12사도 상 가운데 마태의 틀을 잡아나가기 시작했다.

4월에 내렸던 지시가 허사가 되고 나서, 율리우스 2세는 무엇보다 조각가의 분노가 가라앉기를 바라면서, 엄청난 전쟁 준비에 몰두했으므로 한동안 생사를 알 수 없을 정도였다. 그러던 어느 날 1506년 7월 8일자로 그는 피렌체 영주에게 교서를 보내 아무런 잘못도 묻지 않겠노라고 약속하면서 미켈란젤로를 로마로 보내달라고 요청했다. 소데리니는 부오나로티와 약속이 있었지만, 부오나로티는 여전히 "두려움에 떨

고 있었고", 교황의 제안을 무시하지도 못했다. 게다가 그는 자신의
"안전과 무사"를 보장해줄 프란체스코 알리도시 추기경의 일종의 통행
증을 원했다. 소데리니는 로마로 편지를 내어 미켈란젤로의 처지에 대
한 아주 특별한 온정의 편의를 주선했다. 왜냐하면 "만약 그를 온후하
게 다루지 않는다면, 그는 이미 두 번씩이나 그렇게 했듯이 여기에서도
다시 도망가버릴 것이기" 때문이다. 조각가는 이렇게 피렌체에서도 안
전하다고 느끼지 못하고 있었다. 4월과 7월 사이에 두 번씩이나 그곳을
벗어나려 기도했었을 만큼….

그러나 율리우스 2세는 아무 말도 들으려고 하지 않았다. 콘디비를
믿는다면, 미켈란젤로를 다시 보려는 교황의 교서는 세 차례나 발송되
었다. 세 번째 교서를 받은 소데리니는 미켈란젤로에게 다음과 같이 당
부했다. 썩 내키지는 않았지만, 그는 그가 피렌체에서 조용히 지내는
모습을 좋아했을 것이기 때문이다.

"자네는 프랑스 왕이라도 감히 그렇게 하지 못할 일로 교황과 엮였
소. 그러니 이제 용서를 비는 수밖에. 자네 때문에 교황과 싸우고 싶지
도 않거니와, 우리나라를 위험에 처하게 할 수도 없네. 그리로 되돌아
가도록 태도를 정리하는 것이 어떤가."

사실 구월 초순에 미켈란젤로는 교황을 찾아갈 준비를 할 생각이었
다. 그렇지만 교황은 이미 로마를 떠나 페루지아 원정에 올라 있었고,
그때는—9월 5일, 8일경—오르비에토에 머물고 있었다. 전쟁고문관
비아지오 보나코르시가 니콜로 마키아벨리에게 부친 여러 통의 편지로
우리는 이 사실을 알고 있다. 그는 당시 교황 곁에서 임무를 수행하고
있었다. 보나코르시는 9월 5일 그에게 쓴 편지에 "조각가 미켈란젤로"

에게 줄 돈을 송금했고 6일과 9일에도 편지를 보냈다고 말했다. 그러나 11일에, 그는 마키아벨리에게 부오나로티가 출발하지 않았다고 알렸다.

"미켈란젤로가 그 돈을 받았을 것으로 믿고 있습니다. 그가 내게 전하기를, 그럴 만한 이유로 되돌아갔답니다."

부오나로티는 이렇게 9월이 되자 다시 교황을 찾아 피렌체를 떠났지만 중도에 후회하고서 발길을 돌렸다. 9월에서 11월까지 그는 고향에서 작업에 몰두했다. 율리우스 2세와 다투기를 바라지 않던 소데리니의 다독이는 설득으로 이런 분쟁을 끝낼 수 있도록, 거장에게 계속 당부해야 했다.

군대를 좋아하는 교황은 완강하게 반항하는 예술가를 손보려고 피렌체에 선전포고를 할 만했을까? 보나코르시의 편지에서, 우리는 미켈란젤로가 이 사람은 물론 마키아벨리와도 친한 사이였음을 추론할 수 있다. 미켈란젤로와 마키아벨리 같은 두 거물의 관계가 궁금하기만 하나, 두 사람 모두 서로를 언급했던 기록은 일절 없다.

니콜로(마키아벨리)는 당시 시내에 살고 있었으면서도 그 시대에 예술이 만개하고 모든 사람이 열광하고 있었을 때인데도, 예술가와 그 작품을 결코 이야기한 적이 없다. 그는 오로지 정치적 사건과 문제에만 정신이 팔려 있었다. 그 몇 년 동안 그는 시민군을 조직할 생각뿐이었다.

그러나 그는 또한 자신의 저작이 증언하듯이 사고와 스타일의 예술가였다. 그래서 미켈란젤로와의 대화가 그에게 불쾌했을 리 없었을 듯하다. 그들 모두 피렌체 사람이었고 메디치 가문의 친구였으며, 두 사람 모두 적어도 그 순간만은, 그들이 율리우스 2세를 좋아하지 않았던 것 못지않게 두려워하고 있었다.

우리는 미켈란젤로가 오해한 이유를 알고 있다. 마키아벨리의 냉담한 태도는 주로 교부의 권력을 향한 공공연한 적개심이라고 할 수 있는 경멸 때문이었다. 그는 1503년에 율리우스 2세의 선거에 참석했다가 1506년에 그의 곁으로 되돌아갔지만, 교황에게 진심으로 찬사를 보내지 않았다. 비록 율리우스 2세가 자비롭고 경건한 인간이기보다 호전적인 군주를 닮았더라도 말이다. 나중에 자신의 책『티투스 리브스* 고대 로마의 첫 10년간의 담화』에서 그는 율리우스 2세가 무장도 하지 않고서 페루자로 입성했을 때, 그와 추기경들을 생포할 줄도 몰랐다며 잔 파올로 발리오니를 격렬히 비난하게 된다. 마키아벨리는 이렇게 썼다.

"그가 만약 교황을 생포했더라면, 그는 고위성직자들에게 그들처럼 살고 군림하는 자들이 얼마나 비루한지 보여주었을 것이다. 그는 거기에서 일어날 수 있었을 모든 위험과 재난을 능가하는 위대한 행동을 보일 수 있었을 텐데 말이다."

자신의『군주론』에서 마키아벨리는 다시금 율리우스 2세를 언급하지만, 모든 시도가 쉬워졌던 알렉산데르 6세부터 그토록 막강해진 교회를 이야기하기 위함이었다. 또 다른 장에서 그는 체사레 보르자의 가장

---

* BC 59~BC 17. 파도바 출신의 고대 로마 사가.

큰 잘못은 줄리아노 델라 로베레가 교황에 선출되도록 했던 일이라고 덧붙였다.

따라서 미켈란젤로와 마키아벨리가 만나 이야기했을 때에 종종 율리우스 2세의 이름을 거명하면서, 그의 거만과 성화, 야심과 집념도 이야기했을 것으로 상상할 수 있다. 미켈란젤로는 종종 영주를 찾아가 로마의 소식을 듣곤 했지만, 마키아벨리가 그에게 교황을 믿지 말고 그냥 그곳에 머물러 있으라고 충고했을지 모른다. 교황청이 조각가 한 사람 때문에 피렌체 공화국과 전쟁을 하지는 않을 것이라면서. 또 그토록 다른 많은 일을 이야기했을 텐데, 시에 대한 의견 교환도 있었을 것이다. 두 사람 모두 시를 즐기고 쓰기도 했기 때문이다. 특히 교황을 알현한 뒤로 다시는 조국으로 돌아오지 못했던 단테의 시를⋯.

52
터키

교황의 위협과 소데리니의 간청에도 로마로 되돌아가려 하지 않고 피
렌체에 머물던 미켈란젤로는 터키를 찾아가볼 생각이었다. 콘디비는
이렇게 쓰고 있다.

"교황의 분노를 걱정하던 그가 오리엔트로 가려고 했던 것은 터키 사
  람이 성 프란체스코회의 교인 몇 사람의 중개로 거창한 약속을 내놓
  으면서 그를 찾고 있었기 때문이다. 그들은 콘스탄티노플과 페라를
  잇는 다리를 건설하는 사업에 그를 고용하려고 했다."

바사리도 이런 자세한 소식을 거의 똑같이 전한다.
미켈란젤로의 어떤 전기작가도 이 특별한 일화에 주목하지 않았다.
거의 반세기 가까이 이교도의 수중에 떨어진 그 도시로 그를 초대하려
는 대단한 열의를 보였던 그 터키 사람이 누구였는지 알려고 하지도 않
았다.

그렇다면, 미켈란젤로를 열렬하게 초대했던 이 터키인은 대체 누구였을까? 바로 콘스탄티노플의 정복자 마호메트2세의 친아들 바야지드2세였다. 그는 1481년부터 1512년까지 집권했다. 사가들은 그를 순진한 사람으로 묘사한다. 그가 비록 수차례 전쟁을 지휘했고 오랫동안 권좌를 다투었던 자신의 동기 드켐을 1495년 카푸아에서 독살했지만 말이다. 그는 학예를 후원했다. 그 자신도 시인이자 시인들의 친구였던 그는 "수피"(명상가)라는 별명을 얻었다. 그는 과거에 그렇게 이야기했듯이, 거창하고 화려한 기념비적 건물을 짓기를 좋아해서 "돌에 환장한 사람"이라고도 했다. 이스탄불의 가장 유명한 이슬람교 성전 몇 채가 그의 지시에 따라 건설되었다. 이렇게 미켈란젤로를 불러들여 거대한 다리를 놓겠다는 생각은 완전히 믿을 만하다. 왜냐하면 그의 집정기의 전문가들은 그가 건설하게 한 다리를 기록하고 있기 때문이다. 키질-에르마크에 셋, 사카리아와 코도스에 각각 하나씩. 바다를 사이에 두고 수도가 자리 잡은 두 해안을 이은 보스포로스 해협의 다리는 그 길이 때문에 가장 힘겹고 대담했다. 따라서 이미 유명한 외국인의 예술에 호소하고 있다는 점은 그다지 놀랍지 않다.

그런데 정말 놀라운 것은 항상 독실했던 부오나로티 같은 기독교도가 무술만을 위해 봉사할 진지한 고민을 했다는 점이다. 게다가 그 무술만이 다름 아닌, 오리엔트 제국 최후의 보루를 기독교도로부터 빼앗아갔던 바로 그 사람의 아들이라는 사실이다. 바야지드 자신은 몇 해 전에(1503년), 이탈리아의 기독교국 베네치아와 강화조약을 맺었고, 이미 1486년에 이탈리아 공략에서 승리하고자 했었기 때문이다. 오시모의 독재자가 된 보콜리노 구초네 총독과 공모하여….

미켈란젤로를 용서하자면 우선 바야지드가 야만스러운 군인이 아니라 교양 있는 예술 후원자였으며, 일면 당시의 이탈리아 군주와 비슷하다고, 다시 말해 예술의 친구이자 시인이기도 했다는 점을 알아야 한다. 여기에 덧붙여, 바야지드와 터키인, 예수 그리스도의 대리인(로마 교황청 고위성직자)과의 정중한 관계도 매우 고상하고 모범적이었다. 인노켄티우스 8세와 알렉산데르 6세는 로마에서 살고 있었기 때문에 항상 파디샤[터키 황제]의 걱정거리였던 바야지드의 형제, 드켐의 문제에서 약조되어 있었다. 드켐이, 거액을 받은 교황 보르자의 지시로 드켐을 독살했다는 주장이 있지만 증거는 없다. 그러나 알렉산데르 교황이 바야지드의 동생을 오리엔트로 귀환하지 못하도록 감시하는 조건으로 바야지드로부터 4만 두카토를 받았다는 기록이 있다. 나폴리 왕 알폰소 이 술탄과 친한 사이였다. 당시에는 국가 이성과 이해의 동기가 예수 그리스도에 대한 신앙보다 더 강했다.

나는 미켈란젤로가 교황에게 두려움보다 그와 한번 겨뤄보고 싶은 강한 욕구를 느꼈을 것으로 생각된다. 기독교계의 수장에게 무시당한 미켈란젤로는 교황을 창피하게 하고 보복하려고, 위대한 이교도 군주를 도우려 했을지 모른다.

그런데 사실 로마와 콘스탄티노플이 그렇게 다르던가? 선량한 기독교도로서 미켈란젤로는 당시 로마의 거의 비기독교적인 생활에 찬동할 수 없었다. 1512년 이 영원의 도시가 전쟁 준비로 분주했을 때, 그는 이 유명한 단시를 지었다.

여기에서 성배를 녹여 투구와 검을 만들고

그리스도의 보혈이 경매되고
십자가와 가시면류관은 창과 둥근 방패가 되는데도
그리스도는 인내하시네

그리고 바야지드 곁으로 갈 결심을 상기하면서, 그는 이 시에 "터키
에서 성하의 충직한 신하 미켈란젤로"라는 서명을 붙였다. 가톨릭 이
탈리아는 그에게 오토만 제국이나 다를 바 없어 보였다. 바로 이해
1512년에, 오랫동안 다리를 건설 중이던 바야지드는 새로운 민병세력
예니 세리 당에게 권좌에서 밀려났고 그에게 반기를 든 아들 셀림의 명
령으로 독살되었다.

그 뒤 1519년에, 미켈란젤로는 터키에서 두 번째 초대를 받았다. 셀
림 황제가 아니라 피렌체 상인 토마소 디 폴로의 초대였다. 폴로는 안
드리노플로 와달라고 썼다. 그곳에 예술에 열광하는 군주가 있고 피렌
체 조각가는 환대받고 상당한 수입을 얻을 거라면서. 그러나 이 시절에
미켈란젤로는 산 로렌초의 정면 작업에 정신이 없었고 오리엔트로 가
고 싶은 생각은 전혀 없었다. 머리털 끝까지 토스카나 사람이던 그는,
나중에 베네치아 사람과 또 낭만파 사이에서 그토록 강렬했던 오리엔
트에 대한 향수 같은 것에 잠시나마 젖은 적은 없었다.

53
페루지노와의 불화

대회의실 벽화용 밑그림을 그리면서 미켈란젤로와 레오나르도가 대적했을 무렵, 피렌체에는 가장 유명한 화가로 페루지노가 있었다. 그의 이름은 1503년에서 1505년 사이 화가조합 연감에 자주 등장한다.

피에트로 반누치 페루지노는 성격이나 그림 모두 부오나로티의 마음에 들지 않았다. 그는 새로움과 영예를 열렬히 추구하는 청년이 선배에게 느끼는 조급증이 있었을 뿐만 아니라—이 두 사람의 나이 차이는 서른 살가량이다—페루지노의 미술은 곱고 가냘픈 데다 너무 차갑고 번번이 관례적이어서, 부오나로티처럼 격렬하고 극적인 천재에게 무시당하기만 했다. 부오나로티는 인체를 가능한 모든 자세와 동작 속에서 교묘하게 표현하려고 애썼다. 페루지노는 인물을 거의 부동자세로, 정적이며 기계적인 구성으로, 옷을 아슬아슬하게 걸치거나 드물기는 하지만, 거의 알몸에 가까운 모습으로 그렸는데 이것은 해부학적으로도 그렇게 자신감에 넘치지 못했다. 미켈란젤로는 단테의 애독자요 사보나롤라의 충실한 신도로서, 비록 비극적 염세성에 취하게 했던 의심으로 흔들리기도 했지만, 진실한 기독교도였다. 하지만, 이런 의심은 바로 이와 같은 독실함에서 나왔다. 그는 종교에 대한 태도도 이와 마찬가지로 진지했고, 바로 그것이 그의 신앙심을 깊어지게 했다. 반대로 페루지노는 지적인 동기를 회의하는 사람만도 못하게, 동정녀와 성자를 그리는 회의적인 쾌락주의자였다. 주문자가 원하는 소재였기 때문에 그렸을 뿐이다. 바사리는 이렇게 썼다.

"그는 치부하는 데 온갖 희망을 걸었다. 돈에 대한 것만 빼놓고는 나쁜 사람이 아니었다."

미켈란젤로와 페루지노처럼 딴판인 사람도 상상하기 어려울 듯하다. 그들의 불화는 예상하기 쉽고 불가피했다. 그 사실을 바사리는 이렇게 전한다.

"피에트로는 부지런히 그렸으나 주문량이 많아 종종 같은 것을 그려야 했다. 그의 기법은 같은 개념에 따라서 같은 인물을 그려야 할 지경이었다. 부오나로티는 당시 유명했고, 피에트로는 화가들이 찬미해 마지않던 부오나로티가 그린 인물을 보고 싶어 안달이었다. 자신의 화려했던 평판이 떨어지기 시작하는 것을 보면서 그는 신랄하게 다른 예술가를 공격하려 했다. 이렇게 해서 상당한 갈등이 빚어졌고, 그의 예술을 괴상하다고 한 미켈란젤로의 말까지 듣게 되었다. 피에트로는 치욕을 참을 수 없어, 결국 두 사람은 '8인 재판소'에 출두하게 되었는데, 여기에서 피에트로는 명예가 손상될 수밖에 없었다."

바사리의 이 짧은 이야기에 따르면, 사태를 쉽게 상상할 수 있다. 페루지노는 당시 「카시나 전투」에 쏟아졌던 찬사를 들어 알고 있었고 이렇게 남성 나체를 보여준 작품 앞에서 수사나 수녀처럼 말끔히 차려입은 성자나 두건을 두른 동정녀를 그리는 부르주아 화가였기에 치를 떨었을 것이다. 물론 그는 이 위대한 소묘는 진정한 회화가 아니라 차라리 돌 위에 펼쳐진 해부학이라고 주장했다.

이런 판단에서, 그것이 젊은 혁명가에 대한 늙은 보수주의자의 것이라는 점 이외에 선망의 표시도 뚜렷했다. 페루지노라는 거장이 바로 이때에 퇴행기에 들어섰다는 사실도 잊지 말아야 한다. 당시 그는 예순의 나이였다. 그는 피곤했고 이미 부유했다. 그는 제자들에게 채색과 마무리 작업을 맡기곤 했다. 그의 새로운 시도—바로 이 시기의 일인데—, 즉 이사벨라 곤차가를 위해 그린 「사랑과 애덕의 싸움」(현재 루브르 소장)은 세속적 누드화였지만 대단한 성공은 아니었다. 미켈란젤로의 작품을 페루지노가 씁쓸하게 본 이유는 바로 이런 것이었다.

미켈란젤로는 가만히 공격만 받는 성격이 아니었다. 피렌체에서 페루지노를 처음 만났을 때부터, 그는 다른 사람들 앞에서 흥분한 피렌체 사람의 입에서 그토록 쉽게 튀어나오는 신랄한 욕설을 퍼부었다. 그가 페루지노에게 "미술 문제에 관한 한 괴상하다"라고만 하고 말았을 것 같지는 않다. 이런 판단만으로 페루지노가 이 어린 조롱꾼을 도시의 최상위 재판소까지 끌고 갔을 리는 없겠기 때문이다. 미켈란젤로는 그에게 자기 가슴속에 있는 것을 다 쏟아놓았으리라. 그의 그림의 악취미와 그 인간성에 대한 혐오, 만족한 참사 같은 기름지고 둥근 얼굴과 시장을 지배하는 무신론자를….

270

여기에서 페루지노는 운이 없었다. 8인의 재판관은 부오나로티의 후원자 소데리니의 영향력 때문인지 고소를 기각함으로써 그를 좋아하지 않던 피렌체 미술가들을 아주 흐뭇하게 했고 이전보다 더 조롱하는 사람들 사이로 그를 걸어 나가게 했다.

미켈란젤로는 자기보다 훨씬 연장자에다가 적어도 작품의 성숙성이 회화적 자질이 만만치만은 않은 이 화가를 공개적으로 모욕할 수도 있었을 것이다. 그렇지만 그리스도와 예술을 가장 깊이 사랑했던 만큼, 신앙심 깊은 사람과 마찬가지로, 그는 불신자와 신성모독자에게 관대하지 않을 수 없었다. 라파엘로의 사부에 대한 미켈란젤로의 이런 극도의 분노와 거칠음은, 그가 가장 좋아했던 것을 부정하고 더럽힌 사람에 대한 혐오의 표현이었지, 악의적인 비판에 대한 복수라고 하기는 어려웠다.

54
안드레아 델 사르토

안드레아 델 사르토를 미켈란젤로의 직계 제자로 보는 사람은 아무도 없다. 우리는 다만 바사리를 통해서 스칼라 가의 교황 집무실을 열심히 드나들면서 「카시나 전투」를 모사했던 많은 청년 중에 안드레아도 끼어 있었다고 알고 있을 뿐이다. 그 그림은 화가 지망생들에게 최고였기 때문이다. 우리도 바사리를 통해서, 안드레아가 오직 라파엘로와 미켈란젤로의 작품을 보려고 로마에 잠시 머물렀었다고 알고 있다. 그런데 그의 소묘는―그의 유화 이상으로―미켈란젤로와 대단히 유사하기 때문에, 미켈란젤로가 저 유명한 로마 탈출 사건 끝에 1506년에 피렌체로 되돌아왔을 때 그를 만났을 것이라는 가능성이 있다. 지금 옥스퍼드에 소장된 미켈란젤로의 것으로 보이는 소묘 한 점에서, 부오나로티가 친필로 쓴 듯한 다음과 같은 문장을 볼 수 있다.

"안드레아, 참을성을 가져라. 자네는 내게 큰 위안일세."

버나드 버렌슨은 이 소묘를 "안드레아 데 미켈란젤로"라는 가상의 인물이 그렸다고 생각하지만, 다른 사람들은 부오나로티의 솜씨로 믿고 있다. 아무튼 1506년에 겨우 스무 살이었던 안드레아에게 사부께서 쓴 첫 번째 편지라고 인정하는 것이 그럴듯하지 않을까?

어쨌건 안드레아가 부오나로티를 일찍부터 알고 있었으리라는 점은 거의 틀림이 없다. 왜냐하면 그는 1515년경에 미켈란젤로와 아주 좋은 관계였던 자코포 산소비노와 절친했기 때문이다. 이렇게 미켈란젤로가 젊은 안드레아의 회화를 높이 평가하고 있었다는 것도 확실하다. 어느 날 당시 살아 있던 화가들을 주제로 라파엘로와 이야기하다가, 미켈란젤로는 안드레아 델 사르토를 암시하면서 이렇게 말했다.

"피렌체에 자네처럼 큰일을 맡았다면, 자네 이마에서 진땀이 나게 할 어린 친구가 있네."

이 이야기는 1548년에 프란체스코 보키가 초판을 펴낸 『피렌체의 아름다움』에 들어 있다. 보키는 1548년생이므로, 미켈란젤로와 안드레아와 친했던 자신의 지인에게서 들은 이야기일 듯하다. 미켈란젤로는 우르비노 출신 라파엘로와 사이가 좋은 편은 아니었다. 시스티나 성당 궁륭을 장식할 때부터…. 이렇게 볼 때 얼마만큼 안드레아를 진정하게 평가하려는 뜻에서 한 말인지 아니면 라파엘로를 핀잔하려고 짓궂게 말했는지 알 수는 없다. 다른 자리에서도 미켈란젤로는 신랄하게 비꼬는 식으로 찬사를 던지는 화술을 구사하기 때문이다.

이 거장이 안드레아를 피력한 또 다른 호평의 증거가 있다. 부오나로토에게 쓴 1515년 10월 20일자 편지에서 미켈란젤로는 자신이 피렌체 상인 친구, 피에르프란체스코 보르게리니를 위한 그림을 그리고 있다는 사실을 알려준다. 그러나 부오나로토가 미켈란젤로에게 보낸 1516년 11월 6일자 편지에서, 그 약속을 지킬 시간이 부족하거나 그렇게 하고 싶지도 않아서 이미 유대인 사가 요셉에게서 차용한 주제를 보르게리니를 위해 그린 적이 있던 안드레아 델 사르코에게 인계했다는 사실을 밝혀준다.

미켈란젤로가 그렸어야 할 그림을 안드레아가 그렸지만, 보르게리니는 이런 변화에 불만이었다. 1517년 3월 1일, 레오나르도 셀라조는 미켈란젤로에게 이렇게 썼다.

"피에르프란체스코가 안드레아에게 그림을 주문했지만, 그것을 좋아하지 않았네. 그는 탄식하고 있다네."

우리는 이 그림의 주제를 알 수 없지만 그 밑그림을 위한 도화지는 미켈란젤로가 직접 안드레아에게 주었던 듯하다.

이런 뜻밖의 실패에도—보르게리니는 과거에 이 청년이 그린 다른 그림과 그 창의성에 만족스러워했기 때문이다—안드레아는 미켈란젤로의 작품을 진심으로 좋아하고 연구했다. 바사리는 "미켈란젤로가 산 로렌초 제의실을 위해 착수하고 일부분을 끝낸 인물상을 보고서 안드레아는 자신의 스타일을 발전시켰다"라고 장담한다. 그는 이런 탐구로 스칼초 수도원에 그가 마지막으로 그린 장면에서 결실을 거두었다고 증언했다.

한편 이 두 사람의 존경처럼 끔찍하고 비통한 결말을 맞았던 일도 거의 없을 듯하다. 1529년 피렌체가 함락되기 직전에, 일부 군인과 시민들이 도망쳐 대항전을 선포했었다. 영주는 나중에 이 교수형에 처한 탈영자들의 초상을 그려 포데스타 궁과 시뇨리아 광장에 내걸 생각이었다. 안드레아 델 사르토가 이 보복 작업에 선발되었다. 과거에도 그런 일을 맡았던 안드레아 델 카스타뇨가 결국 '교수형 당한 사람의 안드레아'라는 끔찍한 별명을 얻었던 데에 생각이 미친 그는 마지못해 그 일을 수락하면서도 그 수치스러운 작업을 제자 베르나르도 델 부다에게 맡긴 척했지만 사실 자신이 그려야 했다. 바사리는 이렇게 썼다.

"그가 밤마다 드나든 높은 장벽을 설치하게 하고서, 그는 그들이 정말 살아 있는 사람 같아 보이도록 그 인물들을 그렸다."

그런데 도시에서 도망친 반역자로 간주한 시민들 가운데 미켈란젤로도 있었다. 안드레아는 자신이 존경하는 스승을 높이 목매단 모습으로 그려야 할 뻔했다. 1529년 9월 30일, 다른 시민과 합세한 라 발리아가 항전을 선포했고 이전의 다른 초상들 곁에 그의 초상을 추가하도록 안드레아 델 사르토에게 그의 이름이 전달되었을 것이다. 그러나 얼마 뒤, 11월에 미켈란젤로는 피렌체로 돌아왔고 그의 이름은 반역자 명단에서 삭제되었다. 이렇게 가엾은 안드레아는 자기의 우상과 은인의 끔찍한 초상을 조국의 배신자 초상과 함께 그려야 하는 고통에서 벗어날 수 있었다.

55
화해

1506년 11월 10일, 조반니 벤티볼리오가 도망친 볼로냐로 율리우스 2세가 당당하게 입성했다. 미켈란젤로는 요 몇 해 동안 승리를 거둔 교황의 기쁨이 대단했던 만큼 그가 이제는 좀 유연해지리라고 생각했다. 따라서 그는 이제 떠날 작정이었다. 그는 다시는 로마로 되돌아가지 않겠다고 다짐해왔지만, 교황은 이제 로마에 없었고 포기봉시의 편지에서 확인했듯이 엄격한 의미에서 그의 명예는 무사했다.

선량한 소데리니는 알리도시 추기경에게 그의 통행증을 발급해주도록 조치했다. 소데리니는 자기 개인 자격으로 이 겁 많은 친구가 어려움 없이 볼로냐로 갈 수 있도록 또 다른 통행증도 발급해주었다. 게다가 그는 동생 토마소 소데리니 추기경에게 소개장도 써주었다. 거기에는 이 담대한 종신 최고 행정관의 세련된 심리와 우정이 담겨 있었다.

"우리는 각하께 이 용감한 사내가 이탈리아에서는 자기 분야에서 유일하며 세상에서도 유일할 것임을 보증하오. 우리는 그를 열렬히 천거하오. 그를 후하게 대접한다면, 그는 뭐든지 원하는 것을 해줄 수 있을 것이오. 애정과 친절을 보여준다면 그는 보는 사람을 감탄하게 할 일을 할 수 있을 듯하오."

그는 이런 모든 편지와 증명을 지니고, 11월 26일쯤 볼로냐에 도착했고 그 무시무시한 교황을 만나기 전에 하느님의 가호를 빌었을 테고, 산 페트로니오 성당에서 미사에 참석했을 것이다. 교황의 마부들이 성당에서 그를 알아보았고, 그들의 주인이 얼마나 이 도망쳤던 피렌체 사람을 손보려고 했는지 잘 알고 있었으므로, 그에게 즉시 세즈 궁으로 동행하자고 요구했다. 교황은 추기경들과 점심을 들고 있었다. 부오나로티는 그 앞에 비참한 심정으로 무릎을 꿇었으리라고 상상하기 어렵지 않다. 바로 자신이 그를 공격하지 않았던가! 교황은 말도 없고 끼어들지도 않았으며, 천박한 하인을 시켜 당대의 가장 유명하고 위대한 조각가를 쫓아내게 했었다. 마치 도둑놈이라도 된다는 듯이. 미켈란젤로가 옳았다. 그는 자신의 권리와 가치를 확신했다. 그는 그동안의 공격에 상처를 받았다. 그런데 또다시 자신은 죄인 같은 모습을 보여야 한다. 잘못을 고해하고 속죄하는 노예처럼 말이다.

반대로 율리우스 2세는 자신이 미켈란젤로에게 저지른 잘못이나 부당함을 기억하지도 인정하지도 않았다. 그는 단지 이 대리석 다루기에 통달한 장인이 건방진 말을 남기고 떠나버린 후 자신의 거듭된 부름을 들은 척하지도 않았던 데에만 분개했다. 무릎을 꿇은 사람을 향해서 그는 흥분한 얼굴과 어조로 이렇게 말했다.

"자네가 우릴 찾아왔어야 하거늘, 우리가 자넬 찾도록 기다렸구먼."

율리우스 2세는 볼로냐가 로마보다 피렌체에서 훨씬 가깝다는 말을 하려고 했다. 콘디비는 이렇게 전한다.

"미켈란젤로는 큰 소리로 용서를 구했다. 실수였지, 악의는 없었다고 잘못을 빌면서. 하지만, 자신이 쫓겨났던 것을 참을 수 없었다고 했다."

노한 얼굴로 율리우스 2세는 침묵을 지켰으나, 소데리니 추기경은 자기 형 피에로가 부오나로티를 얼마나 좋아하고 아끼는지 잘 알았기에 이 사자들의 싸움에 공교롭게도 끼어들지 않을 수 없었다. 교황을 향해 그는 이런 말을 했다.

"성하께서 이 자가 저지른 잘못을 별것 아니라고 보시지요. 그는 무지해서 그랬으니까요. 화가들은 그림 외에는 항상 그 모양입니다."

이 순진하고 모욕적인 언사는 분명히 행정관의 동생인 피렌체 출신 추기경이 자신을 옹호해줄 것으로 전혀 다르게 기대했던 미켈란젤로의 입맛을 씁쓸하게 했다. 하지만, 이 언사는 소데리니보다 부오나로티의 성격을 더 잘 알던 교황을 더욱 언짢게 했다. 그러니 그는 금세 이것을 신중치 못한 개입자에게 자신의 화를 터트리는 기회로 삼았다. 그는 소데리니에게 이렇게 호통쳤다.

"자네, 그런 상소리를 하다니. 우리도 그에게 그렇게 하지는 않네. 무식하고 못 배운 친구는 자네지 저 사람이 아닐세. 어서 나가버리게, 불길한 참새 같으니!"

이 가엾은 추기경은 평화를 되찾아보려다가 이런 욕설을 들으면서 꿈쩍도 못 한 채 아연실색하고 있었으나, 하인들은 미켈란젤로가 이야기했듯이, "족집게처럼" 그를 방 밖으로 몰아냈는데, 그는 신성한 로마 성당의 추기경이 자기보다 더한 취급을 당하는 것을 보면서 내심 즐겁지 않을 수 없었다. "이렇게 교황은 노기를 풀었다"라고 콘디비가 전하듯이, 교황은 미켈란젤로를 자기 곁으로 불러, 그를 용서하고 축복을 내려주면서, 그가 해야 할 일에 대한 명령이 떨어지기 전까지 볼로냐를 떠나지 말라고 당부했다.

율리우스 2세가 미켈란젤로에게 부과하려 했던 길고 힘든 속죄를 말하기 전에, 잠시 이 불운한 소데리니 이야기를 하는 편이 나을 듯하다. 그는 어리석은 식자識者의 좋은 사례이니까.

프란체스코 토마소 소데리니는 당시 이미 경험으로나 나이로 보나 한창때였다. 1453년생인 그는 쉰다섯 살이었다. 유명한 학자 집안 출신으로서 그는 피사에서 좋은 교육을 받았고, 소년기부터 그의 재능을 일깨워주었던 마르실리오 피치노의 친구였다. 불과 스물다섯 살에 그는 볼테라 주교로 서임되었다. 피에트로 데 메디치는 그를 가정교사로 임명할 정도로 신임했다. 1503년에 알렉산데르 6세는 그에게 추기경 자리를 만들어주었으나, 소데리니는 그의 반대편에 가담했다가 2만5천 에퀴를 지급하고서야 목숨을 건졌다. 인사에서나 궁정 생활에서나 그의 경험에 부족함은 없었다. 그는 샤를 8세와 루이 12세 곁에서 교황청 대사로 근무했다. 함께 일할 기회가 많았던 마키아벨리의 평가도 받았다. 그는 법학과 담화에 대한 글도 썼다. 그러나 지식과 경험이 많았어도, 예술과 예술가를 그의 형만큼 알지 못했다. 그가 율리우스 2세에게 했던 말에서 잘 드러나듯이 말이다. 그는 지성과 용맹, 피렌체 기질이 있었지만, 교황의 심리나 미켈란젤로의 위대성을 이해하지 못했다. 그의 소견이라고 해야 고작 예술가란 예술 밖에서는 형편없는 무식쟁이라고 하는 것으로 미루어, 그가 얼마나 무지한지 알 수 있다.

소데리니는 피에트로 데 메디치에 관해 필자가 말했던 것과 마찬가지의 경지를 보여준다. 예술을 전혀 이해하지도 좋아하지도 않는 사람은 그 벌로서, 불운하고 비참한 정객이 된다. 이 추기경은 그 뒤의 생활로 그 점을 여실히 증명한다. 알렉산데르 6세를 해치려는 음모는 비극적으로 끝났지만, 그는 나중에 하드리아누스 6세에 대한 음모에 다시 뛰어들었고, 이 교황이 사망할 때까지 산탄젤로 성에 감금되었다(1523년까지). 이곳에서 풀려난 그 이듬해 그는 알 수 없는 이유로 사망했다. 그가 볼로냐에서 "족집게들"에게 당했던 것 이상으로, 그가 미켈란젤로를 구하겠다고 어리석게도 그에게 했던 망측한 모욕은 이렇게 죗값을 치렀다.

56
교황의 청동상

교황이 용서했어도, 미켈란젤로에게 부과된 속죄는 오래고도 힘겨웠다. 12월 초순 그는 교황청으로 불려가, 율리우스 2세가 산 페트로니오 성당 서측 정면에 세울 자신의 거대한 청동상을 제작하라는 소리를 들었다. 이 상은 사실상 실물보다 세 배나 커야 했고, 교황이 앉은 자세의 좌상이지만 일곱 브라스의 높이, 즉 거의 4미터에 달해야 했다.

미켈란젤로는 이 주문이 정말이지 내키지 않았다. 무엇보다도 그는 자신에게 부당하게 배신하고 모욕을 주었던 이 교황의 위풍당당한 초상을 만들고 싶은 기분이 아니었다. 더구나 그는 대리석상을 다루는 기술에 통달했지만, 청동 주물을 뜨는 데에는 익숙하지 못했다. 「다윗과 골리앗」 청동상을 제작할 때에도 그 주물을 베네데토 다 로베차노에게 의존해야 했으니까…

반면에 율리우스 2세는 자신의 정복을 추억하려고 세울, 이 좌상이 대리석보다 덜 변질되고 자신의 기질에 더욱 어울렸으면 했다. 그러나 미켈란젤로의 근심도 교황의 의지도 허사였다. 이 기념상은 나중에 알게 되겠지만, 교황이 죽기도 전에 야만적으로 파괴되었기 때문이다. 조각가는 빨리 끝내고 싶은 마음에서 열심히 작업에 착수했다. 교황이 볼로냐를 떠나기 전에(1507년 2월 22일) 점토 모형이 이미 완성되었다. 1월 22일에 교황은 미켈란젤로의 작업 현장을 찾아가 반 시간가량 지켜보았다. 4월 28일, 조각가는 조반 시모네에게 밀랍상이 완성되었고 이제 일주일 뒤에 주물을 뜨게 되었으면 싶다고 썼다. 그러나 조수들이 필요했다. 그는 피렌체에서 라포와 루도비치라는 주물공 두 사람을 불러왔다. 하지만, 그들은 무능했던 데다가 도둑이었다. 그는 결국 베르나르디노 디 안토니오 델 폰테라는 주물장鑄物匠에게 부탁했지만 그는 이 대작업의 수준에 어울리지는 않았다. 좌상은 육중하기 짝이 없고 그 전체는 어마어마한 규모였다. 거의 1만 8천 리브르에 달했다.

미켈란젤로는 7월 6일 부오나로토에게 이런 편지를 부쳤다.

"지금까지 거의 운도 없는, 좌상의 주물을 부었지. 그런데 베르나르디노는 무식해서인지 짓궂어선지, 청동을 잘 녹일 줄 몰랐어. (⋯) 허리까지만 성공했지. (⋯) 그 나머지는 용광로 속에 녹지도 않은 채로 남아 있어. 이런 상황에서 일을 끝내려면 용광로를 분해해야 했고, 금주 안에 다시 조립해야 한다는 말이지. 다음 주에는 다시 동을 녹여야 하고, 형태를 채워 마무리 지을 거야. 시작은 나빴지만 잘 끝났으면 하지. 큰 걱정이나 어려움도 낭비도 없이 말이지."

이즈음에 그는 과거 밀라노에서 스포르차의 기마상의 주물 작업에 실패했던 레오나르도를 비아냥거렸던 생각을 떠올렸을지 모른다. 완벽한 작업을 하기보다 타인을 조롱하기가 훨씬 쉽다는 것도 깨닫지 않았을까?

그러나 부오나로티는 패자에 관심이 없었다. 그는 아버지께 하느님의 가호를 빌어달라고 했고 격려와 용기를 달라고 빌었다. 7월에 그는 부오나로토에게 이렇게 썼다.

"잘될 수도 있었을 텐데 이번에는 더 나빠. 아무튼, 전력을 다해서 좌상의 주물을 전부 쏟아 부었지만 상이 완전히 드러난 것은 아니야. 연마하려면 몇 달이 걸리겠지. 하느님께 감사해야겠지. 내가 말했다시피 사정은 더욱 나빴을 수도 있었을 테니까."

이 작업은 분명히 부오나로티가 수행했던 것 가운데 가장 힘겨웠다. 무능하고 정직하지 못한 조수들 때문에 계속 중단되고, 이 도시에서 벌어진 폭동과 피렌체에서 날아든 지겨운 집안일과 관련된 편지들, 아무도 이 좌상이 잘 끝나리라고 믿지도 바라지도 않았던 볼로냐 사람들의 회의적 태도 때문에…. 이는 진정한 벌이었다. 율리우스 2세의 "영묘의 비극" 이후 그가 겪어야 했던 가장 무거운 시련이었다.

마침내, 조각가가 책임질 수 없던 거듭된 지체 이후, 2월 21일에 산 페트로니오의 정면에 조성된 벽감 속에 거대한 율리우스 2세 상이 들어앉았다. 그 개막식은 오후 3시에 열렸다. 천문가들이 바로 그날, 그 시간을 길조로 잡았기 때문이다. 음악이 그 초상을 뒤덮었고—파이프, 트럼펫, 북—저녁에 광장에서 불꽃놀이가 벌어졌다. 조반니 사바디노 델리 아리엔티는 이 소식을 이사벨라 곤차가에게 전했다.

"산 피에트로 교황의 전야제는 22시에 산 페트로니오 성당 광장에서 열렸습니다. 광장에 마련된 자리에서, 교황이 개막한 청동상은 의자에 앉은 모습이었습니다. 아홉 자 높이에 1만4천 리브르의 무게가 나가는 것입니다. (…) 이 좌상은 교황 성하와 아주 닮았습니다만 그것을 제작한 작가는 피렌체 사람 미켈란젤로라고 합니다. 그것을 알아보는 사람에게는 대단히 훌륭한 작품입니다. 조각가 페이디아스가 살아 있었다고 하더라도 이보다 멋지게 해낼 수는 없을 듯합니다. 이 작품은 아주 훌륭하고 거대해서 그것을 바라보면서 사람들은 자기 눈을 의심할 수밖에 없습니다."

그 인상은 사실상 교황이 원했던 대로였다. 그것은 볼로냐 주민에게 두려운 공포심을 심어주었으리라. 그 효력은 인문주의자 피에로 발레리아노의 명문으로 입증된다. 이 사람은 이 상을 보고는 독살스러운 여자나 도마뱀에 쫓기듯이 도망치는 관객을 붙잡고서 "율리우스가 여기 있는 게 사실이군요. 하지만, 초상입니다"라고 했다고 한다.

미켈란젤로에게 그렇게도 수고와 괴로움을 준 이 작품이 예술적 관점에서 어떤 정도인지 우리로서는 판단하기 어렵다. 이 작품은 야만적으로 파괴되었기 때문이다. 하지만 완숙한 재능이 마음껏 펼쳐졌을 것으로 상상할 수 있다. 작품에 대한 묘사도 거의 전해지지 않기 때문에 이 파괴된 걸작은 생각도 하기 어렵다. 안드레아 베르나르디의 「포릴리 연대기」에서 그 일부가 전해지지만—사바디노의 관점과 약간 다르다—그러나 이 기록은 거칠고 간략하며, 순전히 신체적 외면만 다루고 있다. 다음과 같은 모습으로 교황을 보고 있다.

"삼중관을 쓴 수장의 모습으로 정좌한 채, 교황 복장에 큰 외투를 두르고 열쇠를 쥔 왼손은 왼쪽 무릎에 올려놓았다. 오른손으로 그는 축복을 내린다. 산 페트로니오의 정면에 조성된 벽감 속에 들어앉은 이 좌상은 정면 한가운데에서, 광장을 향해, 그 정문 위로 지붕 밑에서…."

교황이 미켈란젤로에게 그 좌상이 축복을 줄 것인지 저주를 줄 것인지 묻자, 이렇게 대답했다.

"이 백성이 현명하지 못하다면, 그들에게 겁을 줄 것입니다."

콘디비의 전기에서, 조각가는 왼손에 책을 들려놓으면 어떻겠느냐는 질문에 호전적인 교황은 "책이라고? 칼을 잡아야지, 난 문학 따위는 전혀 몰라"라고 답했다고 한다.

책이나 검 대신 부오나로티는 교황에게 더 잘 어울리는 베드로의 열쇠를 쥐어주었다. 좌상은 지배의 추억이자 상징일 터였다. 그것은 삼중관과 교황 제복 차림의 위엄에 넘치는 교황을 보여주었지만, 미켈란젤로가 화났을 때의 그의 모습을 잘 알던 퉁명한 얼굴은 이 작품에서 가장 표현이 풍부한 부분이었을 듯하고, 모세 상과 마찬가지로 근엄하고 거의 흥분한 지존의 모습이었을 듯하다. 유례없이 크고 육중한 청동으로 제작되어 특이한 아름다움을 간직했더라도 이 상은 율리우스 2세보다 더 일찍 사라졌다. 1511년 12월 30일, 벤티볼리오가 볼로냐로 개선했다. 그렇게 높은 자리에 놓여 있던 이 교황의 기념상은 광분한 군중의 손에 끌어내려져서 산산조각이 났다. 이 청동 조각들은 알폰소 데 페라라에게 전달되었고, 그는 이것들로 적인 교황을 겁주려고 "율리"

라는 이름을 붙인 거대한 장포長砲를 제작했다. 바로 아리오스토가『미친 올란도』에서 노래한 것이 바로 이 유명한 대포 소리였다. 미켈란젤로라는 천재의 손에서 생명을 얻었던 이 고귀한 재료는 이렇게 불을 뿜고 죽음을 뿌리는 데에 사용되었다. 라파엘로가 그린 초상보다 더욱 훌륭하게, 교황의 승리에 도취한 이미지를 영원히 간직하고, 르네상스와 부오나로티의 걸작으로서 남았을 이 좌상은 넉 달밖에 살아남지 못하고서 파괴의 도구가 되고자 파괴되었다.

그와 같은 방식으로 자신의 좌상이 무너졌다는 소식을 듣고 진노한 율리우스 2세는 복수를 하고자 준비했다. 이폴리토 데스테 추기경은 자기 형 알폰소 대신 사과하려고, 교황의 두상은 안전하며 공작이 보관하고 있다는 편지를 썼다. 나중에 또 다른 증언은 사실상, 페라라로 옮길 때 황소 여덟 마리가 필요했을 만큼 거대했던 청동 두상은 여전히 알폰소 공작의 창고에 남아 있었다고 한다. 그 뒤 그곳에서 모데나로 옮겨졌다고 한다. 하지만, 에스테 가문의 시대가 끝나고서 그 뒤로는 아무도 그것이 어디에 있는지 알지 못하고 지금까지의 추적도 공허할 뿐이다.

1512년, 알폰소 공작이 율리우스 2세와 화해하러 로마를 찾았을 때, 시스티나 벽화를 보고서 미켈란젤로에 감탄하게 되었다. 그는 작품을 부탁했는데, 이것이 율리우스 2세의 새로운 상이었는지는 알 수 없다. 에스테 가문 군주의 칭송을 부오나로티는 어떤 심사로 들었을까? 가장 완벽한 자신의 작품이 공작의 대포로 변신하도록 영원히 파괴되었는데 말이다.

57
아름다운 볼로냐 여인

볼로냐에 두 번째로 체류했던 열여섯 달 동안 미켈란젤로를 우울하게 했던 난관과 피로, 근심과 환멸 그리고 불안에도, 그 작업의 한 단계에서 다른 단계로—용광로와 금속과 주물 해체 작업을 준비하는 동안—이 번민하는 조각가는 이따금 바람을 쐬고, 사람들과 담소하려고 외출하기도 했을 것이다. 이 무렵, 1494년에 자신의 집으로 그를 초대했던 알도브란디가 여전히 살아 있었으므로 그를 몇 번 찾아갔을 수도 있다. 바로 이해 1507년에 부오나로티가 아름다운 볼로냐 처녀와 새로운 사랑에 빠졌다고 믿을 만한 근거가 있다. 1507년 12월 24일자로 부오나로토에게 보낸 편지의 뒷면에, 미켈란젤로가 써놓은 시 한 편이 있는데 그것은 1507년 말에서 1508년으로 넘어갈 무렵에 지었을 듯하다.

그녀는 얼마나 행복하고 또 얼마나 야무진 꽃송이 같은가.
금발의 화관 위에!
마치 꽃들이 그 이마를 탐내고 덤비듯이

그 이마에 처음 입 맞출 사람에게,
가슴을 조인 옷이며 그 위로 펼쳐진 옷은
온종일 행복하여라.
금빛 천은 결코 따분하지 않게
뺨과 목을 스치네.
리본의 행운은 더더욱 소중하네.
금을 두르고 부드럽게, 가볍게 누르듯
그것으로 덮은 가슴과
가느다란 허리띠를 두르고
이렇게 말하는 듯하네.
여기 나는 항상 안기고 싶어요.
아! 이 팔로 무엇을 할 수 있을까요!

이 시를 비롯한 다른 증언에서도 미켈란젤로의 마음을 뒤집어놓았던
이 여인이 누구였는지는 알 수 없다. 오직 그녀가 금발이었고, 그 치장
에 대한 묘사로 미루어 부잣집 딸이었으리라고 짐작할 뿐이다. 이 시의
동기가 부오나로티의 착상은 아니다. 민중시는 물론이고 모든 시대의
연가에서 찾을 수 있다. 아무튼, 마지막 행의 관능적 비약에서 미켈란
젤로의 특징을 알아볼 수 있다.

아! 이 팔로 무엇을 할 수 있을까요!

여기에서, 그 옷이 매혹적인 몸매를 감싸며 숨기는 동시에 알아보게

하는, 그 아름다운 육체를 끌어안고 보듬고 움켜쥐고 싶어하는 격렬한 욕망이 터져 나오는 것을 느낀다. 이처럼 관능적인 표현은 미켈란젤로의 시에서 보기 드물다. 그처럼 항상 플라톤주의적이고 기독교도적인 시인에게서는 놀라운 것일 수 있다. 그러나 그는 당시 겨우 서른두 살이었고 또 아주 오래전부터 평판이 자자하듯이, 볼로냐 여인들이 특별히 육감적이고 유혹적이라는 사실을 상기해야 한다. 유명한 예술가 레온 바티스타 알베르티도 이보다 몇 해 전에 볼로냐 아가씨에 홀딱 반했었다.

예술가로서 미켈란젤로에게서 관능성은 분명하다. 메디치 묘에 세울 석상처럼 사랑의 관념과는 가장 먼 듯한 작품에서도 그렇다. 지금은 오직 복제화를 통해서만 볼 수 있는, 1530년경에 그가 그린 육감적이고 거의 불순한 「레다」를 상기해보기만 해도 된다.

그러나 볼로냐 아가씨와의 이런 사랑은 그다지 심각한 것은 아니었고 적어도 둘이 서로 나눈 사랑은 아니었다. 사실상, 아버지와 형제에게 부친 편지에서 그는 일을 미루고 집으로 돌아가고 싶은 심정이라고 줄곧 밝혔다. 그는 볼로냐의 눈부신 아가씨를 기억 속에서만 간직하고 있지만, 우리에게도 여전히 살아 있다. 청춘의 시 한 편 속에서 그 금발 머리에 입 맞추고 싶은 열애와 경쟁하는 그 꽃다발과 함께 말이다.

58
프란체스코 프란차와의 만남

1507년 말에 율리우스 2세의 좌상이 완성 단계에 이르렀을 때였다. 미켈란젤로는 그것을 산 페트로니오 광장으로 옮기기 전에 마무리 손질 중이었다. 또 리구리아 지방 사람인 교황의 승리와 이 피렌체 조각가의 천재성에 동시에 바쳐진 이 중요한 작품을 볼로냐 사람들은 크게 떠들고 있었다. 특히 예술가들이 그랬는데 늘 그렇듯이 어떤 이야기에는 호기심과 선망과 반감이 뒤섞였다.

당시 이 도시 예술가들의 관심의 초점이었던 프란체스코 프란차는 다른 사람보다 먼저 미켈란젤로의 이 신작을 보고 싶어했다. 바사리가 전하듯이, "사적으로" 그는 미켈란젤로의 호의적인 초대를 받았다. 프란차는 화가라기보다 조각가로 자처했으나 금은세공사에 가까웠다. 그는 이 거창한 걸작 앞에서 놀라움을 숨기지 못했다. 그와 동행했던 몇몇 신사는 이 볼로냐 사람의 신탁과 같은 미학적 판단을 기대했으나, 이 예상 밖의 발견에 적지 않게 당황한 나머지 침묵을 지킬 뿐이었다. 미켈란젤로는 물론 그의 고견을 물었다. 금은세공사는 자신의 감동을

290

어떻게 표현할 줄 모르기도 했거니와 표현하고 싶지도 않았기에 주물과 재료가 아주 훌륭하다고 대답했다.

이런 완곡하지만, 사실 공격적인 답을 들은 부오나로티는 프란차가 이런 형태를 빚어낸 예술보다 청동이라는 재료에 찬사를 보내고 싶어했다는 점을 알고서 이렇게 응대했다.

"이 재료가 훌륭하다면, 당신이 물감을 대주는 안료상에게 감사하듯이, 그것을 대준 교황님께 감사드려야겠지요."

이런 기지 넘치는 즉답이 프란차의 마음에 들 리 없었으리라. 특히 친구와 추종자들이 와 있는 자리에서 그랬으니, 그는 다시 한 번 미켈란젤로를 자극하는 꽤 거친 말을 쏟아냈다.

"난감하구먼, 자네와 코사는 예술에 관한 한 길마 얹은 당나귀일세."

이 만남이 어떻게 마무리되었는지 알 수는 없다. 그러나 프란차가 문을 박차고 나서고 수행자들이 그 뒤를 따랐으리라.

이 격렬한 언쟁을 이해하자면, 미켈란젤로가 인간적으로나 예술가로서나 프란차를 전혀 존중하지 않았다고 생각해야 한다. 프란차로 불리는 프란체스코 라이볼리니는 오랜 세월 볼로냐의 군주 벤티볼리의 총애를 받은 화가이자 공예가였다. 이 군주는 그를 후대하고 명예를 주고 보호했다. 1506년, 율리우스 2세가 무장군대를 이끌고 벤티볼리의 영지를 빼앗았을 때, 프란차는 북쪽으로 내빼지 않고서,—미켈란젤로를 분하게 했을 뿐이다—교황의 공예가로 임명받았다. 그리고 바로 그때 1507년에, 찬탈자 교황의 화폐 주조를 준비하고 있었다. 한편, 풍부하게 고전미술을 익혔던 미켈란젤로는 프란차의 그림을 인정할 수 없었다. 그는 북부 이탈리아 화파의 1400년대 풍의 낡은 모델을 긁적거리고 있었기 때문이다. 물론 그는 조각 습작도 남겼고 루브르에 소장된 피에타 부조 한 점도 그의 것으로 간주된다. 그러나 부오나로티는 조각가로서 그를 화가로서보다도 더 형편없이 평가했다.

콘디비는 이렇게 전한다. 프란차의 잘생긴 어린 아들이 그를 찾아왔을 때—1491년생 카밀로일 듯하다[그의 또 다른 두 아들도 화가였다. 자코모와 줄리오]—미켈란젤로는 그를 보고 "애야, 네 아버지는 그림 그릴 때보다 더 훌륭하고 잘생긴 인물을 만들었구나!" 하고 외쳤다고 한다. 프란차는 라파엘로의 열렬한 숭배자였다는 점을 덧붙이자. 그는 훗날 다음과 같이 끝나는 소네트를 써서 바치기도 했다.

오직 그대만이 화가들 중의 화가로다.

그런데 이런 찬사는—1507년에 나왔다—브라만테의 보호를 받던 그 젊은이에게 상당히 미지근한 감정을 품고 있던 부오나로티를 불쾌하게 했다. 라파엘로에 대한 프란차의 감탄은 그의 죽음을 불러왔을 정도로 격심했다. 왜냐하면 그는 라파엘로의 「산타 체칠리아」가 볼로냐에 도착했을 때(1516년), 너무나 감동하고 당황했던 나머지 얼마 뒤, 낙심한 끝에, 더구나 제자들의 버림을 받고서는 사망했기 때문이다.* 프란차가

---

* 프란차는 1506년에 볼로냐, 산타 체칠리아 성당에 성 체칠리아의 결혼과 장례식을 주제로 한 벽화를 그렸고 이는 그 자신 생전의 가장 높은 영예를 얻었던 걸작으로 통했다.

욕설을 하면서 미켈란젤로와 코사를 함께 싸잡아 비난했는데, 코사는 1498년에 사망했는데도, 마치 그가 당시 살아 있는 화가라는 듯이 거론되었던 방식은 놀랍다. 이것은 바사리의 실수일 듯하다. 아니면 코스타로 보아야 할지 모른다. 즉 로렌초 코스타 데 페라라는 볼로냐에서 많은 그림을 그렸는데, 미켈란젤로가 처음 볼로냐를 찾았을 때인 1494년부터 1495년간은 물론이고, 그가 만토바 궁정에 불려간 것은 1506년의 일로 그곳에서 1536년까지 살았다. 물론 그의 작품은 환경도 교육적 배경도 다른 이 피렌체 사람이 보기에는 아주 우스꽝스러웠을 것이다.

이 불운한 프란차처럼 미켈란젤로도 상당히 저속한 분통을 터뜨리는 일이 드물지 않았다. 하지만, 다른 미술가들처럼 선망이나 질투 때문은 아니다. 그는 종종 죽거나 살았거나 미술가들을 칭송했지만, 그의 천성은 감탄할 때이든 분개할 때이든 위대한 인간과 비슷하게 극단적인 면이 있었다. 그는 "어중간한" 사람이 아니라 문자 앞에서 "자유로운" 사람이었다. 여러 민족의 현자들이 말하듯이, 사랑이 많은 사람은 매섭기도 한 법이다. 그에게는 확고하고 거의 절대적인 미에 대한 관념이 있었고, 그것에 무지하거나 배반하는 사람에게 무자비했을 수 있다. 프란차는 그렇게 자처했듯이 그 무렵에 볼로냐에서 거의 고대 그리스의 전설적 화가 아펠레스가 환생한 듯이 대접을 받았다. 하지만, 미켈란젤로는 바로 그때에 그에게 새로운 회화에 대한 진정한 관념이 없다고 판단했고, 옛날의 한물간 수법을 대변하고 있다고 생각했다. 그런 만큼, 그가 주물과 재료의 아름다움을 지적하면서 어쭙잖은 말투로 그를 공격했다고 생각했을 때, 그는 당연히 분노했고 그의 얼굴에 경멸의 침을 뱉지 않을 수 없었다.

59
새로운 거인

1508년 2월 말, 미켈란젤로는 피렌체로 돌아왔다. 그곳에서 번번이 부탁했던 도움을 받아주었던 데 고마워하며 기다리던 가족이 그를 기쁘게 맞이했다. 1506년 1월 27일, 이미 그는 땅을 사들였었고 이제는 동생들 특히 부오나로토와 지오난 시모네를 돌볼 차례였다.

1508년 3월 13일, 아버지 루도비코는 고향에 오래 머물렀다고 생각하던 미켈란젤로를 놓아주기로 했다. 같은 달 18일, 그는 10플로린으로 1년간 집 한 채를 세냈기 때문이다. 이 집은 미켈란젤로가 그곳을 위해 열두 사도 상을 조각했던 산타 마리아 델 피오레 대성당 재무위원회의 주문으로 몇 해 전 크로나카가 지었던 건물이다.

소데리니는 부오나로티의 귀환 소식을 크게 반겼다. 그에게 다시 큰 일감을 맡길 생각이었다. 그 일감은 시뇨리아 광장에 다윗 상과 나란히 놓일 「카쿠스를 죽이는 헤라클레스」였다. 다시 말해서 한 번 더 거인을 만들고, 해방자의 이미지를 재현하게 되는 것이다. 다윗은 자기 민족을 펠리시테의 독재에서 구해냈다. 고대의 구원 영웅 헤라클레스는 산적

카쿠스의 폭압으로부터 이탈리아를 해방시켰다. 미켈란젤로는 이미 앳된 청년 시절에 실물보다 훨씬 큰 헤라클레스를 구상했었다. 이제 소데리니는 다윗 상의 맞은편에 놓을 수 있을 만큼 엄청나게 거대한 것을 요구했고 조각가는 거절하지 않았던 듯하다.

산 페트로니오의 정면에 청동 거인상을 올리고 나서, 새로운 대리석 거인상을 만든다는 생각은 그에게 전혀 나쁘지 않았다. 강인한 일꾼다운 그의 생각은 약자와 박해받는 자를 구하고자 온 힘을 기울였던 사람의 이미지를 환기하기에 적합했다. 그는 헤라클레스를 배임하는 거인들의 거칠고 강건한 경쟁자가 아니라, 사악하고 흉측한 자의 적이자, 억압받는 사람의 옹호자라고 생각했다.

그는 일찍이 청년기에 켄타우로스에 둘러싸인 그를 그린 적이 있었다. 폴리치아노는 데이아네이라의 이 불운한 서방의 모든 일을 이야기해주었다. 카사 부오나로티°에서 우리는 지금도 카쿠스를 때려눕히는 헤라클레스의 테라코타 습작을 볼 수 있다. 볼로냐에서 돌아와 소데리니에게 보여주려고 만들었던 것일 수 있다. 41센티미터 크기에 불과한, 소박한 규모이지만 이미 거대한 작품을 보장하는 듯하다. 헤라클레스라는 강건한 인물은 다윗 상처럼 부동자세로 버티고 선 모습은 아니다. 땅바닥에 때려눕힌 산적의 사죄를 받으려고 몸을 한쪽으로 기울이고 있다. 카사 부오나로티에 이와 비슷한 틀의 또 다른 습작이 있다. 삼손

° 부오나로티의 집. 그의 기념관으로 현재 피렌체 시내에 있으며, 그가 구입했지만 거주한 적은 없다.

이 펠리시테 사람을 거꾸러뜨리는 모습이다. 미켈란젤로는 다윗과 골리앗 청동상, 헤라클레스, 삼손 등 꿋꿋한 승리자라는 주제에 사로잡혀 있었다. 삼손은 율리우스 2세의 영묘에 쓸 것으로 무릎으로 늙은이를 제압한 청년이다. 만약 우리가 미켈란젤로의 습작이나 완성작을 상상해보지 않는다면 그의 정신을 이해하기 어렵지 않을까. 그는 자신을 물질과 이 세상 거물들의 노예로 느끼고 있었다. 그의 복수심은 불패의 힘을 지닌 영웅을 구상하고 재현하는 데에서 잘 드러난다. 조국애와 정의의 이름으로 거만하고 사악한 자를 분쇄하려 했다. 그래서 당연히 오랜 친구이자 후견인이요, 피렌체를 통치하는 사람의 제안을 즐겁게 받아들였다.

이 작품을 보고 안심했던 소데리니는 1508년 5월 10일—바로 미켈란젤로가 시스티나 궁륭을 채색하기 시작하던 날이다—로마에서 돌아오는 대로 미켈란젤로가 즉시 그리로 가지러 갈 것이라고 카라라 후작 알베리가 말라스피나에게 편지를 써서 대리석을 확보해달라고 부탁했다. 소데리니는 교황이 미켈란젤로에게 식스투스 4세의 예배당 궁륭 장식화를 맡기려 했지만 그가 교황의 일을 팽개쳤던 사건을 잘 알고 있었을 것이다. 아무튼 소데리니는 그가 한시바삐 고향으로 돌아와 자신이 좋아하는 조각에 헌신하기를 바랐다. 1508년 12월에 소데리니는 다시 로마로 서한을 보내 미켈란젤로를 돌려보내달라고 요청했으나, 율리우스 2세는 그 요청을 들은 척도 하지 않고 이 조각가에게 벽화를 그리라는 벌을 내렸다. 앞서 3월 말에 교황은 미켈란젤로에게 로마에 출두할 것을 명했었다. 하지만, 미켈란젤로는—상갈로의 조언을 따랐을지 모른다—선뜻 응하지 않았었다. 그는 볼로냐에서 보낸 힘겨운 속죄의 시간을 잊지 않았다. 그는 일을 잘 해결하고 나서야 집을 떠났다. 이전 그 어느 때보다 크고 또 다른 속죄를 해야 했지만, 적을 물리치고서 자신의 가장 영예로운 승리로 귀결될 길이었다.

60
시스티나

1508년 4월 또는 5월에 로마로 돌아온 미켈란젤로는 볼로냐의 걸작이라는 부당하게 부과된 속죄의 고행을 치르고 나서, 율리우스 2세가 다시 영묘에 관심을 두기를 바랐다. 이 예술가는 무엇보다도 조각가였다. 영묘에 대한 생각은 자신의 재능을 채우고 고양하는 데에 가장 적합했다. 그 노예와 승리자와 예언자 상을 다시 만들 수만 있다면 행복할 것이었다.

모든 열망을 사라지게 했다면 교황청 문을 차라리 열고 들어가지 않았을지 모른다. 1506년부터, 피에로 로셀리의 편지로 알고 있듯이, 교황은 시스티나 4세 기념 예배당의 궁륭을 부오나로티에게 그리도록 할 생각이었다. 붓보다는 끌을 좋아하는 이 작가의 마음에 개의치도 않았다. 한편 사태는 고약하게 돌아갔다. 두 해 전에, 대단한 경쟁자 브라만테는 교황께 미켈란젤로가 이런 시도를 절대 받아들이지 않으리라고 고한 적이 있었다. 그가 로마로 되돌아오지 않으려 하거나 오직 조각만 하려고 해서가 아니라, 프레스코 벽화에 능숙하지 못하기 때문이며, 이런 궁륭에 그리는 것은 그에게 지독하게 난처한 작업이 될 것이기 때문이라면서…. 그런데 이제 와서 브라만테는 정반대로 말하는 것이 아닌가. 이제 시스티나 벽화를 미켈란젤로에게 맡기도록 자신이 직접 교황을 부추겼다.

브라만테의 목적은 한결같았다. 교황과 그의 조각가 미켈란젤로를 떼어놓으려는 것이었다. 그가 도망쳐 멀리 떨어져 있을 때에 이 건축가는 그에게 새로운 주문을 하지 않도록 만류했다. 그러나 볼로냐에서 타협이 이루어졌고, 미켈란젤로는 산 페트로니오의 거대한 좌상이라는 새로운 성공을 거두었다. 교황은 그간의 일이야 어떻든, 미켈란젤로에게 끌리고 있었다. 반면에 미켈란젤로는 자신이 받은 모욕과 속죄의 고행에 분개하면서도, 율리우스 2세의 새로운 청에 무릎을 꿇었다. 이 피렌체 사람이 교황의 마음을 사로잡고 그의 총애를 이어가자면 또 다른 방법이 필요했다.

브라만테는 고심했다. 만약 저 조각가가 예배당 벽화를 계속 고사한다면, 교황은 화가 나서 다시는 그를 보려 하지 않을지 모른다고. 그런데 미켈란젤로가 그 일에 뛰어든다면, 그토록 중요한 데다 그의 조각가 기질에 전혀 맞지도 않는 이 작품에서 좋은 결과가 나오지 못하고야 말 것이라고 생각했다. 그렇다면, 어느 때인가 무능과 절망으로 그는 미숙한 수법으로 끝내지 않는 한 그것을 포기하게 될 것이고, 교황이 갖는 기대와 열망을 속이게 되고 유능한 심판관들의 불만을 살 것이다. 이 두 경우에, 부오나로티는 무시 받고 로마 궁정에서 멀어질 수밖에 없을 것이다. 브라만테는 그를 대신할 대타를 이미 준비해두고 있었다. 바로 우르비노의 라파엘로였다.

아무튼 다시금 이런 상황에서, 인간사에 항상 개입하는 하느님의 정의가 나타난다. 형제의 잘못을 획책하려고 부당하게 계획했던 자는 결국 그가 원치도 않았던 가늠하기 어려운 축복을 받게 해준다. 브라만테는 화가가 아니었던 미켈란젤로가 패배해서 웃음거리가 되길 바랐다. 그러나 성공하기는커녕 그의 질시는 저 예술가의 재능에 효모가 되었을 뿐, 그에게 새로운 승리를 안겨주었고, 그를 이미 위대한 조각가로 간주하던 마당에 아주 위대한 화가로서도 칭송받게 했다.

미켈란젤로가 시스티나를 그리고 있을 때 라파엘로는 교황의 서재를 그리고 있었다. 그러나 이 우르비노 청년은 화가로서도 미켈란젤로가 탁월하다는 점을 인정해야 했고 자신의 수법에서 그의 영향을 털어낼 수 없었다. 애당초, 기다려야 했던 동안 부오나로티는 벽화를 그리는 것이 자기의 예술이 아니라고 항변하고 거절하려 하면서 시큰둥했다. 그 뒤 상갈로의 격려나 아니면 다시금 율리우스 2세의 간청 때문이든지 간에, 그도 저도 아니라면 가장 가능성이 크겠지만, 자신이 망신을 당하길 바랐던 브라만테에게 그가 얼마나 잘못 짚었는지를 보여주려는 욕심에서 그것을 수락했을 듯하다. 저항은 오래가지 않았다. 미켈란젤로는 3월 말에 로마로 건너왔고 또 5월 10일에 수첩에 적어두었듯이 시스티나 작업에 돌입했기 때문이다. 교황의 천창天窓에 열두 사도를, 천장에는 아름다운 장식을 그려 넣도록 하려는 욕심을 보였다. 만약 미켈란젤로가 신속하게 대응했더라면 위험이 덜했을 이런 훨씬 단순하고 빨리 그릴 수 있는 초안을 받아들이고 말았을 것이다. 마지못해 받아들인 어려움에 대한 생각이 그를 이판사판의 심정으로 몰아가기라도 했다는 듯이 그는 교황에게 궁륭 전체를 그림으로 덮자고 설득했다. 그는 피렌체 대성당을 위한 대리석 사도상을 미완으로 남겨놓았듯이, 사도에 대한 생각을 버리고 숭고한 상상의 날개를 펼쳐, 더욱 유기적으로 심사숙고한 시각을 그려보았다. 그는 광채 속에 빛나는 하느님과 인간의 모든 역사를 그리스도 도래에 대한 전주곡으로 보았다. 즉 천지창조, 인간의 창조와 타락, 인간의 원죄와 처벌, 대속을 필요하고 가능하게 했던 모든 사건을. 그리고 이것으로도 부족해 그는 신성과 인간성의 싸움이 펼쳐지는 이 거대한 서사시의 한 곁에, 대속자의 모든 직계 선조를 재현하자고 제안했다. 그리스도의 직계 조상과 모든 예언자, 그의 강림降臨을 예고했던 모든 무당을….

이러한 구상은 수준이나 규모에서 장엄하지만, 끔찍했다. 예배당 궁륭은 가로세로가 13미터, 20미터에 달한다. 채광창과 팡당티프*까지 합한다면, 그 수백의 인물상으로 3백 제곱미터를 덮어야 한다. 자신의 적과 불가능에 도전하려는 의욕에 취한 미켈란젤로는 이 방대한 그림을, 콘디비의 말대로 이십 개월 만에 완성하고야 만다. 다시 말해서 축일과 기타 공휴일을 제외한다 하더라도, 거의 오백 일 동안 그렸다는 말이다. 그는 이 그림을 1508년 5월 10일에 시작했고, 1510년 9월에 그 첫 부분을 끝냈다. 1511년 8월 10일에는 첫 번째 개막식이 거행되었다. 그의 승리는 완벽했다. 브라만테와 라파엘로는 나가자빠졌다. 그때까지 누구도 뛰어넘지 못했던 것을 뛰어넘는 기적을 이루어낸 인간의 예술이었다.

* 원개구면체의 상반부를 올릴 수 있도록 하단의 정방형을 채우는 삼각형 부분.

301

61
피렌체 탐사

미켈란젤로는 어렸을 때, 산타 마리아 노벨라 성당에서 벽화를 그리는 기를란다요와 그 제자들을 보았다. 하지만, 청소년기에 단 한 번 직접 벽화를 그려보았을 터였다. 만약 「마르치알라의 피에타」가 그의 것이라면 말이다.• 이제 서른셋의 나이에 시스티나 궁륭 아래에서, 그는 이 분야의 초보자가 된 기분이었다. 더구나 이 예배당에서 이미 "콰트로첸토" 최고의 프레스코를 그렸던 화가들과 비교될 판이었으니까. 사실상 보티첼리, 페루지노, 핀투리키오, 기를란다요 등 최상급 선배 화가들이 시스티나의 벽면에 그려놓은 모세와 그리스도의 일대기로 감탄을 자아내고 있었다.

경험이 부족하고 유명한 선배들과 비교되고, 악의에 찬 적대자들이

• 가장 최근인 2005년의 성과로서 피렌체 마르치알라 성모 예배당의 오른쪽 익랑 상벽의 피에타는 미켈란젤로의 가장 이른 작품으로 확인되었다.

기다리는 마당에 미켈란젤로는 용기를 잃지 않았지만—그는 자신의 재능을 고취했던 개념이 승리를 보장할 것으로 느꼈다—이 분야에서 재능은 덜하지만, 경험이 더 많은 화가의 도움을 받아야겠다고 생각했다. 그는 이렇게 피렌체의 옛 친구와 새로운 친구들을 염두에 두고서 자기와 어울려 일할 수 있거나 벽화에 가장 능숙한 사람들을 로마로 오게 했다.

우선 친구인 화가 그라나치에게 연락을 취했다. 벽화를 맨 처음 그에게 가르쳐주었던 사람이다. 그에게 로마로 와서 자신을 도울 벽화가를 주선해달라고 부탁했다. 애걸할 필요는 없었다. 그리스도 대리인의 예배당에서 작업하면 돋보일 좋은 기회이고 미켈란젤로가 금화 20두카토를 선금으로 내놓았기 때문이다.

이렇게 해서 조토와 마사초의 도시에서 민첩한 화가 일곱 명이 달려왔다. 프란체스코 그라나치, 줄리아노 부지아르디니, 안다코 레네, 자코포 디 산드로, 아뇰로 디 돈니노, 바스티아노 다 상갈로(일명 아리스토틸레), 안토니오 미키가 그들이었다. 그라나치가 미켈란젤로에게 부친 편지를 보면, 라파엘리노 델 가브로가 자원봉사자로 가담했음을 알 수 있다.

이 피렌체에서 건너온 화가들 중 유명한 사람도 있었고 무명인 사람도 있었으나 모두가 젊은 벽화 전문가들이었다.

그라나치는 이미 우리가 아는 대로, 모든 점에서 젊은 부오나로티보다 뒤떨어졌어도 그에게 항상 충실했다.

줄리아노 부지아르디니는 미켈란젤로와 동갑내기로 1475년생이다. 그는 산 마르코의 정원에서 함께 지낸 동무였고 기를란다요의 화실에서도 함께 일했었다. 미켈란젤로는 그의 예술에 찬사를 보낸 적은 없었으나 보통 다른 열등한 화가들처럼, 시기심이 많고, 건방지거나 잘난척을 하지 않는, 단순하고 선량한 그를 좋아했기 때문에 항상 그를 원했다. 부지아르디니는 미켈란젤로의 초상화와 흉상을 각 한 점씩 남겼다. 그는 나중에 프란체스코 구치아르디니*의 초상을 그리는 영광을 누렸다.

별명이 인다코인 자코포는 라차로라는 빵집 주인의 아들로 미켈란젤로보다 한 살 어리고 또 그와 함께 기를란다요 화실에서 작업했었다. 그는 이전에도 한 번 로마에서 핀투리키오의 조수로 일한 적이 있었지만, 그림에 매달리기보다는 농담과 장난을 더 즐기는 편이었다. 미켈란젤로의 친구 세바스티아노 델 피옴보처럼 그는 더는 재미나는 일이 없어야 일하곤 했다. 그는 여러 해 동안 미켈란젤로와 절친했다. 바사리에 따르면, "이 위대한 미술가가 계속되는 연구와 작업에서 쉬고 싶어 할 때, 이 친구보다 더 나은 사람은 없었기 때문이다." 미켈란젤로는 그와 함께 자주 저녁 식사를 하며 수다를 즐겼다. 작업에 지쳐 지루했던 어느 날 미켈란젤로는 그에게 무화과를 사오라고 심부름을 시켰는데, 그는 돌아와서는 그것을 까지 않으려 했고, 그렇게 장난을 치고는 문지방에서 그것들을 뭉개놓고 달아나버렸다. 그들은 몇 달 뒤에야 화해했다. 그는 로마의 산타고스티노 성당과 아레초에 회화작품을 남겼다.

자코포 다 산드로에 대한 정보는 거의 없다. 아마 자코포 디 알레산

---

* 1483~1540. 피렌체 역사가·외교관. 귀중한 『회상록』 등을 남겼다.

드로 델 테데스코가 아닐까 싶다. 피렌체, 산 피에트로 가톨리니의 정문 장식화를 남긴 화가 말이다.

아폴로 디 돈니노는 코시모 로셀리의 제자이자 친구였다. 그는 피렌체에서 산 보니파스 병원에 벽화를 그렸는데 지금은 유실되었다. 또 베네데토 다 로베차노의 초상을 그렸다. 바사리는 "그는 본격적인 작품을 그리지 못하고 소묘만 그리며 어렵게 생활했다. 그는 결국 상상하기 어려울 정도로 가난하게 죽었다"라고 썼다.

로마로 건너온 화가들 가운데 가장 어리고 의욕에 넘치는 바스티아노 다 상갈로[1481~1551]는 줄리아노의 조카로 산티시마 안눈치아타*에서 페루지노의 조수로 일했고, 「카시나 전투」를 본 뒤로 미켈란젤로의 열렬한 제자가 되려고 옛 선생 곁을 떠났다. 그는 이 소묘를 아주 열심히 모사했고, 이 유명한 작품의 해부학적 비밀을 정확한 능변으로 언급했기 때문에 아리스토틸레[아리스토텔레스]라는 별명을 얻었다. 그가 얼마나 "부름을 받고 싶은 욕망"으로 비둘기처럼 로마를 쏘다녔는지 상상할 수 있다. 그러나 이렇게 뛰어다니며 소집했는데도 피렌체 친구들이 바라던 결과에 이르지는 못했다. 얼마 뒤에, 한심한 화가들은 사과의 말 한마디도 없이 고향으로 가버리기도 했기 때문이다. 바사리의 이야기를 들어보자.

"미켈란젤로는 그들에게 습작부터 해보도록 했다. 그러나 그가 원했

• 1250년 세르비타 교단에서 설립, 1444~1481년 미켈로초에 의해 재건.

던 것과는 상당히 거리가 멀었으므로, 어느 날 아침 그는 그 습작을 모두 땅바닥에 내팽개쳐버렸다. 그리고 예배당에 처박힌 채 문도 열어주지 않았고 집으로 찾아와도 만나주지 않았다. 그래서 이들은 자신들이 피해자인 만큼 돌아갈 여비를 달라고 청했지만 너무 시간을 끌게 되자, 모두 불쾌해하면서 피렌체로 되돌아갔다."

오직 그라나치만 한동안 더 남아 일했다. 안토니오 미키는 거장이 나중에 콘디비에게 밝혔듯이, 천한 일이라고 생각해서 아무도 하려 들지 않았던 물감 개는 일을 하면서 훨씬 오래 남아 있었다.

만약 바사리의 말이 진실이라면—그가 쫓겨났던 불운한 사람에게서 정보를 얻었을 개연성은 충분하다—미켈란젤로가 이 정직한 화가들에게 이런 처신을 했던 것은 그의 타고난 싹싹함보다 항상 우세했던 냉정한 자부심에 고취되었기 때문이었을 것이다. 다른 사람이 아니라 바로 그 자신이 그들을 로마로 초대하고 불러들이지 않았던가. 그는 그들 모두를 잘 알고 있었고 예전부터 그들의 수준도 알고 있었다. 그들은 그의 친구였던 데다가 그라나치와 부지아르디니는 아주 오래된 동료였다. 아리스토틸레 같은 친구들은 그의 작품에 열광했었다. 그들은 그렇게 거친 대접을 받을 정도는 아니었다. 만약 그들이 자신들의 수준을 알고 있었다면, 미켈란젤로가 그들을 불러들인 것이 잘못이었다. 또 그들이 오직 시스티나에서만 자신들의 무능을 알아차렸다면, 그들을 마치 도둑이나 적이라도 된다는 듯이 한마디 설명도 없이 쫓아버렸다는 것은 그의 실수가 될 것이다.

그 첫 번째 실수는 닭들이—백조라 하더라도—독수리를 따라 함께

날 수 있으리라고 생각했던 점이다.〔뱁새가 황새 쫓다가 가랑이 찢어진다.〕그러나 이 가엾은 화가들에게 잘못의 책임은 없다. 자신들에게 금전과 명예를 가져다줄지 모를 이 중요한 사업에서 이 까다로운 거장을 만족하게 하려고 분명 전력을 다했다.

다른 한편 부오나로티의 냉랭한 해법도 이해할 만하다. 그토록 일관된 그의 개념은 너무 고상하고, 그의 스타일은 너무 다르고 새로우며, 그의 이상은 그 자신으로서도 도달하기 어려운 것이기에, 그는 몇 주 뒤에 하느님에게만 협조를 구할 수밖에 없는 이 작업에서 다른 사람의 협력을 바랐던 것이 잘못이었음을 깨달았다. 불과 며칠 만에 그는 프레스코 기법과 비결을 익히기에 충분했다. 그들이 얼마 그리지도 않았을 때 그는 이렇게 이 프레스코 화가들이 그들의 의욕이야 어떻든, 위로가 되기보다 거북해질 수 있을 것으로 생각했다. 자부심이 강한 사람일수록 수줍어하듯이, 그는 자신이 불러들인 이 협력자들이 보는 앞에서 그들이 더는 필요 없게 되었다고 솔직하게 말할 용기가 없었다.

그가 뭐라고 해야 할까? 어떤 동정 어린 사과의 말도 거짓말로 들릴 것이다. 진실은 위장되지 않은 공격이 될 것이다. 그는 침묵을 택했다. 그로서는 가장 쉬운 해결이지만 다른 사람들로서는 가장 잔인한 선택이다. 미켈란젤로의 당혹한 기분을 알 수 있다. 그가 옛 동료에게, 이제부터 자신과 저들의 열정이 어울릴 수는 없다고 말할 수 있을까?

미켈란젤로는 자신의 잘못을 인정하지도, 위대성을 늘어놓기도 원하지 않았다. 그는 피렌체 친구들이 착수한 인물들을 지워버리고서 문을 닫아걸고 시스티나에 혼자 처박혔다. 거물 죄수처럼 혼자 감금된 채, 오직 하느님과 자신의 세계와 자신이 그려야 할 작품과 함께 있었다.

어쨌든, 물감을 개거나 사소한 부분의 채색 등 더욱 부차적인 작업에는 도움을 받았다. 조반니 다 레지오와 특히 같은 레지오 출신 베르나르디노 차케티 등이 있었다. 1510년 9월 28일, 미키가 미켈란젤로에게 보낸 편지에서 이런 구절을 읽을 수 있다.

"조반니와 베르나르디노는 계속 작업하고 있습니다. 이 점에 관한 한 그들은 당신을 존경하고 사랑하며, 자신들을 당신께 바치고 있습니다."

베르나르디노 차케티로 불리는 조반니 트리뇰리 다 레지오는 미켈란젤로가 1520년에 알레산드로 카노사 백작에게 추천했다. 그러나 1520년 로마로 돌아와 있었다. 세바스티아노 델 피옴보는 자신의 편지에서 그를 여러 번 거론하고 있다. 다 레지오는 그즈음 로마에서 일을 부탁했던 미켈란젤로와 친밀했다. 그는 1522년 로마에서 사망한 듯하다.

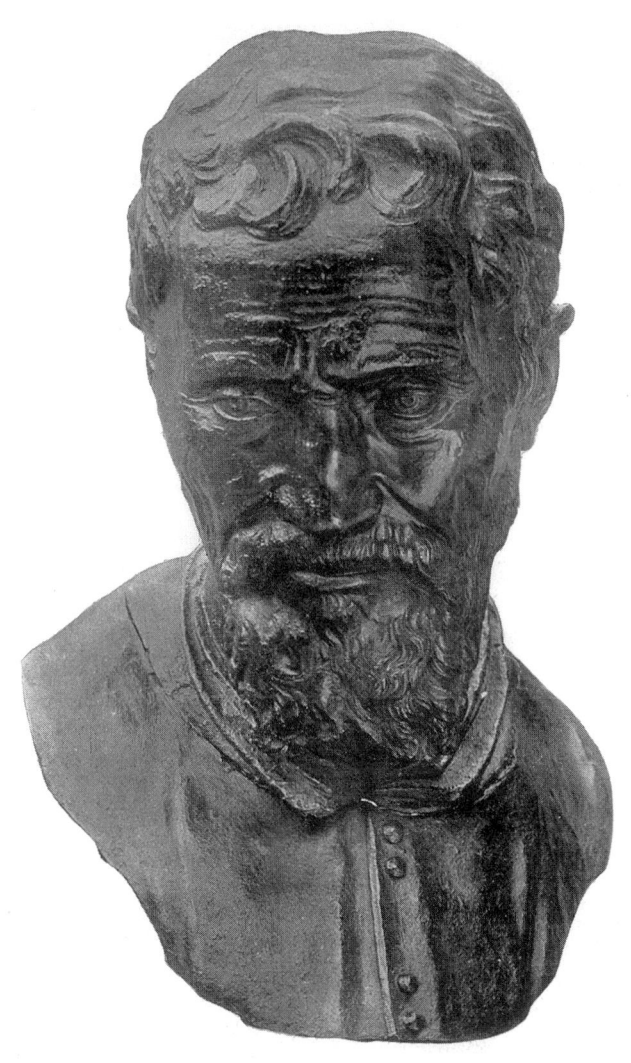

「미켈란젤로 흉상」, 앙드레 소장, 파리
이 흉상은 1875년에 수수께끼처럼 프랑스 미술품 수집가 뵈르들레가 발굴했다.
다니엘레 작품의 이본이다. 이 흉상은 조반니 볼로냐가 미켈란젤로 기념관에 있는
다니엘레의 작품을 개작하던 중에 시도했던 습작일 가능성이 크다. 혹은 훨씬 뒤에 다니엘레와
조반니 외 흉상들을 모작했을 수도 있다.

제4부

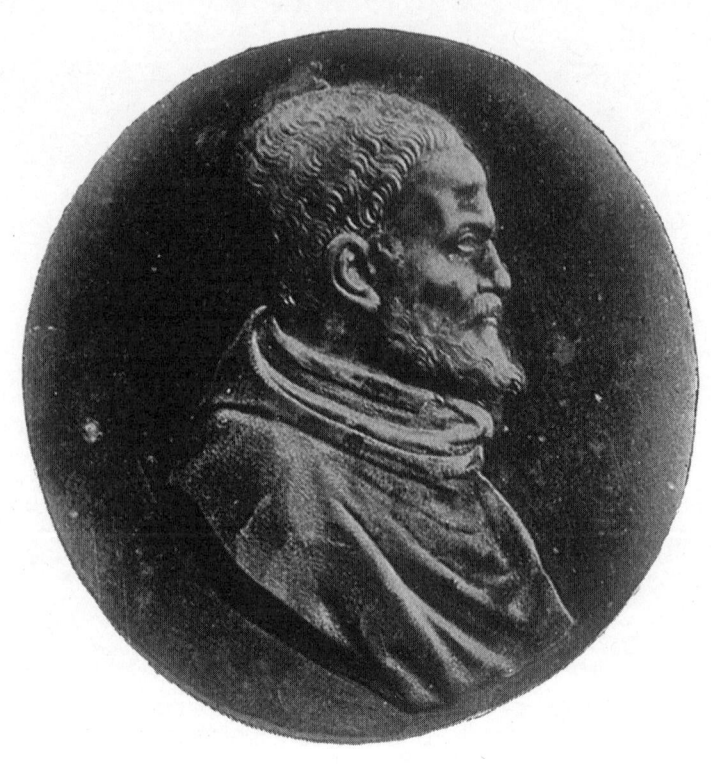

「미켈란젤로 부조」, 시몬 소장, 베를린
레오네 레오니의 메달을 거칠게 복제한 것이다. 시몬 컬렉션에서는 이 메달을
뵈르들레-코티에 소장의 흉상과 혼동했다.

62
라파엘로

영묘에 대한 생각을 당분간 접어둔 채 미켈란젤로는 자신의 창조력을 뛰어넘는 가장 위대한 증거가 궁륭의 벽화라고 느꼈다. 그를 혼자 남게 했던 것은 수치심과 공명심이라는 이중의 감정이었다. 이런 시도는 그를 이해하지도 못하고 비난했던 자들이 파놓은 함정이었다. 하지만, 이 함정을 디딤돌로 삼을 것이다. 절정에 오른 르네상스가 그 아들에게 마련해줄 수 있던 가장 위대하고 힘겨운 회화를 화가가 아닌 바로 그에게 맡겼다. 이 임무에서 실패했다면 그는 잊혔을 것이다. 교황의 분노, 브라만테의 환호와 라파엘로의 승리, 경쟁자들과 쫓겨난 친구들의 조롱이 바로 이 작업의 초기에 부오나로티의 예민한 상상을 뒤흔든 이미지였다. 그는 이 도전을 받아들였고 숭고한 복수에 대한 욕망이 이 천재를 부추겼다. 그의 앞에는 완성해야 할 거대한 작품이 기다리고 있었고 그는 자신이 모든 사람들에게, 심지어 하느님에게도 대항할 수 있는 진정한 거인이었음을 세상에 보여주게 된다.

여기에서 다시 한 번 그는 자신과 비견할 만한 위대한 화가와 경쟁해야 했다. 시스티나 바로 옆에, 적수가 후견하는 라파엘로 우르비노가 1508년 말부터 「서재」•의 벽화를 그리기 시작했다. 미켈란젤로가 호적수와 겨루어야 했던 것은 이번이 처음은 아니었다. 피렌체에서 그는 구세대의 가장 거물화가 곁에 있었다. 이제 로마에서 그는 신세대의 가장 위대한 화가와 겨루고 있다는 것을 알았다. 레오나르도는 그보다 스물세 살 위였고, 이미 마술적 후광에 둘러싸여 있었다. 반면에 그보다 여덟 살 아래였던 라파엘로는 젊은 나이였지만 순수한 열망과 행운으로 빛났다. 미켈란젤로는 이 두 사람 모두를 좋아하지 않았고 좋아할 수도 없었다. 그는 자신이 이들과 너무나 다르다고 느꼈다. 즉 두 여자 앞에 서 있는 금욕적인 사내였다. 그의 거칠고 신랄하며, 영웅적이고 엄격한 예술은 레오나르도와 라파엘로의 작품을 찬란하게 만들었던 미묘하고 부드러우며 세련된 것과 너무나 거리가 멀었다. 예술가로서 그는 이 경쟁자들에게 고유한 우아와 신비, 그윽함과 행복, 안락을 인정하지 않을 수 없었다. 그러나 그는 웅장하고 거친 기질 때문에 적대적이고 거의 부당할 정도의 태도를 보였다. 그는 궁정 사람을 연상하는 우아하고 화려하게 차려입은 이 신사들 앞에 나타난, 돌과 바위를 쥔 거대한 산사람이었다. 그들은 한번쯤 대화를 나눈 적이 있다. 라마초는 이렇게 전한다.

• 라파엘로의 벽화가 있는 방이라는 뜻에서 '스탄차', 또는 교황의 '서명실' 등으로 알려진 이 방은 교황의 개인 서재였다.

"어느 날 라파엘로가 제자들과 함께 있던 자리에 미켈란젤로가 지나가면서 이렇게 말했다. '관리 나리들에 둘러싸여 어딜 가시나?' 그러자 라파엘로는 이렇게 응수했다. '그러는 당신은 망나니처럼 늘 혼자이시군요.'"

이렇게 "야만스런" 부오나로티는 농담을 즐겼지만, "사랑스런" 라파엘로는 그를 공격하려 했다. 미켈란젤로는 이미 몇 해 전에 라파엘로를 만났을지 모른다. 왜냐하면 1504년 말부터 1508년 초까지 그는 몇 번 그곳을 떠나기도 했지만, 피렌체에서 살았기 때문이다. 이 젊은 우르비노 화가는 소묘 「카시나 전투」를 보았고, 미켈란젤로는 1542년 편지에서 라파엘로에 대해 "그가 예술을 아는 것은 내게서 얻은 것이었지"라고 할 정도로 자신감에 차 있었기 때문이다.

재능이나 기질이 그토록 다른 이 두 예술가의 상반된 관계는 문제를 제기한다. 미켈란젤로는 라파엘로에게 약간 반감을 품었고 그를 자신의 제자나 거의 추종자 정도로 생각할 만큼 자부심이 강했다. 이 피렌체 사람에게 드러내지는 않았지만 깊이 감탄하던 라파엘로는 어쨌든, 그를 능가하고 싶은 선망과 욕망에 시달렸다.

콘디비에 따르면, "라파엘로는 미켈란젤로와 겨루려고 했으면서도, 여러 차례 그가 자기와 같은 시대 사람이라는 데에 하느님께 감사했다. 그는 자기 아버지의 특별하며—자신의 수법이기도 했던—스승 페루지노의 수법과도 다른 수법을 그에게서 배웠기 때문이다."

전기작가 레디그 데 캄포스는 1511년에서 1512년에 라파엘로가 그린 「아테네 학파」에 등장하는 생각에 잠긴 긴 수염의 인물을 우울한 헤라클레이토스라고도 하는 사람도 있지만, 이 인물을 부오나로티의 이상적 이미지라는 점을 입증하려 했다. 회화적 스타일에서도 다른 등장인물들과 거리가 먼 이 초상은 미켈란젤로에 대한 라파엘로의 찬미를 증언한 것일 수 있다.

콘디비에 따르면, 미켈란젤로는 "라파엘로를 포함해서 모든 사람을 보편적으로 칭송했지만⋯. 내가 듣기로는 오직 라파엘로만이 예술의 재능을 타고난 것이 아니라 오랜 습작을 통해서 거기에 이르렀다고 했다." 또 그의 작품도 여기 포함될 것이다. 이런 후한 평가는 1552년경에 내려졌다. 그보다 사십 년 전에, 저 유명한 서재의 작가에 대한 감정은 그토록 달랐을 텐데 말이다. 시스티나 벽화가 그 원인이기도 했다. 그 예배당 열쇠를 갖고 있던 브라만테가 아끼는 후배 라파엘로를 은밀히 끌어들여 미켈란젤로가 그려낸 인물들을 보게 하고, 그렇게 거기에서 그의 예술적 발전에 유익한 가르침을 얻었다고 하는 사람도 있다. 그러나 1511년 8월 여느 때와 마찬가지로 참지 못하고 궁륭 벽화의 절반쯤 진행된 상태를 보려고 미켈란젤로가 일하고 있던 비계를 치우도록 했다. 여기에서 심각한 문제가 벌어지고 말았다. 라파엘로가 감히 부오나로티 대신 그 나머지 작업을 하겠다며 나섰던 것이다. 콘디비는 이렇게 썼다.

"그 작업에서, 라파엘로는 새롭고 눈부신 수법을 보았다. 그는 모방하는 미술에 뛰어났던 만큼, 브라만테를 끌어들여 나머지를 그리려고 했다. 미켈란젤로는 격분했고, 교황 앞에서 브라만테가 자기를 모욕했다고 불평했다. 또 브라만테가 보는 앞에서 율리우스 2세에게 그 건축가가 자신에게 했던 모든 악행과 그 수많은 과실을 폭로했다. 이는 물론 이 거물 조각가와 건축가 사이의 마지막 충돌이었지만, 이 번에는 피렌체 조각가가 판정승을 거두었다. 왜냐하면 교황은 '그 못된 짓거리'에 대한 이야기를 듣고서, 미켈란젤로에게 계속 일을 하도록 했고 그를 이전보다 더 총애하게 되었다."

이렇게 라파엘로는 시스티나에서 미켈란젤로의 자리를 차지하지 못했다. 만약 그가 나중에 그렇게 했듯이 그것을 모방했다면, 산타 마리아 델라 파체 성당에 예언자와 무당이 그런 것일 터이다.

이 두 '적대적 형제'는 교황궁에서 동시에 작업을 계속했다. 그러면서도 각자의 마음속 깊이 적을 능가하려고 다짐하고 있었다. 시스티나의 궁륭이 미켈란젤로의 회화적 걸작이라면, 서재의 프레스코는 라파엘로의 걸작이다. 그들의 영감과 솜씨에서 각각 양극단에 자리 잡은 작품이자, 감탄할 만하고 찬사를 받았다.

더욱 인간적이며, 때로 지나치게 인간적이고, 때로는 초인간적인 라파엘로의 작품은 「아테네 학파」에서 특히 그러했다. 그러나 미켈란젤로의 작품은 때로 반인간적일 정도로 신성하기도 하다. 이 끈덕진 경쟁을 발판으로 그들은 높이 비상했다.

미켈란젤로는 이 거대한 예배당 높은 곳의 비계 위에 올라, 누드와 예언자와 무당의 맞은편에는 두 번째로 최초의 인간 남녀를 창조했고, 처벌과 구원의 약속을 펼쳐 보였다. 이 초인적인 인물의 윤곽을 붓으로 그리는 데 진땀을 빼면서도, 그는 바로 옆방에서 인간과 하느님의 영광이었던 청명하고 균형 잡힌 인간상을 그려나가던 자신의 모방자이자

적수인, 이 마르케 지방 출신의 창백한 청년을 비웃거나 그에게 분통을
터트렸을지 모른다. 경쟁 속에 작업하면서 이 두 창조자는 세상을 둘로
나누었을 듯하다. 더 어린 청년은 우아한 여신들에게 바치기 위한 세상
을, 더 성숙한 청년은 하느님에게 바치기 위한 더 고통스러운 봉헌물인
대홍수와 십자가의 수난의 세상을….

63
궁륭의 비극

브라만테의 악감정도 라파엘로의 경쟁도 시스티나 작업을 하는 미켈란젤로에게 가장 심한 쓰라림은 아니었다.

1508년부터 1512년까지 일했던 4년 동안은 그에게 길고도 끝없는 고문이었다. 거대한 시도의 어려움과 정신적 육체적 고통, 돈이 떨어졌다고 그에게 멀리에서도 손을 벌리는 가족에 대한 짜증과 작품의 완성을 재촉하는 교황의 성화는 그와 동시에 기적적인 걸작을 그려나가던 부오나로티로서는 사람들과 자신에게 끊임없이 상처받는 진정한 순교 행위였다.

무엇보다도 넓은 면적을 그려나가야 하는 데에 육체적인 제약으로 몸은 거의 오그라들 지경이었다. 수직면을 그리는 것이 아니라 머리 위로 펼쳐진 수평면을 그려야 했기 때문이다. '진짜 피스토이아 사람' 조반니에게 이 무렵에 보낸 고통스럽게 냉소적인 시편에서, 미켈란젤로는 적응하기 어렵고 부자연스러운 노동으로 일그러진 상태를 이렇게 묘사했다. 화가이자 시인으로서 그는 이 흥분되고 짓궂은 기분을 멋대

로 펼친다는 점에서 다채로운 시인 베르니의 수법을 보여준다고 할 수
도 있겠지만, 본질적으로 그는 가능한 한 사실과 진실을 이야기한다.

고통으로 목이 부었네.
롬바르디아 고양이들이 비에 젖어 붓듯이
(…)
배는 내 턱까지 차오르네.
수염은 하늘까지 치솟고
머리는 등에 붙었네.
가슴은 하르푸이아* 같네.
붓은 얼굴을 한 방울씩 적시면서
얼룩덜룩한 타일을 까네.
허리는 몸속으로 들어와버렸네.
등은 뒤집히고
발을 보지 않고서는 걸을 수도 없네.
살갗은 앞으로 펴졌다
뒤로 오그라지네.
나는 시리아 홍예처럼 휘어버렸네.

이 사실적이며 공상적인 자화상을 그는 탄식과 호소로 마무리 지었다.

• 발톱이 날카로운 새의 몸통과 여자의 얼굴을 가진 괴물.

그러니 조반니,

내 죽은 작품과 명예를 옹호해주게.

내게 편안한 자리도 없고, 나는 화가도 아니니까.•

이 '죽은 그림'이란 바로 더도 덜도 아닌, 지금도 여전히 시스티나의 거대한 천장을 바라보는 사람을 경악하게 하는 신과 인간의 대서사시일 뿐이다. 그는 화가가 아니면서도 회화에서 고대와 당대의 모든 경쟁자를 뛰어넘었다.

어쨌든, 그의 대변인 콘디비는 조반니 다 피스토이아에게 건넨 이 단시에서 농담을 즐기면서도 진실을 이야기했다고 우리에게 주장한다.

"이 작품을 끝냈을 때, 미켈란젤로는 그렇게 오랫동안 궁륭을 올려다보면서 그렸기 때문에 아래에 내려와서 제대로 보지를 못했다. 그래서 그는 편지나 작은 글을 읽을 때에는 머리 위로 높이 치켜들고 멀리 팔을 뻗쳐야만 했다.〔심한 원시안이 되었음을 알 수 있다〕."

이렇게 이 벽화 또한 그에게는 처벌이었다. 그는 일생 진정으로 하고 싶었던 것을 할 수 있었던 적은 드문 편이었다. 1509년 말에 그는 아버지에게 편지를 부쳐 자기의 예술도 아닌 것에 몰두하느라 시간을 빼앗겼으며, 유일한 소망은 하느님의 도움을 바라는 깃뿐이라고 했다. 누구

• 불어판은 로맹 롤랑의 번역이다.

나 알듯이, 이런 열망은 헛되지 않았다. 대리석과 끌에 통달한 이 사람에게 붓으로 넓은 색면을 채워나가야 하는 이 작업은 거의 수치스러운 것이었으리라. 그는 육체적으로나 정신적으로나 전혀 기분이 좋지 않았다. 또 하느님께 불만을 끊임없이 토로했다. 그는 아버지에게 이렇게 말했다.

"이곳은 불만스럽습니다. 건강은 좋지 않고 아주 피곤합니다. 도움도 돈도 부족합니다. 하느님이 절 도와주기만 바라고 있습니다."

나중에 부오나로토에게는 이렇게 썼다.

"그 누구도 겪지 못했을 어려움을 겪고 있어. 더럽고 아주 피곤해. 어쨌든, 바람직한 목표에 이르려고 참고 있지."

1511년처럼 때로는 여비가 없어 전쟁 때문에 로마에서 멀리 떨어져 볼로냐에 출타 중이던 교황을 찾아가야 했을 때 그에게 돈을 받아야 했다. 아마 미란돌라 요새까지 갔었을 듯하다. 1512년에 부오나로토에게 이렇게 썼을 정도였다.

"돈이 없어, 신발도 옷도 없어. 내게 요긴한 물건을 살 수 없어서, 일을 끝마칠 수나 있을지 걱정이야. 너무 답답하고 피곤해."

가족은 그에게 짜증과 슬픔을 주었을 뿐이고 생계비 요구와 잔소리에, 불평과 탄식만 하게 했다. 분쟁이나 말썽으로 항상 곤경에 처했던 아버지는 그에게 구매를 요구해서 못살게 굴거나 나무라기도 했다. 부오나로토는 가게와 여자를 원했다. 들뜨고 극성스러운 잔 시모네는 정말이지 그에게 기생했고, 그래서 미켈란젤로는 가장 거칠고 험한 질책의 글을 쓰곤 했다.

그의 건방과 아버지를 무시하는 태도, 게으름과 나태를 호되게 꾸짖은 다음, 그는 "그렇게 말로도 안 된다면, 행동으로 보여주겠다"라고 덧붙였다. 그러나 이 편지에 서명하고 나서도 여전히 할 말을 다하지 못했다는 듯이 분통을 참지 못하고 이렇게 덧붙이고야 만다.

"두 줄을 더 쓰지 않고는 못 배기겠다. 열두 살 때부터 나는 거지처럼 이탈리아 전역을 떠돌아 다녔어. 모든 시련을 견디고 온갖 우울함에 시달리고, 힘에 부치는 일을 하느라 몸을 망쳐가면서, 목숨을 수없는 위험에 내던진 채, 오로지 가족을 도우려는 일념뿐이었지. 지금에야 겨우 집안을 조금 일으켜 세우기 시작했는데, 너는 오로지, 내가 그동안 갖은 어려움을 다해서 이룬 것을 단 한 시간 안에 다 뒤집어엎고 망치려고 하잖아. 그렇지만 그리스도의 몸으로서도 달라지지는 않겠지. 필요하다면, 너 같은 인간 만 명이라도 정신을 차리게 해줄 수 있어. 자 이제 조용히 굴고, 더는 다른 걱정이 산 같은 사람을 자극하지 말아라."

이는 마치 용암처럼 단김에 한꺼번에 흘러나온 문장이다. 문맥은 불확실하지만, 웅변은 열렬하고 당당해서 성 바울의 서간문이나 마키아벨리의 군주론 종장에 비할 만하다. 이는 부오나로티의 편지에서 보기 드문 부분이다. 거기에서 이 위대한 순교자는 격정적으로 생생하게 뒤집힌 자신의 속내를 표출한다. 아버지도 그를 이해하거나 가엾게 여길 줄 몰랐다. 미켈란젤로는 그에게도 편지를 써야 했다. 그에 대한 효성이 있었지만, 그의 글은 눈물과 불꽃으로 가득하다.

"주님의 가호로 안녕하시겠지요. 비굴하게 살면서 인생도 명예도 세상에도 무심하고 초연히 저처럼 지내시겠지요. 저는 수많은 걱정 속에서 엄청나게 피곤하게 지내고 있습니다. 단 한시도 편하게 지낸 적 없이 어느덧 15년이 지났습니다. 저를 인정하지도 믿지도 않으시겠지만 아버지를 도우려고 온 힘을 다했을 뿐입니다. 하느님이 저희를 용서하시기만 빕니다."

그가 세상이 알지도 못하는 회화의 가장 기적적인 걸작을 그리던 무렵에, 식구가 그에게 해주었던 위로란 바로 이런 것이었다. 온종일 그는 그 가파른 비계 위에 올라 등이 휘도록 일했다. 그 자신의 것도 아니었던 예술에 힘겹게 매달린 채로(화가가 아니라 조각가라는 뜻에서), 그 엄청난 일의 열병에 휩싸여서, 떨쳐버리기 어려운 생각과 물리칠 수 없는 꿈에 흔들리면서. 저녁에 귀가해도 그를 반기는 국거리도 잠자리도 없었다. 반기기는커녕, 피렌체에서 날아온 애원과 천부당만부당한 편지들만 그를 기다렸다. 또 하인들의 얼굴과 위안도 못되는 어두운 잠만이 그 초라한 처소에서 그를 더욱 고독하게 했다. 하지만, 그는 과거에 맺었던 숭고한 약속을 잊지 않았다. 그는 완전히 다르고, 신성한 의무에 자신을 바치겠다고 생각했다. 어느 날 그는 분연히 기운을 내서 부오나로토에게—다른 형제보다 훨씬 사랑했던—힘찬 다짐의 편지를 썼다.

"다른 누구보다 너를 더 사랑할 의무가 있지. 내게 필요한 일을 할 줄 몰랐어. 지금 나는 가장 심각한 걱정에 빠져 있다. 몸이 너무 피곤해. 친구도 없고 원치도 않아. 제대로 먹을 시간조차 없고. 심심할 틈조차 없으니 더 참기 어려울 수밖에."

이는 이기적인 주장으로 보인다. 그러나 이런 신성한 이기심에서 보편성과 미래를 위해 작업하는 예술가들의 권리가 나온다. 그들은 자신들의 삶을 지킬 의무가 있고 언젠가는 모든 사람에게 기쁨의 대상이 될 작업에 필요한 조용함을 지킬 의무가 있다. 비록 그들이 다른 누군가의 요구에 희생되어야 한다고 하더라도….

64
율리우스 2세의 지팡이질

시스티나에서 수난을 겪던 시절에 미켈란젤로의 고통스러운 고백은 바로 동생에게 보낸 편지에 나온 "친구도 없고 바라지도 않는다"라는 구절이다. 그의 애정 욕구나 잠재력을 생각해볼 때, 이 말은 가슴을 쥐어뜯는다. 그는 누구의 동반도 참을 수 없을 만큼 야만적인 상태가 되었거나 그가 실현하려는 생각에 충실하게 이 엄청난 일을 끌어가자면 고독이 불가피하다고 생각했던 듯하다. 하느님과 그의 천재 사이에서 모든 인간은 단지 훼방꾼이다.

그런데 미켈란젤로에게는 친구가 한 사람 있었다. 로마에서 만난 유일한 진정한 친구였으며, 너무나 막강하고 독재적이어서 그의 요구를 아무것도 거절할 수도 물리칠 수도 없었다. 바로 교황이었다. 1506년에 있었던 갈등과 볼로냐에서 당한 매정한 거절, 거대한 청동 좌상으로 갚은 속죄와 궁륭이라는 또 다른 처벌이 있었지만, 미켈란젤로는 율리우스 2세를 좋아했고 율리우스 2세도 미켈란젤로를 좋아했다.

그러나 교황의 정은 그 애무의 손길이 발톱으로 긁힌 상처를 남기는 사자의 정이었다. 말하자면 구박과 비슷한 정이었다. 율리우스 2세를 친구라고 할 수도 있었지만 어쨌든, 단호히 절대적인 주인이라고 느꼈다. 미켈란젤로는 결국 그의 고용인이었고, 그의 지시에 따라 일하는 거장이자 일을 주문하고 그 대가를 지급했던 사람의 뜻에 따라야 하는 친구였다.

이렇게 일하던 여러 해 동안 미켈란젤로가 시달리는 수많은 고통 가운데, 율리우스 2세의 성급함과 과격한 성격을 덧붙여야 한다. 우리가 보았다시피 그의 성질은 대단했고 어떤 지체나 장애도 참지 못했다. 그는 자신이 어떤 일을 꾸미고 지시하자마자 즉시 그 결과를 보려 했다. 그는 언행이 하나일 뿐인 인간이다. 게다가 그는 늙어가고 있었고 자신이 죽기 전에 장엄한 신성당과 궁전을 포함해서 마음에 품었던 것의 실현을 보고자 했다. 그는 수도사를 맞이하고 추기경단을 접견하는 사이에 틈이 나는 대로, 전쟁을 치르는 도중에서도 예술가들을 상기했고, 궁륭 벽화의 진행을 확인하러 시스티나 예배당에 들렀다. 미켈란젤로는 피렌체에서 온 조수들에게 했던 식으로 교황 바로 앞에서 문을 닫아 걸 수는 없었고, 그를 영접하고 의견을 경청해야 했다. 콘디비는 이렇게 이야기한다.

"그가 그림을 그리는 동안, 교황 율리우스 2세는 여러 차례 그 작업을 보러 가길 원했고, 나선형 계단을 기어올라가고 싶어했다. 미켈란젤로는 그의 손을 잡고서 비계 위로 안내했다."

교황은 일흔의 나이에 접어들었지만 미란돌라의 벽을 기어올라야 했을 때에도, 연로하고 불편한 복장이었지만, 이 친구 아닌 친구가 이끄는 계단을 오르기를 좋아했다. 콘디비는 이렇게 덧붙인다.

"율리우스 2세는 그를 진심으로 좋아했고 그를 염려했으며, 자기 주변의 그 누구보다 더 시샘했다."

그러나 배포가 큰 이 두 사람의 만남이 항상 조용하고 우정에 넘치지만은 않았다. 교황은 화가를 괴롭혔다. 왜냐하면 궁륭의 개막을 보지 못할까봐, 그의 이런 방문은 번번이 힐책이었고 그의 말은 번번이 날이 선 것이었다. 결국 어느 날 벽력이 떨어졌다. 교황의 시종은 "산 조반니를 위해 피렌체로 가려나. 예배당 벽화는 언제 끝날꼬?"라고 따지듯이 물었고, 미켈란젤로는 습관대로 이렇게 답했다. "그려봐야 알지요." 불같은 성격의 교황은 손에 쥔 지팡이로 그를 두드리면서 이렇게 말했다.

"그려봐야 안다니, 그려봐야 안다!"

이런 새로운 공격에 분개한 미켈란젤로는 일찍 귀가해 피렌체로 갈 채비를 했다. 아마 옛날처럼 다시 되돌아오지 않을 작정이었을 것이다. 그러나 교황은 그가 도망친 적이 있었음을 기억해내고서, 마부를 상대하기라도 하듯이 지팡이로 그를 두드린 것을 후회하고, 자신의 충복 아쿠르시오 편에 500두카토를 전하면서 기독교도로서 교황의 몸짓이라고 하기 어려운 자신의 행동은 유감이라고 전했다. 미켈란젤로는 돈을 받고서 그를 용서했으나 어쨌든, 피렌체로 떠났다.

훗날 그는 콘디비에게 교황은 자기를 아주 좋아했지만 자신은 그를 좋아하지 않았다고 말했다. 그는 콘디비에게 자신이 아버지께 쓴 편지를 예로 들었으나 그의 말에서, 정보다는 소망을 더 보게 된다.

"제 명예를 하느님께 빌어주십시오. 제가 교황님을 좋아할 수 있도록 빌어주십시오. 만약 제가 그렇게 된다면 우리가 은혜를 입을 수 있겠지요. 그분을 위해서도 하느님께 기도해주십시오."

하느님이 자신에게 영광과 소득을 보장해줄 사람의 생명을 유지하도록 기도해달라는 말이다. 미켈란젤로는 이 거대한 작품을 끝내고 나서 그 대가로 3천 두카토와 홀장의 축복을 받았다.

아무튼 다툼은 이런 사건에서 그치지 않았다. 또 한 번은 1512년 10월쯤일 것이다. 교황이 벽화가 언제 끝나느냐고 다시금 다그쳐왔다. 미켈란젤로는 "해봐야 알지요"라고 같은 답을 되풀이했다. 율리우스 2세는 이번에도 화를 내면서 "이 비계 밑으로 던져지길 바라느냐!"라고 호통을 쳤다.

이는 치명적인 위협이었고 미켈란젤로는 그 말귀를 못 알아듣지 않았다. 그는 중얼거렸다. "나를 떨어뜨리지는 못할걸." 그리고 떠나면서 그는 비계를 치우고 제성절이 되어서야 일을 다시 시작했다. 그런데 기록을 보면 반대로 10월 마지막 날에 예배당이 모두에게 공개된 것이라고 한다. 콘디비는 이렇게 썼다.

내가 듣기로 벽화는 그가 원했던 대로가 아니었다. 교황이 서두른 것이 장애였다. (…) 그는 그림이 더욱 화려해 보이도록, 일정 부분은 금장으로 또 울트라마린으로 인물을 덧칠할 수 없었다. 안달하는 율리우스 2세는 미켈란젤로가 덧칠하길 바랐다. 하지만, 그는 비계를 다시 올라가야 하는 번거로움을 생각하고서 그 부족한 부분이 그렇게 중요하지 않다고 대답했다.

"하지만, 금장을 입혀야 하겠군"이라고 교황이 답했다. 성하께 말할 때 늘 하던 어조로 미켈란젤로는 이렇게 응답했다. "사람들이 황금빛으로 보이지는 않는데요."

그러자 교황은 "그럼 너무 빈약해 보일 걸세. 하기야 여기 그려진 사람들도 가엾긴 했지"라고 답했다. 이렇게 대화는 농담으로 끝났고 벽화는 그대로 손대지 않게 되었다.

만약 미켈란젤로가 진지하게 이야기하려 했다면, 그는 다른 논쟁을 불러일으켰을 듯하다. 그러나 율리우스 2세는 개방적인 태도였지만, 거의 황량하고 비극적인 이 청빈의 결정적이며 심오한 이유를 이해하지 못했을 것이다. 율리우스 2세는 여전히 15세기 사람이었고, 핀투리키오라던가 로셀리의 황금빛 잎사귀 장식을 좋아했으니까.

미켈란젤로는 이렇게 익살스러운 거절로 교황의 조급증과 과도한 서두름과 간섭에 기분 좋게 복수했다. 지팡이 매질과 죽음에 대한 위협에 대한 복수였다. 그러나 늙은 교황은 자신이 그토록 보고 싶어했던 이 그림을 그렇게 오래 두고 음미하지 못했다. 시스티나 벽화를 개막하고 넉 달 뒤 1513년 2월 20일에서 21일로 넘어가는 한밤중에, 율리우스 2세는 침상 곁에 모인 추기경들에게 자신이 천하의 큰 죄인이었으며 교회를 제대로 통치하지 못했다면서 서거했다.

65
알론소 베루구에테*

프란시스쿠 돌란다[포르투갈 화가]의 『옛 그림』에서 묘사된 미켈란젤로 풍의 대화를 읽어본 사람이라면—순전히 상상으로 고심해서 짜낸 거장의 진솔한 생각이 들어 있다—부오나로티가 이탈리아에서만 예술이 완벽에 달했다고 주장하면서도 동시에 몇몇 에스파냐 사람도 거기에 근접했다고 덧붙이는 데에 놀랄지 모른다. 미켈란젤로는 에스파냐 사람 제자가 둘 있었는데, 나중에 이들이 특히 자신들의 조각으로 이 거장의 수법을 그 고국에 퍼트렸다는 사실 때문일 것이다. 그는 젊었을 때 한 사람—알론소 곤잘레스 베루구에테—, 그리고 늙어서는 다른 한 사람 가스파르 베세라를 만났다.

* 1486~1561, 화가. 1508년 로마에서 미켈란젤로의 제자가 되었다. 조각 작품은 미켈란젤로의 영향이 뚜렷하지만, 회화에서는 라파엘로 제자들의 매너리즘에 더 가깝다고 본다.

훌륭한 화가 페드로 베루구에테의 아들, 알론소 베루구에테는 1486 년경에 파레데스 데 나바스에서 태어났다. 그는 아버지가 사망한 후 1506년이나 1507년쯤 예술이 만개한 곳에서 스승을 찾으려고 이탈리아로 건너와 몇 해를 지냈다. 로마와 피렌체에서 볼로냐, 밀라노, 파비아까지 방문했을 것이다. 또 젊은이다운 대담함으로 그는 당시 유명 예술가들에게 접근하는 기회를 포착했다.

1506년 라오콘 상이 발굴되었고 그것을 청동으로 복제하려 했던 브라만테는 밀랍 모형 제작을 위한 공모를 조직했다. 그는 자코포 산소비노의 공방에서 자카리아 제키 다 볼테라와 베키오 다 볼로냐, 어린 알론소 베루구에테를 초대했다. 모델이 완성된 다음 브라만테는 그 평가를 라파엘로에게 맡겼고, 이 화가는 산소비노의 작업을 최상으로 꼽았다.

1508년 베루구에테는 브라만테와 라파엘로의 경쟁자에게, 즉 볼로냐에서 막 돌아와 있던 미켈란젤로에게 접근했다. 이 에스파냐 청년은 시스티나 예배당의 궁륭 프레스코를 보고 부오나로티의 예술에 깊이 감동한 터였으므로, 유명한 「카시나 전투」 소묘를 모사하러 피렌체로 가기로 했다. 젊은 예술가에게 호의적이던 미켈란젤로는 베루구에테의 재능과 열정의 증거를 보았고, 1508년 7월 2일에 보기 드물게 호의적인 추천서를 부오나로토에게 보냈다.

"편지의 소지자는 에스파냐 청년이야. 그림을 배우려고 피렌체로 가면서 대회의실을 위해 그렸던 내 습작을 보여달라고 했지. 그러니 그것을 꺼내 볼 수 있도록 열쇠를 건네주고 가능한 한 도와주었으면 해. 나를 생각해서라도 잘 해줘. 아주 훌륭한 청년이니까."

미켈란젤로가 이렇게 따뜻한 어조로 추천했던 적은 드물었다. 베루구에테가 그에게 좋은 인상과 확실한 신뢰감을 주었지 싶다. 하지만, 부오나로토의 도움도 그 유명한 형제의 요구도 산타 마리아 노벨라에서 교황의 방을 지키는 관리인 안젤로 에랄도와 토마소 코만다토레가 베루구에테에게 열쇠를 건네주도록 하지는 못했다.

우리는 이런 사실을 1508년 7월 31일자로 미켈란젤로가 부오나로토에게 부친 또 다른 편지에서 확인한다.

"그 에스파냐 청년이 방에 들어갈 기회가 없었다고 들었다. 이는 즐거운 일이지만, 만약 관리인들을 만나면 그전 사람과 마찬가지로 조치해달라고 해주면 어때?"

이 말을 어떻게 해석해야 할까? 한 달 전에 추천장을 쓴 바로 그 미켈란젤로가 베루구에테가 소묘를 보지 못해서 좋아했다고 믿을 수는 없을 듯하다. 이런 답장에는 흥분과 냉소가 뒤섞인 듯하다. 그들은 그의 청을 들어주지 않았고 에스파냐 청년을 들어가지 못하게 했으며, 그 이후로 누구의 출입도 허용하지 않았기 때문이다.

베루구에테는 한동안 피렌체에 머무르면서, 부오나로토의 도움이었겠지만, 산 조르조 계곡 높은 성 제롬의 수도원 제단에서 일할 기회를 잡았다. 그곳에는 필리피노 리피가 미완으로 남겨둔 작품이 있었는데 아무튼, 베루구에테 자신도 그것을 마무리 짓지 못했다. 그가 로마로 미켈란젤로를 찾아가려 했기 때문이다. 나중에 그는 「카시나 전투」를 욕심대로 볼 수 있었을 것이다.

바사리는 이 유명한 작품을 모사한 사람으로서 그를 두 번이나 언급했다.

엄격한 의미에서 베루구에테가 미켈란젤로의 제자였을까? 팔로르미노 이 벨라스코는 『에스파냐 회화의 신들이 사는 산』(1724)에서 또 체안은 『사전』(1800)에서, 베루구에테가 미켈란젤로를 따라 로마로 와서 그의 작업을 도왔다고 단호하게 주장한다. 이는 분명히 미켈란젤로 사후에 과장된 설이겠지만, 사실 베루구에테가 1515년경에 귀국해서 바야돌리드와 톨레도에 남긴 조각품에서 미켈란젤로의 영향이 보인다.* 그의 작품에는 이탈리아, 특히 피렌체의 조형적 자취가 분명하다. 베루구에테는 기본적으로 절충적 작가이고 기베르티, 도나텔로, 자코포 델라 퀘르차를 연구했다는 점은 분명하지만, 미켈란젤로의 영향이 가장 컸고, 특히 성자와 예언자들을 그린 표현이 풍부한 효과를 겨냥한 작품이 그렇다. 그와 동시대인이 그를 에스파냐의 미켈란젤로라고 불렀던 것도 근거 없는 사실은 아니다.

미켈란젤로는 그에게 행운을 주었다. 즉 그는 카를 5세 왕실 화가이자 조각가에 임명되었고 기사 작위도 받았다. 그에게는 부인과 자녀가 있었다. 그는 땅과 성도 사들였다. 그는 큰돈을 벌었고 명성도 대단했다. 그는 스승보다 먼저 1561년 9월 톨레도에서 사망했다.

---

* 1518년 귀국했다는 것이 최근 확인되었다. 여기에서 이야기하는 필리피노 리피의 미완작도 마무리 지었고 이는 현재 루브르에 소장된 「동정녀 대관식」이다. 당대에는 뛰어난 작가 소리를 들었다고 한다. 미켈란젤로의 직계 제자는 아니었다는 것이 전문가들의 공통된 견해는 아니다.

66
조반니 다 피스토이아

유명한 소네트는 이렇게 시작한다.

　내 목은 고통으로 부어올랐네.

　여기에서 미켈란젤로는 즐거운 어조로 자신의 고생과 부어터진 우스
꽝스러운 모습을 묘사한다. 시스티나 궁륭에서 작업 중일 때―이 소네
트는 1512년이나 그 조금 뒤에 쓰인 것이다―그리고 이것을 조반니 다
피스토이아, 즉 "조반니, 바로 피스토이아의 조반니"라고 쓴 인물에게
바쳤다. 이 조반니는 그 무렵 부오나로티와 절친했을 텐데, 그러나 전
기작가들은 그가 누구였는지, 그 우정이 어떠했는지에 관심이 없었다.
그런데 피렌체 국립도서관 문헌에서 다시 한 번 조반니 다 피스토이아
가 미켈란젤로에게 헌정한 단시 다섯 편을 볼 수 있다. 그 글은 우정 이
상의 그 무엇을 짐작하게 하는 뜨거운 정을 표출한다. 그중 한 편은 이
렇게 시작한다.

내 소중한 미켈란젤로, 그대와 함께라면
인생은 따뜻한 위안이네.
감흥에 겨워 이미 말했듯이
그대 없이 혼자 있기란 너무 힘드네.

또 다른 시에서 그는 '완전한 사랑'을 이야기하면서, '어리석은 의
지'로 귀찮게 하지 않았는지 미켈란젤로에게 용서를 구하면서 '곱절의
부끄러움'인 이런 실수를 다시는 저지르지 않겠다고 약속했다. 16세기
시에서 종종 나타나는 이런 표현은 항상 분명하지 않고, 거기에서 페트
라르카와 공상적인 것이 야릇하게 뒤섞이는데, 어쨌든, 이 두 사람 사
이에 실재했던 매우 생생하고 뜨거운 정을 이해하기에 충분하다.

그런데 나중에 이 두 친구는 격렬한 싸움과 언쟁을 하게 된다. 미켈
란젤로의 시 가운데 구아스티를 비롯한 몇몇에 따르면, 피스토이아 사
람에 대한 짓궂은 소네트가 있는데, 이는 바로 조반니를 가리키는 것이
기 때문이다. 위악스러운 질책을 볼 수 있다.

나 또한 그대를 떠났을 때,
그대는 변치 않아도
그대의 조상이 카인인 줄 알겠네
한 사람이 행복하려면 또 한 사람이 없어져야 할 테니

카인에 대한 암시는 시기와 질투의 문제를 이해시키려고 하는 부오
나로티의 입장에서, '형제'의 배신에 관한 질책일 듯하다.

사실상 그는 이 친구에 따라 피스토이아 사람을 판단하면서 이렇게 계속한다.

샘이 많고 뛰어난, 하늘의 적이여,
그대는 가까운 사람에 대한 자비를 지겨워하네.
그대는 가장 고약한 친구일 뿐.

그는 조반니에게 시인 단테가 악의 '불씨'를 차단하고자 그 도시를 불 지르라고 피스토이아 주민을 선동했던 것을 상기시킨다(「지옥」, 25장 10~12절). 미켈란젤로는 조반니에게 만약 그가 피렌체를 좋게 말했다면 아첨이나 조롱하려는 것이라고 끝을 맺었다. 피렌체는 '소중한 보물'이었으나 이 피스토이아 시민은 그 점을 이해하지 못했다.

이제 우리는 미켈란젤로와 관련된 사람의 수수께끼를 만난다. 물론 이는 하나만이 아니다. 조반니 다 피스토이아는 어떤 악행으로 죄를 지은 것일까? 어쨌든, 시스티나 시절에 그의 명예를 위해 추천했던 예술가가, 그토록 칭찬하고 좋아하던 친구에게 나중에 그토록 신랄한 모욕을 퍼부어대게 했을 정도로? 조반니는 분명히 매우 심각한 짓을 저질렀을 테지만 그것이 정확히 무엇인지 알 수는 없다. 왜냐하면 기록이 부족하고 미켈란젤로의 운문에서는 별로 건질 것이 없기 때문이다.

형제를 죽인 카인처럼 변한 그 친구의 질투가 예술가에게 분노를 불러일으켰다고만 생각할 수 있을 뿐이다. 그렇지만 조반니는 화가도 조각가도 건축가도 아니었다. 그 질투는 어떤 문제에 관한 것이었을까? 미켈란젤로는 이미 보았고 앞으로도 보겠지만, 욱하고 벽력처럼 화를 내는 사람이지만, 그럴 만한 이유가 없이 날뛰지는 않았다. 소네트는 흥분했을 때에 쓴 것이 틀림없다. 조반니가 미켈란젤로를 공격했다는 데에 의심의 여지는 없지만 왜, 어떻게 그랬을까?

부오나로티가 피스토이아 사람과 또 그 도시의 피에트로 우르바노라는 조각가이자 그의 '피조물'을 겨냥했을 수도 있다. 우르바노는 1521년 잘 다듬는다는 평계로 「미네르바의 그리스도」를 훼손했기 때문이다. 형편없는 예술가인 우르바노는 스승을 시기해서 그를 끌어내리려 했을지 모른다. 미켈란젤로가 쓴 소네트의 도입부는 다른 소네트를 응대하고 있다. 따라서 소네트를 지은이는 어쨌든, 조반니 다 피스토이아였을 것이다. 조반니는 이 미간행 운문 외에도 「용모에 대하여」라는 사육제 노래를 지었다. 이 노래는 줄리아 나폴리텐느라는 여인에게 성직을 권하는 것이고—화류계 여자였다가 나중에 수녀가 되었다—다른 하나는 『기쁨』이라는 희극인데, 1550년에 코시모 공작이 참석한 가운데 공연되었고, 1586년 그의 조카 프란체스코 페란테가 베네치아에서 출판했다. 그가 희극에 별다른 재능이 없음을 보여주는 작품이다. 플라우투스•를 추종한 것에 불과하기 때문이다.

조반니 디 베네데토 다 피스토이아는 미켈란젤로가 어떻게 모욕했든 간에, 피렌체 공국에서 주요 인사가 되었다. 그는 40년 동안 이 도시의 최고재판소의 법관을 지냈고 또 여러 차례—1540년, 1542년, 1546년— '데 위미드 아카데미' 위원을 지냈다. 앞에서 언급한 것 외에도 다

• BC 254~BC 184, 라틴 희극작가.

른 글도 썼을 테지만, 그의 조카는 『기쁨』에 쓴 서문에서 이렇게 주장
한다.

"세속의 영광에는 완전히 무심하고, 호기심 많고 한가한 사람을 멀리
하려 했던 사람으로서, 그는 자신의 작품을 발표할 생각 따위에 관심
이 없었다."

시기심 많은 조반니가 늙어서 타인의 반격을 두려워했다고 생각할
수 있겠다.

어쨌든, 『기쁨』과 다른 시편은 미간행을 한탄하게 할 만큼 관료이자
아카데미 위원에 대한 반감을 후회하게 하지는 않으며, 오늘날 아무도
그를 언급하지 않는다. 오직 그가 청년기에 미켈란젤로의 친구이자 적
이었기에 그나마 이야기하고 있다.

67
레오 10세

조반니 데 메디치 추기경은 1513년 3월 11일 교황에 선출되었다. 새 교황은 1515년 봄에야 미켈란젤로의 존재를 기억해냈다. 역사가들이 변덕스럽게, 그의 이름을 예술의 황금기라고 불렀던 이 교황은 당대 최고의 예술가를 부르는 데에 2년씩이나 걸렸다.

로렌초 대공의 뚱뚱하고 육감적이고 세속적인 이 아들은 시스티나를 그린 화가의 성서적, 비극적 재능을 좋아할 수 없었다. 그는 달콤하고 우아하며, 관대하고 차분한 라파엘로를 좋아했고 그가 원하는 만큼 명예와 주문을 얻게 해주었다. 1520년 라파엘로가 사망했을 때, 레오 10세는 마치 형제를 잃기라도 한 듯했다. 그의 고통은 깊었고 로마와 교황청의 애도는 상상을 초월했다.

레오 10세는 거물들과 거리를 두려 했다. 그들은 쾌락과 사치를 즐기는 자신의 생활에 방해될 것이었기 때문이다. 1518년 그는 루터의 테제가 수도사들 간의 싸움일 뿐이라고 일축했다. 그가 교황으로 있던 초창기에 사람들이 부오나로티를 언급했을 때, 그는 너무 무시무시하다고 거절했다. 그는 광대의 소극笑劇과 라틴어, 불가타어 농담과 궁중시를 선호했다.

그럼에도 1515년 봄에 그는 거대한 청동상 몇 점을 맡길 생각이었다. 누구를 재현할 것인지 어디에 두려 했는지는 아직도 알 수 없다. 1515년 6월 16일 미켈란젤로가 부오나로토에게, 로마에서 은밀하게 1천4백 두카토를 받을 수 있게 해달라고 쓴 편지에서 그 계획을 알 수 있다. 그는 이렇게 덧붙인다. 즉 묘가 완성되고, "교황의 다른 일을 맡게 될 것이고, 그래서 입상에 쓸 2만 리브르의 구리를 사들였다"라고. 여기에서 산 구리의 양으로 미루어, 그 청동상의 규모는 어마어마한 것이겠지만, 그것이 1517년 말에 결국 미켈란젤로에게 맡긴 산 로렌초의 정면, 입상을 포함해서 전체가 대리석으로 제작된 그 정면 장식을 위한 것은 아니다. 그렇다면, 이 무렵 교황의 이 엄청난 공상은 무엇이었을까? 그 연대의 기록과 회상록에서 이 계획에 대한 아무런 자취도 찾을 수 없다. 이 굉장한 양의 구리는 부오나로티 인생의 수많은 수수께끼 중 하나일 뿐이다.

1515년 11월 그가 볼로냐를 방문했을 때, 레오 10세는 피렌체에 며칠 묵으면서, 브루넬레스코가 교황의 증조부 코시모를 위해 지은 산 로렌초 성당의 정면을 멋지게 장식할 욕심을 품게 되었다. 그는 여러 미술가에게 초안을 부탁했는데—그가 총애하는 라파엘로, 자코포와 안드레아 산소비노, 줄리아노 상갈로, 바초 다뇰로—, 그 1년 뒤 1516년 말에 가서야 미켈란젤로에게도 부탁하기로 했다. 그때 우리의 조각가는 율리우스 2세의 영묘에 쓸 대리석을 찾느라고 카라라에 가 있었다.

피렌체 출신의 교황에게 복종하지 않을 수 없던 미켈란젤로는 로마

341

로 돌아와 초안을 제출했는데, 이는 다른 이의 것보다 교황을 흡족하게 했다. 한편 조각가는 율리우스 2세의 상속자들과 한 계약 때문에 그 영묘를 포기할 수 없다고 하면서 이 새로운 일을 슬쩍 피해보려고 했다― 그는 상속자들과 1516년 새로운 계약을 체결했었다. 그러나 레오 10세는 "그들과 합의하도록 내가 해보겠네. 그들이 만족할 걸세"라고 했다. 고인이 된 교황의 조카들인 추기경들은 사실상 교황의 요구에 따라야 했다. 또 미켈란젤로가 피렌체든 다른 곳에서든 율리우스 2세의 영묘 상을 훗날 제작한다는 약속에 만족해야 했다. 하지만, 미켈란젤로에게 이런 포기는 말할 수 없는 고통이었다. 콘디비는 그가 울면서 로마를 떠났다고 전한다. 이때가 미켈란젤로의 눈물에 대해 우리가 들을 수 있었던 처음이자 마지막 순간이다. 그의 조급증에도 이해하고 좋아했던 율리우스 2세를 포기하고서 전임자나 그 자신과 그토록 다른 계승자에게 또다시 봉사한다는 것은 수치요 배반이라고 느꼈다. 어쨌든, 미켈란젤로는 그 규모에서 절대 영묘보다 작지 않은 그 정면 작업에 처음에는 열의를 보였다. 1517년 5월 2일자로 도메니코 보닌세니에게 부친 편지에서 우리는 그의 자랑스러운 말을 들을 수 있다.

"나로서는 건축과 조각계에서 이탈리아의 거울이 될 것을, 산 로렌초의 정면에서 실현할 작정이라는 것으로도 충분합니다."

아마 미켈란젤로가 자신의 펜으로 이렇게 근사한 자화자찬을 한 것은 오직 이번뿐이었다. 그것은 그가 맡은 최초의 건축작품이었고 이는 절대 가벼이 다룰 일이 아니었다. 모두 조각 예술을 위해 태어난 그를 다른 방향으로 돌려놓으려고 경쟁했었다. 그는 조각가였지만, 소데리니는 율리우스 2세와 마찬가지로 그를 화가로 만들려고 했다. 그는 조각가였지만, 레오 10세와 클레멘스 7세는 건축가로 삼으려고 했다. 하지만, 시스티나의 프레스코가 어떤 점에서 그려진 조각이라고 할 때, 산 로렌초의 정면을 위한 밑그림은 건축가라기보다 조각가의 조형적 수법에 따라 구상되었다. 참신성은 거의 부족하다. 그가 명암을 고려해 배치하고, 상을 들여놓은 공간에 맞추어 선과 덩어리를 보았음이 분명하다. 정면은 미켈란젤로다운 대담성이 없다. 바초 아뇰로가 제작한 모형은 건축 구조적 비약의 진정한 통일이 빠진, 원주로 분리된 부분의 고전적인 배치였다. 이는 미켈란젤로의 마음에도 들지 않았다.

이번에도 그의 조각가로서의 명성은 밑그림이 나올 때마다 높아만 갔다. 첫 번째 도안에서는 조상 열 점과 부조 몇 점만 드러난다. 아래층에는 넉 점의 거대한 인물상이 서 있다. 성 로렌초, 세례 요한, 성 베드로와 성 바울. 위층에는 복음전도사 네 사람의 좌상을 올렸다. 맨 위층에는 성 코스마스와 성 다미안* 상이 배치되었다. 그러나 교황이 확정한 도안에서, 성상은 스물두 점으로 늘어났고, 일곱 가지 일화가 저부조로 새겨졌다. 이 작업의 거창한 성격으로 미루어, 레오 10세는 미켈란젤로가 다른 거장들에게 도움을 청하길 바랐을 듯하다. 그는 산소비노에게 청동 저부조를 약속하기도 했다. 그러나 부오나로티는 1508년 피렌체에서 무모했던 경험을 상기하고서 누구의 도움도 청하려 하지 않았다. 그는 그 전부를 혼자서 하겠노라고 선언했다.

• 초기 기독교 성자로 치료 활동을 했던 쌍둥이로 시리아에서 순교했다는 기록이 5세기경부터 전해진다.

이 고독한 천재는 불굴의 법을 고수하는 이런 해법으로 큰 미움을 사게 되었다. 건축가도 아닌 그가 그토록 중요한 건축 작업을 맡았다는 것, 그리고 일체 협동이나 조수의 도움도 거절했다는 것은 잘못이었다. 불가피한 것이었더라도 잘못은 잘못이다. 결국, 이 시도가 파탄으로 끝나고 말았듯이. 산 로렌초의 정면 또한 그로서는 비극이 되었다.

68
세 줄기 광채로 빛나는 별

바로 이 레오 10세의 집권 초기 몇 해 동안, 정확히는 1513년 여름에 미켈란젤로는 밤새처럼 하늘나라의 환영幻影을 보았고 그 손으로 별 하나를 그렸다.

우리는 사보나롤라의 열렬한 제자 한 사람, 베네데토 루스키노의 작품 『소중한 상처』•에서 이런 환영과 이 그림에 대한 자세한 내용을 찾아볼 수 있다. 금은세공사였던 그는 도미니쿠스회 수도사가 되었다. 그는 이 작품을, 자신의 스승 사보나롤라를 험담했던 적대자를 죽였기 때문에, 피렌체 산 마르코 수도원 감옥에서 오랫동안 수형 생활을 하던 중에 시작했다. 제2부 22장에서 아그리콜라와 세르페의 대화가 등장한다. 여기에서 세르페는 미켈란젤로를 "조각과 회화 예술에서 오늘날

• 피렌체 수도사이자 문인 루스키노(1470~1550)가 1523년 완간한 대화체 문집. 사보나롤라의 개혁 사상을 지지했다.

모든 인간 중에 으뜸가는 자리를 차지한다네"라고 열렬히 칭송한다.
또 이 대담자들은 그를 잘 안다고….

아그리콜라는 미켈란젤로를 로마에서 만났다고 이야기한다.

"그 무렵 어느 날 저녁에, 그의 집 베란다에서 바람을 쐬다가 하늘을
올려다보았는데, 거기에서 갑자기 놀라운 사각형 이미지가 나타나는
것을 보았지. 그런데 이것은 보통의 혜성보다 훨씬 크고 다른 모습이
었지. 그 이미지는 마치 가지가 세 개 뻗은 커다란 별 같았어. 그 한
가지는 동쪽을 향했고 끝이 갈고리처럼 휘었는데, 마치 검劍이나 은
가락지처럼 눈부시고 멋진 빛을 띠었지. 그 이미지의 꼬리에 해당하
는 또 다른 가지는 로마 쪽으로 뻗었는데 붉은 핏빛이 도는 주황색이
었지. 세 번째 가지는 피렌체 쪽 즉 북서 방향이었고, 즉 북서쪽을,
불꽃으로 타오르는 그 끝은 두 개의 뾰족한 침처럼 갈라졌더라고.
(…) 이런 기이한 현상을 한참 주시하고 나서 미켈란젤로는 종이 위
에 그것을 그릴 생각을 하더군. 급히 종이와 펜과 물감을 찾아내서
그 이미지가 나타나 있던 대로 그리려고 했지. 그가 그림을 끝내자
이미지는 사라져버렸지."

이는 지어낸 이야기는 아니다. 아그리콜라는 대담자에게 원한다면
그 그림을 볼 수 있다고 말한다.

"지금 그 조각가가 피렌체에 있으니 그가 일하는 곳으로 찾아가서 정
중하고 겸손하게 사정을 이야기한다면, 내가 거짓말을 하지 않았음을
알게 될 거요."

미켈란젤로에게서 직접 그 증언을 들어보라고 누군가를 보낸다고 했으니 거기에 진실에 대한 확실한 증거가 있었을 것이다.

수도사 '피아고네'〔사보나롤라 추종자〕의 작품은 1515년에 시작되었으나, 베네데토 수사가 지은 이야기보다 훨씬 장황한 것으로 미루어 여러 해 동안 이 글을 지었음을 알 수 있다. 따라서 2부의 이 장은 분명 1517년 이후에 썼다. 당시 미켈란젤로는 피렌체를 자주 드나들었다.

이 신비스러운 별을 그린 그림은 어떤 자취도 남아 있지 않고 누구도 본 사람이 없다. 미켈란젤로의 전기작가들은 이 특이한 일화에 아무 관심도 없다. 그런데 이 사건이 완전히 불가능하지는 않을 듯하다. 미켈란젤로는 고독했다. 안목이 특이한 사람이었고, 요즘의 '형이상학자'라고 할 수 있을 만큼 신비했다. 다른 사람보다 그에게는 이런 천상의 구경거리가 쉽게 눈에 들어올 수 있었다. 그와 같은 예술가가 일상적이고 평범한 모든 것을 벗어난 이런 가시적 기억을 보존하려 했다고 해서 놀랍지는 않다. 그렇게 환상적인 별을, 별빛 아래로 그려진 뾰족한 광채가 검을 닮은, 은과 피와 불의 빛깔을 띤, 이 놀라운 삼각형 별의 이미지를 볼 수 있었다니, 얼마나 기뻤을까? 이것은 저녁의 시원한 공기를 마시던 부오나로티의 꿈이었을까? 정말 유성이었을까? 아니면 별똥을 뿌리면서 타오르는 초신성이었을까? 그것도 아니라면 급격한 기상 이변으로 일시적인 빛을 내는 우주적 방사 현상이었을까?

『소중한 상처』를 지은 사람의 신비주의적이고 예언적인 설명을 상기할 필요는 없겠다. 하지만, 미켈란젤로가 항상 '피아노네'와 관계가 있었고 또 그들 중 한 사람이 이야기한 이 일화가 산 마르코의 도미니쿠스 수도사의 귀에 들어가지 않았을 리는 없었을 것이다.

이 모든 장면은 미켈란젤로의 성격이나 습관과 완벽하게 어울린다. 그는 천계의 현상에 항상 활달한 관심이 있었고, 자신의 예술작품에서 낭만파 시인처럼 밤의 매력을 깊이 느꼈음을 알 수 있다. 아름다운 다음 시를 들어보자.

오, 밤이여, 어둡지만 부드러운 시간이여!

여기에서 밤의 대속의 축복은 영이나 노발리스를 연상하게 한다.

69
루카 시뇨렐리

미켈란젤로의 정든 박대자, 독재적이고 손버릇이 나빴던 그 후원자는 죽었다. 율리우스 2세는 더는 자신의 영묘를 거부할 수 없게 되었다. 반대로 그는 그것을 완성해달라는 유언을 남겼다. 그가 사망하고 석 달이 지난 1513년 5월 6일에 그 유언 집행인들, 레오나르 그로시 델라 로베레 추기경, 아장의 주교와 고위성직자(주교 자격이 없는) 로렌초 푸치는 '피렌체 조각가, 명예로운 거장 미켈란젤로'와 약정을 맺었다. 그 새로운 조항에는 9월까지 영묘를 완성하고 "이 영묘를 완성하는 데 방해가 될 다른 어떤 상당한 방법의 일도 하지 않는다"라고 명시했다.

1524년에 미켈란젤로는 아장 주교가 당시 "우선해야 할 일이 아닌 더욱 중요한 작품을 제작하도록" 부탁했다고 주장했다. 계약에 따르면 영묘는 삼면으로 구성되고—네 번째 면은 벽에 기대어 가려진다—일화를 새긴 부조를 제외하고 커다란 석상은 모두 40점이 될 예정이었다. 이는 거대한 작업이지만, 애당초 율리우스 2세에게 제안했던 것보다 더 큰 규모는 아니었다. 어쨌든, 조각할 상의 숫자는 거의 같았다.

율리우스 2세를 계승한 레오 10세는 피렌체에서 성장하던 어린 시절부터 대공의 궁전에서 생활하던 미켈란젤로를 잘 알았지만, 우리가 말했다시피, 교황위에 오른 초기에 그에게 관심이 없었고 조각가는 다른 무엇보다 우선 염두에 두었던 작품에 다시 몰두할 수 있어 다행으로 생각하고 먼저 그를 찾지도 않았다. 그는 기분 좋은 열망에 취해 용감하고 단호하게 곧장 작업에 돌입했다. 그는 마침내 정말로 자신만의 예술 속에서 그 능력을 보여줄 수 있도록 끌을 다시 쥘 수 있었다. 같은 해 7월 9일에 그는 시에베에서 직인 안토니오 데 폰테와 계약을 맺었다. 그에게 영묘에 사용된 대리석을 자르고 다루는 석공 일을 맡기기 위해서였다. 그다음 그는 1505년 이후 손대다가 만 작업, 즉 모세와 노예상을 다시 붙잡았다. 3년 동안 그는 율리우스 2세의 변덕 때문에 완성하지 못하고 내버려뒀던 이 입상에 조용히 몰입했다. 이 조용히 작업한 몇 년간은 알려진 것이 거의 없다. 피렌체 가족의 늘 되풀이되는 짜증과 부담뿐이었다. 어쨌든, 특이한 일화로 알려진 것은 1513년 혹은 1514년 부오나로티의 정신과 그보다 연상인 위대한 화가의 삶에 새로운 빛이 들게 된다는 것이다. 어떤 점에서 그의 선구자로 보이는 단 한 사람이었다. 이런 사실은 미켈란젤로가 직접 이야기했다. 1518년 카피타노 다 코르토나에게 보낸 편지에서 보여준 활달한 이 산문은 그의 시에 절대 뒤지지 않는다.

"레오 교황의 집권 첫해에 로마에서 화가 루카 다 코르토나 선생이 찾아왔는데, 그는 조르다노 산 부근에서 내게 이렇게 말했습니다. 교황을 알현하러 오긴 했지만 무슨 말을 해야 할지 모르겠다고. 그는 메디치가에 대한 사랑 때문에 목숨을 잃을 뻔했었는데도, 인정받지도 못했던 듯하다고. 그는 다른 이야기도 했는데 기억은 나지 않지만…."

바로 이 화가가 유명한 코르토나 출신 루카 시뇨렐리[1445/1450~1523년경]였다. 1450년에 태어난 그는 미켈란젤로보다 거의 사반세기 이상 나이가 많았다. 미켈란젤로는 그를 이미 알았을 터였다. 그렇지 않다면 그가 이 화가에게 우리가 나중에 보게 될 일을 하지는 않았을 것이기 때문이다. 시뇨렐리는 피렌체에서도 생활했고 대공을 위해 일하기도 했지만, 이는 어린 부오나로티가 라르가 궁에서 생활하기 전의 일이었다. 게다가 시뇨렐리가 무슨 일로 메디치가에 대한 사랑 때문에 목숨을 잃을 만한 위험을 감수했는지도 알 수 없다. 아마 1494년에 그가 피에트로 데 메디치가 실각하고 나서, 코르토나의 의회에 참여했을 때, 즉 그 도시가 반역에 가담하고 이어서 프랑스 왕 샤를 8세의 손아귀에 떨어졌을 때의 일이었을지 모른다. 시 당국의 일에 종종 참여했던 시뇨렐리였으므로 메디치파에 속했었을 것이다.

미켈란젤로는 로마로 가던 길에 틀림없이 오르비에토 대성당에 있는 시뇨렐리의 「최후의 심판」(1499년 완성)을 보지 않았을까. 그리고 그 발상과 스타일에서 콰트로첸토 말기의 관행적인 장식회화를 훌쩍 능가했던 그의 작품에 감동했을 듯하다. 사실 바사리는 "루카의 작품은 항상 미켈란젤로의 높은 칭송을 받았다"라고 주장한다.

따라서 부오나로티가 몬테 조르다노에서 만난 이 노화가의 이야기를 경청했다고 해서 놀랍지는 않다. 많은 예술가, 문인들이 조반니 데 메디치가 교황에 선출되자(1513년 3월) 서둘러 로마로 몰려왔고, 로렌초 대공 아들의 이 영전에서 모든 '거장들'의 기쁨과 희망은 대단했다. 그런데 시뇨렐리는 미켈란젤로와 마찬가지로 이 새 교황이 찾지도 호의를 보이지도 않았다. 이 노화가는 그 무렵 두 번씩이나 부오나로티에게 돈을 빌려달라고 간청했다시피 극도로 궁핍했음이 분명하다. 부오나로티의 편지는 이렇게 계속된다.

"대화를 끝내고서 그는 내게 40율을 요구했고 송금할 곳을 가르쳐주었습니다. 그때 돈이 없어 나중에 집으로 돌아와 실비오라는 내 조수 편에 전해주었지요. (…) 그런데 실비오는 루카 선생 댁을 찾지 못했어요. 며칠 뒤, 선생이 집으로 나를 찾아왔지요. (…) 그리고 그는 내가 뒷짐을 지고 서 있는 4브라스 높이의 대리석 입상을 깎는다는 사실을 알게 되었습니다. 그는 또다시 내게 40율을 부탁하면서 떠나고 싶노라고 했지요. 나는 방으로 들어가 그 돈을 챙겨서 볼로냐 하인이 보는 앞에서 건네주었지요. (…) 그는 돈을 받고 떠나면서 하느님의 가호를 빌더군요. 그 뒤로는 다시 보지 못했습니다. 하지만, 내 건강이 좋지 않았던 만큼 루카 선생이 집을 나서기 전에 나는 더는 일하기가 어렵다고 불평했지요. 그러자 그분은 '하늘의 천사들이 내려와 네 팔을 잡아줄 테니, 걱정하지 말게'라고 하더군요."

미켈란젤로가 이 일화를 이렇게 자세히 기록했다고 놀라지 말자. 이 편지는 시뇨렐리가 빌려갔던 돈을 갚았다고 카피타노 다 코르토네에게 말했다고 하는 이야기를 듣고 나서 썼기 때문이다. 미켈란젤로는 돌려

받은 것이 전혀 없다고 밝혔다. 이 이야기는 1513년 2월 27일자로 메니겔라가 미켈란젤로에게 부친 편지에서 다시 한 번 더 거론된다. 이 사람은 그 아르노 계곡의 가난한 화가가 돈을 받아낼 일을 맡았었지만, 어쨌든, 그것을 받지는 못했던 듯하다.

노예상 조각가의 주머니에 80율이 되돌아왔는지 아닌지는 그다지 중요한 일은 아니다. 액수는 별것 아니었을 듯하다. 19세기 문인들에 따르면, 1율은 오늘날의 56상팀의 가치와 같으니까 필요한 계산을 더 하더라도 5천 리라 정도에 불과하다. 어쨌든, 이 거래는 이 두 위대한 화가의 우애 관계와 미켈란젤로가 존경했던 노화가에 대한 깊은 관용을 증언한다. 당시 시뇨렐리의 비참한 생활은 그의 삶을 아는 사람들을 놀라게 할 수밖에 없었다. 그는 코르토나에 집과 땅이 있었고 늙은 나이였지만 왕성하게 일했으며, 개인적으로도 그와 친분이 있던 바사리가 전하듯이 수입도 만만치는 않았다. 바사리는 그가 "화려하게 살았고 잘 입기를 좋아했다"라고 전한다. 따라서 이런 사람이 그토록 초라하고 황급하게 미켈란젤로에게 우정 어린 도움을 호소했다니 예상 밖이었기 때문이다.

그런데 이런 일은 레오 10세 시대의 초기에나 일어날 수 있었다. 메디치에 평생 충성했던 그 유명한 예술가를, 사실은 그 후견 자격도 없는 사람이 오늘날에는 가장 유명한 예술 후원자 교황으로서 알려진 그런 시대에나 말이다.

미켈란젤로는 거의 4년 가까이 시뇨렐리의 작품을 보면서 살았다. 즉 1482년부터 1484년 사이에 시스티나에 그가 그린 모세의 일대기를 보고 지냈다.

여러 해 뒤 그가 최후의 심판을 그렸을 때도 같은 예배당에서 시뇨렐리를 기억했다.

시뇨렐리가 미켈란젤로를 비장하고 완벽한 조각가로서 칭송했다는 점이야말로 훨씬 감동적이다. 그가 보았던 '뒷짐을 켠 높이 4브라스의 대리석상'은 지금은 루브르에 있는 스트로치 가문을 위해 제작한 노예상일 것이다. 이렇게 1513년에 그가 노예상을 제작했으며, 바로 이 시기에 그의 건강이 좋지 않았다는 증거가 있다. 이 조각가의 새로운 호의를 받고서 한숨을 돌렸을 시뇨렐리는, 바사리가 "친구들에게 진실하고 정다우며, 부드럽고 기분 좋은 대화를 나누는" 사람으로서 지금까지도 우리가 감동하는 말로써 부오나로티를 위로했다. 조각가가 절대 잊지 못했고 또 잊을 수도 없었을 말을. "하늘의 천사들이 내려와 자네 팔을 잡아줄 걸세." 바로 이 말이야말로 미켈란젤로 예술의 '신성한' 성격에 대한 최초의 암시라고 하겠다. 그리고 그 말은 예언자, 악마, 벌을 받은 혼과 그 자신보다 먼저 은총 받은 사람을 그렸던 위대한 노화가의 입에서 나왔다.

70
미켈란젤로의 실수

카라라를 오가던 시절에 미켈란젤로가 피렌체에 들렀을 때—1515년 4월 1일에서 28일 사이쯤—그는 예술가로서나 피렌체 사람으로서나 자신의 감정과 원망을 불러일으킬 정도로 엉뚱하고 잘못되었다고 판단했던 신작 개막식을 보게 되었다. 대성당 원개를 둘러싼 발코니였다. 이것은 바초 다뇰로의 작품으로 그는 1506년에 산타 마리아 델 피오레 대성당 공사 감독에 임명되었다. 그 직책이 말해주듯이, 오늘날 비아 델 프로콘솔로[대성당 광장 앞길]를 바라보게 되는 쪽의, 원개에 없던 여덟 번째 발코니를 제작하는 것이었다. 미켈란젤로는 오래전부터 유명한 목수이자 건축가 바초 다뇰로를 알고 있었다. 바로 이 사람이 시뇨리아 광장으로 다윗 대리석상을 옮기는 일을 다른 이들과 함께 했기 때문이다. 그는 시간 나는 대로 다른 미술가들과 함께 바초의 작업실을 찾곤 했지만 자주 그러지는 못했다. 왜냐하면 피렌체에 머물던 라파엘로가 자주 드나들었기 때문이다. 바초는 적극적이며 다작했다. 지금까지도 피렌체에 남아 있는 여러 채의 궁전을 지었다. 그러나 미켈

355

란젤로는 그의 건축 스타일이 콰트로첸토의 것에 지나치게 순응한다고 보았다.

사실은 이렇다. 그는 원개의 발코니 부분을 보고서 격분하고 말았다. 그럴 만한 이유로 브루넬레스코가 남겨두었던 예비적인 돌들을 들어냈기 때문일지도 모르고, 아니면 그에게 이 발코니는 '귀뚜라미 집'처럼 우스꽝스럽게 보였기 때문일지도 모른다. 그가 옳기는 하지만, 어쨌든, 그에게 "이렇게 거대한 구조에서는 이보다 더 커야 할 것이고, 예술과 은총이 더 가미된 또 다른 모범에 따라야 했을 터"이기 때문이다. 다른 사람의 작품 때문에 미켈란젤로가 그토록 분개하고 동요했던 적은 매우 드물었다. 이런 상황에서, 바사리가 전하듯이 크게 흥분한 그는 일손도 놓고 온 시내를 돌아다니면서, 그 작업이 어떻게 되었어야 했는지 자신이 보여주겠노라고 소란을 피웠다. 이렇게 해서 미켈란젤로는 이내 자기 식의 초안을 그렸고, 줄리아노 데 메디치 추기경—나중에 클레멘스 7세—앞에 시민과 예술가들을 불러 모았다. 자신의 초안이 바초의 것보다 우수하다는 판단을 끌어내리고 말이다. 의견은 갈렸다. 참석자들 사이에 길고도 시끄러운 논쟁이 벌어졌다. 결국 바초의 작업을 중단하기로 했지만, 그렇다고 그의 초안이 채택되지는 않았다. 이는 분명히 예술가로서의 그의 처음이자 유일한 실수일 것이다. 어쨌든, 그가 부분적으로 승리했음은 분명하다. 경쟁자가 착수했던 발코니 공사는 이어지지 못했다. 오늘날까지도 브루넬레스코의 원개 하단은 보완해야 할 숙제로 남아 있다.

얼마 뒤 미켈란젤로는 보답을 받았다. 1515년 11월 교황 레오 10세는 피렌체로 건너와 산 로렌초 성당의 정면 공사를 공모했고, 그 경쟁자들 가운데 바초 다뇰로도 있었다. 그러나 우리가 알듯이, 미켈란젤로의 초안이 선정된다. 어쨌든, 그는 바로 능숙한 목수인 바초 다뇰로를 찾아가 그가 초안에서 그려낸 목조 모형 제작을 부탁했다. 바초는 유화적인 태도로 자신이 받은 모욕을 용서했는데, 경쟁에서 탈락하기는 했고 자신의 발코니를 미켈란젤로가 가혹하게 판단했지만 그 일을 기꺼이 수락했다. 이렇게 나이 든 예술가가 훌륭한 의지를 보였지만(당시 그의 나이 쉰다섯이었다), 부오나로티의 관용을 끌어내지는 못했고 모형은 그의 마음에 들지도 않았다. 1517년 3월 20일자로 도메니코 보닌세니*에게 보낸 편지에서 이 거장은 이렇게 썼다.

"바초가 조금 전에 끝낸 모형을 보러 피렌체에 왔습니다. 그런데 이 작가는 항상 변함이 없습니다. 유치한 것을 만들어놓았더군요."

그렇다면, 대체 왜 그에게 이 작업을 맡겼단 말인가? 귀뚜라미 집이나 짓는 유치한 작업을 하는 사람에게서 무엇을 기대했을까? 카사 부오나로티에 소장된 이 모형이—사실 둔하고 형편없는 것이지만—그것을 거절했던 미켈란젤로의 작품으로 지금까지도 여겨진다는 것은 정말 대단한 일이 아닐 수 없다.

---

* 클레멘스 7세 교황이 등극하고 나서, 산 로렌초에 메디치 묘의 작업을 미켈란젤로에게 맡기려 했을 때 그 사업의 집행관이었다. 그는 독직 행위로 미켈란젤로를 매수하려 했으나 실패하자 그를 험담했던 인물이다.

바로 이해 6월에 미켈란젤로는 로마에서 피렌체로 다시 건너왔다. 여름에 사망하게 되는 아버지의 병구완 때문이기도 했을 것이다. 그런데 이때 자신의 신성한 청년 상(다윗) 바로 앞에 질투심 많은 반디넬리가 바초 다뇰로의 배려에 따라 세운 거대한 동물상을 보게 되었다. 조금 뒤 9월에 그는 로마로 되돌아가는데, 이때부터 그는 다시는 피렌체에 발을 들여놓지 않겠다고 다짐했다.

71
산 로렌초 정면의 비극

미켈란젤로가 정면 주문을 받은 날은 1518년 1월 10일이었다. 8년 이내에 모든 작업을 완수하고 그 대가로 금화 4천 두카토를 받는다는 계약이었다. 그러나 이 계약도 하기 전에 그는 이미 설계도를 그렸고, 목재와 테라코타 모형도 제작해두었다. 또 밀랍상을 비롯한 기타 준비를 하면서 1517년 한 해를 다 보냈다.

산 로렌초 성당 정면은 미켈란젤로에게 피콜로미니 제단과 율리우스 2세 영묘 이후 세 번째 비극이었다. 이번 비극은 그전보다 더욱 고통스러웠으리라. 왜냐하면 첫 번째에서 넉 점의 조상을 건졌고 두 번째에서 원래의 구상과 거리가 멀었지만 어쨌든, 석 점의 상을 만들 수 있었던 석관이 남았기 때문이다. 산 로렌초의 정면은 어렵고 지겨운 작업이었고 손도 대지 못했던 상태였다. 그것은 그의 일생에서 가장 괴롭고 삭막한 시기였다.

이 몇 해 동안 그는 로마, 피렌체, 카라라, 피에트라산타, 세라베차, 피사, 제노아를 오가면서 그에게 어울리지도 않는 임무를 수행하느라고 분주했다. 새로운 석재를 찾아 산을 오르내리고 계약을 체결하고 석공, 짐꾼, 마부, 인부, 선주와 다퉈야 했다. 모든 역할과 일을 도맡아 해야 했다. 즉 기술자이자 측량사, 개간과 토목공사 십장, 사업가, 감독관, 도형수 감독, 구매 대행인, 짐수레꾼 등의 일이다. 그는 바위산과 협곡 속에서, 먼지투성이 길바닥에서, 악취가 풍기는 마구간에서 궁리해야 했고, 뱃사람들과 흔들거리는 뱃전에서, 일꾼들과 선술집에서 일을 보아야 했으며, 항상 서두르고 걱정하고 기다리고 땀 흘리고 분통을 터트려야 했다. 늘 그렇듯이 일이라는 것이 원하는 대로 되는 법이 없었고 예상처럼 되지도 않았다. 사람들은 거칠고 정직하지 못하고 믿을 수 없고 서툴렀다. 모든 사람이 무지와 못된 의도와 정신으로, 나태와 어리석음으로 잘못을 인정하지 않으며, 약속을 지키지 않았다. 그의 조수, 제자들도 만족스럽지 못했다. 마치 마키아벨리의 5막짜리 희극 『클리치아』에 등장하는 인물처럼 그는 "순탄한 일이 어디 있을까" 하고 한탄할 수밖에 없었다.

바로 여기에 끝없는 분노와 고민이 있었다. 그는 수천 가지 걱정과 난관과 돌발사고, 짜증과 울화로 항상 긴장 속에 지냈다.

미켈란젤로를 예술가였다고 생각해볼 때—게다가 보통 예술가도 아니지 않은가!—그가 예민하고 자부심 강한 정신의 소유자였고, 거의 신과 같은 혼을 지녔다 해도 강건한 편은 못 된다고 생각해볼 때, 이 시절 그의 희생과 고통이 얼마나 컸을지 상상하기 어렵지 않다. 그가 버티고 인내하던 3년 동안, 쓸모없고 고된 생활과 안락하지도 않고 이익도 없는 비참한 생활을….

그는 앓아눕기도 열을 내기도 했다. 또 어떤 때에는 이해관계에 얽혀

구매해야 했던 다른 사람에게서 약속을 어겼다는 의심을 사기도 했다. 피렌체에서 사람들은 레오 10세에게 피렌체 영 피에트라산타 지방에서도 카라라 못지않은 훌륭한 대리석을 캐낼 수 있다는 청원서를 보냈고, 교황은 이에 알티시모 산으로 채석하도록 그를 보내기도 했다. 미켈란젤로는 대리석을 옮기자면, 수 마일 길이의 도로를 새로 건설해야 할 텐데, 그렇게 험준한 지방에서는 어려운 일이라고 대답했다. 그러자 사람들은 다시 이렇게 말했다. 카라라 영주 알베리크 후작의 친구이자 그에게서 구매한 예술가는 피렌체 사람의 이익을 해치는 장애를 늘릴 뿐이라고. 미켈란젤로는 상당한 자금과 시간을 들여 새로운 길을 닦아야 했다. 또 대리석이 바다에 도착했을 때, 그것을 피렌체로 옮길 사람은 아무도 찾을 수 없었다. 피렌체를 사랑하니까, 카라라의 석재를 내버려둔 미켈란젤로에게 분개했던 알베리크 후작은 친구에서 적으로 돌변하여, 연안의 모든 뱃사공을 묶어두었다. 더구나 그는 이미 카라라에서 준비했던 돌덩어리조차 내놓으려 들지 않았다.

한편 원주 4개분의 덩어리는 확보되었고 그중 하나가 피렌체에 도착했지만, 이는 전혀 쓸모가 없었다. 산 로렌초의 정면은 어마어마하게 크고, 지금까지도 실현되지 않은 채로 남아 있다. 그런데 심각한 걱정거리가 생겼던 교황은 이런 계속되는 지체에, 결국 1520년 3월 12일자의 칙령으로 미켈란젤로와 계약을 해지했다.

정면의 작업에 손도 대보지 못한 채, 미켈란젤로는 과로에 시달렸던 지난 3년 반가량 자신의 전성기인 마흔둘에서 마흔다섯 살까지의 시기를 완전히 잃어버린 꼴이었다. 아마 이 시기에 그는 험한 자연과 산과 바다에서, 영원한 것을 명상하는 고독에서나 위안을 받았을 듯하다.

72
단테의 묘

1518년 10월 20일 피렌체의 주요 인사 스무 명이 레오 10세를 찾아가서 라벤나에 묻혀 있는 단테의 유골을 조국으로 이장할 수 있도록 허락해달라고 간청했다. 이 인사 가운데 오늘날까지도 유명한 자코포 나르디와 루이지 알라마니는 물론이고 가장 유명한 미켈란젤로도 포함돼 있었다. 청원서는 우아하고 웅변적인 라틴어로 쓰였지만, 우리의 조각가는 이 언어를 몰랐기 때문에 거기에 언문으로 서명했고 매우 기쁘게 이 약속을 지지했다고 적어 넣었다.

"저 미켈란젤로는 조각가로 성하께, 신성한 시성詩聖의 격에 어울리는 묘를 이 도시의 영예로운 장소에 조성할 것을 간청하나이다."

이런 청원은 유감스럽게도 전혀 효력이 없었고, 미켈란젤로는 약속했던 시인의 '격에 어울리는' 묘를 세우지 못했다. 그는 물론 자신의 숭고한 걸작과 겨룰 만한 묘를 세울 계획이었을 것이다.

죽음의 시인, 미켈란젤로는 위대한 장묘 예술가였다. 그의 초기 조각은 성 도미니쿠스 묘의 홍예장식이었다. 자기 인생의 마지막 순간까지 그는 자기 자신의 석관에 쓸 피에타를 조각하면서 보냈다. 그는 율리우스 2세, 우르비노의 로렌초 공작, 느무르 공 줄리아노 메디치 등의 묘를 만들었다. 그는 체키노 브라치와 잔자코포 데 메디치의 묘의 설계도를 내놓았다. 하지만, 단테와 자기 자신의 묘의 설계도는 남기지 않았다. 만약 남겨놓았다면 그것은 소중한 것이 되었으리라.

미켈란젤로는 단테를 존경을 넘어 열렬히 사랑했다. 그는 소년 시절부터 『신곡』을 읽었다. 1494년에 알도브란디의 추천으로 볼로냐에서 처음 읽었다고 생각하기는 어렵다. 그는 그것을 되풀이해서 읽었고 계속해서 음미했다. 하느님을 갈구하고, 거인들을 빚어내는 그의 엄격한 정신은 이 시인의 조형적이며 신학적인 정신과 자매와 같다고 느꼈다. 콘디비는 이렇게 썼다.

"그는 아주 각별하게 단테를 칭송했다. 그의 경이로운 천재성에 들떠서 그의 작품 전체를 거의 암송할 정도였다."

도나토 잔노티는 『대화』에서 이렇게 주장한다.

"미켈란젤로가 위대한 단테 전문가라고 하는 말은 옳다. 사실상 나는 그보다 더 훌륭하게 그를 이해하고 간직한 사람을 모른다."

미켈란젤로는 바로 이 『대화』가 잘 입증하듯이, 『신곡』의 최상의 해설가 란디노와 실질적으로 긴밀한 관계를 맺었던 것으로 믿어진다. 말년에도 그는 당시 발간된 새로운 단테 해설서에 몰두했다. 조카 리오나르도에게 보낸 1545년 5월 10일자 편지에 그는 이렇게 썼다.

"루카 사람이 쓴 단테 해설서는 그것을 이해하는 사람이 볼 때 대단치 않은 찬사만 늘어놓았고, 별 해석의 여지도 없다고 조반 시모네에게 전해주거라. 내가 보기에 새로운 것은 아무것도 없더라."

이런 정보는 정확했다. 『신곡』의 해설자는 루카 사람 알레산드로 벨루텔로였고, 그 책은 그 전년에 베네치아에서 출간된 것이었다. 빈약하고 독창성이 거의 없으며, 페트라르카의 「시」의 해설보다 졸렬하다.

하지만, 이런 증거는 불필요하다. 부오나로티의 모든 작품이 단테에 대한 사랑을 드러내기 때문이다. 「리아와 라헬」, 즉 산 피에트로 인 빈콜리 성당의 율리우스 2세의 영묘를 지키는 활동적 삶과 명상적 삶의 우상은 「연옥」에 고취된 것이었기 때문이다. 더구나 「최후의 심판」의 인물상 중에서도 특히 샤론과 미노스는 단테에게서 영감을 얻었다. 보린스키는 심지어 이 거대한 프레스코 전체가 『신곡』을 구상적으로 재현한다고 생각했다. 만약 이 말이 정확하다면, 미켈란젤로는 확실히 그의 상상과 기억에 단테의 시가 생생하게 살아 있지 않았다면, 이와는 전혀 다른 최후의 심판을 그렸을지 모른다. 최후의 심판에서 승천하는 가장 복 받은 인물들로서 나타나는 하나를 이 시인의 초상—조토가 그린 것과 닮았다—으로 인정하는 사람도 있다.

우리는 그가 『신곡』의 삽화도 그렸다고 알고 있다. 이 신성한 시의 책장 둘레에 수많은 소묘를 그려 넣었다. 이 책은 안토니오 몬타우티의—1740년에 사망한 피렌체 조각가이자 건축가—수중에 들어갔다가 로마에 출장을 왔던 그는 자신에게 있던 모든 것을 지닌 채 리보르노에서 치비타베키오로 출항하던 배를 탔다. 이때 끔찍한 폭우에 배가 침몰했고 미켈란젤로가 삽화를 그려 넣었던 그 소중한 책자는 티레니아 해에 영원히 수장되고 말았다.

미켈란젤로의 「시」에는 단테에 대한 깊은 사랑의 흔적이 있다. 순례하는 세 왕국(천국, 연옥, 지옥)의 영광을 쓴 두 편의 단장에서만이 아니라. 단테와 마찬가지로 천재 미켈란젤로는 고통과 영광 속에서 자신과 또 선망하는 시인의 운명을 바꾸고 싶어했다.

내가 그 같은 행운을 타고난 사람이라면
그의 몫에 걸맞은 힘겨운 유랑 중에,
이 세상에서 가장 행복한 모습을 재현할 텐데.

망명은 단테의 삶에서 가장 충격적 사건이었다—자신은 망명을 분개하지 않았던 듯하더라도—미켈란젤로 또한 자신이 유배되었다고 느꼈기 때문이다. 자신의 조국에서 또 그 밖에서, 인간 조건을 저항하지도 후회하지도 않고 받아들일 수 없는 모든 인간과 마찬가지로….

그는 망명했어도 단테의 유골조차 구해내지 못했다. 비록 피렌체 사람이고 알리기에리의 시를 지극히 예찬했던 사람(로렌초 대공)의 아들이면서도 레오 10세는 '조각가 미켈란젤로'의 서명이 들어간 호소에도 아랑곳하지 않았다. 예술가는 비록 유골이나마 조국으로 가져와 자신도 나중에 그곳에 묻히길 바랐던 그 성당에 묘를 세워준다는 기쁨을 누리지 못했다.

그러나 단테는 그의 '불타오르는 상상' 속에 항상 살아 있었다. 그는 최후의 순간까지 그의 동반자요 위안자였다. 그는 단테를 신성하고 인간적인 문제에서 영원한 친구요, 스승으로 여겼다. 바로 그 덕분에 미켈란젤로는 시인이 되었을지 모른다. 인색하고 거만하며 위선적인 피렌체를 떠나 인류의 갱생을 기다리고 예언했던 삼위일체를 명상할 정도로, 죽지 않은 사자들을 찾아갔던 이 '시의 조각가'〔단테〕야말로 그의 삶과 예술에서 최상의 길잡이였다. 성경 다음으로 어떤 책도 하늘과 땅이 영감을 고취한 그의 시보다 더 미켈란젤로를 격려하고 깨우치지는 못했다.

73
딱한 제자

미켈란젤로가 사랑한 제자는 여럿이었지만 제자들은 그에게 정을 주지 않았고 끝이 좋았던 사람도 극히 드물었다. 그중 한 명이 1515년부터 1521년 동안 그의 곁에서 작업했던 피스토이아 출신의 피에로 우르바노였다.

미켈란젤로는 로마에서 이 청년을 체케토 신부라는 그의 삼촌 집에서 만났다. 마침 제자 실비오 팔코네가 떠나버린 참이었기에, 그는 미술과 조각을 배우고 싶어했던 이 피스토이아 출신의 청년을 제자로 받아들여도 괜찮겠다고 생각했다. 그는 한동안 열심히 스승을 따랐고 이런 사실은 우리에게 전해진 미켈란젤로의 다섯 통, 피에로의 네 통의 편지를 보아도 알 수 있다.

산 로렌초 정면에 쓸 대리석 채석 작업이 진행되었을 즈음, 피에로는 석재와 석공과 인부들을 감독하는 일을 맡아 세라베차를 빈번하게 왕래했다. 피에로 우르바노의 답장을 보면 스승은 그를 단순히 심부름꾼으로 여기지 않았고 제자로서 다정하게 대했음이 분명하다. 청년은 종종 미켈란젤로에게 자신이 소묘를 그리고, 테라코타 상을 빚지만 아직 많은 작업을 하지는 못했다고 쓰고 있다.

1517년 미켈란젤로 자신이 직접 제작한 밀랍 소상을 포함해서 산 로렌초 정면의 목재 모형을 제작했을 때, 그는 피에로에게 이 소중한 모형을 들고 로마로 줄리아노 데 메디치 추기경과 레오 10세를 찾아가는 일을 맡길 정도로 그를 신임했다. 제자 또한 1517년 12월 29일자의 편지에 썼던 것처럼 즉시 이 임무를 수행했다.

미켈란젤로의 제자에 대한 정은 1519년 카라라에서 피에로가 중병에 걸렸을 때, 그 모든 힘을 발휘했다. 그는 가망이 없어 보였다. 이 소식을 듣자마자 스승은 즉시 모든 일을 중단했고, 그곳으로 달려가 환자의 처소에서 그를 돌보고 간호하여 죽음의 위기에서 그를 구해내려고 애썼다. 그러나 환자에게 필요한 것이 너무 부족했기 때문에, 그는 피에로를 등에 업고 세라베차로 달려갔다. 그리고 친구 토폴리노에게 간호와 병시중을 부탁하고 또 회복하게 되면 피스토이아의 부모님 댁까지 그를 데려다주라고 당부했다. 요컨대, 그는 피에로를 위해서 친부모보다 더한 일을 했었다.

미켈란젤로는 어머니의 손길을 거의 몰랐고 아버지의 손길도 전혀 몰랐다. 이 시기에—또 다른 숱한 기간에도—그는 자기 내면에 있던 모든 부정과 모정을, 인간에 대한 연민의 정을 발견하게 된다. 미켈란젤로를 항상 분개하고 냉정하게 거리를 두며, 항상 자신에게 함몰되어 영웅적이며 비인간적인 이기주의에 빠져 있었다고 하는 사람은 그의 삶에서 벌어진 사건을 모르고서 하는 말이다.

피에로 우르바노가 피스토이아의 양친 댁에 있을 때에도 미켈란젤로는 제자를 포기하지 않았고 다시 그를 보러 가고자 했다. 그는 1519년 9월 17일에 이렇게 썼다.

"저고리, 바지, 망토, 펠트 모자를 보낸다. (⋯) 소식을 전하려무나. 필요한 것이 있으면 말하거라. 너를 보러 가야겠지만, 일이 너무 많아 그리하질 못하는구나. 어쨌든, 가야 할 테니 네 뜻을 알려다오. 잘 지내고 기분을 추스르거라."

9월 18일 피에로는 답장을 썼다. 그는 스승이 보내준 것에 감사하고서 찾아오실 필요는 없다고 말했다. 농가에 있는 것이 아니라 자기 집에 있는 것이라고. 또 그 병의 원인을 알 수 있게 해주고 미켈란젤로의 충고를 확인할 수 있게 해주는 말을 덧붙인다.

"제가 못된 짓을 하지는 않았습니다. 앞으로 다시는 그러지 않을 것입니다."

하지만, 이 약속은 지켜지지 않을 것이었다.

전기작가들이 거의 주목하지 않는, 그의 온정을 입증하는 부오나로티의 이 부성애의 놀라운 증거는 제대로 보상받지 못했다. 1521년 미켈란젤로는 피에로에게 「미네르바의 그리스도」 상을 로마로 운반해서 마무리 손질을 하도록 맡겼다. 편지들을 보면 피에로는 그 먼 거리로 작품을 운반하는 데 큰 고충과 거북함을 겪었지만 마무리 손질을 하다가 다듬기는커녕 작품을 훼손하고 말았다.

세바스티아노 델 피옴보는 부오나로티에게 이 소식을 상세하게 알렸다. 그와 동시에 피에로 우르바노를 시간이 가면서 몹쓸 성격으로 변해 스승의 사랑을 받을 만하지 않게 되었다고 생각하게 할 모습으로 묘사했다. 세바스티아노는 1521년 9월 6일에 이렇게 썼다.

"피에로는 고약한 성격을 보였습니다. 선생님도 이 세상 누구도 안중에 없는 듯합니다. 거장이라고 자처합니다. 하지만, 경험을 통해서 어느 날 자신이 누구인지 알게 되겠지요. 이 딱한 청년은 이제 조각을 하지도 못하리라고 생각됩니다. 그 일을 잊었기 때문입니다. 선생님 입상의 무릎은 로마 전체하고도 바꿀 수 없을 만한 것입니다. (…) 여러 날 동안 그가 보이지 않았습니다. 그가 궁전에서 먼 곳에 있기 때문인데, 그에게 뭔가 고약한 일이 벌어지지 않았을지 걱정이 태산입니다. 그는 그를 반기는 모든 매춘부와 즐기려 하고, 로마에서 벨벳 구두를 신고 창밖으로 돈을 내던지며 미남 행세를 한다고 들었습니다. 그가 잘못될까 큰 걱정이고, 아직 젊은 친구가 선생님이 들으신다면 황당해할 짓을 저질러 유감입니다."

리오나르도 셀라조와 페데리코 프리치도 이런 소식을 미켈란젤로에게 전했으므로, 세바스티아노가 피에로의 행동을 악의적으로 설명했을 리 없다. 미켈란젤로는 로마에서 받은 편지들을 믿을 수밖에 없었다. 그는 피에로에게 함께 일하지 않아도 된다고 알렸으며, 이때부터 더는 일하지 않게 되었다. 마지못해 그의 탈선을 용서했을지 모른다. 하지만, 건방짐이나 자신의 입상을 훼손했던 것까지 용서할 수는 없었다.

그런데 그가 병들었을 때 미켈란젤로가 부모 형제 이상으로 그를 돌볼 정도로 정을 쏟았던 이 부지런하고 성실하던 청년을 그렇게 달라지게 했을 만큼 피에로 우르바노에게 무슨 일이 있었을까? 작업을 잘하라고 했던 미켈란젤로의 격려가 그를 건방지게 만들었고, 또 스승의 크나큰 신뢰가 그를 마치 천박한 친구들이 그렇듯이, 자신의 가치를 과장하고 스스로 무절제한 생각에 사로잡히게 하지 않았을까? 물론 차분한 소년기에서 격정적인 청년기로 넘어가는 과도기에, 관능과 자부심의 억눌렸던 효소가 갑자기 흘러넘쳐, 결국 1521년에는, 계집들의 꽁무니만 쫓아다니며 놀아나는 난봉꾼이 되었던 것이다. 1519년 편지를 보면, "방탕한 짓을 하지는 않았습니다…"라고 씌어 있다. 이렇게 미켈란젤로는 그 낌새를 알고서는 주의를 주었던 것이다.

이제 선생의 눈 밖에 난 채로 레오 10세의 로마에서 그의 사악한 본능이 솟구치기 시작했고, 피스토이아 청년은 진정한 성격을 드러내게 되었다. 미켈란젤로에게 버림받고 로마에서 평판을 잃고 빚더미에 오른 채로 피에로는 나폴리로 떠났다.

1521년 11월 19일자, 비토리오 기베르티가 나폴리에서 부오나로티에게 쓴 편지에서 우리는 다음과 같은 사실을 알게 된다. 그 불충한 제자를 다시 한 번 선의로 감싸면서 "그가 내게 취한 태도로 미루어, 정신을 차린 것으로 보입니다"라고 하면서 이 선량한 기베르티는 그 청년이 성 세바스티아누스 상을 제작했는데, 그것을 팔아 그 돈으로 에스파냐로 갈 여비를 마련할 생각이라고 전하고 있다.

우리는 미켈란젤로가 답장을 썼는지, 아니면 우르바노가 그 가톨릭 왕국으로 이주하는 데 성공했는지 알 수 없다. 그에 관한 정보도 더는 없고 아무도 그의 작품을 언급한 적이 없다. 이탈리아든 다른 곳이든 세바스티아노 델 피옴보는 훌륭한 예언자였다. 미켈란젤로에게 버림받았다는 사실은 피에로에게는 예술과 일, 수입과 명성에 대한 모든 열망이 끝났다는 뜻이었다. 미켈란젤로의 빛에서 멀어지자 그는 일생을 망친 셈이다.

74
토폴리노

우리는 미켈란젤로를 항상 '우울한 기분'에 사로잡힌 사람으로 묘사한
다. 이는 세바스티아노 델 피옴보도 불평했던 점이다. 그는 때때로 흥
분해서 근심에 빠지고 슬퍼하고 절망하곤 했다. 우리는 미소 짓고 호탕
하게 웃는 미켈란젤로를 상상하지 못한다. 그런데 미켈란젤로도 웃을
줄 알았고 우리가 생각하는 것보다 훨씬 자주 그러했을 듯하다. 그를
그렇게 종종 웃긴 사람은 세티가노 출신의 도메니코 디 조반니 디 베르
티노 데 판첼리, 즉 토폴리노(미소 짓는 사람)라는 별명으로 더 잘 알
려진 인물이다. 키가 작은 이 사람은 아주 활달했던 모양이다. 매우 능
숙한 석공이었는데, 어쨌든, 바사리에 따르면 "당당한 조각가 태를 냈
지만 그 예술은 빈곤했다."

사실 그는 단순한 석공이 아니었다. 그는 1512년 페루자 근처 카스텔
리고네에 있는 산타 마리아 데이 미라콜리 성당의 정면 제작을 따내기
도 했다. 그는 이곳에 고부조 석 점을 남겼다. 동정녀, 성 바르톨로마이
우스, 성 아우구스티누스의 상이다. 몇 해 뒤 프란체스코 디 귀도라는

피렌체 조각가가 페루자에서 일하고 있었는데, 그와 함께 미술단체를 조직함으로써 그에 대한 존경을 입증하기도 했다.

1518년 10월부터 그는 피에트라산타와 카라라에서 미켈란젤로를 도왔다. 그는 부오나로티나 피에로 우르바노가 현장에 없을 때, 산 로렌초의 정면과 메디치 묘에 쓸 석재를 다듬는 일을 감독했다.

이 가엾은 토폴리노는 거장의 마음에 들려고 온갖 노력을 다했으나 늘 쉽지 않았다. 왜냐하면 번번이 채석과 운반에 나쁜 날씨가 걸림돌이 되었기 때문이다. 배가 도착하지 않기도 했고 석공들이 제멋대로 행동하기도 했다. 그는 미켈란젤로에게 자주 편지를 써 일에 관한 소식을 전하려 했고 그 지겨움도 토로했다. 그의 편지들은 아직 간행되지 않았다. 1524년 4월 4일자 편지에서 그는 반항하는 일꾼들에 대해 "그들을 누르고 소리쳐도 소용이 없습니다. 되레 나를 조롱합니다"라고 불평했다.

미켈란젤로는 그를 '내 소중한 거장 도미니크'라고 부르면서 아주 인간적으로 대했다. 1523년 11월 25일의 편지에서—그가 토폴리노에게 쓴 오직 한 통 전해지는 것이다—그는 클레멘스 7세의 선출 소식을 전하면서 그를 동등하게 대한다.

"메디치가 어떻게 교황에 선출되었는지 알고 계신지. 온 세상이 즐거워하는 듯합니다. 이제 예술에서도 많은 일을 할 수 있을 것으로 생각합니다. 하지만, 우리가 명예롭도록 당신의 일에 충실하시길."

이런 말은 그 자부심 강한 거물급 예술가가 단순한 조수에게 하는 말투는 아니다. 그 글은 동료에게 쓴 듯하다. 그렇게 표현했던 인간이 바로 부오나로티였다.

사실 용감한 토폴리노는 조각에 대한 야심을 거두지 않았고 대리석을 실은 배를 보내지 않았다. "거기에는 미켈란젤로를 웃어 나자빠지게 했던 그의 손으로 초벌 작업을 한 작은 상 서너 점밖에" 없었기 때문이다.

그는 대리석으로 메르쿠리우스 상에 착수했고 일단 피렌체로 돌아가서 완성할 작정이었다. 그것을 거의 끝낼 무렵에, 그는 미켈란젤로에게 그것을 보여주고 의견을 물었다. 미켈란젤로는 이렇게 답했다.

"입상 조각을 하겠다니 미치셨구려. 이 메르쿠리우스는 무릎부터 발 끝까지 너무 작고(팔의 3분의 1 크기밖에 안 될 정도로) 난쟁이에다가 불구가 되지 않았습니까?"

하지만, 용감한 토폴리노는 당황하는 기색도 별로 없이 이런 결점을 어려움 없이 고치겠다고 말했다. 그는 메르쿠리우스의 무릎 아래쪽 정강이를 잘라내고, 양쪽 다리에 대리석을 덧붙여, 대강 수리한 부분을 가리고 해서, 그 입상에 훌륭한 장화를 신겼다. 이렇게 의기양양해진 그는 미켈란젤로를 불러 다시 봐줄 것을 요구했다. 이번에도 또다시 미켈란젤로는 웃음을 터트릴 수밖에 없었다. 바사리는 이렇게 전한다.

"재능 있는 사람이라면 절대 의존하지 않았을 해법으로 이 불가피한 선택을 해낸 소박함에 감탄하고 말았다."

그는 아마 토폴리노가 메르쿠리우스를 더욱더 크게 비례에 맞춰보려
고 했던 그 기막힌 발상이 그에게는 잘 전달되지 않은 듯하다고 말했을
지 모른다.

이미 알다시피, 미켈란젤로는 토폴리노를 정답게 존중했다. 오랜 세
월 동안 그에게 그를 석상의 기초 작업과 석재 운반을 맡겼다. 그는 이
사람을 아주 신뢰해서, 피에로 우르바노가 1519년에 심하게 앓았을
때, 대신 일을 맡겼던 그 사람이다.

토폴리노는 1465년생으로 미켈란젤로보다 열 살이나 많았다. 그러
나 그가 언제 사망했는지 알 수 없다.

75
메니겔라

미켈란젤로의 관례적 전기를 읽어본 사람이라면 그를 돕고 함께 일한 주변 사람이 얼마나 되는지 알 수 없다는 사실을 깨닫게 된다.

예컨대, 메니겔라라는 인물은 몇 사람이 언급하고 있다. 바사리는 미켈란젤로가 그에게 소묘를 주었고, 그의 수고를 즐겼다는 이야기를 전한다. 그러나 그는 미켈란젤로를 우스꽝스러운 짓으로 "배꼽이 빠지도록 웃게 한, 아르노 계곡의 엉뚱하고 조잡한 화가"라고만 알려졌다. 바사리는 메니겔라가 미켈란젤로가 신임했고 세바스티아노 델 피옴보의 친구였던 사실은 함구한다.

도메니코—이 이름은 나중에 메니겔라로 바뀌었다—는 포지오 브라치올리니 지방의 마을, 테라누오바에서 태어났다. 아마 미켈란젤로를 1515년에 알게 되었던 듯하다. 그가 미켈란젤로에게 부친 두 통의 편지, 1518년 2월 27일자와 3월 13일자의 것은 그가 루카 시뇨렐리와 시모네 우르비노에게서 미켈란젤로에게 전달할 돈을 맡고 있었다는 사실을 알려준다. 두 번째 편지에서 그는 다른 일감을 달라고 자청하고 있다. 얼마 전 아이를 낳은 부인과 집을 떠나 고행할 준비가 되었다고 하면서, 자기를 필요로 하는 곳으로 달려가겠노라고. "기꺼이 그렇게 할 것이고, 선생님께서 즐겁게 받아들이신다면, 내일이 아니라 오늘이라도 당장…."

메니겔라는 바로 그해에 미켈란젤로의 부름을 받고 로마로 갔지만, 이 후원자의 호의를 빌어야 할 정도로 사정이 곤란했다. 1518년 7월 2일 세바스티아노 델 피옴보는 미켈란젤로에게 이렇게 썼다.

"메니겔라가 여기 로마에서 며칠을 지냈습니다. 그런데 지금 미칠 지경입니다. 술집 주인의 얼굴에 상처를 입혔습니다. 그는 도망쳐와서 내게 선생님께 편지를 써달라고 애원했습니다. 저로서는, 선생님께서 도메니코 부오닌세니 선생께 부탁하는 것이 좋을 듯합니다. 그가 불쾌한 일을 겪지 않도록 말입니다. 사실 그가 저지른 짓은 그만한 동기나 이유가 있었습니다. 이 가엾은 친구는 선생님께 호소하고 있습니다."

메니겔라는 평범한 화가였지만 다혈질이었다. 명예에 집착하고, 당시 막강한 영향력이 있던 예술가의 보호가 중요하다고 알고 있었다. 그의 보호자 역할을 했던 미켈란젤로는 그를 정직한 사람으로 평가했고, 로마의 이런 사건을 문제 삼지 않고서 그를 계속 도왔다. 적에게 상처를 입힌 며칠 뒤에—1518년 7월 20일—메니겔라는 미켈란젤로에게 편지를 써서 세바스티아노 델 피옴보의 그림에 금장을 입히는 작업을 맡겨줄 수 있는지 부탁했다. 그 뒤에도 메니겔라는 멀리 떨어져 있던 두 사람과 서신 왕래를 계속했다. 세바스티아노 델 피옴보가 1531년 미켈란젤로에게 부친 여러 장의 편지에서, 그는 메니겔라에게서 소식을 들었다는 이야기를 종종 꺼내고 있다.

이렇게 우리는 어째서 미켈란젤로가 선의와 후의로써 이 보잘것없고 궁핍한 화가에게 자신의 소묘를 자유롭고 관대하게 맡겼는지 이해할 수 있다. 바사리는 말한다.

"미켈란젤로는 왕들을 위해 일하기로 힘겨운 결단을 내렸다. 그래서 그를 위해 잠시 작업을 멈추고 메니겔라가 원하는 것에 충실한 방식으로 아주 간단하게 소묘들을 그려주었다."

테라누오바의 도메니코는 농민을 위한 작은 그림을 그리며 생계를 꾸렸고, 미켈란젤로는 그에게 흑사병을 막아주는 성 로슈, 동물의 수호자 성 안토니우스[특히 돼지의 수호자], 성 프란체스코의 데생을 제공했다. 메니겔라는 그에게 십자고상의 견본을 부탁했고, '그토록 훌륭한' 소묘를 받고서는 그것으로 여러 벌 주물을 떠서 아르노 강 상류에 있는 고향의 농민에게 판매했다.

왕들의 비위를 맞추는 데 무심했던 미켈란젤로는 친구와 가난한 사람에게 지극히 관대했다. 그는 이 세계의 왕의 이미지에 따라 자신의 은총을 불쌍한 자에게 나누어주면서도 사치스러운 자에게는 거절한 예술의 군주였다. 우리가 보겠지만 그는 자신이 직접 그린 소묘를 수많은 예술가에게 선물했고 가엾은 메니겔라에게도 주었다. 이렇게 그를 웃음거리로 대하기는커녕, 그 후원자로서 행복했던(자신이) 친구로 대했다.

76
로소의 사과

바사리는 미켈란젤로와 가까웠던 예술가 중에 피렌체 사람 로소 [1494~1540]를 꼽는다. 우리는 그 또한 소년 시절에 유명한 「카시나 전투」를 공부했던 것으로 알고 있다.

1494년생 로소는 미켈란젤로보다 스무 살이 어리다. 말하자면 그는 '아주 잘생기고, 장신'에 예절 바른 청년으로 탁월한 음악가요 훌륭한 철학자였다고 한다. 따라서 미켈란젤로가 그에게 호감을 느꼈다고 해서 이상한 일은 아니다. 우리가 알듯이 그는 예술과 음악과 학문에 몰두하는 훌륭한 청년을 사귀기 좋아했기 때문이다. 바사리에 따르면, 로소는 인물을 그릴 때 거기에 '잔인하고 절망적인 표현'을 부여했는데 '무시무시한' 미켈란젤로의 마음에 들지 않았을 리 없었다. 1526년 로소는 다른 청년 화가처럼 로마로 고대와 현대의 걸작을 보러 갔고 "그의 밖에서 그를 바라보는 미켈란젤로의 회화와 조각품"을, 다시 말해 모든 사람을 놀라움과 감동에 빠트리는 작품을 보러 갔다. 바로 여기에서도 부오나로티의 작품이 청년들에게 끼친 충격이 입증된다. 로소는 아마 이런 지나치게 강력한 영향에 저항하고 싶었을 것이고 또 다른 스타일과 수법을 모색하면서 자신만의 개성을 건져보려 했을 듯하다. 로소가 미켈란젤로의 작품에 근거한 습작을 말하면서 보르기니는 "그는 자신의 고상한 입장을 견지하면서 극소수 거장의 영향만 수용했다"고 덧붙인다.

그것이 사실이라면 그의 예술이 믿음직해 보이듯이 로마에서 그는 미켈란젤로의 예술을 부정할 수도 있을 말을 피하려 했을지 모른다. 이 거장은 그 천재성으로 젊은이를 뒤흔들어놓았지만, 그렇다고 해서 로소가 모든 점에서 그를 따르려 했던 것은 아니다. 어쨌든, 청년 화가는 스승을 부인하지 않았다고 완강하게 주장했다. 이런 이야기들이 적지 않게 그의 본의와 다르게 왜곡되고 오해되어 미켈란젤로의 귀에 들어갔다는 것을 로소도 알게 되었다. 1526년 10월 6일에 결국 그는 지금까지 간행되지 않은 장문의 해명성 편지를 이 거장에게 썼다.

그는 "아주 오래전부터 수도 없이 경의를 표하려는 편지를 드려야겠다고 생각하고 바라 마지않았지만"이라고 말문을 열면서, "너무 장황하게 들릴지 모르겠으나 그 이유는 잃을 것도 없을 것을 잃지 않을까 걱정하고, 저의 진심 때문인데, 선생님의 저에 대한 호의가 이 세상에서 가장 소중하기 때문입니다"라고 했다. 그는 이어서 거짓말쟁이와 악의에 찬 사람들이 자신을 선생님과 이간질하려 한다면서, 하지만, 자신은 참아왔다고 했다. "특히 저는 여러 통의 편지 덕분에 선생님이 얼마나 저를 두둔해주셨는지 알게 되었습니다(선생님의 배려와 선의로써). (…) 하지만, 이 썩고 악행에 젖은 사람들은 그런 식으로는 저를 제거할 수 없다고 보고서… 새로운 방법을 동원했습니다"라고도 했다.

어쨌든, 그들은 로소가 시스티나의 화가(미켈란젤로)를 무시하는 태도로 말했다고 중상했다.

"선생님께서 그런 예배당 안으로 들어서실 때, 사람들이 제가 그런 스타일을 쓰지 않으려 했다고 고자질했다는 것을 알고 있습니다. 이는 어리석을 뿐 아니라 그 자체가 그와 비슷한 모든 것을 증언합니다."

로소는 미켈란젤로가 '이와 같은 어리석음'을 모르고 있다고 생각하면서도, 이렇게 계속했다.

"이런 사정으로 저는 감히 그런 말을 퍼트리는 사람이라면 목구멍에서부터 거짓말을 한다고 말씀드리는 것입니다. (…) 그뿐만 아니라, 신성한 선생님의 작품을 달리 말한 것은 전혀 없습니다. (…) 선생님의 작품이 받아 마땅할 평가와 다른 어떤 말도 하지 않았습니다."

그리고 이런 중상을 퍼트린 사람에 대해서 이렇게 덧붙였다.

"선생님에 대한 저 로소의 사랑이 그런 사람들보다 얼마나 더 큰지 이해해주셨으면 합니다."

결국, 그 밖의 다른 이의 제기와 찬사를 쏟아내고 나서 그는 "저는 항상 이 세상 무엇보다도 선생님께 봉사할 준비가 되어 있습니다"라고 주장한다. 이 장문의 편지는 어렵고 장황한 문체로 썼으나 진실해 보인다. 어쨌든, 이 편지에서 이 청년 화가가 시스티나 화가의 작품에 찬사를 보내지 않았다는 비난을 얼마나 두려워했는지 알 수 있다.

미켈란젤로가 로소의 해명에 답을 했는지는 밝혀지지 않았다. 그러나 로소가 그에 대한 커다란 존경심을 버린 적이 없었음은 분명하다. 1532년 1월 1일에 리옹에서 안토니오 미니가 미켈란젤로에게 쓴 편지도 그 점을 드러낸다. 로소는 그사이 프랑수아 1세의 일을 하러 프랑스에 가 있었고, 미켈란젤로를 "그의 이름과 영예는 궁정에서 다른 모든 사람들 위에 자리 잡을 정도가 되었다"라고 썼다.•

미켈란젤로는 파리에 가지 않았다. 그러나 로소의 이름은 수수께끼 같은 상황에서 나온 이야기 속에 나중에 등장한다. 바로 이 거장의 가장 유명하고도 불운한 작품이 관계된⋯. 1536년 9월, 로소는 미켈란젤로의 「레다」를—가엾은 미니에게서 빼앗아—퐁텐블로로 운송하는 임무의 대가로 금화 8리브르 7수를 받았다. 로소는 미켈란젤로의 제자 대접을 받고 싶어하지 않았지만, 그는 이렇게 피렌체와 런던에 레다와 백조라는 이교도적 주제를 그린 두 점의 화폭을 전한다. 피렌체가 함락되었던 우울한 시절에 페라라 공을 위해 미켈란젤로가 그렸던 것에 고쳐되어 모방한 것이었다.

• 로소는 베네치아를 찾아갔던 1530년에 아레티노의 집에 묵었다. 아레티노가 그를 프랑수아 1세에게 소개했고, 그는 나중에 이 프랑스 왕의 수석화가가 되었다. 로소가 미켈란젤로의 「레다와 백조」를 국왕을 위해 모사한 소묘가(1538년경?) 현재는 런던 대영박물관에 소장되어 있다. 그는 피렌체 매너리즘의 선구자였으며, 특히 프랑스에 이탈리아 르네상스를 이식한 퐁텐블로 화파의 창시자로 평가된다.

77
미네르바의 그리스도

미켈란젤로는 율리우스 2세의 유언 집행인들과 1513년 5월에 계약을 맺으면서, 앞으로 칠 년간, 즉 교황의 영묘를 완성하기 전까지 다른 어떤 중요한 일도 맡지 않기로 명시했었다. 한편, 그 후 1년이 조금 더 지났을 때—1514년 6월 14일—그는 산 피에트로의 참사 베르나르도 첸초, 마리오 스카푸치, 메텔로 바리 데이 포르카리와 또 다른 계약에 서명했다. 그 서명에 따르면 그는 "위의 미켈란젤로가 가장 적합하다고 판단한 포즈에 따라 실물대의 헐벗고 십자가를 붙들고 서 있는 그리스도 석상"을 제작한다는 것이다. 이 석상은 4년 내에 완성해야 하며 그 가격은 금화 2백 두카토였다.

이런 계약에 서명하면서 조각가는 그 전년도의 계약서를 잊지 않았을 듯하다. 그렇다면, 이 새로운 계약은 '상당히 중요한' 것으로 여기지 않았어야 할 것이다.

미켈란젤로는 사실상 이 새로운 의무를 대단치 않게 생각했기 때문에 한참 동안 그 작업을 시작도 하지 않았다. 함께 서명한 다른 두 사람을 대표했던 메텔로 바리는 1517년 12월 13일자 편지에서 상당히 흥분한 어조로 이 문제로 미켈란젤로에게 불만을 터트렸다. 특히 이런 말을 했다.

"저로서는 3년 7개월이 지난 만큼, 선생께서 그리스도 상을 여전히 기다리기만 하는 건지 알려주십사 하는 것이 제 솔직한 입장 아니겠습니까."

그러나 부오나로티는 아무런 답도 하지 않았다. 이 몇 해 동안 그는 로마, 피렌체, 카라라, 피에트라산타, 제노아를 돌아다녔다. 그는 저 유명한 영묘에 매달려 있었던 데다가 1517년에 레오 10세가 주문한 산 로렌초 정면의 모형에 마음을 쏟았다.

어쨌든, 이런 부주의와 약속을 지키지 못하는 데에 크게 고민했다. 1518년 12월 21일, 피렌체에서 친구 리오나르도 델 셀라조에게 쓴 편지가 이런 사실을 확인해준다.

"아직도 피사에 있고, 첫 번째 배로 도착할 그의 입상에 대한 문제로 메텔로 바리가 독촉했다네. 나는 답을 하지 못했어. 작업에 착수하지도 못했으니 이 문제로 자네에게 글을 쓰고 싶지도 않네. 우울하기 짝이 없고, 내 뜻이야 어떻든 어릿광대가 될 듯하네."

마침내 1521년 미켈란젤로는 로마로 그리스도 석상을 보내게 되었다. 즉 3년이나 늦었다. 게다가 석상이 완성된 상태도 아니었다. 미켈란젤로는 제자이자 조수 피에로 우르바노에게 그 운반을 맡겼다. 바사리가 말하듯이 '자기 사람'에게 마무리 손질과 배치를 맡겼다. 미켈란젤로는 이 피에로를 사랑하고 그 예술적 재간을 평가했을 터였다. 그토록 까다로운 일을 맡길 정도였으니까.

그런데 이게 무슨 일일까! 이 구세주 상은 불운하기만 했다. 미켈란젤로는 애당초 초벌 작업을 했던 대리석을 포기해야 했었다. 작업 과정에서 흠결이 드러났기 때문이다. 이 뜻밖의 사고가 일을 지체시킨 첫번째 이유였다. 그러나 그것은 나중의 다른 석상보다 미켈란젤로의 천재성의 자취를 더욱 간직했을 듯하다. 그것을 갖고 싶어하던 메텔로 바리는 1522년에 손에 넣었다. 하지만, 유실되고 말았다.

미켈란젤로는 다시 시작할 수밖에 없었다. 그러니 기분 좋게 했을 리없었을 듯하다. 게다가 우르바노는 다시 만든 스승의 작품을 훼손하기까지 했다. 1521년 세바스티아노 델 피옴보가 미켈란젤로에게 부친 편지를 보자.

"피에로가 손을 댄 모든 것을 엉망으로 만들었다고 알려드립니다. 그가 자른 손가락 부분에서 현저히 드러나듯이, 특히 오른쪽 발이 짧아졌습니다. 십자가를 손에 쥔 오른쪽 손가락도 짧아졌습니다. 프리치는 이 작품이 대리석을 능숙하게 다루는 사람이 만든 것이 아니라, 짐벨레테[가락지 모양의 과자]를 만드는 장인이 만든 듯 보인다고 합니다. 요컨대, 아주 솜씨 없는 반죽을 만드는 사람의 것이라고요. (…) 말씀드리건대, 수염도 건드렸다는 것도 확연합니다. 그런데 이 어린 친구가 더 잘할 수도 있었을 터인데. (…) 날이 무딘 칼로 작업했다고들 합니다. (…) 한쪽 콧구멍도 없애버려 코 전체가 손상되었습니다. 그러니 하느님만이 제 모습을 찾아줄 수 있겠지요."

자신의 제자가 저지른 이 황당한 재앙의 소식을 들은 미켈란젤로는 페데리코 프리치에게 다시 작업하도록 지시했다. 결국, 그렇게 이 석상은 1521년 1월 12일에 광장에서 제막식을 했다. 메텔로 바리는 대단히 만족해했지만, 그간의 사정을 알던 리오나르도 델 셀라조는 1522년 1월 12일 미켈란젤로에게 이렇게 썼다.

"제가 훌륭하다고 떠들고, 떠들게 하는 이 작품은 선생님의 손에서 나온 것이 아닙니다."

이렇게 함으로써 그는 자기 친구가 우르바노의 실수 때문에 치욕스러운 결과를 감내하지 않기를 바랐을 듯하다. 반대로 바사리는 이 그리스도를 '감탄할 만한 상'으로 평가한다. 그 작품의 평판이 자자하다는 것을 알게 된 프랑수아 1세는 그 복제품을 갖고 싶어했다.

이 작품은 현대 평론가들의 마음을 사로잡지는 못했다. 그들은 이 작품이 부오나로티의 진정한 개성의 힘과는 너무 소원한 관례적 수법에 따랐다고 본다. 아마 이 작품에서 미켈란젤로의 창조적 솜씨가 가장 덜 드러난 듯하다. 그러나 우르바노와 프리치라는 서투른 두 조각가가 마무리 손질을 했다는 점을 염두에 두어야 하지 않을까. 첫 번째는 완전히 없애버렸고, 그다음에는 수정해야 했던 이것은 그 원래 모델을 약화하고 싱겁게 만들었음이 틀림없다.●

미켈란젤로가 어린 그리스도(어머니 품에 안긴), 죽은 그리스도(여러 형태의 피에타)를 자주 만들었지만—즉 태어나자마자 혹은 바로 사망한 그 즉시의 모습으로—, 산타 마리아 소프라 미네르바 성당(로마

시내 소재]과 최후의 심판 두 곳에서만 젊고 의기양양한 그리스도를 제작했다는 점에 주목해보자. 그는 구세주를 스승이자 치료사이자 의사요 부활한 사람으로서 고요한 모습으로 본 적이 전혀 없었고 순진무구한 아기와 넋을 잃고 죽은 모습으로만 보았다. 즉 시작과 끝만 보았다. 최후의 심판을 내리는 그리스도는 청정하고 격렬한 신성이다. 부활을 그린 소묘들은 곧바로 하늘로 되돌아가게 될, 불같은 성미의 하느님처럼 무덤에서 갑자기 솟아오른다. 미네르바 성당의 입상에서, 뛰고 날고 오르는 그리스도를 만들 수는 없었다. 그리스도는 여기에서 피곤함에 지쳐 지팡이에 기댄 우울한 순례자처럼 십자가에 기대고 있다.

그리스도는 근육질의, 머리와 수염을 기른 잘생긴 청년이다. 신성한 모습은 어디에도 없다, 조금 전에 죽음을 이겨내긴 했지만. 그는 죽음을 느끼게 하지 않는다. 미켈란젤로는 그리스도를 아기 때의 철부지 같은 가벼움과 죽음에 내팽개쳐진 무거움 속에서만 느끼고 있었다. 미켈란젤로에게 결함은 약속한 대로 3년 안에 작품을 끝내지 못했다는 점이 아니라, 열렬하고 격정적인 재능에 순종하지 않은 주제를 수락했다는 점에 있겠다.

• 요즘의 미술사가들, 가령 피에를루지 데 베키 같은 이들은 되레 이 작품이 고통에서 벗어나 아폴론 같은 모습으로 그리스도를 재현한 이례적인 작품으로 주목한다. 그리스도라는 주제를 새롭게 해석했다고.

78
페데리코 프리치

피렌체 조각가 페데리코 프리치의 운명은 특이했다. 그는 1519년부터 1522년 사이에 미켈란젤로의 조수로서 미술사에서 단 한 번 등장하고 그 뒤에 완전히 사라졌다. 그 연간을 전후해서는 물론이고 그의 작품을 우리는 전혀 알지 못한다.

미켈란젤로는 오래전부터 그와 친했을 듯하다. 그가 받은 편지 세 통은—우리에게 전해지는—'내 소중한 친구'라는 말로 시작하고, 본문은 그들의 관계가 아주 정중했으며, 부오나로티가 로마에 이주한 이 평범한 조각가의 자녀에게 선물을 보냈다는 사실을 알려주기 때문이다.

프리치가 부오나로티에게 부친 첫 번째 편지는 1519년 3월 10일의 것인데 미켈란젤로가 메텔로 바리를 위해 조각한 저 말썽 많은 그리스도 상을 들여앉힐 벽감을 미네르바 성당에 만들어달라고 부탁했다는 사실을 알려준다. 이 겸손한 조각가는 이 선배가 보여준 신뢰에 매우 행복해했다.

"너무 감사합니다. 제게 맡긴 일은 가능한 한 온 힘을 다할 것으로 생각하길 바랍니다. 선생님이 좋아할 것을 하는 것보다 더 큰 즐거움이 어디 있겠습니까."

피치의 선의를 아는 부오나로티는 2년 뒤에 더욱 중요한 일에 끌어들이게 된다. 세바스티아노 델 피옴보의 편지로 알 수 있듯이, 미켈란젤로가 미완으로 내버려두었던 그리스도 상이 로마에 도착했고 제자 우르바노가 마무리 작업을 하다가 여러 곳을 망치고 말았다. 세바스티아노는 미켈란젤로에게 9월 6일자 편지를 쓰면서, 가능한 한 우르바노의 서툰 솜씨를 대신 보완해줄 충실한 프리치의 도움을 구해보도록 제안했었다.

"프리치가 진심으로 선생님께 도움이 되겠지요. 그는 성실하고 선생님의 명예를 존중한다는 인상을 받았습니다."

사실상 미켈란젤로는 프라 바스티아노의 제의를 기다리기 전부터 이미 프리치를 염두에 두었으며, 그에게 이 불운한 그리스도 상을 배치할 최적의 장소를 조반니 다 레지오와 상의해보도록 부탁했었다. 9월 14일 프리치는 미켈란젤로에게 그 까다로운 수리를 기꺼이 맡겠노라고 답장을 띄웠다.

"그렇게 큰일은 아닐 것입니다. 그러나 작은 일일망정 할 수 있는 한 부지런히 해보도록 하겠습니다."

그는 이 대선배의 일을 맡게 된 것이 너무나 기뻐서 돈을 받지도 않으려 했다.

"별일도 아닌데, 어떻게 돈 이야기를 꺼내겠습니까. 이런 일이 아니더라도 선생님께는 뭐든지 하겠습니다."

프리치는 이렇게 미켈란젤로 작품의 마무리 손질을 대단한 영광으로 여겼다. 그러나 미켈란젤로는 후배의 호의를 이용하고 싶지는 않았다. 아마 가난하기도 했을 텐데. 1521년 10월 26일자 일기에서, 우리는 그가 리오나르도 셀라조에게 상당한 액수를 맡겼음을 알 수 있다. "로마에 와 있는 피렌체 조각가 페데리코 프리치에게 4두카토를 내주시게. 미네르바 성당에 있는, 로마에서 그가 나를 위해 다듬어준 그리스도 상에 대한 것으로."

그리스도의 마무리는 메텔로 바리와 로마 친구들과 미켈란젤로 자신에게도 만족스러웠던 듯하다. 그래서 프리치라는 무명의 이름이 항상 부오나로티의 손에서 나온 입상 하나에 결부되었다.

미켈란젤로가 이 겸손한 동료에 흡족해했다는 또 다른 증언은 1522년 3월 17일에 프리치가 그에게 보낸 편지에서도 확인된다. "친애하는 동무, 조언을 구할까 싶네"라고 시작된다. 프리치는 볼로냐의 한 성당을 위해 대리석 묘를 제작할 참이었다. 일찍이 미켈란젤로는 피에트라 산타의 대리석 질이 어떤지 그에게 물어본 적이 있었다. 그런데 이제 반대로 그가 베르실리아의 카라라 산에 정통한 미켈란젤로에게 정말로 그곳의 대리석이 다른 어느 곳보다 좋은지 물었다. 토네 같은 미술사가들은 이 편지에서 프리치가 미켈란젤로에게 그 묘를 위한 밑그림을 부탁했다고 한다. 그렇지만 자세히 읽어보면 그것이 데생의 문제가 아니라 대리석을 고르는 데 조언했음을 알 수 있다. 훌륭한 프리치는 직접 묘를 제작할 수 있다는 감을 잡았을 테고, 그렇게 했을지 모르지만 현재는 그 묘가 어디에 있는지 알 수 없다. 유실되었을지 모른다. 이 연대 이후로 그의 이름은 다시는 거론되지 않기 때문이다. 그 뒤 무슨 일이 일어났는지 그가 어디에서 죽었는지도 모른다. 평범하기는 했지만 그는 당대의 가장 위대한 작가의 정답고 부지런한 동료였다. 미켈란젤로의 눈부신 후광 속에서 한때 모습을 나타냈다가 갑자기 사라진 것이다. 마치 예기치 못한 기회가 그를 영원히 삼켜버리기라도 했다는 듯이…….

79
발다사레 카스틸리오네

대단히 인간적이고 완벽한 신사 기사—교육자로서도 유럽의 모든 신사 중의 신사—가 발다사레 카스틸리오네였다. 그런 사람이 예술에 대한 까다롭고 세련된 애정을 보이지 않을 리 없었다. 그러나 그의 '고상한 영혼'은 우르비노 궁에서 그 본질에 가장 어울리는 분위기를 찾았었고, 미켈란젤로의 무서운 면보다는 라파엘로의 우아미를 더 즐겼다. 그는 사실 라파엘로와 절친했고 그를 위해 로마의 고전 문명에 대한 저 유명한 편지를 써서 그를 도왔다. 그 밖에도, 라파엘로가 1516년에 그의 초상화를 그려 두 사람의 우정에 대한 증거를 남겼다.

하지만, 카스틸리오네 또한 미켈란젤로를 찬미했다. 자신의 저작 『조신』에서 그를 레오나르도, 만테냐, 조르조네, 그리고 어쨌든, 가장 아끼는 라파엘로와 함께 세 번씩이나 칭송했다.

이 만토바 백작과 피렌체 미술가 사이에, 카스틸리오네의 전기나 미켈란젤로의 전기들을 통해서도 지금까지도 미처 밝혀지지 않은 인간적 관계는 적지 않다. 우선 이들의 관계에서, 기록에서 드러나는 것만 보더라도, 그 관계는 카스틸리오네 편에서 자발적으로 우러난 것이 아니라, 그가 보좌하던 페데리코 곤차가 후작이 그에게 맡긴 특별한 임무에서 비롯했다.

곤차가 후작은 만토바에서 1519년 5월 28일 카스틸리오네에게 자신의 아버지 프란체스코의 위엄에 걸맞은 묘를 지으려고 한다는 말을 전했다. 이렇게 그는 당시 로마에 체류 중이던 백작에게 "로마에서 찾을 수 있는 다른 뛰어난 예술가는 물론이고, 미켈란젤로와 라파엘로에게 그 묘를 위한 넷 혹은 여섯 점의 초안을 그리게 하도록" 지시했다. 페데리코 곤차가는 미켈란젤로의 이름을 잊지 않았다—율리우스 2세의 영묘에 대한 명성 덕분에, 그를 이런 장묘 기념물의 '전문가'로 여겼던 것이다—그러나 카스틸리오네는 6월 3일자 답장에서 "저로서는 완전히 적합한 듯싶습니다"라고 했던 라파엘로의 초안을 제안했다. 다른 예술가들에 대해서는 그는 이렇게 분명히 잘라 말했다. "미켈란젤로는 로마에 없습니다." 그러고는 아무 말도 덧붙이지도 설명도 하지 않았다. 미켈란젤로의 부재는 그가 그토록 좋아하는 라파엘로를 천거할 수 있었던 카스틸리오네에게 실망스러운 일이 절대 아니었으리라.

그러나 페데리코는, 이사벨라 데스테의 영향으로 짐작되는데, 미켈란젤로를 기억했고 그 이름은 카스틸리오네에게 부친 편지에서도 드러난다. 1521년 3월 10일자의 그 편지에서, 페데리코는 백작에게 미켈란젤로의 작품을(라파엘로의 것도) 만토바의 청년 작가 로렌초 레온브루노에게 보이도록 청했다. 이 청년은 이사벨라의 이 관대한 남편이 급히 로마로 파견해서 그림을 검토해 '얼마나 완벽한 수준에 달했는지'를 알려고 했다. 이 청년 레온브루노와 함께 카스틸리오네가 시스티나로 그림을 보러 갔다고 충분히 짐작할 만하다. 그러나 당시 카라라와 피렌체를 오가며 생활하던 작가를 만나지는 못했다. 카스틸리오네와 미켈란젤로의 확인되는 관계는 이것이 전부이다. 서로 베껴 쓰는 부오나로티의 전기작가들은 만토바 후작을 위해 그렸다는 궁전의 초안을 카스틸리오네가 직접 1523년 만토바로 가져갔다고 인용하곤 한다. 그러나 만토바 국립고문서보관소나 다른 곳을 찾아보았을 때, 이 초안에 관한 어떤 자료도 남아 있지 않았다. 하지만, 저명한 미술사가들은 그것을 확실하다는 듯이 말한다. 반면에, 이 자료를 찾는 과정에서 카스틸리오네가 1522년 9월 14일부터 로마에서 마르미롤로 별궁을 설계하게 했다는 사실이 드러났다. 또 같은 달 27일에 그는 그 모형을 제작하게 했고 10월 10일에는 그것을 만토바로 보낼 수 있을 정도로 진척이 있었다면서, 11월 10일에는 그것을 자신이 직접 주군께 가져가겠노라고 예고한다. 사실상, 1522년 성 마르티누스 축일(11월 11일)에 카스틸리오네는 로마를 떠났다. 그는 1523년 11월 말에야 이곳으로 되돌아온다. 1523년 6월에 백작은 카사티코나 만토바에 있었을 듯하다. 그런데 마르미롤로 별장을 위한 모형은 이미 몇 달 전에 도착해 있었다. 가장 심각한 것은 카스틸리오네가 1522년에 로마를 서둘러 떠나면서 그토록 훌륭하다고 했던 그 초안과 모형이 누구의 작품인지 밝히지 않았다는 점이다. 반면에 1523년 3월 20일자의 재무관의 지출 명세서를 보면, 마르미롤로의 모형 건으로 "줄리오 라파엘로 우르비노"에게 금화가 지급되었음을 알 수 있다.

　이 수수께끼는 이렇게 풀린다. 그가 그토록 아끼던 라파엘로가 사망하고 나서 카스틸리오네는 라파엘로의 수제자 줄리오 로마노를 찾아가

보려 했다. 당시 1524년부터 로마노는 만토바에 정착했고 마르미롤로에서도 작업했다.

미켈란젤로의 초안은 늙은 현학자들이 지어낸 우화일 뿐이다. 1522년에 미켈란젤로는 피렌체에서 앓아누워 있었고, 카스틸리오네는 그를 찾아볼 생각조차 하지 않았다. 그는 라파엘로와 그 동아리에만 관심을 쏟았다.

물론 카스틸리오네는 미켈란젤로의 예술에 감탄했고 그의 이름을 자신의 저술에서 수차례 언급했다. 그렇지만 그는 미켈란젤로와 너무나 성격이 달랐고 그를 좋아할 수도 없었다. 르네상스의 이 유명한 두 주인공 사이는 서로 정중하게 존중하는 미미한 관계뿐이었지, 진정한 우정은 없었다.

80
아끼는 제자

1521년 미네르바 성당에 놓을 구세주 상을 피에로 우르바노가 그토록 잘못 다루었을 때, 미켈란젤로는 그 말을 더는 들으려 하지 않고서 또 다른 조수를 물색했다. 이때 안토니오 공디가 좋은 가정에서 자라고 성격도 원만한 소년을 그에게 천거했다. 안토니오 미니라는 이 소년은 조각을 배우고 싶어했다. 1522년쯤에 소년이 미켈란젤로와 함께 생활하게 되었을 때, 그는 겨우 열여섯 살이었지만 개방적인 태도에 손놀림도 매서웠음이 분명하다. 스승은 곧 그를 좋아하게 되었고 그를 이끌어주고 소묘를 가르쳐주었다.

대영박물관에 소장된 그의 소묘에서 우리는 놀라운 증거를 발견한다.—스승의 소묘를 안토니오가 모사한—거기에 미켈란젤로가 적은 다음과 같은 글을 읽을 수 있다. "그려라, 안토니오. 또 그려라, 시간을 놓치지 말고." 이 소묘의 연대는 1524년이므로 미니는 열여덟 살이었다. 따라서 그 또래처럼 때때로 작업실을 비우고 놀러 다녔다고 놀랄 일이 아니다. 거기에 적힌 말은 미켈란젤로가 제자들에게 끈끈한 정을 보여주었다는 새로운 증거라고 할 수 있다. 또 자기 예술의 비밀을 젊은이들에게 가르쳐주는 데 무관심했다는 해묵은 중상을 반박한다.

미켈란젤로는 이 제자를 심지어 클레멘스 7세에게도 이야기했던 모양이다. 교황을 한참 동안 알현하고 난 리오나르도 셀라조가 1526년 3월 10일에 미켈란젤로에게 이런 편지를 썼기 때문이다.

"안토니오에게 안부 전해주십시오. 그를 추천했으니 교황 편에서 검토해보겠다고 했다고도."

미니는 이 무렵 스무 살이 다 되었고 스승의 성화와 가르침을 유익하게 활용했음이 분명하다. 우리는 지금도 그의 능숙한 소묘를 미켈란젤로의 원작으로 혼동하기도 하기 때문이다.

그는 이제 부오나로티의 충실한 동반자가 되었다. 그가 1529년 9월에 베네치아로 도망칠 때 함께 가고자 했을 정도였다. 그는 그와 함께 피렌체로 되돌아와서 그 무시무시한 함락기에 그를 자기 곁에서 지켜주었다.

그러나 평화가 찾아오자 어린 미니는 미켈란젤로 곁을 영원히 떠났다. 그 원치 않은 잘못은 한 여자 때문이었다.

안토니오 미니는 1531년에 카시니 가문의 처녀와 미친 듯이 사랑에 빠졌고—유명한 피렌체 조각가 조반바티스타의 먼 친척일 것이다—그녀와 결혼하려고 죽도록 기를 썼다. 그러나 청년의 집안은 이 결혼을 결사반대했다. 처녀가 가난하고 지참금도 없기 때문이거나 평판이 좋지만은 않았기 때문일 수도 있었다. 그러나 당시 스물다섯의 혈기방장한 청년이던 안토니오가 이 광적인 사랑과 결혼 계획을 고집하자 부모님이 미켈란젤로에게 도움을 청하게 되었다. 스승의 친구이자 제자의 삼촌인 조반바티스타 미니가 부오나로티를 찾아가서 이 결혼은 비난받을 소지가 다분하므로 안토니오의 고집을 꺾도록 도와달라고 부탁했다. 미켈란젤로는 제자를 피렌체에서 다른 곳으로 멀리 보낼 방법을 약속했다. 그리고 실제로 희생을 감수하면서 그곳을 찾았다. 사랑을 그토록 소중히 여기는 미켈란젤로가 그토록 급하게 사랑하는 처녀와 사랑에 빠진 총각을 떼어놓으려 했다니 놀랍기만 하다. 하지만, 카사니 가문의 처녀는 안토니오의 배필이 아니었던 데다가 [미켈란젤로] 자신이 본보기가 되듯이 예술에 헌신하려는 사람은 가족의 부담을 짊어져서는 안 된다는 한결같은 태도 때문이었을지 모른다.

한때 미켈란젤로는 이탈리아 예술가들이 몰려가던 프랑스로 건너갈까 생각하기도 했지만 포기하고 말았다.* 그는 대신 미니를 보낼 생각으로 그를 설득하면서 충고를 따르라고 했다. 미니는 프랑스로 건너가 한동안 돈을 벌고 나서, 피렌체로 돌아와 사랑하는 처녀와 자유롭게 결혼할 희망을 품었을 듯하다.

미켈란젤로는 이 멀리 떠날 제자를 돕고자 그에게 예술의 관대한 군주의 격에 맞는 선물을 했다. 즉 '레다'를 그린 그림이었다. 이 관능미

---

* 앞에서 보았듯이 당시 로소를 비롯해서 여러 유능한 미술가들이 프랑스의 퐁텐블로 성을 근거지로 르네상스 미술을 이식하는 데 크게 기여했다. 나중에 일부는 귀국하고 일부는 그곳에 정착했다.

가 뛰어난 작품은 과거 피렌체 점령기 동안 알폰소 데스테 공작을 위해 그렸던 것이다. 알폰소 공작은 바로 그 무렵 궁정의 조신을 피렌체로 파견해 이 그림을 받아오도록 했지만, 미켈란젤로는 이 사람이 너무 예의에 어긋나게 처신하자 그에게 주지 않으려 했다. 그는 알폰소 공작에게 금화를 받지 않기로 하고 그 그림을 미니에게 주어 그것을 프랑스 왕에게 팔아서 그의 초기 체류 자금으로 사용하도록 하고, 국왕의 의견에 호의적인 분위기를 조성하려 했다. 이 특이한 경우에서 주목할 만한 점이 있다. 분명 뜨거운 열정에 사로잡힌 미니의 마음을 돌리려고 이 플라톤주의자 부오나로티가 자신이 그린 것 가운데 가장 관능적인 그림을 선물했다는 점이다.

미켈란젤로는 이 뛰어난 제자를 떠나보내야 하는 데에 심히 섭섭해했다. 그러나 미니는 선물을 받고 즐거운 기분으로 리옹으로 도착하자마자 1531년 12월 23일자로 선생님께 편지를 올렸다. 그리고 자신의 여행에 대한 소식과 리옹 시에 정착해 있던 많은 부유한 피렌체 교민들이 자신을 환대했다는 사실을 고했다. 파리에 도착해서는 레다의 운명을 결정짓게 될 복잡하고 불운한 사정을 미켈란젤로에게 수차례 편지를 올려 알려주었다. 여기에서 우리의 관심사인 그 소중한 그림—오늘날 유실되었다!—에 대한 것 이상으로, 우리의 관심을 끄는 것은 이 제자의 스승에 대한 정에 넘치는 표현이다. 1532년 2월 27일자의 편지에서 그는 이렇게 쓰고 있다.

"존경하는 미켈란젤로 선생님. (…) 이곳에서는 교황께서 선생님을 사업에 끌어들이고자 불러들였다고 이야기합니다. 그것이 사실이라면 하느님의 가호를 빕니다. 그렇게 오랫동안 수고하고 나서 선생님께서 평화롭게 좀 쉴 수 있게 되실지 궁금해하는 것보다 더 저를 안도하게 하는 일이 없기 때문입니다. 저는 하느님께 일이 잘되기를 부탁하고 이제 곧 입증되겠지만 제가 선생님께 자식 이상의 감정을 느꼈다는 점을 잊지 않으시길 바랍니다. 선생님의 사랑하는 안토니오 미니는 리옹에서 아주 건강하게 선생님께 봉사할 만반의 준비가 되어 있습니다."

그러나 미켈란젤로의 이 귀중한 선물도 미니에게 행복을 가져다주지는 못했다. 너무 젊고 순진한 그는 지나치게 간교한 피렌체 사람, 특히 첼리니가 우리에게 프랑수아 1세의 재무관이라고 전했던 줄리아노 보나코르시에게 쉽게 농락당했다. 「레다」는 말할 필요조차 없는 우여곡절 끝에, 단 한 푼도 지급되지 않고서 빼앗겨버렸다. 가엾은 미니는 사기당하고 동포에게 배신당한 채, 절망에 빠지고 빚만 잔뜩 진 채로 스물일곱 살이던 1533년 프랑스에서 비참하게 사망했다.

카시니 가문의 처녀가 애인을 포기하고 받은 대가가 이것이었다. 열렬한 사랑을 방해하려 했던 미켈란젤로는 이렇게 잔인한 벌을 받았다. 그의 관용은 알폰소 데스테의 금화만을 잃어버린 것이 아니다. 그 수혜자이자 사랑하는 제자까지도 잃게 했다. 게다가 가장 유명한 작품 중한 점까지도 잃어버리게 한 치명적인 원인이 되었다.

미니의 이렇게 가슴 아픈 종말은 미켈란젤로가 만년에, 로마와 피렌체의 수많은 처녀에게 비록 가난한 집안 출신일지라도 사랑하는 사람과 결혼할 수 있도록 부조를 하게 했던 추억과 회한이 되었다.

81
루이지 풀치 일 조바네

1522년에서 1523년에 걸친 두 해 동안, 미켈란젤로는 산 로렌초 정면의 비극에서 벗어나 신제의실과 묘비를 위한 초안을 그리면서 피렌체에 남아 있으려고 했다. 특히 율리우스 2세의 영묘 조각에 착수할 생각이었다. 그렇게 더 자유롭고 편안한 기분으로 지냈다. 그는 사람들과 다시 만나기 시작했고 시에 대한 열정도 다시 불태웠다.

미켈란젤로를 항상 침울하고 상을 찌푸린 채 고심하는 사람으로만 생각할 일은 아니다. 이 무렵부터 그는 늙었다고 투덜대기는 했지만, 틈 나는 대로 쾌활한 젊은이들과 어울리기도 했고, 여름밤이면 길거리와 광장에 나와 밤이 깊도록 노래하고 즐기고 소란을 떨기도 했다. 1525년 세바스티아노 델 피옴보가 받은 편지에서 그는 이렇게 말한다.

"엊저녁에, 우리 친구 퀴오와 다른 몇몇 젊은이가 나를 저녁에 초대했네. 모처럼 우울하지도, 미칠 것 같지도 않았지. 나를 즐겁게 해준 좋은 친구들과 저녁을 함께 하니까 썩 즐거웠어."

이즈음 혹은 조금 뒤에 금은세공사 필로토와 어린 벤베누토 첼리니 *를 데리고 이 모세의 조각가는 『모르간테 마지오레』〔루이지 풀치의 희극〕 저자의 손자가 야외에서 개최한 즉흥시 낭송회에 참석했다.

그의 이름도 할아버지와 똑같은 루이지 풀치였다. 그의 아버지는 자코포라는 사람으로 그의 딸을 범했다는 죄목으로 참수형을 당했었다. 그는 아버지의 사치스러운 본능을 이어받았고, 할아버지에게서 시를 짓는 취미와 재능을 물려받았다.

그와 애당초 친구였으나 곧 여자를 사이에 두고 다투는 경쟁 상대이자 적이 된 첼리니는 이렇게 말한다.

"그는 놀라운 시적 재능을 타고났고 라틴어에 통달했다. 그는 아주 잘생긴 멋쟁이였다. 그는 나도 모르는 어떤 주교 댁에서 생활했고, 프랑스 병〔성병〕에 걸려 있었다. 이 청년이 피렌체에 있었을 때, 시내에서 개최되는 여름밤의 야외집회에서 그는 즉흥적인 노래를 가장 잘 지어 불렀다. 너무나 듣기가 좋아 신 같은 미켈란젤로조차 그가 있는 곳을 알기만 하면 서둘러 달려가 즐기곤 했다. 대단한 세공사 필로토와 나도 그를 따라갔다."

자신의 고통에 함몰된 부오나로티라는 아주 낭만적인 이미지를 떠올리는 사람이라면 그가 평판이 나쁘고 천박한 청년의 즉흥적인 노래를 즐기려고, 미친 듯한 늙은이와 괄괄하고 이상한 청년과 함께 야밤에 쏘

• 1500~1571. 다재다능한 조각가이자 장식미술가로서 특히 그의 『자서전』은 당대의 미술과 인물에 대한 중요한 기록이다.

다니는 모습을 생각해보자. 놀랍지 않은지. 미켈란젤로는 미와 시와 노래와 농담을 즐겼다. 루이지 풀치는 '매우 미남'이었고 재치 있고 재미있는 시를 즉석에서 지어내는 재능을 타고났다. 그의 음성도 훌륭했을 듯하다. 그는 명랑하고 짓궂었다. 노예상을 깎아낸 이 조각가는 고상한 정신과 드높은 사상이 있었지만, 어떤 순간 어떤 자리에서는 피렌체 사람답게 엉뚱한 사람이 아닐 수 없었다.

루이지 풀치의 종말은 비참했다. 몇 해가 지나서 그는 로마에서 판텔리제라는 창녀와 사랑에 빠졌는데, 그녀는 첼리니의 정부였으므로 첼리니에게 심한 상처를 입었다. 회복했지만 그는 말에서 떨어져 비참하게 사망했다. 미켈란젤로는 항상 그를 미남 청년으로 기억했다. 피렌체 광장에서 달 밝은 밤에 총총한 눈과 귀와 가슴으로 그 노래의 부드러움을 즐겼던 즉흥시인으로.

미켈란젤로를 따라다녔던 늙은 세공사 조반니 디 발다사레, 일명 필로토는 대단한 인물은 아니었다. 그는 미켈란젤로의 오랜 친구로서 당시 그에게 많은 예술적 도움을 받았다. 미켈란젤로는 예컨대 그에게 라르가 거리의 메디치 궁에 자신이 제작한 낮은 창문에 붙일 구리 덧문의 제작을 맡겼다. 산 로렌초 신제의실 천창의 72면짜리 구리공球을 맡기기도 했다.

필로토는 미켈란젤로는 물론이고 피에리노 델 바가, 또 그에게 소묘를 선물했던 바초 반디넬리와도 친구였다. 1524년 베네치아에서 그는 부오나로티에게 금은 조상으로 장식된 제단을 제작하고 싶다는 편지를 썼다.

그러나 그는 예술보다는 동무들과 몰려다니고, 소극笑劇과 싸움질을 훨씬 좋아했다. 한마디로 그는 성자는 아니었다. 그는 금은세공사 폼페오를 살해한 첼리니를 피신하게 도와준 사람이었다.

바사리는 그를 '입이 험한 사람'이라고 했다. 화가 자코포, 일명 자코네와 목세공장 타소와 함께 하늘조차 지겨워할 만큼 악한이자 난봉꾼의 두목이라고 했다. 라스카는 자신의 저서에서, 그를 '호탕하고 아주 재미있는' 사람이라고 했다. 미켈란젤로는 남색(동성애자) 문제에서 우리가 보았듯이, 또 그 뒤의 일도 보게 되겠지만, 이런 쾌활한 사람들을 절대 무시하지 않았다. 1529년 그가 은밀히 피렌체를 떠났을 때, 그는 필로토와 함께했었다. 필로토도 조각가였고 1536년 카를 5세 황제의 입성에 맞춰 도시를 장식할 때, 그는 황제들과 그리스도와 피에타상을 조각하기도 했다.

그 또한 루이지 풀치처럼 종말이 비참했다. 독설가 기질이 다분했던 그는 다른 사람들의 행동을 외설스럽게 덧칠해서 퍼트리기를 좋아했다. 어느 날 밤, 그는 짓궂은 농담을 꾸며내려고 밤새우던 집 근처에서 귀를 기울이다가, 한 청년에게 발각되어 맞아 죽었다.

이런 것이 미켈란젤로가 메디치가의 묘를 장식할 상을 준비하던 그 시절 그가 동반자들과 함께 겪은 희로애락이었다.

82
게라르도 페리니

1545년 시인 피에트로 아레티노가 미켈란젤로에게 오만에 가득한 편지를 써서 「최후의 심판」의 나체상들이 외설스럽다고 비난했고, 스승에게서 자신들이 원하는 모든 것을 얻고자 했던 두 후배를 모욕했다. 아레티노에 따르면 '게라르도와 토마이의 소질이라면' 질투심뿐이라고 했다.

토마이는 물론 토마소 데 카발리에리를 가리킨다. 미켈란젤로 전기 작가들은 이 사람에 대해 장황한 이야기를 늘어놓곤 한다. 다른 한 사람은 분명치는 않지만, 게라르도 페리니일 텐데, 전기작가들이 그에 관해 전하는 것은 없고 미켈란젤로와 절친한 피렌체 청년이라고만 이야기한다. 그의 삶이나 그들이 나눈 편지에 관심을 두는 사람도 없다. 즉 페리니의 편지가 세 통 남아 있고, 미켈란젤로의 것이 한 통 있다.

그들은 1520년쯤에 서로 알게 되었던 듯하다. 게라르도가 페사로에서 쓴 편지는 1522년 1월 11일의 것이기 때문이다. 안부 편지에서 페리니는 자신이 건강하게 잘 지낸다면서 피렌체에 두고 온 친구가 "모든 일을 차근차근 해나가고 있다"고 썼다. 그러면서 그를 "아주 존경할 만하고 특별한 친구"라고 했다. 이 편지에는 아레티노의 무지한 의심을 정당화할 만한 어떤 각별한 정감의 표현도 없다. 1522년 2월에 미켈란젤로는 다음과 같이 답했다.

"자네 친구는 모두 나와 함께 있네. 자네가 건강하고 만족한다니 이는 자네가 아는 것보다 더 큰 즐거움일세."

그는 조반 프란체스코 파투치와 세공사 필로토도 잘 있다고 전했다. 이 편지는 이렇게 마무리된다.

"더 꼼꼼하게 해주길 바라고 상세한 부분에서도 만족할 수 있으면 좋겠네. 내게 아주 중요한 일이니까."

이런 분명치 않은 말은 악의적으로 해석될 여지를 남겼다. 이런 수수께끼 같은 인상은 편지 원본에서 데생을 곁들여 서명까지 한 미켈란젤로의 이상하고 유례없던 방식을 볼 때 더욱 증폭된다. 밀라네시는 "머리 하나에, 세 개의 공을 하나는 위로, 두 개의 양옆에 낀 날개를 그리면서"라고 썼다. 이는 예술가의 농담 같은 것일까? 이 세 개의 공은 부오나로티가 때때로 자신을 가리키는 데 사용했던 세 개로 엮인 동그라미일까 아니면 피렌체와 연관된 메디치 가문의 세 개의 공일까?

게라르도는 미켈란젤로가 바랐던 것처럼 페사로에서 피렌체로 금세 돌아오지 않았다. 미켈란젤로는 그에게 같은 해 6월 6일과 18일 두 차레나 편지를 더 보내 귀향을 재촉했다. 그 어조는 화급했고 표현은 간절했다.

"될 수 있는 한 어서 나를 보러 오라고 했던 것을 상기해보게나. 이 세상에서 그보다 더 큰 즐거움은 없을 걸세."

이렇게 미켈란젤로는 카라라 대리석 일에 바빴을 텐데도, 페리니에게 페사로로 가보겠다고 약속했다. 6월 18일자 편지에서 게라르도는 미켈란젤로의 편지를 받고서, "당신과 함께 있는 듯합니다. 그것이 제 유일한 욕망이니까요"라고 단언한다. 그리고 이어서 "당신을 찾았던 것은 다른 누구보다 당신을 믿기 때문입니다"라고 덧붙였다.

페리니는 이 밖의 다른 편지를 쓰지는 않았다. 아니면 썼더라도 유실되었을 듯하다. 어쨌든, 미켈란젤로의 것으로 보는 소묘에서—그 일부는 적어도 분명히 그의 솜씨인데—페리니를 또 다르게 기억한다. 현재는 우피치 미술관에 소장된 이 소묘는, 토드가 믿기에는 1522년작이다—편지들과 같은 해의 것이라는 말이다. 토네에 따르면 1530년작일텐데, 어쨌든, 발밑에 놓인 항아리에 오줌을 누는 어린 아기를 그렸다. 아버지 루도비코의 이름이 실려 있는 이 종이에 그린 스케치에는 미켈란젤로가 쓴 듯한 몇 줄의 글이 붙어 있다. 거기에는 "만만치 않게 깊은 곳"이라는 시가 적혀 있다.

이 구절은 1357년에 페트라르카가 보클뤼즈*에서 지은 애가哀歌에서 따온 것이다. 어떤 이유로 미켈란젤로가 이 구절을 베껴 썼는지 알기 어렵다. 반셔는 이를테면 그 계곡이 델라 발레 궁을 암시한다고 생각한다. 이 계곡에서는 고대의 걸작을 풍부하게 볼 수 있다는 주장이다. 그런데 델라 발레 궁은 로마에 있다. 또 그곳에서 정말로 고대의 걸작을 볼 수 있을까? 그런데 다른 한편, 이 소묘는 1522년이나 1530년에 그렸을 텐데, 이는 작가의 피렌체 시기에 해당한다. 그러나 페트라르카의 시 아래쪽에서 우리는 속어로 쓰인 또 다른 구절을 읽을 수 있다. "이제 내게 더는 그려달라고 하지 않았으면 한다. 페리니가 여기 없어서"라는.

도대체 누구에게 이렇게 호소했을까? 그리고 무슨 까닭에, 페리니가 있어야 미켈란젤로가 그림을 그릴 수 있었단 말인가?

이것도 편지에서 했던 말 못지않은 수수께끼이지만, 완곡하지만 짓궂은 아레티노의 비난을 인정할 만한 표현은 없다. 그 누구라도 먼저 고문서보관소를 뒤진다면 이런 모략을 꾸며내기는 어렵지 않다. 피렌체 대성당 박물관의 영세자 명단에서 도미네코 페리니 게라르도가 1480년 3월 12일에 세례를 받았다는 기록이 있다. 따라서 그가 페사로에서 편지를 썼을 때는 모든 사람이 그렇게 믿는 것처럼, 청년이 아니라 이미 마흔두 살이었고, 1545년 아레티노가 그에 관해 떠들었을 때 그는 예순다섯 살이었다. 장정도 미소년도 아니었다.

그의 영세부만으로는 페리니에 대한 대단한 것을 찾을 수 없었다. 그

• 시인이 1339년부터 16년 동안 망명지로 머물렀던 프랑스 남동부의 작은 마을이다. Valle locus clausa라는 것은 그 지명의 어원 Vallis Clausa, 즉 "깊은 계곡"에서 나왔다.

는 1498년에서 1534년 사이에 바조라는 종교단체에 가입했었고, 1564년 10월 10일 사망하고 산타 마리아 노벨라 성당에 묻혔다.

그와 미켈란젤로와 관련된 다른 어떤 것도 찾지 못했다. 사람들이 말하듯이, 이 동년배인 두 사람 사이에 극히 긴밀한 관계를 짐작할 수 있다고 해서, 아레티노라는 아주 유명한 순결의 사제에게서 비난을 살 만한 죄 따위의 흔적은 전혀 찾을 수 없다.

83
죽음에 다가간 후원자

아킬레이아 대주교이자 산 마르코의 추기경 도메니코 그리마니는 16세기 전반기에 로마 궁정에서 가장 지성이 넘치는 후원자요 막강한 고위성직자였다. 그는 교황들의—율리우스 2세, 레오 10세, 하드리아누스 6세—총애와 은혜를 입었다. 그는 청년기에 로렌초 대공과 나중에 그 서재를 사들인 피코 델라 미란돌라를 사귀었다. 그는 당대의 쟁쟁한 인문학자들, 플라미니우스, 알레안드레, 벰보, 그리고 로테르담의 에라스무스 등과 서신을 교환했다. 그는 학식이 풍부한 신학자로서도 대담한 의견에 적대적이기는커녕 세속 문학을 장려했으며, 플라톤주의 관점과 다르게 미술을 사랑했다. 그는 오늘날 우리가 '수집가'라고 부를 수 있는 사람이었다. 지금은 베네치아 궁이 된 산 마르코 궁과 정원에, 여기저기에서 발굴하고 가져온 고전 작품을 수집해 들였다. 라오콘이 발굴되었을 때 그 원작을 소유할 수 없게 되자, 그는 자코포 산소비노에게 그 청동 복제상을 제작하게 했다. 그는 모든 종류의 그림을 좋아했고 자신의 소장품에는 라파엘로의 소묘와 벨리니, 조르조네의 타블로와 멤링이나 보스 같은 유명한 플랑드르 화가들의 작품이 있었다. 미술의 역사에서 그리마니의 이름은 1520년경에 어떤 플랑드르 작가가 지은 유명한 『그리마니의 애독서』와 결부된다. 이 책은 지금 피렌체 국립도서관의 가장 귀중한 목록에 속한다.

그는 미켈란젤로가 시스티나의 궁륭에서 작업할 때 그를 만났을 듯하다. 그러나 그의 작품을 갖고 싶은 의사를 표시한 것은 1523년 일이다. 그는 부오나로티에게 만족할 만한 결과를 바라는 만큼 충분한 시간을 갖고 제작해달라고 부탁했다. 어떻게 로마에서 그렇게 오래 살았던 극성맞은 애호가가 말년에 가서야 미켈란젤로를 생각했을까? 왜냐하면 우선 그의 초상에 대한 취미가 베네치아와 플랑드르 화파에 기울어 있었으므로 부오나로티는 너무 엄숙하고 거칠어 보였을 것이다.

그런데 우리가 보게 되듯이, 그는 1523년 이전에도 미켈란젤로를 생각하기는 했다.

어쨌든, 그리마니는 마치 살날이 얼마 남지 않아 급하다는 듯이 미켈란젤로의 로마 친구 바르톨로메오 안지올리니를 찾아가 자신의 작품을 속히 그리게 해달라고 졸랐다. 안지올리니는 1523년 6월 28일 당시 피렌체에 있던 부오나로티에게 편지를 써 그 약속을 상기하면서 추기경이 자신에게 "그림이든 조각이든, 재료와 주제가 무엇이든 간에, 당신이 하고 싶은 대로 해주면 좋겠다"라고 했다. 그는 그리마니가 열렬한 르네상스 인간임을 폭로하는 말로 끝을 맺었다.

"추기경은 자신의 구원을 바라는 만큼 당신의 손으로 된 것이면 무엇이든 갖고 싶어합니다."

어떤 구원의 문제일까? 육체일까 영혼일까? 그러나 그리마니는 대단히 부유한 성직자였지만 독실한 신자였으므로 이런 말은 안지올리니의 과장일 듯싶다.

미켈란젤로는 약속을 지키겠노라고 다짐했지만, 시간을 고려해서 약간 유보적인 태도를 보였다. 7월 11일 안지올리니는 그에게 다시 편지를 부치면서 그리마니의 편지를 동봉했다. 그리마니는 그토록 바라 마지않은 작품을 기다리느라고 정말이지 애를 태웠다. 추기경은 부오나로티에게 이렇게 썼다.

"안지올리니 선생을 통해서 우리는 당신이 약속을 지킬 채비가 되었다는 아주 반가운 소식을 접했소이다. 우리 사무실에 보관할 수 있는 작은 그림도 이미 끝내셨다고 들었소. 작품의 가치를, 전적으로 당신을 신뢰하는 만큼 당신 마음에 드는 것이면 되겠지요."

그는 안지올리니에게 그가 작품에 착수하는 즉시 금화 50두카토를 지급하라고 맡겨놓았다고 덧붙이면서 이런 단서를 달았다.

"당신의 재능은 값을 따질 수 없는 것이니만큼 당신의 만족은 우리 반응에 달렸겠으나, 우리가 가능한 한 빨리 작품을 받게 된다면, 당신께 대한 우리의 의무는 더욱 크겠고 우리가 가진 것보다 더 큰 감사를 느끼게 될 것이오."

그리마니의 이런 말은 경청할 만하다. 미켈란젤로에 대한 평가가 어느 정도인지 짐작할 수 있고, 그 예술에 대한 최고위성직자의 감정이 어떠했는지 짐작하게 하기 때문이다. 오늘날 로마 교황청의 어떤 추기경이 이런 편지를, 비록 유명하다 하더라도 일개 예술가에게 쓸 수 있을 것인가? 단지 말로만 그랬던 것은 아니다. 안지올리니는 추기경의 편지에 동봉한 편지에서 미켈란젤로에게 선금으로 지급하라고 50두카토를 피렌체에 있는 보니파초 파치에게 지시했다고 밝혀두었다.

미켈란젤로는 산 마르코 추기경의 이런 명예로운 대접을 마음에 담아두었고, 안지올리니에게 늘 그렇듯이 겸손하게 답했다.

"당신 편지에 동봉된 추기경의 편지 잘 받았소, 감동이었지. 당신이 이런 별것도 아닌 일로 그분에게 급하게 직접 편지를 쓰도록 했으니. (…) 하지만, 그분의 편지에 답장할 계제는 못 되는 듯하오. 내가 원하는 만큼 그분을 흡족하게 할 수 있을까 모르기 때문이오. (…) 나는 추기경 각하께 봉사하고 싶고 또 가능한 한 전력을 다하겠소."

이제 그는 이미 착수했던 작업을 재개했고—율리우스 2세의 영묘를 위한 입상—나약함을 느꼈다.

"일이 너무 많고 이제 늙고 힘이 든다네. 하루를 일하면 나흘은 쉬어야 하니까. 그래서 너무 분명한 확답은 피해야 했지. 어쨌든, 자네 같은 오랜 친구를 위해 일하겠네. 자네의 성의에 보답해야지."

미켈란젤로는 당시 마흔여덟 살이었고 이미 늙었다고 느끼고, 털어놓곤 했다. 당시 건강이 좋지 않았던 만큼 율리우스 2세의 영묘를 위한 끝없는 작업에 종지부를 찍으려고 서둘렀다.

어쨌든, 그리마니 추기경을 위한 '소품'은 제작되지 않았고 자신에게 주문했던 추기경이 세상을 떠났기 때문에 그 의지조차 사라져버렸다. 7월 11일에 그리마니는 미켈란젤로에게 편지를 썼다. 그러나 8월 중순에는 병환이 깊어져 곧 사망했다. 만약 부오나로티가 기적처럼 일을 서둘렀다고 하더라도, 그는 그 약속을 지키지 못했으리라.

그런데 그리마니의 풍부한 소장품에 미켈란젤로의 작품 몇 점이 있다는 증거가 있다. 당대 베네치아 사가 마리노 사누토의 이야기에 따르면, 1526년 베네치아의 산타 마리아 포르모사 성당에서 조직한 축제 때, 그리마니가 남긴 작품들을 공개했는데, 여기에서 "로마에서 미켈란젤로가 그린 그림 몇 점이 나왔고, 그것들은 대단히 훌륭하고 고인이 된 추기경의 소장품이었다"고 한다.

이 작품들이 물론 앞에서 문제가 된 것들은 아니겠지만, 시스티나 궁륭을 위해 그렸던 소묘일 것이다. 추기경은 그와 절친했던 율리우스 2세가 재위에 있던 시절에 미켈란젤로에게서 직접 받았을 것이고 나중에는 사무실을 장식할 그림이나 조각을 갖고 싶어했던 것이다. 하지만, 그런 생각은 너무 때늦었을 뿐이다. 그는 예순둘의 나이에 사망했을 때에야 그런 생각을 했기 때문이다. 그러나 박식하고 관대한 그리마니가 베네치아로 보냈던 부오나로티의 '그림'들은 어떻게 되었을까?

84
우상 파괴자 교황

레오 10세가 서거하고 나서, 토르토사 주교이자 홀란드 출신 하드리아누스 플로렌스가 교황위에 올라 하드리아누스 6세가 되었다. 그는 1522년에 선출되었으나 곧장 에스파냐를 떠날 수 없었던 만큼, 8월 말에야 즉위식을 거행했다. 그는 1523년 9월 14일에 사망했으니, 로마에서 불과 한 해 며칠을 통치했을 뿐이다. 그는 짧은 재위 기간이었지만, 미켈란젤로에 관여할 수단을 찾았다. 그 사람이 아니라—예술가는 당시 로마에 없었다—그의 작품에. 그는 시스티나 궁륭을 장식한 프레스코를 없애버릴 작정이었다. 바사리는 이렇게 썼다.

"그는 진작부터 신성한 미켈란젤로의 예배당을 파괴해버릴 궁리를 했다. 그것이 나체의 소굴이라며. 그는 모든 훌륭한 그림과 조상을 경멸했고, 그것을 세속적 음란이며 수치스럽고 역겹다고 평가했다."

파스토르는 이런 주장을 진실로 보지 않는다. 이런 주장은 오직 바사리의 책에서만 나오기 때문이다. 그러나 하드리아누스 6세의 성격과 사고와 행동은 이 아레초의 역사가가 한 이야기에 돌이킬 수 없는 신빙성을 부여한다. 그는 이런 우상파괴 계획을 바티칸의 권위 있는 소식통을 통해 알았기 때문이다.

문화와 예술에 그토록 열정적이었던 율리우스 2세와 레오 10세라는 찬란한 시절을 보냈던, 인문학자와 예술가, 심지어 모든 이탈리아 국민은 하드리아누스의 등극을 민족적 불행으로 생각했다. 선임자들과 완전히 다른 하드리아누스 6세는 고대 예술품 수집에 전혀 관심이 없었고 문인, 화가, 조각가, 건축가를 자기 곁으로 불러들이지도 않았으며, 대부분 외국인 고위성직자들에만 둘러싸여 똑같은 생각을 나누었다. 그보다 먼저 사망한 그리마니 추기경만이 예외라고 하겠다. 그가 예술에 보여준 사랑이라고 해야 고작 자기 초상을 그리도록 한 것뿐이었고, 이것조차도 이탈리아 화가가 아닌 동포화가 얀 스코렐*에게 맡겼다. 교황의 특혜를 받아 교황 참사회원에도 오른 이 화가는—하드리아누스 교황은 동거(여자와) 생활하는 동료 신부들의 혹독한 적이었다—신부가 되었고 또 아름다운 여자와 주저 없이 동거했다. 그는 자기 후견인이 불쾌해하던 나체화도 그렸다.

하드리아누스 6세는 그 정신적 기풍이나 금욕주의적 원칙 때문에, 회화를 이해하지도 음미하지도 못했다. 또 살아서나 죽어서나 그를 무

---

* 1522년부터 1524년까지 로마에 체류했다. 1495년생이므로 이십대 중반의 청년이었다. 교황은 그에게 벨베데레의 고대 미술품 관리를 맡겼다. 또 하드리아누스 6세의 초상은 현재 벨기에 루뱅 대학에 있다. 그는 미켈란젤로의 작품을 크게 찬미했다.

사이의 적이자 예능인 비방자로 보던 많은 이탈리아 사람의 조롱과 비방의 대상이 되었다.

그러나 이 딱한 하드리아누스 교황은 일종의 청교도주의와 얀세니즘을 예고하는 듯한 태도에만 책임이 있던 것은 아니다. 그는 1459년 위트레히트의 궁색한 집안에서 태어났고, 또 '공동체 형제회'에서 정신적 수련을 쌓았다.—이 형제회는 1374년 에헤르트 흐루트가 주도한 운동이었다—이 수도회는 엄격한 금욕주의에 깊이 젖어 있었고, 교회의 도덕적 개혁을 시도했다. 하드리아누스는 감각과 감정보다 오로지 정신적인 것에 몰입하면서 2년 동안 철학을 공부했다. 또 십여 년간 스콜라 철학을 공부하면서 그의 정신은 더욱 건조해졌다. 이 사제 또한 자기 글을 골방에서 나온 현학적인 것이라고 인정한다. 그는 카를 5세가 어렸을 때 가르쳤고(가정교사), 나중에 1516년부터 1520년까지 에스파냐의 섭정 또는 부왕父王에 가까웠다. 또 종교재판관이었다. 1522년 이전에 그는 한 번도 이탈리아를 방문한 적이 없었다. 그리고 항상 르네상스 인문주의가 아직 침투하지도, 늦었지만 도착하지도 않았던 나라에서 살았었다.

하드리아누스가 로마에 건너왔을 때, 그는 마치 르네상스가 한창인 곳에 중세 사람이 부활한 모습이었다. 북쪽의 야만인이 라틴의 하늘 아래 나타나기라도 한 듯이, 고행자요 스콜라 철학자가 문학과 탐미의 세계에서 홀연히 몸을 일으킨 모습 말이다.

바로 이처럼 벨베데레 궁의 이교도적 상이나 라파엘로와 미켈란젤로의 그림을 보면서 그가 느꼈을 심각한 반감을 쉽게 상상할 수 있다. 그는 이교도적 성격을 느끼게 하는 모든 것에 염증을 느꼈고 또 신성한 장소에 있는 이 벌거벗은 인물상도 마찬가지였다. 미켈란젤로의 주제가 비록 성서에서 나왔더라도, 그로서는 지워버려야 할 추문으로 보였음이 분명하다. 그는 벨베데레의 모든 문을 걸어 잠갔다. 그는 당연히 그곳에 모여 있는 고대의 모든 나체상을 누구도 와서 보고 감상하지 못하도록, 교황의 예배당에서 미켈란젤로의 그림을 없애버리려고 생각했다. 이 알몸의 유혹적인 이브 앞에서, 근엄한 하드리아누스는 신부들의 동거를 줄곧 반대했듯이, 비록 오래전이기는 하지만, 홀란드에서 어떤 참사의 정부가 교부의 개혁적 행동에 복수하려고, 자신을 독살하려 했던 일을 떠올릴 수밖에 없었다.

교황이 된 이 종교재판소 대심문관은 루터주의 논쟁의 주요한 주제를 바티칸의 사치스러운 이단화로 생각했고 또 그는 이단적 수사 도당에게, 독일교회의 분리주의를 정당화하는 것보다 더욱 정당한 사람이 산 피에트로의 교황에 올랐다는 것을 보여주면서 행복해했을지 모른다. 아무튼, 그가 교황에 오른 다음 처음에는, 유럽의 평화를 되찾고 신부의 개혁을 시도하느라고 분주했기 때문에 시스티나 정화를 생각할 겨를이 없었다. 그는 1523년 초에 그 생각을 처음 했을지 모른다. 하지만, 그는 곧 사망했기 때문에 그 의도를 실행에 옮기지 못했다. 그가 좀 더 오래 살았더라면, 우리는 지금처럼 미켈란젤로의 걸작 회화를 볼 수 없었을지 모른다.

병환에서 회복된 지 얼마 되지 않은 부오나로티는 당시 피렌체에서 율리우스 2세의 영묘 조각에 다시 매달렸다. 몇몇 로마 친구들 편으로 하드리아누스 6세가 우상파괴를 핑계로 자신의 작품을 없애려는 계획을 알고 있었을까? 만약 알았다면 그가 어떤 생각을 했을까?

피상적인 사람의 생각처럼 믿을 수 없을 듯하지만, 미켈란젤로가 한 구석으로는 교황의 파괴적 생각을 정당하다고 생각했을 수도 있다. 미켈란젤로는 일생 사보나롤라를 믿었다. 그는 의심할 나위 없이, 이 페라라의 수도사가 명했던 저 유명한 '허영의 화형식'을 기억했다. 사보나롤라 또한 하드리아누스처럼 중세인이 아니던가. 그는 교부의 부패한 풍속에 항상 분개했고 교회의 근본적 개혁을 바라 마지않았다. 어떤 점에서는 단테적이면서도 사보나롤라적이었던 미켈란젤로는 하드리아누스 6세의 입장과 비슷했고, 그의 가슴 깊은 곳에서는 교황의 집정이 이단적인 잔당이 복권하는 데서 벗어나길 바랐을 수도 있다.

그러나 또 다른 혼, 즉 헬레니즘과 플라톤주의와 미를 애호하는 혼은 자신의 작품을 파괴한다는 생각에 저항하고 괴로워했을 듯하다. 그는 자기가 그린 궁륭은 구세주 강림의 신성하고 가시적인 재현이며, 구세주가 인류를 구원하고자 취했던 인간의 모습은 결국 하느님 아버지의 걸작이기에, 한 사람의 기독교도로서 기독교인의 눈에 완전히 순수해 보이는 것에 대해 부끄러워해야 할 이유는 없다고 생각했다.

그가 혼잣말로 하듯이 작품은 자기 자식이었다. 그런데 이제 하드리아누스 6세는 자신의 재능이 낳은 가장 훌륭한 피조물을 죽이려고 위협했다. 부오나로티 또한 다른 모든 이탈리아 예술가처럼, 우상파괴주의자인 야만적 교황이 사라지기 바랐을 것이다.

미켈란젤로는 1545년에 「최후의 심판」이 그 나신 때문에 '사창가'나 '쾌락의 욕탕' 같다고 했던 아레티노의 유명한 편지를 받았을 때 느꼈던 것 같은 분개를 하드리아누스 6세의 '벌거숭이 소굴'이라고 하는 말에서 다시 상기하고는 속으로 웃었을지 모른다. 하드리아누스 6세는 순교자 사보나롤라와 '비루한' 아레티노와 같은 의견이었다는 사후의 기적을 일으켰던 셈이다.

청교도적인 교황 하드리아누스 6세가 미켈란젤로의 걸작에 대한 이루지 못한 공격을 상기하는 것은 쓸데없을지 모른다. 율리우스 2세부터 피우스 5세에 이르기까지 16세기 모든 교황은 부오나로티를 아끼고 보호했다. 오직 게르만의 피를 타고난 단 한 사람만이 그를 배려하지 않았다. 가장 비할 데 없는 걸작을 영원히 없애버리려는 궁리 때문에.

제5부

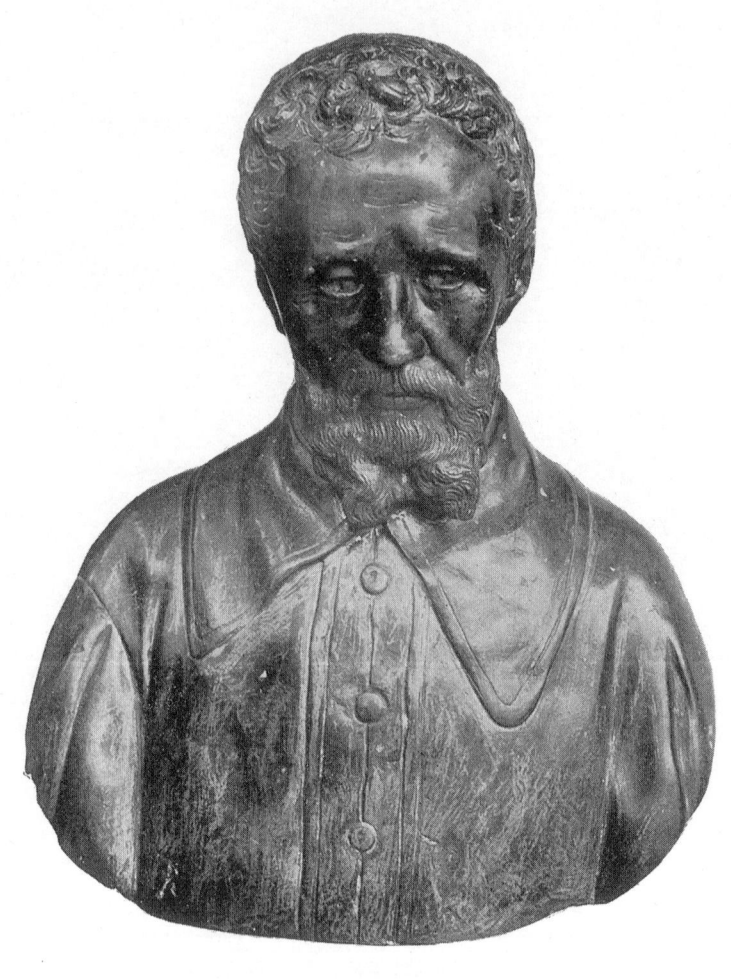

「미켈란젤로 흉상」, 리베르만 소장, 베를린.
조반니 볼로냐의 원작을 기이하게 재해석한 점이 흥미롭다. 뵈르들레-코티에-앙드레 흉상과
닮은 점도 있다.

85
클레멘스 7세

레오 10세는 미켈란젤로를 '산 로렌초 정면의 비극'에서 해방시켜주었지만, 메디치 가문은 대공 양아들의 작품을 거부하려 하지 않았다. 당시 피렌체를 통치하던 줄리오 데 메디치 추기경은 또다시 새 사업을 위한 초안을 요구했다. 추기경은 비록 1478년에 암살당한 줄리아노와 피오레타라는 여인 사이에서 유복자로 태어난 서자였지만, 가문의 권력과 관용을 잘 관리했다. 따라서 그는 산 로렌초라는 가문의 성당에 선조의 유해를 모실 새로운 제의실을 지으려 했다. 즉 삼촌 로렌초 대공과 부친 줄리아노, 또 사촌 동기간인 느무르 공 줄리아노와, 조카 우르비노 공 로렌초의 묘를 말이다. 나중에 그는 여기에 다시 사촌 레오 10세와 자기 자신의 것까지 추가하려 했다.

많은 사람이 메디치의 권위를 흠집내려 했다. 그들은 과거 공화정 시절의 자유를 그리워했고—보스콜리와 카포니, 오르티 오리첼라리의 음모를 상기하자—또 줄리오 데 메디치는 이런 묘가 조상의 모범과 전통대로 예술가 후원에 관대하다는, 가문의 위신을 지켜주리라 생각했다.

그는 반디넬리에게 각별한 정을 쏟았다. 줄리오는 나중에 레오 10세와 그 자신의 묘를 짓게 된다. 어쨌든, 단순히 상식을 따랐든 누군가의 조언에 따라서였든, 그는 오랫동안 대공의 식구였고, 이제는 전 이탈리아에서 유명한 부오나로티를 제쳐놓을 수 없다고 생각했다.

추기경은 따라서 미켈란젤로에게 그의 초안대로 제의실을 건설하도록 위임했다—더 정확하게는 가문의 묘라고 불러야 했을 것이다—또 직접 묘의 조각을 제작하도록 했다. 우울하고 피곤했지만 거장은 이 새 일을 수락했고 몇몇 초안을 작성했으며, 거기에 필요한 대리석을 수습하려고 했다. 일은 더디게 진행되었다. 미켈란젤로는 특히 율리우스 2세의 영묘에 대한 생각으로 마음이 복잡했다. 이 새로운 약속에도 불구하고 그것을 잘 마무리 짓고 싶었기 때문이다.

1523년 줄리오 추기경이 클레멘스 7세로 교황이 되자 일은 더욱 적극적으로 추진되었다. 이 새로운 교황은 자신의 권한으로 미켈란젤로와 율리우스 2세의 상속인이 다시 합의하도록 했기 때문이다.

제의실의 석재 공사는 충분히 진행되었지만 석상은 기초만 겨우 잡힌 상태였다. 가장 야심적인 첫 번째 안은—이미 번번이 미켈란젤로가 겪었던 일이지만—크게 비중이 줄어들었다. 여섯 개도 아닌 네 개의 묘소가 되었다. 나중에는 느무르 공과 우르비노 공의 것 두 개가 남게 될지도 몰랐다.

클레멘스 7세의 명에 따라 또 다른 제안이 첫 번째 안에 추가되었다. 즉 지금 라우렌치아나 '도서관'이라고 부르는 건물을 짓는 일이었다. 그 밖에도 교황은 이 성당 감실을 비롯한 다른 소소한 일도 요구했다.

성하는 그에게 이런 작업의 대가로 매월 선금 금화 50두카토를 지급했고 만약 일이 빠르게 성과를 보일 경우 더 많은 액수를 치르기로 했다. 비록 천성이 거만하고 미켈란젤로의 천재성을 이해할 만한 위인은 아니었지만, 교황은 1525년 12월 23일자로 겸손한 태도로 이 묘의 일을 잘 이끌어달라고 당부하는 편지를 그에게 직접 쓰기도 했다.

"당신도 알다시피, 교황들은 오래 살지 못하고 또 우리의 묘를 그렇게 많이 예배당에서 보고 싶어하는 것은 아니네만, 적어도 도서관 완공은 보기 바라네. 그래서 이런저런 일을 추천한 것이고 또 그 완공을 기다리면서 우리는 인내하려고 애쓰고 있네(당신이 이미 말했다시피). 하느님의 가호를 빌면서, 주님께서 당신에게 이 모든 일을 속히 성사시킬 용기를 주시도록, 또 우리가 살아 있는 한, 일과 보상이 고루 당신 것이라는 점을 잊지 말도록, 당신에게 하느님과 우리의 축복을 보내네."

일개 예술가에 대한 교황의 이런 점잖은 말은 되레 클레멘스 7세에게 영예로운 일이 되었다. 나약하고 대단히 위중한 실수를 저질렀지만, 그는 유구한 메디치가의 재능을 상당히 간직하고 있었다. 그는 자신의 정치적 수완을 위장하고, 자신의 결단을 저울질했다. 그는 교회라는 더 높은 이익을 개인적 야심과 가문의 영광을 위해 희생하는 데 너무 사로잡혀 있었다. 그렇지만 덕을 잃지는 않았다. 젊었을 때, 그는 집안의 하녀와 알레산드로라는 사생아를 나았다. 그를 어떻게 해서든 피렌체 공작에 앉히려고 했지만, 어쨌든, 추기경으로서나 교황으로서 그의 생활은 방탕하거나 종교인답지 못하지는 않았다. 그는 인색하다는 평판을 받았다. 그러나 미켈란젤로와 관련해서 이 평판은 과장된 면이 있다. 왜냐하면 조각가는 매월 15두카토를 요구했는데도, 교황은 그에게 50두카토를 지급하려 했기 때문이다.

신중해서든 겁이 많아서든 그는 메디치가의 공인된 측근 당파가 아닌 사람들도 후대했다. 바로 이 사람이, 대단치 않기는 해도 봉급을 주면서 사실상 마키아벨리에게 『피렌체 역사』를 기술하게 했다. 마찬가지 이유로 그는 미켈란젤로의 재능을 일찍부터 인정했다. 그는 부오나로티는 물론이고 그 이상으로 다른 예술가들도 후원하고 아꼈다. 반디넬리, 산소비노, 첼리니, 세바스티아노 델 피옴보 등. 카스틸리오네, 파울로 조비오, 특히 서슴없이 그의 이중성과 주저하는 성격을 자유롭고 신랄하게 비판했던 구치아르디니도 그의 측근이었다.

교황은 어려서부터 미켈란젤로를 알았다. 비아 라르가에 있는 삼촌의 궁전에서 그가 아직 그 위대성을 제대로 보여주지 못했을 때부터도. 심지어 그는 각별한 배려를 했다고도 하겠다. 1531년 6월 16일에 교황의 명에 따라 세바스티아노 델 피옴보가 쓴 편지에서 드러나듯이.

"그분이 저를 불러 이렇게 일렀습니다. 그에게 편지를 쓰라. 그가 온 힘을 다해 일하는 것을 즐거워하겠노라고, 그에게 유감스러운 일이 생기지도 병에 걸리지도 않기를 바란다고. 그러니 때때로 산책을 즐기라고. 그분이 이런 식으로 다른 여러 가지 당부도 하셨지만, 사실 이런 말씀은 그분께서 당신을 얼마나 사랑하고 존중하는지 가장 진지하고 따뜻하게 증명하는 것이며, 하느님께서는 내가 이런 사실에 얼마나 흡족해하는지 알고 계십니다."

또 1533년 말 사망하기 얼마 전에, 그 늙은 조각가에게 「최후의 심판」을 그리도록 하려고 생각했던 것도 바로 클레멘스 7세였다.

86
메디치가의 묘

미켈란젤로의 소묘 한 점 뒷면에 그가 친필로 적은 이런 글이 있다.

"낮과 밤[의 우상]이 이야기하고 말한다. 우리의 짧은 달리기로써, 우리는 줄리아노 공을 죽음으로 이끈다. 그가 저지른 것만큼 보복을 당한다는 것은 정당하다. 그 복수는 이렇다. 우리가 그를 죽게 한 만큼 그의 사후에 그는 우리에게서 빛을 빼앗고 우리의 눈을 가린다. 이제 더는 땅 위에서 빛나는 것은 없다. 그러니 살아 있다고 한들 우리가 무엇을 하겠는가?"

이런 생각이 그의 자필이 아니라면 미켈란젤로의 것인지 의심을 살 만하다. 차라리 17세기 세련된 재치파 문인의 것이라 할 만하다. 부오나로티의 것이 분명한 이것에서 당대의 피렌체 사람이라면 할 수 있었을, 그의 불꽃 튀는 두뇌에서 나온 지적인 묘미와 냉소적 즐거움을 엿볼 수 있다.

몇몇 사람의 주장처럼 미켈란젤로는 줄리아노를 미워하지 않았다. 줄리아노는 시인이었고 재능 있는 사람들의 친구였다. 그가 비록 조국에 종사하는 도구이자 상징이기는 했지만, 미움을 살 만한 일을 한 적은 없다. 그러나 미켈란젤로가 이런 아첨하는 과장법을 구사하면서 과연 줄리아노의 죽음이 그 자신의 눈에서 빛을 앗아가고 오로라[우상]의 눈마저 감게 했다고까지 생각하기는 했을까?

메디치가 묘의 구상과 의미는 이와 전혀 다르다. 내가 보기에 그 조각은 미켈란젤로가 지닌 염세주의의 가장 완전하고 분명한 고백이다. 그것은 인간의 삶에 대한 가장 단호한 고발이다.

미켈란젤로는 명상할 여유가 없었고 인간과 세계의 신비와 여러 측면을 사색하지 않았다. 그에게는 자신만의 고독과 슬픔 속에서 서서히 발전시킨 고유한 이론 같은 것이 있었다. 이런 이론은 때때로 그것이 함축하는 절망적 결론으로 그를 두려움에 떨게 했다.

그의 시편과 편지에는 이것이 단편적으로 반영된다. 그러나 그는 항상 용기를 잃지 않았고 그것을 생생하게 표현할 기회가 있었다. 그가 타고난 언어는 조형언어이다. 그래서 그는 자신의 이론을 프레스코나 입상 속에서 더 빈번하고 폭넓게 드러낸다. 산 로렌초 제의실의 작품은 절망의 철학이라고 할 수 있는 그의 철학을 가장 극명하게 보여주는 대목이다. 이 묘가 신성한 아름다움을 보여준다고 하지는 않겠다. 몇몇 평론가와 미술사가는 부풀리고 열정에 찬 웅변으로, 또는 기교에 넘치는 비유적 은어로써 이 조각의 감동적 완벽성을 풍성하게 찬미한다. 그러나 나는 이 흰 대리석의 장묘 조각 속에 생명을 불어넣고자 했던 미켈란젤로의 사상을 명쾌한 말로 다시 옮기고 싶다.

유명한 그 두 묘의 체계를 누구나 기억한다. 줄리아노 공은 군인으로서 낮과 밤의 이미지를 지배한다. 로렌초 공은 명상하는 사람으로 오로라와 황혼을 지배한다. 미켈란젤로는 이 두 공작의 사실적 묘사에 그렇게 매달리지 않았다. 당대의 초상화에서 그들은 완전히 다른 모습이고 수염도 기르고 있다. 그런 그들은 여기에서 우리가 인정하듯이 행동하는 인간과 생각하는 인간의 모습을 대변한다. 그런데 그 행동이란 무엇일까? 줄리아노의 장식이 화려한 무거운 갑옷은 폐병 말기 환자의 수척하고 슬픈 얼굴과 뚜렷이 대조된다. 지휘봉은 허벅지를 덮은 망토 위로 무기력하게 늘어지고, 가느다란 손은 그것을 제대로 쥐지도 못한다. 이는 행동의 상징이 아니라 파탄의 상징이고 행동을 부인하는 상징이다. 장군 차림의 우수에 젖은 나약하고 어두운 표정에서 전쟁이 실패로 끝났고, 그는 영원한 안식인 죽음을 맞이했음을 알 수 있다.

야만족의 두건 비슷한 바로크 투구를 쓴 또 다른 청년은 시름에 잠긴 모습으로 수백 년 동안 '펜시에로소〔시름에 잠긴〕'라고 불리던 상이다. 그러나 수염도 없고 조는 듯한 이 얼굴과 공허하고 무표정한 눈을 자세히 들여다보면, '펜시에로소'는 시름에 잠겨 있지 않고 또 잠긴 적도 없었다는 것을 감지하게 된다. 만약 그가 시름에 잠겨 있다면 거의 아무런 생각이 없이 무심한 허무에 대한 것이라 하겠다.

인간의 삶이란 행동과 사고이다. 그러나 미켈란젤로에게 행동은 패배 속의 휴식이고, 사고는 부동성이자 진공상태이다.

행동은 치명적인 피로이고, 사고는 유예된 허무이다. 행동과 사고는 무용하다. 사람의 사고와 행동으로 짜인 삶, 이는 보편적인 무용성의 발견이다.

다른 우의적 상도 이런 잔인한 결론의 끈질기고 되풀이되는 확증이다. 그것은 우리가 보겠지만, 태양 운행의 네 단계를 상징한다. 낮과 밤, 여명과 황혼을. 그 각각은 그 표현에 고유한 은밀한 의미를 찾아내는 데 도움이 된다.

추켜올린 어깨 뒤로 얼굴을 숨기다시피 한 낮의 우상은 고통스러운 표정으로 존재한다는 착잡한 회한으로 떠는 듯하다. 밤의 우상은 얼굴을 풍만한 가슴 쪽으로 기울이는데, 넋을 잃은 자의 감정을 증언한다. 다리를 벌린 채 원죄의 중심을 보여주려는 듯이 여명의 우상은 마법에 취한 동시에 부끄럽고 싫증을 내는, 생기 잃은 여인의 얼굴이다. 즉 '흘레 뒤의 슬픈 짐승의 모습'이다. 황혼은 생각에 잠긴 무거운 머리를 앞으로 숙이고 이제 막 찾아올 잠 속에서 안식을 찾으려 한다.

이 석상의 의미가 이보다 더 분명할 수는 없다. 낮의 우상은 경멸[의 우상]을 나타내는 슬픔이다. 밤의 우상은 무의식[의 우상]으로 도피하는 슬픔이다. 여명은 관능이 낳은 슬픔이다. 황혼은 헛된 노고에 따른 슬픔이다. 분노, 망각, 사치, 피로는 인간 운명의 고뇌이다. 하루의 네 순간은 원죄와 멜랑콜리의 상징일 뿐이다. 인생이 엇비슷하고 빠르게 지나가는 것이듯이, 미켈란젤로는 인생이란 잘못과 고통일 뿐이라고 결론짓는다. 그의 이런 염세주의는 그보다 3세기 뒤에, 쇼펜하우어의 작품에서 그 형이상학적 정당성을 찾게 된다. 이 단치히 출신 철학자의 작품에서 여전히 그 희미한 구원의 빛을 본다. 그러나 미켈란젤로의 작품에서 그리스도의 대속이 그 효과를 발휘하는지 의심스러울 정도이다.

아기 예수에게 젖을 주는 동정녀는—그가 제의실을 위해 조각한 작품이다―다른 조상과 마찬가지로 차분하면서도 깊은 고뇌를 드러낸다. 아기 예수는 부푼 가슴에 얼굴을 파묻지만, 동정녀는 미래를 응시하는 우울함 속에 시선을 다른 곳으로 던진 채, 마치 자신의 젖과 고난, 아들의 고난으로도 원죄와 고통의 영벌을 받은 인간을 구원하기에 부족하다고 예감하는 듯하다. 도메니코 지울리오티가 증명했듯이 이 작품은 강림의 파탄을 무섭게 의심하는 것 같다.

메디치가의 묘 작업을 끝내고 난 몇 해 뒤에 쓴 단시에서 미켈란젤로는 밤의 노래를 소개한다.

오, 밤이여, 부드러운 시간이여, 어둡더라도
(…)
너는 네 가위질로 모든 피곤한 생각을 잘라내는구나.

그러나 이 시에서, 제의실의 「밤」의 우상에서 끌어낸 생각은 단순한 부정 이상으로 완화되었다. 밤은 그에게 불쌍한 자를 위한 휴식이자, 슬피 우는 자를 위한 휴식이다. 우리가 보는 밤의 대리석상에서는 반대로, 잠 그 자체는 낮이라는 또 다른 행정에 동반되는 끊임없는 슬픔에서 완전히 해방되지 못한다. 말하자면, 이 석상만이 장례의 의미를 심화하고 확고하게 하는 고유한 이미지를 따른다. 그녀의 왼쪽 다리 밑에는 불운의 상징인, 흘겨보는 듯 커다란 올빼미가, 또 그 왼쪽 날개 밑에는 뚫린 눈과 이빨 빠진 입의 끔찍한 가면상이 찡그린 모습은 메두사의 형제나 에트루리아의 지옥의 신과 비슷한데, 공포의 상징임은 두말할 나위 없다. 이렇게 밤의 우상에서, 망각의 포기 속에서, 잠에서 깨어난 인간의 삶에 수반되는 공포를 없애기란 불가능하다. 즉 불행과 공포는 바로 거기 그 곁에서, 사지 사이에 웅크린 채 이미 우울에 물든 덧없는 무의식을 뒤흔들거나 방해한다. 심지어 밤의 우상의 허무 속에서조차 문제는 없다. 사람에 대한 비난 행위는 여기에서 절정에 도달한다. 즉 완결되었다.

미켈란젤로는 이 조각을 쉰다섯에서 예순 사이, 즉 마침내 자기 존재의 바탕과, 모든 피조물과 창조의 본질을 발견한 나이에 조각했다. 그는 세계의 비밀은 무섭기만 하다고 줄기차게 깨닫는다. 왜냐하면 그 비밀의 이름은 '무용성'이기 때문이다. 미켈란젤로는 모든 것을 겪었고 또 모든 것이 그를 저버리려고 다가왔었다. 그는 가족의 속박에 시달렸고, 권력자의 망은과 몰이해, 조국의 자유의 와해, 적의 악의와 끈질김, 형편없는 제자, 친구의 몰이해와 방기, 민중의 어리석음과 야만성에 시달렸다. 그는 자기 주변에서 진정한 애정의 온기를 느끼지 못했다. 그는 자신에게 걸맞은 동반자도, 이해해줄 여인도 없었다. 그가 토마소 데 카발리에리와 비토리아 콜론나를 만난 것은 아주 만년의 일일 뿐이다.

강요된 단념과, 봉사와 실패의 고뇌로 얼룩진 이 피렌체 시절은 그의 일생에서 가장 고통스런 시기였다. 메디치의 묘에 조성한 대리석상은 이 엄청난 절망을 '눈으로 말하려' 한다.

87
몬토르솔리

16세기 초부터 미켈란젤로가 조각가 제자들을 거의 도와주지 않았다는 악의적인 이야기가 떠돌았다. 이런 중상을 반박하는 증거로, 몬토르솔리라고 불리던 조반니 안젤로*의 사연이 있다. 그는 피렌체에서 무젤로 방향으로 3마일 떨어진 몬토르솔리 마을에서 태어났다.

아주 어렸을 때 몬토르솔리는 미술 공부를 하려고, 일명 피에솔레라고 하는 안드레아 페루치의 문하에 들어갔다. 피에솔레는 미켈란젤로의 후배이자 협력자로서, 그 또한 아주 어린 시절인 1525년, 산 로렌초 제의실과 도서관에서 작업하면서 피렌체에서 살았다. 몬토르솔리는 삼촌 산 로렌초 성당 참사회원이었던 조반니 노르키아티, 또는 페루치로부터 부오나로티를 소개받았을 것이다. 바사리에 따르면 시험을 해본 미켈란젤로가 이렇게 느꼈다고 했다.

• 1507년경~1563. 특히 토스카나 미술을 시칠리아 지방에 전했다.

"이 소년의 재능은 훌륭하고 의지로 충만했으니, 그는 노력하고 나이 많은 거장 둘이서 할 일을 하루 만에 혼자서도 해냈다. 바로 이런 이유로 미켈란젤로는 그가 어렸지만, 장년과 같은 봉급을 주었다."

이는 미켈란젤로의 예언자적 정신을 입증할 뿐 아니라,—그 뒤 몬토르솔리는 그 세기에 가장 인정받고 인기 있는 조각가가 된다—그의 의로운 정신을 입증한다. 제의실 작업을 위해 미켈란젤로는 다른 조각가들도 동원해 일했다. 피에솔레의 안드레아 페루치, 피사의 실비오 코시니 등. 그러나 그들은 몬토르솔리의 솜씨와 유명세에 미치지 못했다.

1527년 혁명으로 산 로렌초 공사가 중단되었고, 어린 몬토르솔리는 종교적 사명감이 싹트고 확고해졌다. 이 세상을 멀리하기로 작심하고서 그는 카말돌리 수도원으로 들어갔고 그 뒤 알베르노, 피렌체 예수회 등을 거쳐, 마침내 1530년에는 세르비트회*의 수도사가 되었다. 이때부터 그의 친구와 동료는 그를 종종 '일 프라테(수사)'라고 불렀다.

어쨌든, 피렌체 함락이라는 시련기가 끝나자, 미켈란젤로는 메디치 묘 작업을 재개했고, 비록 이제는 수도사가 되었지만 여전히 예술에 대한 사랑과 실천을 잃지 않았던 몬토르솔리와 함께 일하고 싶어했다.

1532년 12월 7일의 편지에서 그의 삼촌 조반니 노르키아티는 미켈란젤로에게 이렇게 쓰고 있다.

• 1223년 설립된 성모 종복회.

"프라테에게 보여주신 끊임없는 사랑에 깊이 감사드립니다. 이는 절대로 잊지 못할 은혜입니다. 저나 그 아이도 절대 보은을 다하지 못하리라고 생각됩니다. 그렇게 못 하더라도 저희가 감사하는 마음은 절대 식지 않을 것입니다."

사실상 클레멘스 7세는 이 무렵, 미켈란젤로에게 바티칸 벨베데레에 있는 고대조각을 수리할 젊은이를 찾아달라고 부탁했다. 미켈란젤로는 추천장을 써서 몬토르솔리를 보냈다. 그러나 얼마 뒤 1533년에, 몬토르솔리는 묘 작업을 위해 피렌체에서 다시금 자신과 일하고 싶어했으므로, 그는 줄리아노와 로렌초 상의 마무리를 맡아 했다. 이 몬토르솔리에 대한 총애가 추문을 일으켰다. 1533년 7월 25일에 세바스티아노 델 피옴보는 미켈란젤로에게 이런 편지를 썼다.

"줄리아노 공의 석상 작업에 프라테를 동원한 것을 두고서 말이 많습니다."

그러나 바로 이 편지에서 프라 바스티아노[세바스티아노 델 피옴보의 별명]는 교황이 이 문제에 대해 재론할 것은 전혀 없으며, 이렇게 전하라고 했다고 썼다.

"참새들이 조잘대게 내버려둡시다. 또 당신이 마음에 드는 것을 만든다면 짐 또한 만족할 것입니다."

바로 이 시절에, 이렇게 교황은 참다운 예술가를 지지하는 선의를 지녔고 또 그에게 험담하고 시기하고 열등한 사람들에 맞설 근거를 마련해주었다.

한편 몬토르솔리가 맡은 줄리아노와 로렌초 상은 하찮은 부분이었다. 갑옷과 투구장식, 옷자락, 대리석 연마….

그렇지만 미켈란젤로는 몬토르솔리에게 다시 한 번 호의를 베풀었다. 즉 그에게 성모 곁을 지킬 성자들 가운데 하나 즉 성 코스마스 상을 맡겼다. 몬토르솔리는 점토로 모형을 빚었으나, 스승의 마음에 들지 않았던 듯하다. 한편 미켈란젤로는 청년에게 화를 내기는커녕, 다른 조각가에게 전혀 보여주지 않았던 정을 보여주었다. 그는 이 제자의 모형 여러 군데를 수정해주었을 뿐 아니라, 바사리의 말에 따르자면 "머리와 검을 쥔 팔을 직접 제작했다." 그래서 현재 우리가 보는 성 코스마스 상은 부오나로티와 몬토르솔리의 합작이다. 이렇게 조수로서 몬토르솔리는 제의실의 작업에 여러 부분 참여했다. 즉 미켈란젤로의 천재성이 만개한 훌륭한 작품에 동참했다.

그렇다면, 이렇게 너그러운 편애의 동기는 무엇이었을까? 무엇보다도 조반니 안젤로의 예술에 대한 훌륭한 적성과 그 부지런하고 끈질긴 성실성이다. 위대한 기독교인으로서 부오나로티는 불과 스무 살에 하느님의 부르심을 진심으로 이해했고 또 성모 종복회에 입회해 수사가 된 이 청년을 좋아했을 것으로 생각할 수 있다. 그러나 몬토르솔리의 청년기의 이 소명의식이 어느 정도였는지 알 길은 없다.

미켈란젤로는 그에게 마지막 호의를 베풀고 싶어했다. 1534년 9월에, 그는 로마에 영원히 정착하게 되면서 새로운 집념으로, 오래전부터 소망했던 대로 율리우스 2세의 영묘에 쓸 조각 작업을 다시 시작했다. 그는 몬토르솔리를 이 작업에 조수로 초대했다. 그러나 이번에 그는 이를 즉시 수용하지 않았다. 왜냐하면 피렌체에 남아 산티시마 아눈치아타 성당에서, 알레산드로 공작—조국을 억압하고 미켈란젤로를 비난했던 인물이다—의 밀랍 초상을 완성하는 편이 더 좋겠다고 생각했기 때문이다. 그는 이 일을 마치고 나서 로마로 건너가 미켈란젤로의 일을 거들었다. 그는 율리우스 2세 영묘의 미완의 조상을 위해 조역을 했던 듯하다. 그러나 부오나로티는 그를 이전처럼 사랑하지 않은 듯한 인상을 남긴다. 아마 피렌체의 역겨운 독재자의 초상을 제작했다는 것을 용서할 수 없었을지 모른다. 이런 결론에 이르게 된 것은, 그 후 얼마 뒤, 미켈란젤로가 몬토르솔리에게 이폴리토 데 메디치 추기경의 초대에 응하라고 설득했기 때문이다. 추기경은 그를 투르농 추기경과 함께 프랑스로 보내 프랑수아 1세에게 봉사하도록 할 생각이었다. 스승의 조언을 받아들인 몬토르솔리는 파리로 떠났고, 그 뒤로는 미켈란젤로에게 아무런 연락도 취하지 않았다. 1525년부터 미켈란젤로가, 거의 6년 동안 언제나 그를 곁에 두려 했고 애제자로서 아껴왔지만, 그런 사람이 어떻게 갑자기 그를 멀리 떠나보내려고 설득할 수 있었을까? 우선 프라테의 도움이 없이는 거의 아무것도 할 수 없었을지 모를 그가 이제는 그를 포기하고 먼 외국으로 내보냈다는 듯이 보인다. 또 그는 아주 통이 큰 군주에게 봉사함으로써 소득과 명성을 얻을 최상의 기회를 몬토르솔리에게 마련해주려고 그렇게 고집했을 수도 있다. 그러나 미켈란젤로의 생각에는, 그토록 아끼던 제자의 불복에 대한 은밀한 원망이 남아 있었고 그래서 이런 불복을 단죄했을 가능성도 있다.

몬토르솔리는 얼마 지나지 않아 곧바로 이탈리아로 되돌아왔고 변변한 성공을 거두지도 못하면서 제노아와 메시나에서 일했다. 미켈란젤로의 제자였다는 사실이 그의 명성에 상당히 이바지했고, 1536년 아레티노의 편지라든가 1543년 A. F. 도니의 편지를 보면, 그를 미켈란젤로의 제자로 이야기하고 있다. 사실상 프라테의 몇몇 작품에서 미켈란젤로의 영향이 분명히 보인다. 특히 제노아 구빈소에, 한 교인의 주문으로 제작한 저부조에서 그런 영향이 두드러진다. 죽은 아들을 응시하는 동정녀를 재현한 것이고 19세기 말까지도 미켈란젤로의 작품이라고 하던 것이다.

1557년, 몬토르솔리는 시칠리아를 떠나 피렌체로 귀향했고 그곳에서 1563년 8월 31일에 사망했다. 늙은 스승보다 불과 몇 달 전에 세상을 하직했다.

어쨌든, 우리가 아는 한, 부오나로티는 더는 그를 돌보지 않았고 또다시 만나지도 않았다. 누구에게 했던 것보다 더 프라테에게 잘 해주었지만, 몬토르솔리에게서 미켈란젤로가 진심으로 원했고 일생 추구했던 충실한 정감을 찾을 수는 없다.

88
산소비노

16세기에, 이름이 같은 산소비노라는, 고향도 가문도 다른 탁월한 조각가 두 사람이 행복하고 영예롭게 일했다. 1460년 몬테 산 사비노 태생인 안드레아 콘투치와 1486년 피렌체 태생 자코포 타티가 그들이다. 전자는 고향 이름에서 별명을 따왔고, 후자는 전자의 제자여서 그런 이름을 얻었다. 두 사람 모두 미켈란젤로와 사건이 많았지만 미켈란젤로는 그다지 흡족해하지 않았다.

안드레아 콘투치는 대공의 댁에서 그림을 배웠다. 어쨌든, 그는 미켈란젤로보다 열다섯 살 연상이다. 그 두 사람이 베르톨도의 작업실에서 함께 있었는지는 불확실하다. 아마 1504년경에 안드레아가 다윗 상 공모를 심사하는 과정에서 알게 되었을 것이다.

1506년에 미켈란젤로가 율리우스 2세의 영묘 작업을 할 때, 산소비노 또한 로마에서 거물들의 묘지 작업 중이었다. 그러나 그들이 친구로서 사귀었다는 증거는 전혀 없다. 되레 서로 앙숙이었을지 모른다.

여러 해 뒤, 1524년에 안드레아는 마치 옛 동무처럼 미켈란젤로를 찾앗다. 그는 당시 로레토에서 조각을 하고 있었으나 피렌체로 되돌아갈 욕심이었고 또 미켈란젤로가 메디치 묘 작업에 자신을 조수로 써주길 바라고 있었다. 이 늙은 조각가는—그는 그때 예순넷이었다—부오나로티에게 비굴하게 간청하는 편지 세 통을 썼다. 1524년에 쓴 첫 번째 편지에서, 안드레아는 클레멘스 7세와 대화를 나누었다면서, 성하께서 자신에게 산 로렌초 작업에 참여할 희망을 주었다며 미켈란젤로가 자신을 호평했다고도 말했다.

"만약 당신이 그 일에 내가 봉사할 수 있도록 수락한다면, 나는 당신이 주문하는 일이라면 어떤 일이건 기꺼이 성실하게 봉사하겠습니다, 당신을 항상 사랑하니까요."

산소비노의 말은 미켈란젤로 곁에서 일하겠다는 것이 아니라 그의 지시에 따라 그의 밑에서 일하겠다는 주장이었다. 그는 또 같은 편지에서 아레초 지방, 산골의 목동이었던 빈농 출신인 그로서는 놀랍지 않은 소박한 심정으로 그런 주장을 반복했다.

"그런데 미켈란젤로 씨, 내가 바라는 만큼에 못 미친다는 점을 잘 아실 테니까, 당신 마음에 드는 일이라면 무엇이든 하겠소이다."

그는 3월 2일자, 또 1524년 12월 5일자의 나머지 편지에서도 이와 똑같은 말을 되풀이했다.

한편 미켈란젤로는 산소비노의 편지에 답이 없었다. 그 편지가 중도에 사라져 전달되지 않았다면 말이다. 그는 로마에 있는 친구들에게 교황이 정말로 산소비노를 자신의 조수로 보내려는 의향인지를 알고 싶어했을 뿐이지만, 파투치는—1524년 11월 22일자, 1525년 3월 16일자 편지에서—그 점을 재차 확신했다. 즉 교황은 미켈란젤로가 자신을 좋게 보는 만큼, 자기 혼자만 아니면 다른 사람과 함께 꼽고 있다고 했다는 것이다. 이렇게 산소비노는 답을 받지 못했거나 아니면 미켈란젤로가 그를 좋게 기억하지 않았기 때문에 거절당했거나, 그도 아니라면 그렇게 인정하지 않았거나 아니면 그를 평가하기는 하면서도, 습관대로 혼자서 일을 하려고 했기 때문에 거절당했을 수 있을 것이다.

이와 마찬가지 이유로, 그 몇 해 전에도, 부오나로티와 어린 자코포 산소비노의 관계가 나빠지기도 했었다. 바사리가 전하듯이, 자코포 타티는 미켈란젤로의 '승승장구하는 명성'에 이끌려 조각에 헌신했고, 또 당시 모든 새내기처럼 그도 「카시나 전투」를 모사하며 공부했었다.

1511년에서 1514년 사이에 그도 바쿠스 상을 제작하고 흡족해했다. 1515년에는 미켈란젤로가 산 로렌초 성당의 작업에 쓸, 유명한 대리석이 도착할 때를 기다리면서 그에게도 도움을 요청하면서 그를 알게 되었다.

1516년에 레오 10세는 당시 최고의 거장인 미켈란젤로, 라파엘로 등에게 산 로렌초 정면을 위한 초안을 부탁했다. 그는 자코포 산소비노에게도 이 일을 청했다. 그러나 그가 교황에게 초안을 제출하러 로마에 갔을 때, 그는 부오나로티의 안이 이미 채택되었음을 알게 되었다. 그를 위로해주려고, 부오나로티와 교황은 산 로렌초 정면 장식에 들어갈 입상 몇 점을 제작하도록 하려 했을 듯하다. 그러나 사정이 달라져 미켈란젤로가 혼자서 작업하길 바랐으므로, 자코포를 제외해야 했기 때문에 그에게 상당한 계약을 모호하게 약속했을 것이다. 희망을 잃고 또 자존심이 상한 산소비노는 크게 분개하며 귀향했고, 1517년 6월 21일에 미켈란젤로가 받지는 못했지만, 어쨌든, 비방하는 편지를 썼다.

산소비노는 교황과 자코포 살비아티 추기경이 자신에게 약속했었고, 그 약속을 지키려고 했다고 주장한다.

"이분들은 그 '그렇소'라는 한마디가 서류나 계약과 마찬가지입니다. (…) 그러나 선생님은 당신 수준에서 판단하셨지만, 계약이나 약속은 쓸모가 없었습니다. 선생님은 당신 편리한 대로 이랬다 저랬다 하시는군요."

산소비노는 안간힘을 쓰는 모습으로 이렇게 말했다.

"나는 당신이 누구에게도 좋은 말을 한 적이 없었는지 아직 알지는 못합니다. 저에 대해서부터라도 그렇게 하지 않으셔야 모욕을 당하지 않으시겠지요. (…) 세상 사람들 앞에서 누군가를 좋게 말하지 않은 그날에 저주가 있을 것입니다."

미켈란젤로가 이렇게 원한과 상처받은 자존심으로 노기등등한 편지에 답장했다고 생각하기 어렵다. 미켈란젤로가 카라라에서 피렌체로 돌아왔을 때, 구두로 답했을지 모른다. 또 이 경우에서 보듯이, 산소비노가 그토록 신랄하게 불평할 만한 이유가 있었다면, 여러 해 뒤에, 3년 동안 밑그림을 그리고 나서, 정면도 조상도 제작할 수 없었던 미켈란젤로를 보면서 진정했을지 모른다. 이렇게 산소비노는 보복했지만, 미켈란젤로도 나중에 자기 나름의 관대한 방식으로 자코포의 부당한 힐난에 복수하려고 했다. 1524년 세사 공, 멘도차가 묘를 짓고자 한다는 소식을 듣고서 그는 세바스티아노 델 피옴보에게 즉시 편지를 써, 자코포 산소비노를 그 묘의 작가로서 추천하려 했다. 그런데 산소비노는 1517년 자신이 분개했던 일을 잊어버린 채로, 1525년 2월 22일 미켈란젤로에게 편지를 써 감사의 뜻을 표했다.

"선생님에게 기꺼이 봉사하기를 바랍니다. 제가 할 수 있는 전력을 다할 것이고 항상 선생님을 만족하게 해드릴 준비를 할 것입니다."

산소비노는 미켈란젤로가 아무에게도 좋은 일을 하지도 좋게 말하지도 않는다고 비난했었다—첫 번째 비난은 틀린 말이고 두 번째 비난은 지나친 과장이다—. 또 미켈란젤로는 그의 악의와 오류를 사실로 입증했다. 그러나 미켈란젤로가 이런 추천을 제의한 것이 회한의 결과인지 관용 때문인지는 알 수가 없다. 어쨌든, 사태는 행복하게 종결되었다. 산소비노가 감사의 편지를 띄운 지 두 달 뒤에, 세바스티아노 델 피옴보가 미켈란젤로에게 부친 또 다른 편지로 우리는 세사 공작이 생각을 바꾸었다는 것을 알 수 있다.

"자코포 산소비노와 관련해서 주신 편지 고맙습니다. 공작에게 좋은 반응을 얻었습니다. 그런데 그 주문은 더는 내지 않았습니다. 공작은 당분간 대리석이 아니라 전쟁에 몰두해야 한다고 하셨습니다."

사실 1527년 전쟁이 개시되었고, 로마는 큰 상처를 입고 함락되었다. 산소비노는 베네치아로 피신해서 그곳에서 영광을 누리고, 부유해지고 아주 오래 살았다. 그는 그곳에서 1570년에 사망했다.

미켈란젤로가 베네치아 총독의 도시로 피난 갔던 1529년에 그들이 재회했을지 모른다. 그러나 그의 그 뒤의 여생 동안, 그들은 서로 모르고 지냈다.

산소비노는 1517년에 자신을 실망시킨 미켈란젤로를 완전히 용서하지 않았다. 첼리니의 이야기에 따르면, 1535년 어느 날 그는 저녁 내내, 첼리니의 큰 분노를 샀던, 부오나로티에 대한 험담을 끝없이 늘어놓았다고 한다.

89
프라 바스티아노*

예술계에서 미켈란젤로가 가장 오래도록 절친한 관계를 맺었던 사람은 세바스티아노 델 피옴보였다. 이런 관계는 1512년부터 1547년까지 거의 35년 동안 계속되었다.

한눈에도, 두 예술가의 뜨거운 우정은 이상해 보일 정도이다. 성격도 기질도 다르고, 재능과 생활방식도 판이했기 때문이다.

선배 부오나로티보다 10년 뒤에 베네치아에서 태어난 세바스티아노 루치아니는 감각적인 사람이었다. 아름다운 생활과 쾌락의 즐거운 애인이었다. 반면에 미켈란젤로는 건전하고, 근면하고 검소한 생활을 했고, 단순하고 청빈했다. 세바스티아노는 올곧은 성품으로 궁정의 모사꾼들과 어울리지 않았으나 필요할 경우 가담하기도 했다. 그러나 미켈란젤로는 계략 같은 것에 끌리지 않았고 감언이설을 몰랐다.

• 세바스티아노 루치아니가 본명, 1485~1547. 보통 세바스티아노 델 피옴보로 통한다.

세바스티아노는 화가였고 오로지 화가였을 뿐이다. 형태와 색채에 대한 감각이 풍부했던 모든 베네치아 사람과 마찬가지로. 그러나 미켈란젤로는 화가였으면서도 화가라기보다는 조각가였고, 그의 역량은 원칙적으로 데생에 기초를 두었다.

세바스티아노는 일을 하는 데 있어 결코 뒤지지 않으려는 열정을 보이지 않았다. 교황청 신부로서 상당한 수입을 보장하는 '피옴보'* 직을 맡겼을 때부터 그는 화가의 일을 그럭저럭 줄여나갔을 뿐이었다. 그러나 미켈란젤로는 나태를 절대 참지 못했고, 아무 일도 하지 않는다는 것을 죽음보다 더 나쁘게 생각했으며, 나중에 나이 들고 부자가 되어서도 항상 무슨 일이든 하려고 손을 놓지 않았으며, 또 생애 최후의 순간까지도 휴식을 몰랐다.

그들은 육체적으로도 정반대였다. 세바스티아노는 혈기왕성하고 활달하게 육체적 교제를 즐겼지만, 미켈란젤로는 마르고, 올리브 빛 피부에 금욕적인 데다 예민하고 말수가 적었다.

그런데 때때로 이런 강한 우정은 동질성보다 차이에서 기인하기도 한다. 각자가 상대방에게서 자신의 부족한 면을 채우기라도 하려는 듯이, 두 사람은 이를테면 각자보다 더욱 완벽하고 강한 존재가 되고자 했다.

미켈란젤로와 세바스티아노의 관계가 깊어진 데에 또 다른 이유도 있었다. 그들 모두 미술과 음악을 사랑했다.—젊어서 세바스티아노는

---

* 납인을 의미하는 말로 세바스티아노의 별명이 되었다. 클레멘스 7세의 인장을 관리하는 일종의 비서였다.

노래를 부르고 류트를 연주했다. 그들은 위험한 경쟁자였던 라파엘로를 똑같이 싫어했다. 그 밖에도 세바스티아노는 미켈란젤로에게 메디치 교황들의 총애를 받게 해줄 수 있었기에 좋아했고, 특히 자기 그림을 위한 밑그림을 얻을 수 있어서 좋아했다. 미켈란젤로로서는 자신이 부재중에 있을 때 로마 궁정의 일을 맡길 수 있는 친구로서 그가 유용했다. 즉 그에게서 미켈란젤로는 자신을 방어하면서 또 요긴한 정보를 얻을 수 있었다.

루치아니가 대후원자 아고스티노 키지의 초대로 1512년 로마로 살러 왔을 때, 그는 파르네세 궁의 작업을 하면서 라파엘로나 그 제자들과 특별한 관계는 아니었다. 그러나 얼마 뒤 그는 이 젊은 우르비노 화가의 적이 되었다. 라파엘로에게 쏠린 폭넓은 인기에 불쾌했거나, 바로 그와 그 주변 사람들 때문에 이 행복한 경쟁자와 겨룰 수 있는 상당히 중요한 주문을 받지 못했기 때문일 것이다. 우리가 알다시피, 미켈란젤로도 라파엘로를 곱게 보지 않았다.—이런 냉담한 태도에는 그럴 만한 이유가 있었다—그래서 한때는 세바스티아노와의 연대는 이를테면 운명적이라고 할 만했었다. 두 사람 모두 '유일한' 즉 각자 조각과 회화에서 최고가 되고자 했고, 그토록 인기를 끌던 라파엘로는 이 두 사람에게 눈엣가시처럼 '껄끄러운' 상대였다.

이 피렌체 사람과 베네치아 사람의 감정에서, 정확하게 어디까지가 경쟁심이고 자신에 대한 합리적인 평가이며, 어디에서 질투와 선망이 시작되는지 구별하기 어렵다. 그러나 특히 예술가들 사이에서 인간의 감정이라는 것이 얼마나 강하던가! 자신의 위대성을 지나치게 의식했던 미켈란젤로에게서 라파엘로에 대한 선망은 없었을 듯하고, 그의 재능을 몰라볼 수도 없었을 듯하다. 그가 먼 훗날 콘디비에게 직접 밝혔던 데에서만이 아니라 그 위대한 적수가 사망한 며칠 뒤였던 1520년 4월 12일, 세바스티아노에게서 받은 편지에서도 그 점을 잘 알 수 있다.

"가엾은 라파엘로의 사망 소식을 들으셨을 줄 압니다. 물론 크게 상심하셨겠지요."

그런데 세바스티아노는 자신의 기분에 대해서는 일체 말이 없다. 그는 다음과 같이 의미심장한 문장만 덧붙였을 뿐이다.

"하느님께서 그를 용서하시기를!"

가엾은 라파엘로에게 하느님이 무엇을 용서해야 한단 말인가? 세바스티아노에 따르면, 자신에게 저지른 잘못과 라파엘로의 원죄에 대해서 하는 말일까?

바사리의 말을 믿어본다면, 미켈란젤로는 내심 세바스티아노를 라파엘로의 영광과 행운을 저지할 일종의 수단으로 생각했을 수도 있다. 사람들은 라파엘로가 회화에서 우아한 색채에 탁월한 소묘를 결합시키는 능력에 감탄했다. 미켈란젤로는 소묘에 강했지만 색채에 약했다. 반면에 세바스티아노는 색채에 강했고 소묘에 약했다. 가령 미켈란젤로가 자신의 소묘를 이 후배에게 주었다면, 세바스티아노의 회화는 라파엘로의 것을 쉽게 능가할 수 있었을지 모른다.

필자가 생각하기에는, 바사리는 오랫동안 글을 쓰면서 상상에 치우치게 된 것이지, 미켈란젤로가 행복한 우르비노 청년을 전장에서 내몰고자 마키아벨리처럼 궁리하지는 않았을 듯하다. 물론 그가 세바스티아노에게 소묘를 계속 보내주었던 것은 사실이다. 하지만, 라파엘로의 사후에도 가장 훌륭한 것들이 될, 「모욕당하는 그리스도」와 「십자가를 진 그리스도」를 위한 밑그림은 1525년 뒤에도 계속 제공되었다.

미켈란젤로를 존경하고 우정도 나누었지만, 세바스티아노는 예술가로서 자신만의 개성을 간직했고 또 미켈란젤로의 수많은 창작을 완전히 이해하지 못했다고 덧붙이는 것이 좋을 듯하다. 이런 사실을 입증하자면, 그의 작품 대부분이 초상들이지만, 미켈란젤로는 회화든 조각이든 고유한 의미에서 초상을 하려 하지 않았었다는 점을 상기하면 된다.

그가 세바스티아노에게 소묘를 제공한 것은 타고난 관대함이나 자기 후배를 도와주려는 선의 이외에도, 세바스티아노가 인간적으로나 작품에서나 부오나로티를 열렬하게 존경했기 때문이기도 하다.

1512년부터 1533년 동안에 세바스티아노의 편지에서 진정으로 가슴 깊은 곳에서 우러나오지 않거나 무한한 존경과 뜨거운 정을 표현하지 않은 것은 단 하나도 없다. 그는 '아버지'라 불렀고 '사랑을 가득 담은 편지'라거나, '사실 어떤 아버지도 그 자식에게 이보다 더 잘 쓸 수는 없을 것'이라고 그를 부르고 있다.

그가 보기에 미켈란젤로는 인류를 넘어서는 인간이고, 강력하고 무시무시한 존재로서 모든 것을 얻을 수 있는 자격이 있으며, 모든 것을 할 수 있는 사람이었다.

"선생님은 세계의 스승입니다."

'모든 것의 스승'이라고 그는 번번이 반복하곤 했다. 또 다른 한편으로는 이렇게 썼다.

"제가 선생님께 느끼는 사랑과 정 때문에, 선생님을 이 세상의 황제로 보고 싶을 정도입니다. 제가 보기에는 그만한 자격이 있으시고, 그렇지 않더라도 선생님 그 자체로서 사실상 위대한 스승이며, 저는 그렇게 믿고 또 그것을 믿으려 하거나 말거나 다른 모든 사람에게도 마찬가지로 그렇게 생각하도록 합니다."

또 그는 교황이 미켈란젤로를 '공작이나 왕'으로 봉해야 한다고 주장한다. 왜냐하면 '선생님은 진실로 모든 사람과 다른 유일한 분이기' 때문이고 또 '태양처럼 찬란하게 그토록 잘 알려졌기' 때문이다. 그는 미켈란젤로의 '무서운 능력'을 알고 있었다.

"선생님은 모든 사람, 심지어 교황들까지도 두렵게 합니다."

그리고 이렇게 덧붙인다.

"선생님은 예술에서 무서워 보이지요, 다시 말해서, 절대 유례없는 위대한 스승입니다."

이런 우수성을 알아보았기 때문에, 세바스티아노는 미켈란젤로에게 절대적으로 복종했고 그의 동의 없이는 아무것도 하지 않았다.

"선생님의 허가 없이는 어떤 주문도 수락할 수 없습니다."

그는 단지 복종했을 뿐만 아니라 이 세상 누구보다도 그를 사랑했다.

"저는 선생님을 제 자신처럼 사랑합니다, 하느님이 알고 계십니다."

그는 미켈란젤로를 위해 봉사할 모든 준비가 되어 있었다.

"만약 선생님께서 당신을 위해 제가 검을 들기를 원하신다면—1532
년 4월 6일에 이렇게 썼다—저는 제 목숨을 내놓겠습니다. 선생님에
대한 사랑으로 제가 가진 모든 것과 함께, 이 불쌍한 놈 전부를 말입
니다."

미켈란젤로는 이보다 더 열렬한 애정의 표현을 받아본 적이 없었을
것이고, 또 이 신부가 여자를 밝혀 사생아를 둘씩이나 낳았다고 하는
주장은 악의적인 모함일 것이다. 토마소 데 카발리에리도 그 같은 부당
한 모함을 받았듯이. 미켈란젤로는 그가 범한 다소의 일탈행위에 대해
서도 훌륭한 조언을 해주었을 터이다. 왜냐하면 세바스티아노는 편지
에서 자신의 동거녀를 돌려보냈다고 알리고 있기 때문이다.

"기뻐하십시오, 애인을 돌려보낸 지 스무 날이 되었습니다. 예전처
럼 자유를 되찾았습니다."

우리는 미켈란젤로 또한 이 후배와 마찬가지로, 여성의 아름다움을 사랑했다고 알고 있다. 1533년 7월 17일자로 세바스티아노에게 이렇게 편지를 쓰고 있다.

"몬테피아스코네라는 여자를 본다면 내게 알려주기를 다시 부탁하네. 그리고 그녀가 여전히 아름다운지, 그녀를 다시 보고 싶어 죽을 지경이라네."

여기에서 그 미녀는 두 사람이 여행 중에 만나 감탄했던 여인이었다. 세바스티아노는 칭송하면서도 예리한 관찰력을 보여준다.

"선생님께서 잘못이 있다면 오직 큰 자신감과 작품의 위대성뿐이지요. 이런 말씀을 드린다고 아부하려는 것이 아님을 선생님께서 저보다 더 잘 아시겠지요."

세바스티아노는 저 말썽 많은 영묘를 둘러싸고 미켈란젤로와 율리우스 2세 상속인의 관계를 잘 유지하는 데 큰 어려움을 겪었다. 또 미켈란젤로는 바티칸 주문을 따낼 수 있도록 프라 바스티아노를 위한 행보를 거듭했다. 미켈란젤로가 세바스티아노에게 부친 편지 몇 통이 전해지는데, 그 어투는 당연히 덜 감정적이지만 이것만으로도 그를 존중하고 칭찬하는 데에 인색하지 않음을 보여주기에 충분하다.

1525년 5월에, 그는 세바스티아노에게 쿠이오 행정관과 다른 친구들과 저녁을 같이 먹었고 아주 재미있었다고 썼다.

"대화 중에 쿠이오 행정관이 자네 얘기를 하면서 점점 더 재미있었네. 그것만이 아니었네. 예술을 화제로 끝도 없이 즐거운 대화가 이어졌는데, 행정관이 자네가 이 세상에 단 하나뿐이고 로마에서도 그렇다고 했으니 말일세. 그런데 갈수록 더욱 즐거워졌다네. 이렇게 내가 판단을 그르치지 않았다면, 자네가 유일하다는 것을 거부하지도 않았으니, 이런 말을 입증한 증인들이 수두룩하다네."

두 사람에게는 베르니라는 친구가 있었다. 그가 1535년에 부오나로티와 프라 바스티아노를 대단히 예찬한 유명한 책을 썼을 때, 시인이 아니라 음악가였던 이 베네치아 화가는 그 시에 걸맞도록 부오나로티의 글과 정신에 의지했었다. 또 토스카나 사람이자 재담을 즐겼던 미켈란젤로는 그림에서도 그렇게 했듯이 시로써도 후배를 흡족하게 했다. 다른 한편, 미켈란젤로는 세바스티아노의 붓에 의지하기도 했다. 그가 부지아르디니에게 줄 클레멘스 7세의 초상을 위한 두상을 맡겼을 때였다.

미켈란젤로가 세바스티아노를 얼마나 평가하고 다정하게 대했는지 볼 수 있는 분명한 글로, 이 위대한 예술가가 1520년 6월에 베르나르도 도비치 다 비비에나 추기경에게 그를 호평한 편지가 있다. 이 편지는 경쾌한 어조로, 『칼란드리아*』를 지은 저자의 고유한 정신적 궤적과 성격을 잘 아는 투였다. 그는 글을 쓰는 자신을 '추하고 가난하고 미친

---

* 비비에나 추기경의 희곡. 이탈리아어로 쓴 최고의 산문 희곡으로 평가된다.

사람'이라고 겸손하게 소개하면서, "라파엘로가 죽은 마당에 베네치아 화가 바스티아노가 궁전에 실현할 작업 일부를 맡을 수 있도록" 부탁했다.

그는 "제 의견에 동의해주십사 합니다. 왜냐하면 바스티아노는 재능이 풍부할 뿐 아니라, 각하께서 저를 별것 아닌 사람으로 간주하신다면 바스티아노는 그렇게 보시지 않을 것이기 때문입니다. 단언하건대 그는 각하께 명예를 가져다드릴 것입니다." 여기에 이어서 그는 세바스티아노에게 직접, '추기경이 이 편지에 크게 웃음을 터트렸고, 교황과 다른 사람들에게도 돌려보도록 했으며, 또 여러 날 동안 로마 시내에 그 이야기를 하고 다녔다'고 했다.

1534년 9월에, 미켈란젤로가 로마에 완전히 정착하고 나서 세바스티아노와의 우정에 대한 증언이 전해지는 것은 극히 드물다. 바사리에 따르면 1537년에 두 사람이 「최후의 심판」을 놓고서 서로 '골'을 냈다고 한다. 세바스티아노는 벽화에서도 유화를 그리길 좋아했었기 때문에, 파울루스 3세에게 미켈란젤로에게 유화로 그리도록 해달라고 청했다. 시스티나 벽면은 이렇게 유화를 위해 준비되었다. 그러나 반대로 미켈란젤로는 크게 성을 내면서, 세바스티아노의 조언과 교황의 지시를 따르라는 말을 듣지 않으려 했다. 그는 이렇게 말했다.

"저는 프레스코 작업을 하렵니다. 유화는 여자들의 예술이고 또 편안하고 게으른 인사들의 예술입니다. 세바스티아노처럼 말입니다."

교황이 그토록 간절히 염원했던 이 거대한 작업에 착수하려면 세바스티아노가 준비했던 초벌 작업을 완전히 제거해야 했고 또 벽면을 미켈란젤로가 원하던 상태로 복귀해놓아야 했다. 바사리에 따르면, 미켈란젤로는 세바스티아노에게 받은 모욕을 잊지 않았고 죽을 때까지 "그 미움을 간직했다."

바사리가 상당히 과장했을 법하긴 하다. 세바스티아노의 편에서, 이는 사실 모욕과는 무관한 예술적 열의와 관련된 문제였고, 이런 것에 대해 미켈란젤로의 '미움'이라고 말했을 듯하지는 않다. 그렇지만 같은 도시에서 생활할 때보다 멀리 떨어져 있다는 것이 서로 본질적으로 그렇게 다른 두 사람의 관계를 좋게 유지하는 데에는 훨씬 더 유리했을 듯하다. 말년에 세바스티아노는, 이미 말했듯이 거의 일할 의욕을 잃었고 또 자신의 방황을 정당화하려고 허무한 인간사에 대해 염세적이고 회의적인 논지를 펼쳤다. 그는 오직 하루하루를 즐겁게 지내고, 잘 먹고, 재미있는 수다에 끼어들고, 새로운 일은 거의 맡지도 않고, 또 맡아서도 질질 끌기만 했다. '피옴보' 직에서 버는 수입이 있으므로 다른 일은 하지 않아도 되었기 때문이다. 이런 나태하고 사치스러운 생활방식은 항상 일하고 사치를 부리지 않으면서, 난봉꾼이나 게으름뱅이를 절대로 허용하지 않는 미켈란젤로를 불쾌하게 했을 것이다. 오랫동안 프라 바스티아노와 절친했던 탓에, 그는 농담이나 질책도 서슴지 않았으리라. 「최후의 심판」에 얽힌 사건 이후, 상당히 거리가 벌어지긴 했을지 몰라도, 그들이 완전히 보지도 말도 하지 않고 아주 의절했던 것은 아니라고 생각된다. 바로 프라 바스티아노의 말년에, 부오나로티는 굴리엘모 델라 포르타를 파울루스 3세에게 소개해주려고 그에게 부탁했기 때문이다. 이 오래된 우정은 미켈란젤로보다 세바스티아노에게 훨씬 유익했다. 그러나 이 베네치아 사람의 감정이 더욱 열렬하고 또 적어도 저 피렌체 사람보다는 더욱 폭이 넓었던 듯하다. 토스카나의 새벽과 같은 쌀쌀한 광채와 또 라구나 위로 지는 태양의 타오르는 황금빛의 차이와 같다.

어쨌든, 그 두 사람은 서로에게 유용했다. 예술가들 사이에서 보기 드문 신뢰와, 특히 밥그릇 싸움에나 바쁘게 마련인 예술가들에게서 극히 보기 드문 경우였다. 재능과 습관이 그토록 다른 이 두 거장의 오래되고 뜨거운 우정은 예술에 전혀 무용하지 않았고 또 두 사람 모두에게 크게 영예로웠다.

90
바초 반디넬리

모든 위대한 인물 곁에는 그를 모방하는 사람이 있게 마련이다. 그림자처럼 따라다니면서도 그 그늘에서 살 수만은 없다고 분을 삭이는 사람 말이다. 그런데 원숭이는 천성적으로 뺑뺑이를 돌기 좋아하고 위악스러우며, 자신이 모방하는 인간을 선망하고 그를 함정에 빠트리고, 또 할 수만 있다면, 그를 능가하고 내치려고 한다. 이 원숭이가 돌이킬 수 없는 자신의 열등감을 더 알게 되면 될수록 그는 더욱 짓궂게 군다. 그럴 때면 원숭이는 호랑이처럼 맹렬해진다. 그러나 그가 기를 쓰면 쓸수록 그의 뼈는 부서지고 휘청거린다. 그의 무능을 알게 되면 될수록, 그는 더욱 광분한다.

미켈란젤로 또한 바로 측근에, 오랜 세월 동안 강박에 사로잡혀 이를 가는 원숭이 같은 존재를 거느렸다. 바초 반디넬리˙라는 인물이다. 이 사람은 메디치와 인연을 맺었던 금은세공사의 아들로, 부오나로티보다 약간 어리다—그는 1487년생이다. 어려서부터 예술에 발을 들여놓은 그는 그림을 잘 그렸다. 일찍부터, 그는 조각과 회화에서 미켈란젤로와 겨루고 그를 능가하려는 야심을 품었다. 바사리는 "부오나로티와 대적하려는 것이 아니라 모든 분야에서 그를 훨씬 더 능가할 수 있다는 확고한 입장이었다"고 했다.

그러나 이런 목적을 이루기에 그는 너무 무능했다. 완강한 고집과 미움을 제외하곤. 그러면서도 미켈란젤로를 찬미하지 않을 수는 없었으므로, 거대한 구상과 주제의 선택에서 그를 모방할 수밖에 없었다. 조각가로서 그는 냉정하며 익숙한 솜씨를 발휘했다. 화가로서도 그는 보통 이상이었다. 어쨌든, 일생 동안 그는 미켈란젤로가 다룬 주제를 다시 취하려 애썼다. 그의 초기작 중에는 성 베드로가 있다(부오나로티가 시에나 성당을 위해 제작했던 것이다). 그는 또 헤라클레스, 바쿠스, 다윗과 골리앗 상도 제작했다. 아담과 이브, 예언자 부조상들, 죽은 그리스도, 니고데모와 함께 있는 피에타, 이런 것들에 그는 자신의 개성을 새겼다. 그는 두 사람, 레오 10세와 클레멘스 7세 교황의 묘를 두고도 다투었다. 화가로서나 소묘가로서도 그는 미켈란젤로의 자취를 추적했다. 그는 레다를 종이에 그렸고, 천국에서 쫓겨나는 아담과 이브도 그렸다. 만취한 채 벌거벗은 노아, 모세도 소묘로 그렸다.

반디넬리는 솔직히, 미켈란젤로의 힘이 실물보다 더 큰 상을 만드는데에 있다고 생각하고서, 평생 거인들의 조각과 초안을 시도했다.

• 1493~1560. 첼리니와도 경쟁 관계에 있었다. 여러 점의 자화상을 남겼다(우피치 소장). 미켈란젤로의 소묘와 자주 혼동을 일으켰을 만큼 비슷한 스타일을 구사했다. 어쨌든, 소묘에서 개성을 발휘했다.

그의 첫 번째 조각은 레오나르도 다 빈치가 칭찬한 거대한 「마르포리오」상이었다. 또 메디치 별장을 위해 여덟 발 크기의 두 거상도 만들었다. 또한 산탄젤로 성에 거대한 천사 상을 남겼다. 그는 해신 넵투누스의 모습으로 거대한 「도리아」상에도 손을 대었다. 그는 오늘날 시뇨리아 광장에 서 있는 헤라클레스와 카쿠스 상도 제작했다. 여기에는 미켈란젤로의 다윗 상을 납작하게 하려는 의도가 있었다. 그는 죽음 때문에 이루지는 못했지만 바로 그 광장에 거대한 분수 조각을 세우려 했다.

요컨대, 그는 미켈란젤로만 한 예술혼이나 천재성은 없었던 제자였다. 그는 스스로 어려움을 짊어지고 허풍을 떨었지만 민중의 조롱과 문인의 수사, 당대 예술가의 미움과 후대의 상당히 위장된 동정심만 샀을 뿐이다. 그는 미켈란젤로의 실패한 적수였다. 미켈란젤로를 귀찮게 구는 동시에 희생자이기도 했다.

이 두 사람은 바초에게는 없었던 창의력에서만 다르지는 않았다. 다른 점에서도 달랐다. 반디넬리는 항상 메디치의 보호와 후견을 받으며 그 가문에 충실히 봉사했다. 특히 이폴리토 추기경과 클레멘스 7세, 코시모 대공을 위해서. 미켈란젤로는, 비록 로렌초 대공이 그의 양부였고, 또 레오 10세와 클레멘스 7세의 끈질긴 구애를 받았지만, 항상 마음속 깊이 '피아뇨니' 파이자 공화파였고, 말하자면 메디치에 반대하는 입장이었다. 1527년에 메디치가 다시금 피렌체에서 추방되었을 때 반디넬리도 도망가야 했지만, 부오나로티는 조국에 남아 요새 작업을 할 수 있었다. 바초는 로마에서 그를 첩자로 의심하던 피렌체 망명객들에게 하마터면 죽임을 당할 뻔하기도 했다. 사실상 그는 클레멘스 7세를 위해 밀고를 했던 듯하다.

더구나 반디넬리는 레오나르도의 친구, 조반 프란체스코 루스티치의 제자였다. 또 레오나르도가 젊은 바초의 작품을 칭찬했던 만큼, 그는 항상 미켈란젤로가 반대했던 레오나르도 편이었던 것이다. 바사리는 바초가 1512년에 「카시나 전투」를 찢었었다고 비난한다. 미켈란젤로에 대한 증오는 물론이고 "부오나로티의 이 그림 때문에 명성을 빼앗긴 레오나르도 다 빈치에 대한 애정" 때문이었다.

이런 비난은 확실하게 입증되지 못했지만, 바초가 피렌체에서 코시모의 집정기에 자신의 의도를 키우고 있었을 즈음, 비아 모차에 있는 미켈란젤로의 집에서 이미 어느 정도 기초 작업이 되어 있던 대리석 덩어리 몇 점을 훔쳐내게 해서 부숴버리게 했다는 사실은 분명하다. 믿을만한 까닭은, 1504년에 시뇨리아 광장에 세워진 부오나로티의 다윗 상을 맹렬히 공격했던 '불량배들' 가운데, 당시 열일곱 살이던 반디넬리도 한통속으로 섞여 있었고, 그는 이미 그 아버지와 마찬가지로 메디치가의 열렬한 당파였기 때문이다.

말년에 쓴 『회상록』에서—그는 1560년에 사망했다—, 반디넬리는 산타 마리아 인 포르티코 추기경에게 털어놓았듯이, 자신의 작품이 "미켈란젤로의 칭송을 들었다. 그가 직접 그렇게 말했고 또 추기경이 내게 쓴 편지에서 알려주었다"고 했다. 같은 회상록에서 그는 부오나로티를 '내 친구'라고 부르고 있다. 그러나 그는 항상 미켈란젤로를 깎아내리려 했던 것이 사실이다.

그가 도메니코 부오닌세니와 함께, 1520년에 산 로렌초 정문의 주문을 미켈란젤로에게서 빼앗으려 했을 개연성은 충분하다. 미켈란젤로가 다윗 상 곁에 세우고자 했던, 또 다른 거인상을 제작하는 데 쓸 소데리니의 대리석에 얽힌 사연, 즉 카쿠스를 제압하는 헤라클레스 상을 제작할 돌에 얽힌 사연은 유명하다. 1512년 메디치가 피렌체 권좌에 복귀했을 때, 이 대리석은 바로 반디넬리가 헤라클레스를 깎으려고 요구했던 그것이다. 또 1527년 메디치가 다시 한 번 추방되었을 때, 이 대리석은 또다시 미켈란젤로의 수중에 들어와, 그는 펠리스틴 족과 싸우는 삼손 상을 제작하려고 했다. 그렇지만 피렌체 함락 이후, 클레멘스 7세의 호의에 편승한 반디넬리는 그 돌을 재차 회수했고, 여러 해 동안 작업한 끝에 자신의 헤라클레스와 카투스를 완성했다. 또 다윗 상 바로 곁의 궁전 입구에 세워놓음으로써, 자기 것이 더욱 완벽한 작품이라는 점을 과시하려 했다.

피렌체 사람이나 다른 예술가의 의견은 이와는 판이했다. 그러니 반디넬리의 이 헤라클레스는 우스꽝스러운 것으로 조롱당하기만 했을 뿐이다. 가령 우리가 반디넬리의 적이었던 첼리니의 비난을 전적으로 수용하지 않는다 하더라도—그는 이 헤라클레스를 '벽에 기대놓은 참외자루' 같다고 했다—, 이 상은 미켈란젤로가 전혀 만난 적이 없었던 극성스럽고 거만한 경쟁자의 반박할 수 없는 패배의 증거라고 해도 좋을 듯하다.

우리는 미켈란젤로가 바초의 작품에 대한 어떤 칭송을 산타 마리아 인 포르티코 추기경에게 했다고 믿을 만한 증거는 없지만,—이 추기경이 바로 추문을 일으킨 『칼란드리아』의 저자로서 유명한 베르나르도 도비치 다 비비에나였다—하지만 우리는 바사리를 통해, 바초의 작품을 부오나로티는 전혀 마음에 들어하지 않았다고 알고 있다. 당연히 그 작품은 건방지고 방자하게 그를 모방했던 사람의 작품으로 보였을 뿐이다. 어느 날, 바초가 니고데모, 동정녀, 천사와 함께 그리스도를 그린 소묘를 시장에 내걸어놓고서 사람들이 뭐라고 하는지 알아보려 했을 때, "세공사 필로토가 미켈란젤로를 그곳으로 안내했다. 그는 세심하게 살펴보고는, 바초가 그렇게 훌륭한 소묘가인데, 세련되지도 우아하지도 않은 작업을 했을지 놀랍다고 했다. 그는 형편없는 화가라도 최상의 수법으로 작업하게 마련인데, 이는 분명히 바초의 격에 맞는 작품이 아니라고 했다."

과격하고 뛰어났지만, 반디넬리는 악몽에 사로잡혀 있었고 바로 그것 때문에 위대한 미켈란젤로의 희생자가 되었다. 그는 이 사람보다 황소처럼 커지고 싶어하는 우화 속 개구리의 운명이었다. 그런데 어떤 점에서, 그는 이 불운의 혜택을 입기도 했다. 왜냐하면 그에게 미켈란젤로가 악몽이 아니었다면 오늘처럼 그를 많이들 이야기하지 않았을 터이기 때문이다. 만약 그가 부오나로티와 겨루려고 하지 않았다면 말이다.

천재적인 예술가를 능가하려는 욕망은 숭고함에 끌린 대담한 사람의 표시일 수도 있지만, 실질적이며 타고난 능력뿐만 아니라 자기비판과 위대함과 고유한 겸손이 동반되지 않았을 때, 이는 불쌍한 패배로 마감되는 숨 가쁜 헐떡임으로 귀결될 뿐이다. 반디넬리의 영혼은 그 모범적인 승리자의 영혼과는 (기질적으로) 달라도 너무 달랐다. 미켈란젤로는 거물을 경멸했고 자유를 사랑했으며, 비천한 사람에게 호의적이었으며, 고통스럽지만, 진지하고 깊은 신념을 지닌 인간이었다. 반디넬리는 겉멋 든 이의 아들로 태어난 멋쟁이였을 뿐이다. 그는 거물과 군주에게 아첨하고 비굴했으며, 예술작품을 실현하고자 땀 흘리는 모든 사람을 시기하고 험담했다. 한번은 어떤 학자에게 이렇게 말하기도 했다.

"자네도 기억하겠지만, 나는 아무에게도 좋은 말을 하지 않았네."

미켈란젤로는 전적으로 집념이 강하고 열렬하고 기운이 넘쳤다. 반디넬리는 정반대로, 나약하고 차갑고 추상적이고 계산적이고 아카데미적이고 내면의 생기가 없었다. 이는 그의 최상급 작품에서도 알아볼 수 있다.

결국, 반디넬리는 부오나로티의 적수는 못 된다. 부오나로티가 그의 적수였다면 그것은 아주 불운한 표시였을 테지만, 그에게는 일생에 자신에게 걸맞은 적수들이 있었다. 레오나르도 다 빈치, 브라만테, 라파엘로 등. 반디넬리는 원숭이였을 뿐이고 그의 괴기스러운 모방은 그의 시대에도, 그 이후로도, 누구도 절대 뛰어넘지 못할 이 천재를 더욱 영광스럽게 하는 데에 이바지했다.

91
1527년 혁명

메디치가의 복권기였던 15년 동안(1512~1527), 피렌체 사람들은 가까스로 위장된 이러한 독재에 지치고 불만스러워했다. 줄리오 추기경과 클레멘스 7세의 위선과, 또 교황의 이익을 위해 도시를 통치했던 코르토나 추기경의 앞을 내다볼 줄 모르는 소심한 어리석음, 메디치 측근들의 부패, 기근과 기아의 위협, 코네타블 드 부르봉이 이끄는 루터와 제국군의 접근 등은 이 도시를 위험한 동요로 흔들었고, 자유를 되찾게 되리라는 희망을 부풀렸다. 로마가 함락되었다는 소식과 함께 메디치 가문의 무능한 교황이 산탄젤로 성에 연금되었다는 소식이 전해지자(1527년), 동요와 혼란은 걷잡을 수 없이 퍼져나갔다. 5월 17일, 나약한 코르토나 추기경은, 어린 이폴리토와 알레산드로를 데리고 피렌체를 빠져나갔고, 민중정부가 결성되어 니콜로 카포니를 행정관으로 선출했다.

이 모든 난리의 와중에 미켈란젤로는 메디치가의 묘 작업을 하고 있었다. 같은 해 4월 27일자의 비망록에서, 그는 신제의실의 열쇠를 필리포 공디의 아들 피에트로에게 맡겼다고 했다. 공디는 미켈란젤로에게 자신과 자기 딸들의 옷가지를 산 로렌초에 숨겨달라고 부탁했었다.

이 무렵 미켈란젤로의 심정이 어떠했을지 상상하기란 어렵지 않다. 정치적 사건에 전혀 당황하지 않았고, 메디치가를 위해 작업해야 했지만 그는 사보나롤라의 제자였고 소데리니의 친구로서 공화정을 항상 갈망했다. 여러 해 뒤에, 잔노티의 『대화』에서 보듯이, 그는 항상 1494년부터 1512년까지 피렌체의 민주적 기구였던 대의회 편이었다고 주장했다.

피렌체의 새 주인들은 그의 감정을 알았을 것이며 그가 타고난 겸양을 보였음에도 불구하고, 그를 자기들 편이라고 알고 있었다. 이는 분명한 사실이다. 같은 해 8월부터, 그들은 그에게 공공 업무를 맡겼다. 사실상 대단한 업무는 아니었고 그의 인격에 전혀 걸맞지도 않았지만, 어느 혁명에서나, 앞으로 나서지 않는 사람들은 미미한 권력에 만족해야 한다는 것은 누구나 아는 일이다. 8월 22일, 미켈란젤로는 당시 세티냐노에 피난해 있던 부오나로토에게 이렇게 썼다.

"나도 일을 맡았다. 5인 국토위원의 특별비서. 이 직책의 임기는 1년이고 월급은 4두카토라고 한다."

우리도 알듯이, 미켈란젤로는 자기 예술 작업에 대해 클레멘스 7세에게서 매월 50두카토를 받고 있었다. 공화파들은 피렌체 영지를 관리 감독하는 관청에서 서기로 일하는 데에 4두카토를 제안했다. 미켈란젤로는 이 자리를 동생에게 제안했다가 더 고심한 끝에 철회했고 또 자신도 거절했다. 훨씬 뒤 1528년, 29년쯤에 가서야 시뇨리아 당국은 그에게 걸맞은 더욱 중요한 직책을 맡겼다.

어쨌든, 미켈란젤로가 메디치의 지배를 전혀 좋아하지 않았었다는 것은 분명하다. 바로 여기에 전기작가들이 그의 도덕적 면모를 가까이 건드리거나 감히 맞서보려 하지 않았다는 문제가 있다.

메디치가 쪽에서는 이 몇 해 동안 미켈란젤로를 무엄하게 처신하는 배신자로 보았을 터이다. 그의 예술생활은 소년기부터 비아 라르가의 이 권세가의 운명과 인연을 맺어왔었다. 그의 제2의 아버지는 로렌초 대공이었다. 피에트로 메디치는 그를 자기 집에 눌러앉혔다. 또 그는 피에르프란체스코의 아들 로렌초를 위해 일했다. 메디치가에서 배출한 교황 레오 10세와 클레멘스 7세는 그의 천재성에 전혀 무색하지 않은 큰 일감을 맡겼다. 메디치가에 반대한 혁명이 피렌체에서 성공을 거두었을 때, 그는 자신에게 각별한 정으로 대했던 교황 클레멘스 7세의 빵을 먹으면서, 이 가문의 군주 두 사람의 상을 조각했다. 메디치가의 보호를 받았던 반디넬리 또한 이때 피렌체를 떠났다. 어떤 사람들은 미켈란젤로 또한 떠났어야 했다고 보았다. 왜냐하면 메디치가의 귀한 대접을 받았고 은혜를 입었었기 때문이다. 그런데 그는 남아 있기만 하지 않았고, 그 후 2년 뒤에 메디치의 복귀 위험에 맞서고자, 도시를 방어하는 일에 협력했었다. 이렇게 명백한 무엄함의 원인은 무엇일까? 한마디로 이런 상당히 거친 표변과 배신의 원인은?

진실은 이렇다. 미켈란젤로는 메디치가에 봉사해야 했지만 그 집안은 그것을 전혀 좋아하지 않았다. 그가 메디치 일가 중에서 단 한 사람, 사랑으로 회상했던 사람은 대공뿐이었다. 그를 자기 자식과 마찬가지

469

로 받아주었고, 예술 공부를 할 수 있게 해주었던 대공이다. 그는 피에트로의 태만과 어리석음, 신중치 못한 조언으로, 자신을 사기당하도록 해서 곤경에 빠뜨렸던 피에르프란체스코의 아들, 로렌초를 잊지 못했다. 피렌체의 군주였던 공작들의 묘를 자신이 세웠지만, 그들이 자신을 찾았던 적은 없었다. 즉 줄리아노는 그의 적이던 레오나르도, 라파엘로, 반디넬리를 좋아했다. 그러나 특히 레오 10세와 클레멘스 7세를 용서할 수 없었다. 자신이 가장 정성껏 준비해왔던 율리우스 2세의 영묘 작업을 방해했기 때문이다. 성급하고 매정한 교황이었지만, 미켈란젤로는 델라 로베레 교황을 깊이 사랑했고, 교황이나 그 상속인들과 그토록 여러 번 다짐했던 약속을 지키려고 했으며, 젊어서부터 자신의 걸작으로 만들겠다고 꿈꾸어왔던 영묘이기 때문이다. 산 로렌초 정면에서 3년 동안 진을 뺀 뒤에야 레오 10세는 그 주문을 철회했다. 클레멘스 7세는 그가 존경도 사랑도 할 수 없었던 두 군주의 상을 만들도록 강요했다.

여기에다가 또 산 마르코의 도미니쿠스회 수도사의 반反메디치적인 설교가 항상 생생한 기억으로 남아 있었다. 즉 교활한 억압자일 뿐 아니라 무능한 군주들에게 피렌체가 굴종한다는 내용 말이다. 시뇨리아 광장에 거대한 청년상을 세우도록 했던 이 민중정부에 대한 인정. 시민의 자유와 독립에 대한 그의 타고난 사랑. 이렇게 해결되지 못한 채 오랜 세월 차곡차곡 쌓여왔던 원한과, 후회와 분개 등이 다윗 상의 작가인 이 겸손하면서도 자부심이 강한 사람의 마음속에 깊이 쌓였음을 이해할 수 있다.

그는 시민으로서나 예술가로서나 메디치 가문에 봉사해야 했지만,

바로 이러한 가문의 총애가 그에게는 자기만의 욕구를 실현하는 데에 방해될 뿐이었다. 메디치가 사람들은 탈옥을 꿈꾸는 죄수를 가두어놓는 벽처럼 그를 가두었다. 사정을 잘 모르는 사람들이 알 수 없을 만큼 그의 고통은 오래갔고 심각했다.

바사리는 1553년 10월 26일에 미네르베티 주교에게 보내는 편지에 이렇게 썼다.

"제 고귀한 늙은 친구(미켈란젤로)가 말하기를, 군주의 노새처럼 시작한 사람들에게 군주들은 애당초 맡긴 일로 죽을 때까지 부려먹게 된다고 했습니다."

이렇게 말하면서, 미켈란젤로는 어려서부터 자신을 구속하고 이제 또다시 자신을 붙잡으려는 메디치가를 생각했을 것이다. 카테리나 데 메디치는 남편인 앙리 2세[프랑스 왕]의 묘에 쓸 조각을 그에게 맡기려 했다. 코시모 데 메디치는 여러 번 그를 피렌체로 되돌아오게 하려고 했다.

1528년, 미켈란젤로가 자신이 한 식구처럼 그곳에서 성장했던 비아 라르가의 메디치 궁을 완전히 헐어내자고 제안했다는 소문이 퍼졌다. 바르키는 이렇게 썼다.

"사람들 말이, 그가 집을 헐어낸 다음에는 그 길을 광장으로 만들어 노새•광장이라고 부르자고 했다고 한다."

이는 사생아로 태어난 줄리오, 알레산드로, 이폴리토를 암시하는 것이었음이 틀림없다. 바르키는 이런 이야기가 가당치도 않은 중상에 불과하지만, 그렇게 하지 못할 것도 아니었다고 주장한다. 어쨌든 당시 피렌체 사람들은 미켈란젤로에게 이런 이야기의 책임을 돌리곤 했고, 또 많은 이들이 그가 신중한 사람이지만 자신과 조국에서 자유라는 신성한 특권을 앗아갔던 사람들에 대한 증오를 알아야 한다는 점을 보여주려 했다고 생각했다.

• 혼혈인을 경멸적으로 부르는 말.

92
보루 기술자

1528년이라는 이 우울한 해에, 또 다른 불행이 미켈란젤로를 덮쳤다. 부오나로토가 흑사병에 걸려 7월 2일 자신의 품에서 사망했다. 형제애로 그는 감염도 두려워하지 않았다. 그의 고통은 너무나 컸다. 부오나로토는 그가 가장 사랑하는 형제였기 때문이다. 다른 형제보다 덜 거칠고 덜 엉뚱했기 때문이기도 했을 터이지만.

공화국 시뇨리아 당국이 그에게 진정한 과업인 조각을 다시 할 기회를 마련해주었지만 이것으로 충분한 안정을 찾지는 못했다. 새 권력자들이 사실상 자신을 충분히 고려하지 않았음을 알게 되었고, 도시를 사랑하는 마음으로 메디치가를 위해 계속 작업해나가도록 방임했다. 더구나 8월 22일에, 그들은 산타 마리아 델 피오레 대성당 경내에 있던 거대한 대리석을 다윗 상과 나란히 놓을 또 다른 거인상으로 제작하도록 그에게 주기로 했다. 이 대리석은 소데리니가 조각가 친구가 해방 영웅 헤라클레스를 조각할 수 있도록 피렌체로 가져왔던 것이다. 그러나 당시 도시를 덮었던 위협적인 근심에 고취된 미켈란젤로는 그 돌로 삼손이 펠리스틴 족을 때려눕히는 군상을 만들 생각이었다. 그는 이 두 번째 거상을 위한 시안을 그리기도 했지만, 바로 이때 다른 일로 소환되었기 때문에 그 생각을 포기해야 했다.

1528년 10월 3일, 행정관 니콜로 카포니는 그 이튿날 〔미켈란젤로와〕 '자기 동료들'을 산 미니아토로 초대했다. 이 자유의 수호자들은 이제 불가피하게 피렌체에서 벌어질 포위전을 민감하게 예상했다. 따라서 옛 성곽을 보강하고 새로운 보루堡壘를 쌓을 필요가 있었다.

미켈란젤로는 피렌체에서 처음 순교한 기독교도에게 바쳐진 훌륭한 성당이 서 있는 이 언덕을 보강(요새화)해야 할 필요성을 지지했다. 어쨌든, 부시니의 이야기에 따르자면 그는 이런 필요성에 대해 행정관을 설득하지는 못했다.

"솔직한 미켈란젤로는 이 문제로 다른 여러 우두머리를 설득하기가 어려웠지만 특히 니콜로 카포니를 절대로 설득할 수 없다고 말했다."

이렇게 이견이 있었지만, 부오나로티는 1529년 1월 10일, 민병대 9인 위원회(마지스트라)에 선출되었고, 4월 6일에 시뇨리아는 그를 시 요새화 총감독에 임명했다. 따라서 그는 산 미니아토의 요새화 계획을 실현하는 데 필요한 권위도 확보했지만, 이 계획을 줄곧 박대했던 카포니는 그를 피렌체에서 멀리 내보내 그 계획을 방해할 수단을 찾았다. 4월과 6월에 그는 피사와 리보르노로 가야 했고, 6월에는 또다시 피사를 찾아 '자유와 평화 10인 위원회'에 아로느 궁을 수호할 최상의 방법을 제안했다. 7월 28일에 그는 도시 요새화와 무장을 연구하도록 페라라에 파견되어 그곳에서 피렌체 방어를 위한 정보를 얻었다. 알폰소 공은 그를 특별히 칙사 대접하면서 그가 찾는 곳을 직접 따라다니고자 했다.

9월 9일에 그는 피렌체로 귀환해서 마침내 산 미니아토 언덕을 요새화한다는 자신의 생각을 실현할 희망을 품게 되었다.

이렇게 군사적 작업을 수행한 몇 달 동안 미켈란젤로의 사고와 감정이 어떤 것이었을지 상상하기 어렵지 않다. 그는 피렌체 시민이었고 공화파였다. 그는 진정 조국과 자유를 사랑했다. 바사리에 따르면, 그는 갖은 수고로 땀 흘려 벌었던 1천 에퀴를 공화국에 빌려주었다. 그는 이위기의 시간에 공화국을 지키려고 영묘 작업과 거인상, 예외적인 재능과 천성이 발휘된 예술의 실험을 포기했다. 조각가로서 그는 군사기술자라는, 그때까지 전혀 몰랐던 임무를 맡았다.

이와 같은 임무 수행을 위한 시뇨리아의 선택을 우리로서는 이해하기 어렵다. 미켈란젤로는 유명한 조각가였다. 취미보다는 의무 때문에 회화에 종사해야 했고, 결국 건축도 마찬가지였다. 어쨌든, 예배당과 도서관, 성당 정문의 초안을 그렸다는 것만으로 그가 군사적 기술자로서 일하기에 충분한 이유로 보이지는 않는다. 그러나 한편으로는 아주 불행 중 다행이던 그 시절에, 사람들은 그 사람과 그 타고난 재능의 결합을 생각했다. 즉 '개성'의 강박적인 유행, '특별한 능력'에 대한 피상적인 믿음, 수많은 분야로 배타적으로 사람을 분류하는 광증은 아직 나타나지 않았던 시대였다. 신부가 전투에서 군대를 지휘하고, 시인이 지방을 통치하고, 화가가 성당과 궁전을 지어야 했다.

미켈란젤로를 행정관의 반열에 지명하는 것에 대해 다른 이유로 동의하지 않았던 사람들도 있었다. 부시니는 바사리에게 이렇게 썼다.

"공화정에서 시기가 상당할 수 있습니다. 특히 이번 정부처럼 귀족이

다수인 곳에서는 다른 것보다 특히 카르두치가 행정관에, 미켈란젤로가 9인 위원이라는 데에 분개하고 있습니다."

이와 같은 시뇨리아의 선택은 한편 16세기 사람들에게 친숙한 또 다른 진실을 담고 있다. 즉, 모든 예술은, 건축까지도 인체를 모범으로 삼는다는 것이다. 인간을—만물의 척도—표현할 줄 아는 사람이 모든 인간 활동에서 성공할 수 있다는 것이다. 그러니 누가 조각가보다 인체의 비례와 형태와 가장 은밀한 법칙을 더 잘 알 것인가?

돌로 쌓은 방어용 옹벽이나 요새 또한 모든 건축물과 마찬가지로 인체와 유사하지 않을까? 작은 요새는 가슴과 어깨에 비교될 수 있다. 높은 망루는 총안이 눈처럼 뚫린 머리 같다. 부벽과 덧문과 반월보루는 공격을 막아내고 적을 공격하려고 맹렬하게 뻗치는 팔과 손 같다. 미켈란젤로가 영원한 '형상의 거장'이라면, 조국이 맡긴 임무에 그다지 놀라거나 어려워하지 않았을 것이다. 지금도 여전히 산 미니아토의 언덕 위에서 산 조르조 문으로 다시 솟아오르려는 가파르게 경사진 옹벽을 볼 수 있다. 이는 물론 미켈란젤로의 가장 덜 알려진 작품이지만, 피렌체 사람에게는 감회가 절대 덜하지 않다. 해체되고 풍화된, 황토 빛의 이 오랜 석축은 아직도 자기 도시에 대한 부오나로티의 사랑이 얼마나 강하고 깊었는지를 말해준다—희생에 이를 정도로.

93
네 번째 도주

이제 우리는 미켈란젤로의 일생에서 가장 수수께끼 같고 유명한 사건에 이른다. 피렌체가 공격받기 직전에 갑자기 그곳에서 도주한 것이다.

우리가 알다시피 그는 1529년 9월 9일에 페라라에서 돌아와 있었다. 같은 달 21일에, 그는 피렌체를 벗어난 동료 두 사람과 함께 서둘러 베네치아로 피신했다. 어떤 무서운 일이 있었기에 자기의 도시를 사랑하는 적극적인 위원이 그 십여 일 사이에 그렇게 도망쳐야 했을까?

우선 그 사연을 들어보자. 베네치아에 도착한 며칠 뒤에 조반바티스타 델라 팔라에게 보낸 편지에 그는 이렇게 적었다.

"친구들한테도 말할 겨를 없이 정신없이 떠나왔네. 자네도 알다시피 프랑스로 가려고 했고 수차례 휴가를 신청했지만, 소용없었지. 전쟁이 끝나기를 두려움도 없이 보려고 했던 것은 아니지만. 그러나 화요일 아침 9월 21일에, 내가 요새에서 작업할 때, 산 니콜라 문에서 나온 사람이 내 귀에 대고서 살고 싶으면 그곳에 머물러 있지 말라고 했네. 그는 우리 집까지 따라왔고 나와 함께 저녁을 먹었고 내게 말을 가져다주었네. 그리고 내가 피렌체를 떠날 때까지 내 곁을 떠나지 않았지. 내가 잘 떠나는지 볼 때까지 말일세. 그가 하느님인지 악마였는지 나로서는 알 수가 없네."

이 이야기는 아주 이상하고 또 논리적 추론이라기보다는 마법에 홀린 듯한 어조였다. 미켈란젤로는 산 미니아토 쪽의 요새 작업을 하고 있었다. 이 요새는 그가 특히 심중에 두었던 것이고 전혀 위험하지 않다고 생각했었다. 어떤 사내가—하느님이 보냈는지, 악마가 보냈는지 알 수 없는—그에게 속삭였고, 일종의 마법으로 그를 홀려, 그림자처럼 안전하게 도망칠 때까지 그의 곁을 지켰다. 이 알 수 없는 존재의 전갈은 미켈란젤로를 위협했던 도시의 공황이 사실 덜 위험했을지 모른다는 점을 암시할 수도 있다. 이런 위협은 말라테스타 발리올리에게서 나온 것이었다. 마음속으로 배신을 준비하면서, 제국군의 붕괴를 가장 쉽게 할 지점을 보강하려고 집착했던 미켈란젤로를 곱게 볼 수 없었던 피렌체 수비대장으로서, 그는 미켈란젤로를 투옥하거나 심지어 살해할 궁리를 했을지 모른다. 이미 1495년 볼로냐에서, 또 1506년에 로마에서 그와 같은 사건을 겪었던 미켈란젤로는 목숨을 구하려고 피신했을 것이다.

그러나 나중에, 콘디비에게 자신의 과거 역경을 말할 때 이야기는 완전히 달랐다. 도망친 이유는 따로 있었다. 발리오니가 배신할 참이었으며 도시는 곧 패배할 처지였음이 확실했기 때문이다. 그는 산 미니아토 요새를 보강하는 작업에 열중하고 있었다. 콘디비는 이렇게 썼다.

"도시 병사들이 어떤 알 수 없는 배신 이야기로 수군대기 시작했다. 미켈란젤로는 자신이 직접 듣기도 하고 대장과 친구들이 알려주기도 해 그것을 알아차리고서, 행정관에 그가 보고 들은 것을 알렸다. 도시가 위험에 처했으며, 최악의 사태에 대비해야 한다고도 했다. 그런데 감사하기는커녕, 거친 반박만 받았고 또 지나친 기우와 옹졸함을 비방하거나 했다. 그런데 이렇게 응대했던 사람은 자신의 말을 경청해야 마땅했을 것이다. 메디치 당파가 피렌체에 재입성했을 때 그는 참수형을 당했으니 말이다."

이 바뀐 이야기에서 피신에 대한 수수께끼는 훨씬 줄어든다. 다른 한편, 부시니가 바르키에게 쓴 편지로써 확실해지는 것은 부오나로티가 밝힌 그 대장의 이름을 알 수 있기 때문이다. 말라테스타는 대포를 산 미니아토 안쪽이 아니라, 그것을 방어하는 요새의 바깥쪽에 설치했다. 그것을 지키는 사람도 없이. 바로 이런 이유 때문에 미켈란젤로와 마리오 오르시니 대장이 의구심을 품게 되었고, 적어도 그런 생각을 하게 되었다. 부시니는 계속해서 이렇게 썼다.

"그래서 미켈란젤로가 건축 감독관으로 언덕의 그 장소를 조사하다가 마리오 대장에게 말라테스타가 어떻게 포들을 지키지 않는지 묻게 되었다. 그는 '그 사람이 배신을 밥 먹듯 하는 집안 출신이니까, 그가 이 도시도 배반할 것이라는 것을 알고 있어야겠지요'라고 대답했다.
미켈란젤로는 그렇다면, 도시에 불행이 닥칠 것이고 결국 자신에게도 불행이 닥치리라는 불안 때문에 어떻게 해서든 떠나야 한다는 공포에 사로잡히게 되었다."

따라서 미켈란젤로에게 이런 불안감을 심어준 사람은, 콘디비가 확신하듯이, 명성이 자자하고 확고한 판단력을 지닌 마리오 오르시니로 보인다.

부시니는 미켈란젤로가 고관들을 만났던 일에 대해 말이 없다. 그러나 미켈란젤로가 그것을 지어냈다고 상상하기는 어렵다. 5월 1일부터 행정관은 프란체스코 데 니콜로 카르두치였다. 그는 인민공화파 소속이었다. 그는 과격파의 거두였고, 자유의 친구였다. 바르키는 그를 용감하고 단호하며, 말라테스타와 사이가 좋지 않았던 인물로 표현하고 있다. 그런 사람이 왜 미켈란젤로의 말을 듣지 않고서 귀에 거슬리는 말로써 그를 반박했는지 이해할 수 없다. 이 불운한 카르두치는 이런 실수로 목숨을 내놓아야 했다. 부오나로티와 이렇게 만난 지 한 해 뒤인, 1530년 10월 29일에 바르젤로 궁정에서 참수형을 당했다. 말라테스타가 부오나로티의 그와 같은 행각을 행정관에게서 들었고 또 조각가가 황급히 도주할 수밖에 없었던 위협을 조장했을 수 있었을 것이다.

부시니는, 미켈란젤로가 자신의 의도를 '경박한' 리날도 코르시니에게 알렸을 것이고—바르키는 이 자를 '썩은 사람'이라고 했다—그렇게 해서 그 자가 그의 도피에 동행하려 했다고 덧붙이고 있다. 바로 이 리날도 코르시니가 "급히 떠나자고 성화를 부렸다. 며칠 내가 아니라, 몇 시간 뒤면 도시가 완전히 메디치 손아귀에 들어가게 될 것이라면서"라고 바르키는 주장한다. 따라서 이 무렵, 미켈란젤로가 못된 재간꾼이라고 조반 바티스타 델라 팔라에게 부친 편지에서 말했던 자가 바로 리날도 코르시니일 듯하다. 바사리에 따르면, 9월 21일 세공사 필로토를 비롯해서 제자 안토니오 미니와 코르시니와 함께 미켈란젤로는 말을 타고 '정의문正義門'을 빠져나가 베네치아든, 파리든 어디로든 간에, '저 고리에 각자 돈을 꿰차고서' 가려고 했다.

이것이 출처가 분명한 증언들이다. 그런데 한 가지 여전히 모호한 점이 있다. 또 이 점이 문제의 핵심이다. 미켈란젤로가 적의 공격을 받을 줄 알고 있었던 조국을 이렇게 도망친 동기는 무엇이었을까? 목숨을 잃을까 겁이 나서였을까, 아니면 배신 때문에 피렌체를 위한 싸움에서 졌고 또 그것을 구하려는 노력이 수포로 돌아갔다는 것을 확신했기 때문일까? 마리오 오르시니의 심각하고 분명한 이야기 때문에 내린 결정일까? 아니면, 프란체스코 카르두치의 모욕적 언사에 원한을 품었기 때문이었을까? 그것도 아니라면, 말라테스타의 보복이 두려웠을까? 아니면 패배주의자 코르시니의 압박이 옳다고 생각했기 때문이었을까?

이런 모든 것이 차례차례 극도로 예민한 미켈란젤로를 도피하게 했을지 모른다. 그는 피렌체와 자유를 사랑했다. 그러나 그는 그 모든 것보다 우선 자신의 예술을 사랑했고 자기 생명을 구해야 한다는, 다시 말해서 자신의 천재적 가능성을 구해야 한다는, 권리 이상의 의무가 있었다. 배반 때문에 피렌체가 패배했다면, 희망도 없는 대의에 왜 자신을 희생해야 한다는 말인가?

그는 아직 쉰네 살이었고, 아직도 할 일이 많다고 느꼈다. 그의 주요한 작품들도—율리우스 2세의 영묘, 산 로렌초의 묘—아직 미완이었다. 의심과 위험으로 후끈 달아오른 이런 분위기에서, 예술가로서의 그가 시민으로서의 그를 이겼다. 그러나 오랫동안은 아니었다. 얼마 뒤, 미켈란젤로는 함락된 절망적인 조국으로 되돌아왔다. 또 피렌체 사람과 공화파에 대해 그는 영광이 다하는 그날까지 그 의무를 다할 것이다.

94
총독과 대사 사이에서

콘디비는 "미켈란젤로의 도피는 피렌체에 큰 소동을 일으켰고 도시의 통치자들은 그의 행동을 비난했다"고 말한다. 도망자는 애당초 피렌체의 이런 분개를 크게 걱정하지 않았다. 왜냐하면 조반바티스타 델라 팔라의 편지로 알다시피, 그는 프랑스로 가서 품위 있고, 관대한 프랑수아 1세의 보호를 받을 작정이었기 때문이다.

페라라에 잠시 머문 뒤, 1529년 9월 25일 그는 베네치아로 건너갔다. 그곳에서 바르톨로메오 판치아티키의 손님이 되었다. 부오나로티는 이제 예술에 대해서라면 그토록 극성스러운 이 도시에 그의 도착 소식이 쫙 퍼질 정도로 유명해졌다. 많은 인사가 그를 만나려고 했지만, 바사리의 이야기로는 "이 사람들이 자신의 일을 거의 이해하지 못한다고 생각했던" 그는 이런 거북한 관심을 피하려고 머물던 지우데카 거리의 집에서 나왔다. 하지만, 그는 공화국의 수석 행정관이 표명한 욕구를 뿌리칠 수 없었다. 안드레아 그리티는 오랫동안 영광스러운 역사를 누려왔던 베네치아의 위세가 등등한 총독 가운데 한 사람이다. 이 무렵 그리티는 일흔넷의 노인이었다. 노련하고 유능한 정치인이자 군인이었지만 그는 예술을 사랑했다. 1523년에 그가 총독의 자리에 앉자마자, 티치아노의 가장 유명한 작품 축에 들게 된 동정녀 곁에 있는 자신의 초상을 그리도록 자세를 취하기도 했다. 그리티는 미켈란젤로가 베네치아에 나타났다는 사실을 알자마자, 자신을 대신해서 사절을 보내 "그와 또 필요하다면 그의 동행들에게도 자신이 할 수 있는 모든 것을 정성껏 베풀겠노라고" 알렸다. 그리티는 미켈란젤로에게 다리의 설계를 맡아달라고 부탁했는데—바야지드에게서 받았던 것과 마찬가지로—바로 나중에 리알토 다리*가 되는 것이라고 바사리는 전한다.

그러나 여기에서 바사리는 틀렸다. 미켈란젤로가 리알토 다리를 위해서 그린 도안은 "전대미문의 새로운 형식과 면모를 갖춘, 베네치아 대운하를 건너는" 다리였다고 하는 것이 정확하다. 즉 콘디비가 1552년에 이 거장의 전기를 쓰면서, 그의 마지막 작업들 기운데 하나라고 말했던 것이다. 그런데 1553년에 마크르안토니오 바르바로는 한 보고서를 쓰면서, 이 다리를 위해 로마에서 보내온 도안들에 대해서 말하고 있다. 아마 이 도안 중에 미켈란젤로의 것이 들어 있었을지 모른다.

부오나로티의 베네치아 후배 세바스티아노 델 피옴보는, 당시 그곳에 없었지만 어쨌든, 고향에서 이 선배를 지지하려는 또 다른 계획을 갖고 있었던 듯하다. 1531년 2월 24일자 편지를 보자.

• 현재 베네치아 산타 루치아 역에서 내륙과 섬 사이의 대운하를 가로지르는 가장 대표적인 통행로. 또 그 위에 상가가 들어서 있어서 유명하다.

"페르난도 곤차가는 선생님께 훌륭한 증언을 남길 수 있었습니다. 하느님께서는 내 슬픔을 아시겠지요. 선생님께서 베네치아에 계시다는 소식을 들었을 때, 만약 내가 거기 있었다면, 사정은 완전히 달라졌을 수 있었을 테니까 말입니다."

베네치아 사람들이 호의를 베풀었지만, 우리의 도망자는 프랑스로 건너가겠다는 생각을 포기하지 않았다. 일은 쉽게 풀릴 수도 있었다. 왜냐하면 당시 프랑수아 1세의 베네치아 대사는 유식하고 섬세한 교양인으로, 금세 국왕과 조신들에게 이 재능 있는 사람을 조국으로 끌어들일 행운의 기회를 잡았노라고 알렸다. 이 대사 라자르 드 바이프는 젊었을 뿐만 아니라—서른셋이었다—열정까지 있었다. 그는 프랑수아 1세의 고문이었다. 어쨌든, 그는 단순한 외교관이 아니라 학식을 갖춘 탁월한 헬레니즘 전문가이자 완벽한 석학이었다. 그는 특히 소포클레스의 「엘렉트라」, 유리피데스의 「에퀴브」를 번역했고, 나중에 베네치아 여인과의 사이에서 아들 앙투안 드 바이프를 얻었는데, 바로 이 아들이 플레이아드 별자리의 별처럼 프랑스 시의 역사를 빛낼 시인이 된다. 미켈란젤로가 이 대사와 개인적인 친분을 맺었는지에 대해선 어떤 증거도 없지만, 서로 친구들을 통해서, 두 사람이 의견의 일치를 보았다는 것은 사실이다. 10월 초에 바이프는 프랑수아 1세에게 편지를 내어 이 예술가를 불러들이도록 권했다.

"출중한 화가 미켈란젤로가 피렌체에서 위험을 맞아, 이 도시로 피해 왔습니다. 또 그의 판단은 전혀 어긋하지 않은 것이, 그는 이곳에 머무르려 하지 않고, 폐하께서 자리를 마련해주신다면 그것을 받아들일 생각이 확고합니다. 폐하께서는 이 사람의 예술이 얼마나 훌륭한지 아실 테지요."

적극적인 성격의 바이프는 같은 이야기를 안 드 몽모랑시 원수에게도 전했고, 또 친구들을 통해서 미켈란젤로도 호의적 입장으로 안다고 덧붙였다. 그러나 이런 타진에 진전은 없었다. 에스파냐에 포로 신세가 된 아들의 엄청난 몸값을 치러야 했기 때문에 국왕의 금고는 바닥이 나 있던 터라 왕의 응답이 지체되었기 때문이다. 프랑수아 1세가 미켈란젤로를 기억해낸 것은 훨씬 뒤인 1546년 2월의 일이었다. 왕은 미네르바의 그리스도를 주문하는 친서를 냈다. '당신의 작품을 갖고 싶은 엄청난 욕심'이 있다면서. 그러나 그는 그 모사화만을 구했을 뿐이다. 몽모랑시는 더 운이 좋았다. 스트로치가 그에게 훌륭하기 그지없는 「노예상」을 선물했기 때문이다. 이 작품들은 현재 루브르에 있다.
이렇게 미켈란젤로는 영영 프랑스로 가지 못했다. 프랑스로 건너갔던 헤라클레스 대리석상과 다윗 청동상은 수수께끼처럼 사라져버렸다. 우리가 앞서 보았듯이 일찍이 보냈던 「레다」도 사라져버렸다. 프랑스 땅은 이 위대한 이탈리아 사람의 작품을 삼켜버릴 운명이었던 듯하다.

95
폭동과 살인

미켈란젤로는 베네치아에서 고독하게 지내면서 무슨 생각을 했을까? 그토록 환멸과 불행에 시달리던 이탈리아를 떠나고 싶은 욕구가 간절했지만, 포위되고 배신당하기 직전에 떠나온 그토록 사랑하는 도시에 대한 향수 또한 깊었으리라.

피렌체 사람들도 그를 잊지 않았다. 9월 30일, 8인 집정위원회가 소집되고, 탈주자 열네 명에게 추방령을 내렸다. 그중에 '미켈란젤루스 로도비치 데 노바로티스'도 포함되어 있었다.

그러나 이 명령을 내리면서 만약 그들이 10월 6일까지 피렌체로 되돌아온다면 사면할 수 있다는 입장도 명시했다. 미켈란젤로가 기한 안에 이 칙령을 알고 있었는지 우리로서는 알 수 없지만, 그가 당시 프랑스의 초대를 기다리던 중이라 살아 있는 척도 하지 않았던 것이 사실이다.

얼마 뒤, 그의 처지가 바뀌게 될 기회가 찾아왔다. 토마소 소데리니와 니콜로 카포니가 카를 5세에게 협상사절로서 헛수고 끝에 귀환했을 때였다. 또 과거 피렌체의 한 역사가는 바로 미켈란젤로 때문에, 이 유명 인사 중 한 사람이 얼마 뒤 사망하게 되었다고 한다.

부시니의 말은 이렇다.

즉 그는 그들을 직접 찾아나서지 않고, 자신을 대신해서, 피렌체를 도망치게 했던 장본인인 리날도 코르시니를 보냈다고 한다. 다른 한편, 친척이었던 니콜로 카포니의 전기를 미켈란젤로가 생존해 있던 1547년에 펴낸 역사가 베르나르도 세니[1504~1558]는 순진한 콘디비의 중개로 그의 말을 부인했을지 모른다.

미켈란젤로 또한 카포니를 찾아갔다. 거기에서 자기들의 조국이 처했던 위협에 대해 너무나 격정을 쏟은 나머지, 이런 이야기에 울화를 못견딘 니콜로는 바로 심한 열병에 걸려 일주일도 못 되어(1529년 10월 18일) 사망했다고 주장한다. 병환 중에도 그는 끊임없이 "나라를 어쩌다 이 지경에 빠트렸을꼬!"라고 외쳤다고 한다. 도망자의 말이 그에게는 비수였다.

만약 이 이야기가 사실이라면―훌륭한 세니가 이 모든 이야기를 지어냈을 수는 없을 것이다―부오나로티는, 바로 10월 10일에, 원치 않았던 살인을 저지른 셈이겠다. 두 사람은 카포니가 산 미니아토를 요새화할 필요성을 역설한 미켈란젤로의 조언을 무시했을 때부터 사이가 좋지 않았다. 니콜로는 아직 늙지는 않았으나―쉰여섯이었다―요동치는 정치 생활의 고통에 시달렸고, 여행의 피로가 누적되어 일찍 종말을 맞았을 것이다.

그러나 이런 사실 자체가 불가능한 것은 아니며, 우리는 철학의 역사에서도 같은 사례를 볼 수 있다. 형이상학적인 논쟁을 하던 중에, 버클리는 유명한 말브랑슈 신부가 열을 받은 끝에 분을 참지 못해 죽을 뻔했다는 이야기가 있다. 영국 관념론 창시자와 피렌체 조각가 사이의 이런 특이한 유사성을 누군가는 주목했을 듯하다.

96
귀향

미켈란젤로의 고통스러운 심경에서, 카포니와의 만남은 실망한 대사와 다른 효과를 냈을 듯하다. 니콜로는 절망 끝에 사망했다. 그러나 부오나로티는 속죄하고 희망을 품었다.

그 만남은 10월 10일이었다고 할 때, 그 사흘 뒤에 불운한 카포니가 탄식하면서 고열에 시달리며 비탄에 젖어 있을 때, 피렌체의 웅변가 갈레오토 지우니는 피렌체 공화국 정부에 미켈란젤로가 용서를 빌러 귀향할 수 있도록 허락하는 의원들에게 다리를 놓아달라고 부탁하는 편지를 썼다.

어떻게 됐을까? 전쟁 10인 위원회에서는 부오나로티의 인간적 가치나 명성을 잘 알고 있었으므로 어떻게서든 그를 되돌아오도록 하라고 지우니에게 명했다. 지우니는 이 망명객을 페라라로 초대하고서 피렌체로 돌아가겠다는 약조를 받았다. 메디치가에 대단히 적대적이던 지우니는—몇 해 뒤 그는 코시모 공과의 전쟁을 선동했다—오래전부터 이 조각가를 높이 평가했고, 또 그의 격렬한 심정을 부추길 줄 알았다.

바르키는 지우니를 '원래 퉁명하고 거친 사람인데, 황당하지는 않아도 쉽게 흥분하는 사람'이라고 했다. 그러면서도 "인색하지 않고 자유로운 정신의 소유자"라는 점을 인정했다. 이런 인물이었던 만큼 그는 단순히 임무를 수행하는 이가 아니라 미켈란젤로 같은 천재에게 걸맞은 어조와 스타일로 그에게 말할 수 있는 사람이었다. 콘디비의 이야기 속에서 간청하는 지우니의 까마득한 메아리를 들을 수 있다.

"그는 미켈란젤로에게 조국의 운명을 거론하면서 간절히 애원했다. 그가 졌던 책임을 포기하지 않기를 바란다면서. 그리고 이렇게 덧붙였다. 사태는 사람들이 생각하듯 그렇게 절망적이지 않다고."

이렇게 지우니가 승리했지만 정부도 수수방관하지 않았다. 사실상 10월 20일, 피렌체에서 미켈란젤로의 안전을 보장하는 통행증이 발급되어 그를 잘 아는 바스티아노라는 석공이 베네치아로 가져가 그에게 전달했다. 페라라 공작, 알폰소 또한 11월 10일자로 편지를 써서 그가 자유롭게 자기 나라를 통과할 수 있게 조치했다. 지우니도 정부의 호의를 당부하는 편지를 그에게 건넸다.

모든 안전을 보장하는 이런 공식문서를 갖고서 미켈란젤로는 얼마 뒤, 11일 또는 12일에 페라라를 출발해서 15일쯤 피렌체에 도착했다. 도착하자마자, 그는 요새 공사의 책임자로 복귀했다. 왜냐하면 11월 말에 그는 함락기에 주거지였던 산 미니아토 종각에 있었기 때문이다. 11월 23일, 그를 반역자로 판결한 칙령은 그에게 더 가볍게 감형 조치를 내렸다. 3년간 위원회에서 배제되지만 매년 피선을 위한 재심을 요청할 자격을 부여받았다. 이렇게 미켈란젤로의 네 번째 도피는 다행스럽게 마무리되었다.

그가 콘디비에게 다시 돌아올 수 있다고 확신했다고 했던 말은 거짓이 아니었다. "무엇보다 조국에 대한 사랑 때문에" 또 "인생에서 위험이 없이 살 수는 없다"라고 덧붙였을 때에도. 사실 그는 시내에서, 예상했던 배신을 도모했던 사람들에게서 여전히 비난을 받아야 했고 또 그와 동시에, 두 달 전의 그렇게 갑작스러운 나약함과 뜻밖의 도주를 진심으로 용서하지 못했던, 어떤 희생을 치르더라도 저항하려 했던 '열성 당원'과 '순진한 사람'의 미움을 샀다. 그와 같은 함락 전야의 혼란과 어수선함 속에서 이들 중 누구라도 그에 대한 보복과 심지어 살해까지도 쉽게 생각할 수 있었다. 이런 위험을 감수하고서, 결국 패배할 수밖에 없을 것이고, 이탈리아의 모든 막강한 세력도 포기한 이 도시를 수호하려고 되돌아왔다는 것은 미켈란젤로의 용기를 잘 보여준다. 또 그가 시도했던 비겁한 투항을 지우기에 충분하다.

97
레다와 망루

바로 그때였다. 미켈란젤로가 귀환했을 때 도시는 이미 함락되고 있었다. 10월 24일, 오랑혜 군대가 아르노 강의 오른쪽 기슭을 포위했다.

도시가 함락된 10개월 동안 그가 어떤 활동을 했는지는 알 수 없다. 그 자신이 콘디비에게 말한 것도 산 미니아토 성당의 탑을 수호하고 구하려고 그가 꾸몄던 계략뿐이었다. 이것을 제외한다면 우리는 그나 다른 이의 어떤 증언도 알 수가 없다. 대부분의 이들이 생각하기에는, 그때 사람들은 오직 제국군의 포화에 손상되지 않도록 망루의 벽에 담요를 붙이는 데에만 몰두했다고 한다. 포화는 맞은편의 높은 언덕, 즉 몬티치의 산타 마르게리타에서 쏟아졌기 때문이다. 그러나 그는 다른 일도 했다. 적들이 집요하게 공격했지만, 그는 이 빼어난 로마네스크 성당이 우뚝 선 언덕을 사수하는 요새 작업을 계속했다. 나중에 대공들 치하에서 이 옹벽은 복구되거나 재건되었지만, 유명한 군사 건축가 세바스티안 드 보방이 피렌체를 찾았을 때, 미켈란젤로의 방벽이 남아 있는지 측량하고 확인하려고 했다는 이야기가 있다.

이렇게 그는 도시의 난리에서 멀리 떨어져, 화창한 언덕의 올리브나무와 삼나무에 둘러싸인 채 공화국의 몰락에 대한 우울한 상념에 젖어 있었다. 날이 갈수록 피렌체가 결국 지고 말리라는 점이 명백해 보였고, 또 원래 염세적이던 부오나로티는 '과격분자'의 허풍에 취한 행복감 같은 망상을 품을 수 없었다. 그는 목숨을 걸고 피렌체로 되돌아왔고, 패배가 이런 위험을 가중하리라고 생각했다. 메디치파가 다시 승리하고 주인이 된다면 그를 반역자로만 볼 것이기 때문이었다. 오랫동안 메디치가의 빵을 먹었던 자가 그에 대항하고 배신한 자로서.

1530년 2월 22일, 그는 브루넬레스코의 원개(산타 마리아 델 피오레 대성당) 꼭대기로 올라갔다. 이는 아마 일할 것이 있었기 때문이거나, 아니면 죽게 되거나 유배되기 전에 다시 한 번, 진정 사랑하는 이 도시를 내려다보려는 것이었으리라.

그렇지만 그는 예술이 항상 최우선이요 살아 있는 이유였기에 새로운 작업을 하지 않고서 살 수 없었다. 산 미니아토에서 생활해야 했으므로 1527년 혁명 이후 그가 맡았던, 삼손을 조각할 생각이던 거대한 대리석을 깎지는 못했다. 그는 그림을 그릴 수는 있었겠지만 조각만큼 그것을 좋아하지는 않았다. 어쨌든, 페라라를 떠나기 직전에 그는 알폰소 공작에게 레다 한 점을 그려주겠다고 약속했었다. 이 함락기에 장포의 포성과, 병사들이 공방전을 벌이는 함성 속에서 레다를 그리기 시작했을 듯하다. 그는 이 화폭을 들고 그릴 수 있는 임시 화실을, 산 미니아토 성당 한 곁에 서 있는 주교관이거나 그 맞은편 아래에 자리 잡은, 그가 '아름다운 농가'라고 불렀던 산 살바토레 알 몬테 성당 부속의 프란체스코회 수도원을 찾았을지 모른다. 그는 일시적 휴전과 휴식 시간

494

에, 이 그림을 그렸다. 「레다」는—안토니오 미니가 나중에 프랑스로 가져갔으나 유실된—그 모사화를 통해 판단해볼 때, 가장 관능적인 작품이고, 또 미켈란젤로의 성적 욕구로 충만했다고 할 만하다. 허벅지를 벌리고 누운 채 백조의 모습으로 분한 탐욕스러운 주피터를 받아들일 자세의 아름다운 여인은 얼굴을 앞으로 숙이고, 눈을 반쯤 감고서, 날짐승 모습의 애인을 향해 나른한 쾌락의 표정을 짓는다.

그 누구도 미켈란젤로의 조국과 그의 심정과, 그가 채택했던 작품의 이교적이고 육체적인 소재가 발산하는 이토록 특이한 대조를 느끼지 못했다. 어쩌면 시민들의 절망과 위험이 그로 하여금, 그의 진정한 본성과 그토록 소원하며, 그의 기질과도 다른 이런 주제와 작업으로 도피하게 했을지 모른다. 그렇지 않으면, 때때로 불운하게 빚어진 혼란의 와중에서, 더 조용한 시간 동안 억눌러놓았던 이런 맹렬한 관능이 다시 솟아났을까? 어쨌든, 이와 같은 대조는 완전히 자명하다.

조국은 무너져가고, 적이 도시의 성문으로 몰려들 때, 부오나로티는 시민으로서나 예술가로 신음하면서, 자신의 재능을 백조로 위장한 음탕한 신에 몸을 맡기며 암내를 풍기는 여인을 그리는 데에 몰두한다.

그의 붓이 도발적인 사지를 그려나가는 동안, 8월 3일 페루초는 가비나나에게 떨어지고 며칠 뒤, 1530년 8월 13일 마침내 이 영웅적이지만 배반한 도시는 굴복했다. 클레멘스 7세가 파견한 새로운 주인들이 그를 찾는 동안 미켈란젤로는 몸을 숨겼다. 그가 틀리지는 않았다. 바사리는 이렇게 썼다.

"교황의 대리인 바초 발로리는 과격한 시민들을 붙잡아 바르젤로 궁에 가두라는 명령을 받았다. 경찰이 미켈란젤로의 집까지 들이닥쳤다."

그들은 미켈란젤로를 찾아내지 못했지만, 수많은 대리석과 작품으로 넘치는 그의 비아 모차 街의 자택을 어지럽혀놓았다. 발로리는 교황이 이 조각가를 얼마나 아끼는지 알고 있었으므로, 정말로 그렇게 열심히 그를 찾아내라고 하지는 않았을 듯하다.

미켈란젤로는 친구 집에 숨었다. 화가 부지아르디노의 집이 아니었을까? 그러나 대부분의 사람은 그가 배신자 말라테스타의 거처였던 산 니콜라 돌트라르노 성당의 종각 속으로 피신했다고 주장한다. 산 미니아토의 망루에서 성자 니콜라우스의 종루로 숨어들었다는 것이다. 항상 열등하고 천박한 것보다 더 높은 곳으로 말이다.

망루는, 이 요동치던 16세기 내내, 수수께끼처럼 당대의 거물급 인사들과 인연을 맺곤 했었다. 바티칸 벨베데레의 망루에서는, 레오나르도 다 빈치가 줄리아노 메디치를 위한 연금술을 연구했었다. 루터는 파문당했을 때, 바르부르크 망루로 숨어들었다. 토머스 모어는 런던의 망루에서 최후의 날을 보냈다. 첼리니는 파리의 네슬레 망루에서 프랑수아 1세를 위해 걸작을 준비했다. 몽테뉴는 페리고르 지방의 자기 성채 망루 속에서 『수상록』을 구상하고 집필했다.

미켈란젤로는 성자 니콜라의 종각으로, 레다에 바쳐진 그림을 들고 갔을 것이다. 그러나 그가 그것을 벽에 기대어놓았을 수도 있다. 함락을 앞두고서 완전히 다른 생각으로, 정복되고 욕을 본 도시에서 다시금 벗어나려고.

미켈란젤로는 도시의 함락에 뒤이은 약탈에서 많은 것을 잃었다. 1532년 1월 2일자, 안토니오 미니의 편지에서, 그 전해 말까지 그와 함께 지냈던 미니가 그 점을 증언한다. 그는 그에게 이렇게 썼다.

"여러 번 선생님에 대해 말할 기회가 있었습니다. 어떤 식으로 선생님께서 돈과 밀, 포도주와 기름을 빼앗겼는지. 어느 정도 선생님이 비참해졌는지. 결국, 폐허의 수복을 위해 3년 동안 일하라는 명령을 선생님께 내렸습니다."

이 이야기를 들은 차노비 바르톨리니는 완전히 피렌체 사람다운 지혜로써 "민족에 봉사하기 시작하는 사람은 아무에게도 봉사하지 않는 것이지"라고 했다.

98
아리오스토

미켈란젤로는 당시 거물 시인 루도비코 아리오스토를 잘 알았다. 그들이 언제 어디에서 처음 만났을까? 아마 이 시인이 여러 차례 머물렀던 피렌체에서나, 이 두 사람 모두에게 실망스러웠던 레오 10세가 선출된 직후(1513년) 로마에서였을 것이다. 1512년 7월에, 알폰소 데스테 공작은 시스티나 예배당을 방문했다. 이때 그는 미켈란젤로에게 그 약속을 받아낸 그림을 부탁했다. 이때 아리오스토는 공작을 수행하지 않았다. 그가 7월 19일 이후 팔레스트리나에 망명해 있던 공작을 찾아가려고 페라라를 떠난 것은 9월 18일이었다. 어쨌든, 아리오스토는 시스티나 예배당에서 부오나로티의 그림에 감명을 받았다. 그는 「사티로스-풍자시」의 제3편에서(190~192), 미켈란젤로가 그린 예언자 상을 연상한다.

너는 요나스가 그 예배당에서 보는 것만큼 많은
교황의 미사에 모인 모든

주교관과 왕관을 내게 줄 수 있느냐!

이 풍자시는 1518년 작이지만, 『미친 올란도』(1516, 1524)의 초판에서 미켈란젤로에 대한 이 유명한 찬가는 나타나지 않는다. 그것은 1534년 그의 사후에 출간된 판본에서만 나타난다.

그런데 아리오스토는 1529년 미켈란젤로가 그 도시의 보루를 보러 처음으로 페라라를 찾아갔을 때 그곳에 있었다. 그때 또 미켈란젤로를 안내했던 알폰소는 다시 한 번, 1512년 로마에서 받았던 그림을 그려달라는 약속을 재확인했었다.

이때, 아리오스토는 에스테 궁정의 가장 유명한 시인으로 그전부터 알던 부오나로티와 재회했다.

미켈란젤로는 공작에게 레다를 그려주겠다고 약속했는데 이 주제는—미켈란젤로의 근엄함보다 아리오스토의 관능성에 더욱 충실했다—바로 이 『미친 올란도』의 저자가 공작이나 화가에게 시사했을 것이다. 시인은 자기 작품에서 항상 '옛날 이야기'를 열렬히 사랑했다. 사랑하는 여인의 아름다움을 찬미하려 할 때 그는 신들의 왕의 사랑의 받은 티에스테스[•]의 아리따운 딸을 잊지 않았다.

레다 앞에 나타났던 그 백조는
주피터의 변신 아니던가,

• 그리스 신화 속의 인물. 아르고스 왕 아트레우스의 쌍둥이 형제.

깃털만 그토록 부드러운 감촉이 아니라
그 목까지 노골적으로 드러낸다.

이 무렵에 아리오스토는 자기 시에 있는 서른세 편의 노래의 도입부
에, 너무 유명해서 속담처럼 되어버린, 다음과 같은 구절로 과거와 현
재의 위대한 예술가를 열거할 생각이었다.

…그토록 멋지게 조각하고 그리는 자이니만큼
미켈, 인간 이상의, 신성한 천사여….

이런 열거에서 라파엘로에 대한 어떤 상찬의 수식도 붙이지 않았다
는 점을 주목하자. 비록 아리오스토가 이 우르비노 화가의 사망에 즈음
해서 우아한 라틴어 애가哀歌를 쓰기는 했었지만 말이다.

그런데 아리오스토의 재능은 미켈란젤로보다 라파엘로와 훨씬 유사
했다. 물론 아리오스토의 작품에는, 비탄의 순간과 정력적인 분노의 기
상이 있다. 그러나 그의 예술은 시스티나의 화가와는 너무나 다른 영감
에 취해 있었다. 그는 부오나로티의 남성적 격정보다 조르조네라든가,
로토 부자父子를 훨씬 더 가깝게 느꼈을 듯하다.

빈첸초 몬티[시인, 극작가]는 『미친 올란도』의 34, 35편에서 '시간의
우상'으로 등장하는 노인을 묘사하는 구절 가운데 미켈란젤로의 모세
에서 영감을 취한 자취가 보인다고 했다. 그러나 필자는 전혀 그렇게
생각하지 않는다. 아리오스토의 노인은 위엄에 넘치지만, 늘씬하고 생
기도 넘친다.

얼굴은 늙었어도 사지는 아주 유연해서
그는 사슴보다 더 빠른 것을

아리오스토의 이런 묘사 가운데 단 한 구절에서만 모세가 연상된다.

가슴을 덮은 수염을 기른 이 노인

바로 여기에서는 흥분한 예언자의 넓은 가슴, 전체를 덮으면서 늘어뜨려진 거대한 수염이 재현된다.

그러나 이 두 거인이 서로 아는 사이였다고 하더라도 우정이 싹튼 적은 없었다. 두 사람은 기질이나 생활방식이 너무나 판이했다. 두 사람 모두 율리우스 2세의 성격, 레오 10세의 무관심, 궁정의 치욕을 겪었지만, 사보나롤라의 사도이자 단테의 찬미자로서 부오나로티는 페라라 궁정 시인의 재능을 제대로 음미할 수 없었다. 그 시인의 상상은 냉소적이었고 광증 자체를 즐겼다. 르네상스의 이 두 주인공 사이에는 공상적인 화자話者와 비극적 시인 사이에서 볼 수 있는 대립이 있었다.

아리오스토는 미켈란젤로의 작품을 보고 또 감탄했다. 그렇지만 미켈란젤로는 이 『미친 올란도』의 작가를 한 번도 언급한 적이 없다. 그의 시를 읽지도 않았을 것이다. 그가 만약 그를 알았다면, 스탄차 수법과 그 풍부한 상상에 감탄했을 것이다. 그렇지만 그는 거기에서 시인들에게서 찾던 양식糧食을 찾지 못했다. 그는 곧 단테에게로 되돌아갔다. '아녀자와 기사, 군인, 연인'을 위해서가 아니라, 벌 받고 울부짖는 사람과 복 받고 환호하는 자를 위해서.

99
오랑주 왕자의 묘

배신한 피렌체 공화정의 수치스러운 항복은 공화주의자 미켈란젤로에게 또 다른 수치였다.

1530년 8월 3일 오랑주 왕자, 필리베르 드 샬롱은 페루초 기병대로부터 자기 기사들을 구조하려 시도하던 중 가비나나의 성벽에서 사망했다. 그의 측근은 그 시신을 당나귀에 실어 체르토사로 옮겼다가, 거기에서 다시 나중에 프랑스로 옮겨 부모에게 인계했다. 수개월 전에 어떤 점쟁이는 그가 피렌체 왕이 된다고 예언했지만 오랑주 왕자의 이탈리아 원정은 이렇게 끝났고—겨우 스물여덟이었다—반대로, 그의 어머니는 '성녀' 같은 각성에 따라, 피렌체 원정에 나선다면 목숨을 잃게 될 것이라는 편지를 썼었다. 이런 독실한 어머니가 궁정 예언자보다 더 혜안을 지녔다는 것이 증명되었다.

이 여인, 필리베르트 드 뤽상부르는 장 II 도랑주의 부인이자 필리베르의 어머니로서, 죽은 아들의 묘를 쥐라 지방의 롱스 르 소니에 프란체스코 수도원에 지으려 했다. 그녀는 이 작업을 플랑드르 조각가 콘라

드 메이트에게 맡겼다. 이 조각가는 마르그리트 도트리슈를 비롯해서 여러 군주를 위해 일했었다. 메이트는 다른 동료 중에서, 피렌체의 무명 예술가, 조반바티스타 마리오 또는 마리오토에게 도움을 청했는데, 그가 '성상 조각가'라고 밝힌 기록이 전한다.

이 무렵, 아무튼 또 다른 피렌체 은행가, 오를란도 데이가 등장한다. 필리베르 도랑주의 어머니의 눈에 들고자 하는 욕심과 거기에서 이익을 취할 목적도 있었겠지만 그는 미켈란젤로를 부인에게 소개할 생각으로, 미켈란젤로에게 1531년 1월 29일 편지를 썼다. 이 편지에서 그는 선의인지 악의에서인지 알 수 없으나, 묘의 초안이 피렌체 사람 조반바티스타의 것이며 또 묘에 대한 이 거장의 후원을 부탁하면서—산 로렌초의 메디치가의 묘를 작업하지 않았던가?—그의 시도가 성공할 수 있도록 조언과 도움을 요청했다.

오를란도 데이의 편지는 이렇다.

"그가 이 편지를 당신께 전할 것입니다. 당신을 귀찮게 하지 않으려고, 그가 당신께 제 계획을 직접 설명해드릴 것입니다. 언제나 그러셨듯이, 모든 점에서 당신의 고견과 조언을 그에게 해주시리라고 믿습니다. 그러면, 이 조반바티스타는 당신의 동포인 데다 다른 많은 예술가에게 크게 인정받고 있느니만큼, 그가 영예를 얻는 데에 필요한 의견을 더 쉽게 해주실 수 있을 것입니다."

피렌체 사람이 애국적인 거장 동포에게 쓴 이 편지에 드러난 모욕적인 경박성이 놀랍다. 오를란도 데이가 여기에서 보듯이 미켈란젤로를 알았다 하더라도, 그가 목숨을 내걸고 최후의 날까지 조국의 자유를 지켰으며, 또 패배하고 나서는 정복자의 보복을 피해 몸을 숨겨야 했다는 사실을 잘 알았을 것이다. 그 조국을 공략한 점령군 대장인 외국인 왕자의 묘를 장식하는 데에 부오나로티가 자신의 한순간이라도, 한 줌의 재능이라도 이바지한다고 어떻게 생각하고 상상할 수 있었을까? 우리가 알다시피, 오랑주 왕자는 자기 가문에게서 나라를 빼앗은 프랑수아 1세의 적이 되어 카를 5세 편을 들었고, 그렇게 그 자신 프랑스 사람으로서 프랑스 사람에 맞서 싸웠을 뿐만 아니라, 부르봉 원수元帥를 따라 이탈리아 예술가들에게 극심한 고통을 주고 못된 짓을 했던 로마 공략에 참여했었다. 클레멘스 7세는 물론 이 젊은 왕자를 좋아할 수 없었다. 또 피렌체의 자유를 박탈하려고 싸우던 전장에서 죽었던 그를 명예롭게 할 생각 따위는 더더욱 할 수 없었다.

게다가, 오랑주 왕비가 자기 아들의 묘를 조반바티스타 디 마리오토에게 지어달라고 호소했다는 데이의 주장도 사실이 아니었다. 전해지는 기록을 보면, 이 피렌체의 무명작가는 콘라드 메이트의 지시를 받는 조수였다. 또 데이는 여기에 미켈란젤로에게 편지를 쓰면서 조반바티스타가 다른 예술가들의 대단한 평가를 받는다며 거짓말까지 보태고 있다. 프랑스에서도 다른 곳에서도 그가 제작한 어떤 작품의 흔적도 남아 있지 않다. 가장 사소한 미술사에서조차 그의 이름은 등장하지 않는다.

조반바티스타는 데이의 추천과 미켈란젤로와의 협동으로 메이트를 능가하고 오랑주 왕자의 묘 주문을 따낼 수 있다고 기대했을 것이다. 그 또한 데이와 마찬가지로 조국의 적인 민병대장을 기념하려고 미켈란젤로—공화국 수호자인 공화파—의 재능을 활용할 생각을 했다는 터무니없는 무의식을 증언한다. 미켈란젤로는 물론 신제의실의 묘 작업에 다시 착수할 수 있었다. 그러나 그것들은 적어도 피렌체 사람의 것이며, 늘 그를 찾고 후원했던 가문의 것이지만, 피렌체 자유의 적이자 페루초의 적인, 말라테스타의 공범자를 영예롭게 할 생각은 전혀 없었을 듯하다.

데이의 이 편지는 '부오나로토의 집'(기념관)에서 발견되었는데, 이는 조반바티스타라는 수수께끼의 인물이 미켈란젤로에게 전해주었다고 한다. 이 형편없고 무엄한 동향인에 대한 그의 반응이 어떠했을지 알 수 없지만, 그의 성정과 사고방식을 고려할 때 쉽게 상상할 만하다. 패배 탓에 수치를 겪으면서도, 그는 오랑주 왕자의 장례기념물을 위해 자신의 상상과 붓을 동원할 생각은 없었고 그가 이 경솔한 조반바티스타를 온후한 말로 반겼을 리 없었을 것이다.

이렇게 오랑주는 자신의 묘에서조차 운이 없었다. 1534년까지도 그 작업에 계속되었지만, 그 석관은 완성되지 못했고, 그 나머지 부분도 파괴되었다고, 19세기 중반 그의 전기작가인 윌리스 로베르는 전한다.

100
바초 발로리를 위한 아폴론

미켈란젤로는 산 미니아토 종루에 그렇게 오래 머물 수 없었다. 교황 클레멘스 7세는 외국군의 지지 하에, 피렌체의 자유를 박탈하고자 했다. 그러나 승리한 메디치의 원한에도, 그는 자신이 평가하고, 콘디비의 말대로라면 '거의 신성하게' 대접했던 이 사람 미켈란젤로의 생활에 자유를 주어야겠다고 곧 평상심으로 되돌아왔다. 가족의 운명을 심히 염려했으며, 부오나로티에 대한 사면이나 그 뒤를 이은 그의 선행 때문에 이 메디치가의 교황은 나중에 크게 용서를 받았다.

피렌체를 다시 접수한 몇 주 뒤에, 많은 시민이 수감되었고 또 살해 당했다―그중에는 그보다 2년 전에 부오나로티의 합당한 걱정을 비웃었던 프란체스코 카르두치도 있었다. 그는 10월에 참수되었다―그러나 이런 선동적인 광풍이 일단 잠잠해지자, 교황은 자신의 조각가를 기억해내고는 피렌체로 교서를 띄워 그를 찾아내서 잘 보살피라고 명령했다. 그는 미켈란젤로가 산 로렌초의 묘 작업을 재개하면 좋겠다면서, 그렇다면 과거의 약속을 지키겠노라고 덧붙였다.

친구들을 통해 클레멘스 7세의 입장에 안심하게 된 미켈란젤로는 은신처에서 나와 묘 작업을 재개하겠다고 수락했다. 콘디비의 표현에 따르면, '애정보다는 두려움에 떠밀려서'였다. 미켈란젤로의 삶에 그토록 자주 되풀이되는 이 '두려움'이라는 말은 오늘의 전기작가들이 그에게서 그리려고 하듯이 영웅적이고 거인적인 이미지를 강화하려고 나타나는 것은 아니다. 몬테무를로에서 패배하기까지(1537년) 조국의 자유와 존엄의 횃불을 밝혔던 망명객에 합류하려고 피렌체를 은밀히 빠져나가려 했다는 것은, 적에 대한 증오의 감정에 훨씬 충실하고 자연스러운 것이었다. 그러나 마찬가지로 기억해둘 것은 그는 정치인도 당원도 아닌, 무엇보다 특히 예술가요 미의 창조자라는 점이다. 자기 일신을 구하는 가운데, 그는 일찍이 시작했던 작품을 끝내고 새로운 것에 착수할 가능성을 확신했다. 그는 인간으로서나 시민으로서, 창작가의 소명을 겸손하게 좇는다. 그 이익이 자신에게 돌아오지도 않았고—만족보다 고통이나 받곤 했으니까—그 뒤에 올 사람들에게 돌아가곤 했다.

이 모든 것에도, 자신과 조국의 적으로서 비난했던 메디치가와 일전을 치르고 나서, 그가 그토록 쉽게 그들의 영광을 위해 일하기로 하고 또 그들의 돈을 받아들이기로 했다니 상당히 놀랍다.

이뿐만이 아니다. 그는 당시 이보다 더 나약한 면까지 보였다. 메디치가의 사생아 알레산드로가 권좌에 오르기 전까지, 피렌체를 장악한 자는 바초 발로리라는, 메디치 가문에 고용된 오랜 충복이었다. 그런데 바사리의 말을 들어보자.

"바초 발로리의 우정을 보장받고자(확신하려고), 미켈란젤로는 3발짜리 대리석상에 착수했다. 이 아폴론 상은 거의 완성 직전까지 진행되었다."

우리가 알다시피, 이 바초 발로리는 미켈란젤로의 집에서 수사관을 시켜, 그를 검거해서 투옥하려 했던 자였다. 그런데 그를 찾아내지 못하자 콘디비의 말대로, "방과 장을 다 뒤지고, 굴뚝과 창고까지 뒤졌다." 바로 이렇게 친구와 동료까지 비난하면서 자유를 억압했던 자의 환심을 사려고, 부오나로티는 교황의 보호만으로 불충분하다는 듯이 훌륭한 작품 하나를 조각했다. 이 아폴론 상은, 바초 발로리의 명령에 따라 최후의 공화정 수뇌들을 참수했던 바로 그 바르젤로 궁에서, 그것을 조각했던 작가의 숨은 슬픔을 보여준다. 그러니 미켈란젤로가 동료의 시신이 뜨거운 체온이 채 식지도 않았던 바로 그 순간에 그 적에게 바친 이런 경의의 표시는 놀랍고도 슬프기 짝이 없다.

부오나로티를 변호할 유일한 동기를 찾을 수는 있다. 즉 자유를 억압했다는 우울한 평판을 들었지만, 발로리는 그렇게 잔인한 인간은 아니었다. 바르키는 이렇게 썼다.

"사실, 바초는 자애롭지 않아도, 어쨌든, 다른 메디치 사람들보다 덜 잔인했다. 그는 우정이나 돈을 위해 수많은 중요한 직책을 만들었다(돈이 별로 없었고 많은 돈을 쓰고 싶어했으니까)."

그는 많은 사람의 목숨을 살려주었다. 그에게 주고 싶은 돈도, 줄 돈도 없었던 미켈란젤로는—부패에 의존하는 것이 역겨웠을지 모르고, 그가 몰수한 현금을 착복할지도 모르므로—석상으로 우정을 구하겠다는 생각이었다. 사실상, 이런 처신은 누구보다 더 용서받지 못할 일이었다. 왜냐하면 그는 황제라는 진짜 주인, 즉 발로리보다 훨씬 더 막강한 인물의 사랑과 보호를 받았기 때문이다.

이렇게 1530년에 제작된 「아폴론」은 부오나로티의 유명한 작품으로 꼽히지는 않지만, 완벽한 축에 속한다. 그 조형적 힘이나 표현을 고려할 때…. 이 작품은 예술가로서 그에게 큰 영광이 되었지만 인간으로서는 전혀 그렇지 못했다. 또 이 상에 만족하지 못한 발로리는 미켈란젤로에게 궁전 설계를 또다시 요구했다.

101
옥타비아니 대공

바사리는 미켈란젤로의 친구들 가운데 "그 아이들 중 하나에게 세례를 주었던" 옥타비아니 데 메디치를 꼽는다. 우선 이 구절을 읽어보면, 옥타비아니가 미켈란젤로의 아들을 세례 명단에 갖고 있었다는 뜻으로 읽히지만, 바사리의 어법에 익숙한 사람은 미켈란젤로가 옥타비아니 아들의 영세대부였다고 금세 이해할 수 있다.

그러나 어떤 아들일까? 옥타비아니에게는 아들이 둘 있었다. 오타자노 왕자, 즉 나폴리 메디치가의 시조 베르나르도와 또 1605년에 레오 11세로 교황에 오른 신부였던 알레산드로. 그런데 베르나르도는 1535년 9월생이고 알레산드로는 1536년 6월생일 텐데, 미켈란젤로는 이미 오랫동안 피렌체를 떠나 있었다(1534년 9월 이후). 이 경우 미켈란젤로가 로마에서 대리인을 통해서 대부가 되었거나, 그 둘째 아들이자 미래의 교황과 인연을 맺는다는 영예를 누렸을 것이다.

부오나로티와 옥타비아니 대공 사이에 우정의 자취는 거의 없다. 이 메디치가 사람은 미켈란젤로보다 바사리와 훨씬 더 밀접했으리라.—

바사리는 그와 절친했고 그를 위해 많은 일을 했다. 모든 메디치 사람과 마찬가지로 옥타비아니도 예술 애호가였고 예술가의 친구였다. 이런 예술에 대한 사랑 때문에, 미켈란젤로는 자기 같은 공화주의자를 좋아할 리 없던 옥타비아니의 모호한 정치적 활동에 눈을 감았던 것이다.

옥타비아니는 1529년 클레멘스 7세의 비밀요원으로서 감옥에 들어갔다. 피렌체가 항복하고 나서, 그는 메디치 가문의 복귀를 준비했다. 1532년에는 공화정의 최후 제도를 폐기했던 의회에 참여했다. 어쨌든, 알레산드로 공작은 그를 좋아하지 않았던 편이다. 메디치파의 불만분자들은 알레산드로 대신, 옥타비아니를 국가수반으로 옹립하려 했기 때문이다. 사실상, 알레산드로가 암살되고 나서, 민병대장 비텔리는 당장 피렌체 행정관직을 옥타비아니에게 제공했다. 그러나 옥타비아니는 이 제안을 거절하고서 코시모를 대신 천거했다. 그는 1533년에 코시모의 당숙 프란체스카 살비아티와 재혼했다. 그리고 코시모는 그를 '재무관'에 임명했다. 옥타비아니는 이 젊은 공작의 믿음직한 최측근들로 참모를 꾸렸다. 또 바사리는 베키오 궁의 프레스코에서 코시모 곁에 그의 초상을 그려 넣었다. 이런 인물이—인민정부의 적이자 메디치 절대 권력의 협력자—항상 대의회와 시민의 자유를 아쉬워하던 미켈란젤로의 마음에 들 리가 없었다. 어쩌면 알레산드로 공작에 대한 반감이 두 사람을 묶어주었거나 더 나아가서, 미켈란젤로의 예술에 대한 옥타비아니의 존중 때문일 수도 있다.

모든 원인을 따져보아도, 바사리가 전하는 자세한 내용이 전혀 허구만은 아니다. 세례에 얽힌 이야기 외에도, 부오나로티는 1533년쯤 소중한 선물을 옥타비아니에게 했다. 그 선물은 세바스티아노 델 피옴보가 그린 클레멘스 7세의 두상으로 "아주 훌륭한 것이었다." 미켈란젤로는 우정보다 메디치 복권기의 무시무시한 시절에 더욱 안전한 후견인을 두겠다는 욕심에서 옥타비아니 대공에게 결혼선물을 하려 했을 듯하다. 그가 교황 클레멘스 7세나 알레산드로를 거의 신용하지 않았으니까 말이다.

옥타비아니는 미켈란젤로의 그림을 갖고 싶어했던 모양이다. 그러나 그렇게 하지 못하게 되자, 그는 1541년 바사리에게 "미켈란젤로가 그린 소묘에 따라, 쿠피도를 끌어안은 벌거벗은 비너스"의 모사화를 제작하도록 하는 데 그쳤다. 이 모사화의 가격은 50에퀴였다. 옥타비아니는 미켈란젤로의 모든 작품들 가운데에서, 「레다」와 함께 가장 이교적이고 관능적인 이 작품을 골랐다.

옥타비아니는 부오나로티의 친구들이라면 누구나 품었던 욕심도 보였다. 즉 그는 미켈란젤로의 초상을 갖고 싶어했고, 1532년에 부오나로티는 소년기부터 친구이기도 했던 탁월한 줄리아노 부지아르니디에게 초상을 그리도록 했다. 미켈란젤로가 참을성을 갖고 자세를 취했던 이 초상화는—그의 편에서 보기 드물게 좋아했지만 유실되었고, 다행히 몇 점의 모사화가 전해진다.

이 밖에 미켈란젤로와 옥타비아니의 우정을 짐작하게 하는 기록은 없다. 코시모 공작이 임명한 직위에서 물러나고 나서—그는 자신이 맡았던 금고의 운용에 미묘한 의심을 샀다—1546년 알 수 없는 이유로 사망했다.

102
조반니 다 우디네

바사리는 이런 이야기를 했다. 리카마도리 가의 조반니 우디네 〔1487~1564〕가 미켈란젤로와 라파엘로의 위대한 작품 이야기를 듣고 서, 젊은 나이에 고향을 떠나 로마로 향했다고. 이는 1514년의 일이다. 조반니 우디네는 당시 스물여덟 살이었고, 1515년에 라파엘로의 제자 가 되었다. 라파엘로는 「성녀 체칠리아」(1516)를 그릴 때, 그 일부를 이 제자에게 맡길 정도로 정을 주었다.

그는 당시 시스티나 궁륭에서 작업하던 미켈란젤로도 만났을 것이 다. 겸손하고 진지하며 재능 있는 총각 조반니는 부오나로티를 성가시 게 하지는 않았다. 비록 이 베네치아 출신 청년의 미술이 그와 완전히 달랐지만 몇 해 뒤, 미켈란젤로가 중환에서 겨우 회복되었을 때인데, 조반니 우디네에게 베네치아를 찾아가고 싶다고 했다. 이 청년은 1522 년 4월 27일에 베네치아에서 그에게 편지를 써서 그를 만나게 된다는 기쁨을 표현했고 또 '선생님의 헌신적인 친구' 스테파노 스티리오라는 알바니아 사람이 집으로 초대하는 다정한 약속을 받았다고 적었다.

이 스테파노 스티리오는 미켈란젤로의 전기작가들이 전혀 모르던 그의 오랜 친구로 보인다. 하지만, 아무리 찾아보아도 그에 대해 더 알아내지 못하기는 필자 역시 마찬가지였다. 사누토는 '안티바리 공동체의 웅변가' 스테파노라는 사람을 인용하는데 그가 바로 조반니 우디네의 '알바니아 조에'와 거의 일치한다. 그러나 사누토는 부유하고 관대한 고물상인 또 다른 스테파노도 이야기하고 있다. 산 마르코 광장에 가게가 있어 예술가들과 더 쉽게 접할 수 있었기 때문이다.

어쨌든 정중하고 다정한 편지에서, 이 '괴기스러운 상'[그가 1519년 라파엘로와 함께 작업했던 파르네시나 궁의 외랑에, 네로의 황금 궁전 장식에서 본뜬 괴기스러운 상을 그려 넣어 그렇게 불린다]을 창안한 조반니 또한, 미켈란젤로를 사랑하고 그를 보고 싶어했다.

나중에, 조반니는 레오 10세의 명령으로 피렌체로 파견되었다. 미켈란젤로가 설계했던 메디치 궁의 외랑에 장식화를 그리라는 명을 받고서. 그러나 클레멘스 7세 또한 미켈란젤로가 거대한 묘들을 짓던 산 로렌초의 신제의실에 회벽과 회화를 그에게 맡기려고 했을 만큼 그를 좋아했다. 파투치가 1526년 4월에 미켈란젤로에게 부친 편지에서 같은 해 봄에 협상이 시작되었음이 사실로 드러난다. 그렇지만 로마 함락으로 조반니 우디네는 귀향하기 어려웠고, 일은 여의치 못했다. 피렌체까지 항복하고 나서 1531년 12월에 협상이 재개되었고, 바로 이해 성탄절, 이 베네치아 화가는 장식화를 준비하려고 메디치 예배당의 도면과 초안을 미켈란젤로에게 부탁하는 편지를 썼다. 불과 그 며칠 전에, 부오나로티는 조반니 우디네에게 그것을 전해주려고 세바스티아노 델 피옴보에게 이에 관한 소식을 전했었다.

미켈란젤로는 자기가 조성하는 묘 둘레에 이렇게 회화작품이 끼어드는 것을 그리 탐탁하게 생각지 않았다. 그러나 공화정이 패배한 다음 날, 그는 클레멘스 7세의 명령에 순순히 복종하지 않을 수 없었다. 오직 그만이 알레산드로 공작의 원한에서 자신을 보호해줄 테니까. 조반니 다 우디네는 '라파엘파'였고 또 그래서 부오나로티가 인정하지 않은 동료였다. 더구나 그는 무엇보다도 훌륭한 장식화가였고, 종종 즐겨 그렸던 동식물을 특히 좋아했다. 다시 말해서 인간 형태를 열렬히 숭배하는 미켈란젤로가 거의 또는 전혀 좋아하기 어려운 '정물' 화가였다. 그러나 그는 이와 같은 악연을 선선히 받아들이고 자신이 직접 답신한 적이 없었던 조반니의 출현을 수용했다.

조반니 또한 자신의 부드러운 그림을 부오나로티의 힘찬 입상 곁에 그려놓아야 한다는 생각에 상당히 거북해했다. 그는 1531년 12월 25일 편지에서 미켈란젤로에게 이렇게 썼다.

"성하께서 이미 제게 역사적인 주제를 그려야 한다고 하시긴 했지만, 제가 원래 조각가가 아닌 만큼, 제가 할 수 있는 것을 하도록 해주셨으면 합니다."

어쨌든, 조반니 다 우디네는 피렌체로 향했다. 1532년 10월 4일 그곳에 도착했다고 그는 일기에 적었다. 이때 미켈란젤로는 피렌체에 없었다. 조반니는 조수들 몇 명과 함께 신제의실을 찾아가 그 원개의 궁륭에 스투코와 금채로 잎사귀 장식을 비롯한 여러 장식을 그렸다. 1533년 7월 17일, 세바스티아노 델 피옴보가 미켈란젤로에게 부친 편지로 우리는 클레멘스 7세가 조반니의 작업에 만족하지 않았음을 알 수 있다. 그것은 너무 뿌옇고, 빈약했다. 교황은 오래갈 수 있는 화려하고 불타는 듯한 색채를 원했다. 교황은 미켈란젤로를 통해 자신의 명령을 화가에게 전하도록 했다. 교황은 미켈란젤로에게 또 다른 주제를 선택하도록 다시 일을 맡기려 했고, 농담이겠지만, 세바스티아노는 미켈란젤로에게 승천하는 묵시록의 성 요한을 닮은 가니메드를 그리면 어떻겠느냐고도 했다.

어쨌든, 미켈란젤로는 조반니에게 궁륭 작업을 다시 하도록 하지 않았는데, 조반니가 거절했을지도 모를 일이다. 그는 거기에 그렇게 많은 그림을 그리지도 않았다. 1534년, 교황의 선종으로 작업은 중단되었다. 조반니는 그 직후 피렌체를 떠났다. 과거 미켈란젤로가 그랬던 것처럼.

만년에 이른 1555년에 조반니는 로마를 다시 찾았다. 그는 다시 바티칸 일에 매달렸고, 늙은 미켈란젤로를 다시 만났다. 그러나 이 시절에 두 사람이 서로 친하게 지냈는지는 알 수 없다. 두 사람 모두 거의 나란히 1564년에 사망했다.

103
벤베누토 첼리니

당대의 그 어떤 예술가도 벤베누토 첼리니만큼 성 잘 내고, 입이 험하며 천재적인 위악성으로 평판이 자자하지 않았다. 또 첼리니처럼 미켈란젤로를 신성한 존재로서 열정적으로 칭송했던 사람도 없었다. 미켈란젤로보다 스물다섯 살이나 어렸지만, 그는 아주 일찍, 어느 한여름 밤에 루이지 풀치의 노래를 들으러 갔을 때부터 미켈란젤로와 알게 되었다. 두 사람의 친구인 쾌활한 필로토가 그들을 가깝게 해주었다.

몇 해 뒤, 1528년경에 첼리니가 시에나 사람 자롤라모 마레티를 위해 거대한 황금원형 부조 작업을 할 때,—사자의 갈기를 찢는 헤라클레스를 새겼다—미켈란젤로는 자신이 모르는 이런 공예 작업을 구경하러 그의 공방에 여러 차례 들르곤 했다. 자신의 책 『금은세공』과 또 『자서전』에서, 벤베누토는 그럴 만한 자랑거리로 그의 방문을 회상하면서, 부오나로티가 그 부조를 한참 살펴보고 나서 이렇게 말했다고 한다.

"이 작품을 같은 밑그림으로 대리석이나 청동으로 커다랗게 만들었다면, 세상을 놀라게 했을 거야. 그 크기가 작은데도, 이렇게 훌륭하니, 옛날의 세공사들도 절대 이만큼 해낼 수는 없었을 거야."

첼리니는 "이 말은 내 머릿속에 깊이 새겨져, 큰 용기가 되었다"고 썼다. 이 일화는 짓궂은 사람들이 악의적으로 부인하는 미켈란젤로의 젊은이에 대한 관대한 덕을 다시 한 번 입증한다.

첼리니는 어떤 점에서 그의 제자로 간주할 수도 있다. 그 또한 소묘화 「피사의 전투」를 열심히 모사했기 때문이다. 또 청동으로 빚은 「가니메드」와 부오나로티를 아주 흡족하게 했던 「빈도 알토비티」 흉상에서 미켈란젤로의 수법이 반영된다. 한번은 이 두 사람 사이에 일종의 경쟁이 붙었는데, 거기에서 벤베누토가, 적어도 그의 이야기에 따르면 승리를 거두었다고 한다. 이 흥미로운 이야기를 첼리니의 『자서전』에서 인용해보자.

"그때, 아주 영악한 청년 페데리코 지노리가 나타났다. 이 청년은 여러 해 동안 나폴리에서 살았고, 훤칠하게 잘생겼던 만큼, 그곳에서 어떤 공주와 사랑에 빠졌다. 세계를 든 아틀라스를 표현한 메달을 만들고 싶어했던 청년은 미켈란젤로에게 그 밑그림을 부탁했다. 그러자 미켈란젤로가 페데리코에게 이렇게 말했다.

'그렇다면, 벤베누토라는 젊은 세공사를 찾아가보게. 아주 잘 만들어줄 터이니, 내 밑그림 따위는 필요하지 않을 걸세. 아무튼, 이런 사소한 일에 내기 인색하게 군다고 생각하게 하기 싫으니까 기꺼이 밑그림을 그려주겠네만. 밑그림을 기다리는 동안 벤베누토에게도 작은

모형을 만들어달라고 하게나. 그래서 그중 나은 것을 모범 삼아 만들면 되지 않겠나.'

이 페데리코가 나를 찾아와서는 자기 뜻을 설명했고, 저 감탄할 미켈란젤로가 내게 했다는 칭찬을 죄다 늘어놓고 나서, 그가 작은 소묘를 그려주기로 약속했다고 하면서 작은 밀랍 모형을 만들어달라고 했다. 이 거물의 말씀은 내게 큰 용기를 주었고, 그래서 나는 즉시 모형제작에 돌입했다. 내가 끝냈을 때, 미켈란젤로의 친구인 화가, 부지아르디니가 아틀라스의 밑그림을 가져왔다. 그래서 내 밀랍 모형을 그에게 보여주었다. 그것은 미켈란젤로의 소묘와는 완전히 달랐다. 페데리코와 부지아르디니는 내 모형에 따라서 메달을 만들어야겠다고 했다. 나는 제작에 착수했고, 훌륭하신 미켈란젤로께서 그것을 보고는 비할 데 없는 칭찬을 해주셨다."

첼리니는 이렇게 눈부신 거장에 대한 찬사를 아끼지 않으면서도 동시에, 적어도 여기에서는 여러 사람과 심지어 부오나로티까지도 자신이 더 뛰어났다고 판단했다는 점을 알리려 한다.

그 뒤, 미켈란젤로도 첼리니의 작품을 후하게 평했다. 즉 1552년에, 그는 이런 편지를 보냈다.

"벤베누토, 사람들이 그렇게 말하는 소리를 들었네만 최상의 세공사인 자네를 안 지도 여러 해 되었네. 그리고 이제는 자네를 절대 만만치 않은 조각가라 생각하네. 빈도 알토비티가 나를 자기 집으로 초대해 자신의 청동 두상을 보여주면서 자네 솜씨라고 하더구먼. 매우 즐거웠다네. 그러나 조명이 신통치 않은 곳에 있어 대단히 유감이었지. 제대로 빛을 받았다면, 그 모든 멋이 드러날 수 있었을 텐데 말일세."

이런저런 호의와 감탄에도, 이 두 예술가 사이에 진정한 우정이 있었던 것은 아니다. 두 사람 모두 피렌체 출신으로서 미를 사랑했지만, 그들의 기질과, 생활과, 영혼은 너무 판이했다. 상당한 성격의 대립까지도 주목해야 한다. 미켈란젤로는 작품에서 위대하고 힘차며, 지나칠 만큼 힘을 추구하지만, 생활에서는 고독하고 수수하며, 수줍을 정도로 걱정이 많은 사람이었다. 자신이 공격받거나 위협 당한다는 생각이 들 때면, 그는 위험에 맞서는 대신 내빼는 편이었다. 반대로 첼리니는, 사람을 죽일 만큼 무모한 싸움꾼이었지만, 그의 예술은 남성적이기보다 우아했고, 멋들어진 창작가이기는 했어도 소품 위주에 때때로 상투적인 수법을 보여주었다. 그렇기는 하더라도 그의 걸작인 「페르세우스」는 「다윗」상 곁에서, 정력적인 영웅 옆의 곱상한 청년처럼 보인다. 부오나로티가 조각에 쏟아 부었던 정력을 첼리니는 싸움질과 폭력에 쏟았다. 그는 단검과 끌을 갖고 놀기 좋아하는 사내였고, 쾌활한 감각주의자에 주먹다짐을 즐겼지만, 미켈란젤로는 붓과 정의 사내로서, 그 또한 관능적이었지만 고통스러운 내면의 금욕에 묶인 사내였다.

따라서 이 두 예술가 사이에 진정한 의미의 우정이라든가 내면적인 교류는 성립할 수 없었다. 미켈란젤로의 편에서, 소품 분야의 재능 있는 청년에 대한 너그러운 호의가 있었고, 첼리니 편에서는, 초인간적인 천재에 대한 광적인 감탄과 열광, 궁전을 짓는 사람에 대한 목공의 감정 같은 것이 있었다. 그는 이 거장을 입에 올릴 때마다, 조각에 대해서만 예찬을 늘어놓지 않았다. 1546년 그는 바르키에게 이렇게 썼다.

"과거나 현재를 통틀어 전혀 존재한 적이 없었던 가장 위대한 화가가 미켈란젤로임을 우리는 지금 보고 있다네."

또 단시 한 편을 쓰면서 이렇게 감탄했다.

그대 화관花冠의 한 잎사귀
미켈란젤로, 신성하고 영원하며
화려한 그대, 누구도 경쟁자가 없어 보이네.

과장에 넘치는 말이고, 진정한 존경에 취한 말이지만, 첼리니의 머릿속은 인간 미켈란젤로에게 모욕적이며 사악한 의심을 품고 있었다. 1552년 코시모가 그 늙은 예술가를 피렌체로 다시 돌아오게 하고 싶어 했을 때, 그는 첼리니를 통해서도 그에게 편지를 쓰게 했고, 첼리니는 로마로 가서 개인적으로 미켈란젤로에게 통사정했다.

미켈란젤로는 이 소식과 간청을 들으면서도 거부 의사를 밝혔다. 벤베누토는 말한다.

"'당분간은 무어라고 할 수 없네'
라고 하더니, 그는 조수 우르비노에게도 의견을 물었다. 우르비노는 거칠게 목청을 높이더니 이렇게 외쳤다.
'저는 미켈란젤로 선생님 곁을 절대로 떠나지 않겠습니다. 차라리 산

채로 가죽이 벗겨져 죽거나, 선생님께서 나를 그렇게 죽이시는 편이 낫지요.'

이 엉뚱한 답변을 들으면서 나는 웃음을 참을 수 없었다. 작별 인사도 하지 않고 머리를 숙인 채, 나는 등을 돌려 나와버렸다."

첼리니가 미켈란젤로의 공방에서 그 성실하고 우직한 소년에게 경멸을 보이지만, 그러나 선생 자신의 표정을 보여주지 않고서 공격하는 화자의 의도가 분명하다. 그를 마치 자기 하인의 하인이라도 된다는 듯 열등한 자에게 조언을 구하는 반쯤 어린애같이 된 늙은이처럼 제시하고 있으니까.

미켈란젤로가 마지막으로 첼리니를 생각했던 것은 1560년이다. 그가 피렌체에서 아레초 출신의 레오네 레오니의 편지를 받았을 때 말이다. 그는 제국의 조각가로서, 카를 5세가 기사 작위를 주었고 과거에 첼리니의 경쟁자였다. 시뇨리아 광장에서 아직도 볼 수 있는 넵투누스 대리석상의 공모가 있었고 암마난티의 모형이 첼리니의 것보다 선호되었다. 미켈란젤로는 암마난티 편을 들었고, 첼리니는 미켈란젤로에게 상당히 부당한 판정처럼 보였던 것을 개선할 수 있도록 개입해달라고 청탁했었을 텐데, 미켈란젤로는 레오니에게 가서 모형을 보고서 의견을 말해달라고 했다. 아레티노는 과거의 경쟁을 기억하고서는, 간교한 모습으로 이 피렌체 사람에게 맹렬하게 반대하는 태도를 보였다. 그는 부오나로티에게 이렇게 썼다.

"벤베누토가 내게 그의 모형을 보여주었습니다. 유감이었습니다. 왜냐하면 나이가 들더니 그는 잘난 척하는 것만큼이나 점토도 제대로 다루지 못하니까요."

미켈란젤로는 난처하지만, 이런 판단이 아주 틀리지만도 않았다고 생각했을지 모른다. 벤베누토는 매우 뛰어난 메달을 만들 줄 알았지만, 거상을 빚을 줄은 몰랐다.

104
미켈란젤로의 희생자

일 폰토르모라는 별명으로 통하는 자코포 카루치*는 기인奇人이자 이상한 운명을 타고났다. 그는 1494년생으로 미켈란젤로보다 스무 살쯤 어리다. 그의 첫 번째 스승은 레오나르도 다 빈치였고 그가 처음으로 감탄했던 화가는—그가 겨우 열네 살이었을 때—라파엘로였다. 따라서 그는 부오나로티의 예술적 영향력에서 벗어나 있었다고 한다. 그러나 사실 그렇기는커녕, 결국 미켈란젤로의 예술이 그를 패배와 죽음으로 몰고 갔다.

그가 아직 어렸을 때, 알베르티넬리나 안드레아 델 사르토의 화실에서였을 텐데, 그는 당시 다른 도제처럼 유명한 소묘 「피사의 전투」를

---

* 1494~1556. 레오나르도를 스승으로 삼았을 가능성이 있으나, 입증된 것은 아니다. 안드레아 델 사르토의 화실에서 그림을 배웠다. 미켈란젤로와 라파엘로가 피렌체를 떠나고 나서 그 화단을 대표하는 개성적인 화가였지만, 고독한 작업으로 일관한 탓에 일파를 이루지는 못했다. 그는 이른바 '마니에라 피오렌티나', 즉 피렌체 매너리즘의 선구자였다. 그러나 그는 시스티나의 궁륭화를 열심히 묘사하는 등 미켈란젤로 스타일의 영향을 가장 솔직히 드러낸 작가였다.

모사했다. 1513년에, 산티시마 아눈치아타의 박공에 그가 신앙과 애덕의 우상을 그렸을 때, 부오나로티는 그것을 주목하고서 대단히 칭찬했다. 이 거장은 이렇게 말했다.

"이 젊은이는 대단한 일을 하겠구먼. 우리가 보는 것으로만 미루어보더라도, 아주 높은 수준에 이르겠는걸."

거만하고 시기심이 많아서 다른 이들의 작품을 칭찬하는 데에 인색했다는 모함하는 전설은 여기에서도 부인된다.

그러나 이렇게 높은 칭찬에도 폰토르모는 미켈란젤로의 스타일과 맺어지지는 못했다. 그는 자기 식대로 작업해나갔고 나중에는 되레 알브레히트 뒤러의 독일 스타일에 끌렸다.

여러 해가 흐르고 나서, 1528년에 델 바스토 다발로스 후작은 니콜로 델라 마냐 수사의 소개로, 부활한 그리스도 발아래의 막달라 마리아 상을 그린 미켈란젤로의 소묘를 얻는 데 성공했다. 그는 폰토르모에게 거기에 채색을 부탁할 생각이었는데, 미켈란젤로 자신도 다른 누구도 그보다 이 작업을 더 잘 하지 못할 것이라고 말했던 터였다.

사실상, 채색을 마친 그림은 완벽해서, 알레산드로 비텔리는 폰토르모에게 그 두 번째 복제화를 부탁할 정도였다. 이런 성공을 보고서, 미켈란젤로의 친구 바르톨로메오 베티니는 1553년 거장에게서 또 다른 소묘를 얻었는데, 앞의 것과는 판이한, 쿠피도가 입을 맞추는 육감적인 비너스 상으로 폰토르모에게 그 채색화를 맡겼다. 폰토르모는 그 밑그림으로 감탄할 채색화를 그려냈고 이 작품은 지금도 우피치 미술관에 걸려 있어, 그의 최상의 걸작이라고도 한다. 의심의 여지없이, 거장의 소묘를 충실하게 복제한 이 그림은 어떻게 이 거장이 쉰여덟의 나이에도, 자신이 원했지만 가장 유명한 작품에서 항상 억제하곤 했던 뜨거운 관능성을 여전히 끓어오르게 했는지 보여준다.

이렇게 폰토르모는 미켈란젤로의 예술에 정복당했고 바로 그 때문에 바사리는 "그는 정신을 차리고서 온 힘을 다해 그를 모방하고 따라가기로 했다"고 썼다.

이 그림은 부오나로티가 소망처럼 베티니에게 보낼 수 없었다. 그것을 아주 좋아했던 알레산드로 데 메디치가 갖고 싶어했기 때문이다.

"이런 소식을 듣고서, 미켈란젤로는 그 그림을 친구에 대한 정 때문에 그려주었던 것이니만큼 아주 아쉬워했고 자코포에게 반감을 갖게 되었다."

더구나 미켈란젤로는 알레산드로를 불쾌하게 할 수 없었고 조국의 억압자로 자신이 비난했던 자의 손에 들어간다는 것이 불만이었다. 비록 이 경우 독재자는 아니라고 하더라도 말이다.

이렇게 부오나로티는 폰토르모를 처음 인정했던 사람이었지만 그의 적이 되었고 그와는 다시 상관하지 않으려 했다. 그를 찾지도 찾으려 하지도 않았지만, 나중에 그는 폰토르모에게 복수하게 된다. 이 무렵에 폰토르모는 미켈란젤로가 원치 않은 희생자가 되었고 결국, 미켈란젤로는 악몽 같은 일을 겪게 된다. 1545년 산 로렌초 예배당 그림을 폰토르모가 맡았을 때, 그는 당대의 다른 모든 화가는 물론이고 미켈란젤로까지 능가할 생각이었다.˙ 사실상, 그는 이 프레스코에서 미켈란젤로가 시스티나에서 선택한 주제와 같은 주제를 취하려 했다. 즉 아담과 이브의 탄생, 지상낙원에서의 추방, 대홍수, 망자들의 부활과 최후의 심판을…. 그는 예배당에 처박혀 벽을 세우고, 칸막이와 천을 두르고, 요새에 갇힌 듯한 생활 속에서 10년 동안 작업에만 몰두했다. 1555년 말에 사망할 때까지[1556년 초로 밝혀졌다. 그는 피렌체 국립도서관에 일기를 남겼다]. 그동안 시스티나에서 작업하던 때의 부오나로티를 흉내 내서, 그는 자신이 그리는 것을 아무도 보지 못하도록 모든 사람의 출입을 막았다.

이것이 물론 그의 최후의 작품이었다. 그는 적어도 미켈란젤로의 작품에 견줄 수 있거나 능가할 결작을 남기고 싶어했다. 주제에서만이 아니라 인물상의 힘과 참신함에서도. 가엾은 폰토르모는 '미켈란젤로의 무서운 면'을 모방하려 기를 썼고—그의 소묘들이 그 점을 드러낸다—심지어 점토로 가장 기이한 동작의 작은 모형을 빚고 나서, 그것을 다시 소묘로 옮겨 그릴 정도로 부오나로티의 나체상의 부럽기만 한 조형적 독창성과 풍부한 표현에 고취되었다. 하지만, 작품이 끝났을 때 그 결과는 실망스러웠다. 순진하고 공상에 넘치는 폰토르모는 우아하고 조화로운 구성과 운 좋고 엄격한 초상을 창조하는 데에 뛰어났지만, 그의 기질이 미켈란젤로의 것과 얼마나 다른지 입증하지는 못했다. 이상한 왜곡과 반비례로 가득한 이 벽화는 예술가는 물론 민중의 마음에도 들지 않았다. 그 자신은, 이 작품이 완성되기 전에—그의 제자 브론치

• 미완으로 남겼던 이 벽화는 1556년에 그의 유일한 제자 브론치노가 완성했다. 내진 세 벽면에 각각 상하 두 단씩으로 나눠 그렸다. 그러나 18세기에 파괴되었다.

노가 마무리 지었다—자신의 실패와 파탄을 깨닫고는, 바사리의 증언에 따르면, 예순을 갓 넘긴 그때에 고통 속에서 죽었다.

우리로서는 어느 정도까지, 폰토르모가 황소처럼 되고 싶어했던 개구리의 우화에 걸맞은 경우인지 판단하기는 어렵다. 이 벽화는 1738년에 제거되고 회벽으로 다시 덮여버려 아무런 자취도 남아 있지 않기 때문이다.

이렇게 폰토르모가 미켈란젤로의 희생자였던 셈이다. 미켈란젤로는 그보다 십여 년을 더 살았고 자신의 행운아였다가 불운해진 모방자가 자기 잘못으로 잔인한 벌을 받는 것을 보았다. 그가 조국의 적에게, 친구에 대한 정으로 건네준 그림이었던 베누스를 건네주었던 잘못을 했던….

105
쉬운 조각

미켈란젤로의 가장 특이한 사고방식과 불운한 사람을 재담으로 조롱하는 습관을 일부 확인해주는 흥미로운 일화가 메디치가의 묘 조각과 관련되어 있다.

대영박물관 부속도서관에 소장된 수사본 한 편은 니콜라스 오드버트라는 사람이 쓴 16세기 이탈리아 기행문인데, 이 글은 단편적으로만 전문지에 발표되었다. 그중 일부에 부오나로티의 예술적 비밀과 관련된 것이 있지만 이는 지금까지 전기작가들이 접근하지 못했던 글이다.

오드버트는 미켈란젤로가 「밤」의 조상에 놀라워하면서 그 제작 방식을 물었던 사람에게 이렇게 대답했다고 한다.

"당신이 보는 대리석상이 있지요. 지금 보듯이 방해가 되는 작은 부분을 제쳐두고 보기만 하면 됩니다. 크든 작든 아무 돌덩이나 하나 집어보면, 어떤 상이 들어 있지 않은 것이 없지만 그것을 알아보는 데 거추장스러운 것을 덜어내야겠다는 생각은 피해야겠지요. 항상 너무 많이 덜어내거나 너무 조금 덜어내거나 할 위험이 있는 법이니까. 하지만, 바로 이 점을 이해하는 사람이라면 이보다 더 쉬운 일은 없습니다."

이런 말을 하고 나서 그는 돌덩어리에서 입상을 찾아보라고 했다.

이 일화 자체는 그럴듯하다. 오드버트는 1574년에서 1578년 이탈리아를 방문했다. 미켈란젤로 사후 10년 뒤였다. 그는 이 나라의 사정에 관한 정확한 정보를 그의 아버지에게서 얻었을 듯하다. 그의 부친 저메인은 어린 시절을 이탈리아에서 지냈고, 볼로냐에서 유명한 알치아트의 지도로 수학했다. 또 이 나라를 매우 좋아했기 때문에, 그가 베네치아, 로마, 나폴리에 대해 라틴어로 지은 단시들은 1555년 파리에서뿐만 아니라 1583년 베네치아에서도 알데 마누체의 인쇄로 출간했을 정도였다. 따라서 니콜라스 오드버트의 아버지가 개인적으로 미켈란젤로를 피렌체에서나 로마에서 만났을 것이고 또 그렇지 않더라도 이런 전설을 그 조각가 친구의 입으로 들을 수 있었을 것이다.

프랑스 여행자가 역설적인 형식을 전한 이론은 미켈란젤로가 그 유명한 소네트로 풀어냈던 생각에 대한 우화적 과장일 뿐이다.

뛰어난 예술가는 아무런 생각이 없네
그에게서는 오직 대리석 덩어리만 맴돌고
그 이상 다른 것이라고는
손을 지성에 따르게 하는 것
오직 그 목적뿐

그는 바르키에게도 "나는 조각을 덜어내는 힘으로써 실현하는 것으로 알고 있네"라고 썼다. 비주네르라는 프랑스 사람은 로마에서 미켈란젤로의 작업실을 찾았는데, 그가 아주 힘차게 대리석에 달려들었고, 큰 덩어리를 떼어내곤 했으며, 작업을 완전히 망칠지도 모르는 약간 더 아슬아슬한 부분을 기막힌 솜씨로 제거해내곤 했다고 이야기한다.

어떤 한 점의 조상彫像이란 이미 대리석이나 돌덩어리 속에 담겨 있다는 생각은 일찍이 플리니우스〔『박물지』, 34, 4, 4〕가 전했던 전설에서 나온 것이다. 플리니우스는 대리석의 다른 사용에 대해 말했다. "파로스 사람들은 기가 막힌 사실을 들려준다. 한 덩어리 모서리를 쪼아서, 실레누스의 상을 나타나게 했다." 그러나 미켈란젤로의 개념은 순전히 신플라톤주의에 기원을 두고 있다. 플로티노스의 『엔네아데스』 초판 네 번째 글에서 다음과 같은 글을 읽을 수 있다.

"아직도 네게서 아름다움을 보지 못한다면, 아름다운 조각을 만들어내는 조각가처럼 해보라. 즉 그는 부분을 제거하고, 긁어내고, 갈고, 닦아, 대리석에서 조화로운 선을 찾아낼 때까지 그렇게 한다. 그처럼 해보라, 지나친 부분을 제거하라."

이런 생각을 우리는 신플라톤주의적 기독교 신비주의에서도 찾아볼 수 있다. 이른바 성 드니 아레오파지트의 『신비 신학』에서도.

따라서 이런 관념은 새롭지 않다. 그러나 미켈란젤로가 위와 같은 철학자들에게서 그 생각을 빌려왔을 가능성은 희박하다. 그는 그것을 어린 시절의 신플라톤주의적 분위기에서, 특히 조각가로서의 오래고 끈질긴 경험 속에서 되찾았을 것이다.

「밤」의 주제에 대한 질문을 받고서 그가 했던 답은 단순한 놀이가 아니라, 그로서는 신념의 원리였던 진실을 과장한 것이었다. 이런 진실이 그에게 그의 예술적 작업이 손쉽다고 생각했던 사람들에 대한 냉소적 답변을 낳게 했다. 피곤한 거장은 농담 삼아, 조각은 내게 전혀 어렵지 않다고 했다. 즉 나는 사람들에게 돌을 찾아오게 하고, 그것에서 과도하게 튀어나온 부분을 여기저기 깎아내기만 하면 상이 된다고….

　바로 이것이 신랄한 냉소적 발언이다. 무지한 질문자를 조롱하면서 뿌리치기 위한. 그러나 이와 같은 엉뚱한 발견에는—피렌체 예술가의 해학적이고 반짝이는 정신의 증언이다—마치 돌덩어리 속의 조화로운 형태처럼, 형이상학적으로 발전할 수 있는 더욱 상위의 진실이 숨겨져 있었다. 가시적 세계는 물질의 엄청나게 큰 덩어리일 뿐이다. 천재의 예리한 눈으로 그 '잉여' 분을 제거하기만 하면 된다. 그러면 오늘날 사람들이 복잡하게 들여다보기도 하는 진정한 모습이 나타날 것이다. 신성한 모습, 창세기에 그것을 창조했던 자의 정확한 이미지가.

106
체키노 살비아티

프란체스코 데 로시―나중에 체키노 살비아티로 불리게 된다*―는 어려서부터 미켈란젤로의 예술을 죽도록 좋아했다. 그래서 부오나로티의 친구이자 찬미자 줄리오 부지아르디니의 문하로 들어갔다. 그리고 이런 사랑으로 그는 아주 어려서 이미 놀랍고 훌륭한 증거를 내놓았다.

메디치가가 피렌체에서 도망치던 1527년 혼란의 와중에서, 커다란 나무의자 하나가 시뇨리아 광장의 한 건물 창에서 던져져, 다윗 상의 팔을 세 동강 내버렸다. 이 파편은 안전한 장소로 옮겨지지 못한 채 사흘 동안이나 내버려졌다―미켈란젤로도 피렌체에 있었지만 속수무책이었다. 그러나 프란체스코 살비아티는 열일곱 살이었지만, 이런 훼손을 걱정하고서, 예술에 그토록 사로잡혔던 이 도시에서 어떤 성인도 관심을 두지 않았던 일을 해냈다. 친구 조르조 바사리와 또 자기 동생

• 1509~1563. 특히 미켈란젤로의 기념비적인 스타일에 매혹된 매너리즘 화가.

과—열여섯 살이었다—그는 광장으로 가서 "경비병들 사이로, 태연하게 어떤 위험에 처하지도 않고서", 다윗 상의 파편을 수습해서 자기 아버지의 광에 갖다놓았다. 이렇게 해서 나중에 코시모 공작이 그것을 찾아다가 원상 복귀하게 되었다.

미켈란젤로는 살비아티의 조심스러운 행동을 알고 있었다. 함락 몇 해 뒤, 그는 자기 작업장에서 살비아티가 작업할 수 있도록 했고 또 1533년에는 토마소 데 카발리에리에게 준 파에톤의 소묘 채색을 그에게 맡겼다. 이런 협동의 증거도 남아 있다. 프란체스코가 그린 소묘의 뒷면에 미켈란젤로가 산 로첸초 성당을 위한 성합聖盒의 스케치를 그렸다.

여러 해 동안, 살비아티는 사실상 미켈란젤로의 제자이자 모방자로 여겨졌다. 1539년 7월 11일의 아레티노가 레오네 레오니에게 쓴 편지에서, 그는 프란체스코 살비아티를 당당한 청년이라면서, "세련되고 균형 잡힌 그의 소묘는 미켈란젤로가 직선과 곡선으로 어우러지게 했던 솜씨를 연상시킨다"고 주목했다.

이 청년과 노대가의 스타일의 유사성은 피티 궁에 소장된 살비아티의 작품「파르크」가 여러 세기 동안, 지금까지도 미켈란젤로의 작품으로 알려졌다는 사실에서도 확인된다. 살비아티가 여러 작품에서 미켈란젤로가 먼저 다루었던 주제를 선택했다는 사실을 잊지 말아야 한다. 아담과 이브라든가 성 바울의 개종 같은 것이 그렇다.

미켈란젤로와 마찬가지로, 살비아티도 로마를 찾았었다. 1541년에 다시 그곳을 찾아 미켈란젤로 측근의 친구가 되었다. 즉 바사리, 안니발 카로와. 그러나 피렌체에서 그랬던 것처럼 테베레 강변에서도 줄곧 친하게 지냈던 것 같지는 않다. 살비아티는 성격마저 미켈란젤로를 닮은 면이 있었고—바사리는 그를 변덕스럽고, 사람을 싫어하고 독설가라고 묘사했다—어쩌면 이런 비슷한 성격 때문에 우정이 오래가기 어려웠을지 모른다.

어쨌든, 1554년에 이 늙은 거장은 다시 한 번 바티칸, 중앙 홀 그림에서 자신의 모든 영향력을 행사했다. 그는 이 그림을 제자 다니엘레 다 볼테라에게 맡겼다. 살비아티는 그중 아주 작은 부분만을 맡았을 뿐이다. 새 제자였던 다니엘레는 여든이 넘은 미켈란젤로의 마음에서 피렌체 제자의 기억을 지워버렸다. 물론 1527년 이후 다니엘레를 인정했지만. 그러나 살비아티의 그림에 대한 정은 늙은 거장의 예술에서 비롯되었어도, 마음에 들지는 않았을 수 있다. 또는 살비아티가 아레티노를 모방해서, 최후의 심판의 작가를 조심성도 없이 신랄하게 비판했을 수 있다. 이 불운한 살비아티는 쉰셋의 나이로 사망했다—미켈란젤로가 사망하기 바로 전해였다—그가 어려서부터 그토록 좋아했던 거장의 공공연한 적대감뿐만 아니라 만년의 실패와 환멸의 쓰라림 속에서.

미켈란젤로와 후배 제자의 관계에 대한 이야기, 즉 살비아티와 관련된 이야기는 전기적 정보가 극히 부족하다. 그러나 미켈란젤로의 정신을 더욱 잘 이해하는 데에 유익하다. 예외적인 재능이 있었지만, 미켈란젤로는 호감과 반감이 교차하는 중에도 경솔함을 보이지 않았다.

107
프란체스코 베르니

미켈란젤로의 과거 전기들은 프란체스코 베르니와 그가 쌓은 우정에
대해 말이 없다. 전기작가들은 이 엉뚱한 시인 친구가 때때로 지나치게
자유롭게 말하고, 이중적 의미의 시를 지었기 때문에 예술가의 격에 어
울리지 않는다고 생각했기 때문이다. 그러나 미켈란젤로가 사색에 젖
은 외롭고 우울한 엄격함도, 우리가 생각하는 것과 다르게, 미켈란젤로
는 자신과 다른 사람들과 잘 어울리고 즐거워했었다. 베르니는 거만한
거물이었고 피렌체 익살꾼이었다. 오늘날에는 그의 이상스럽고 관능적
인 희극만을 인용하는 편이지만 베르니는 대부분 사람이 생각하듯이
가벼운 재간꾼만은 아니었다. 그는 생각이 깊고 고뇌하는 사람이었다.
그 또한 극적인 삶을 겪었다. 그는 자유를 사랑했으나 평생 동안 추기
경과 군주에 봉사해야 했다. 그는 서른여덟 살에 사망했다. 치보 추기
경이 조반니 살비아티라는 사람을 독살하라는 청을 거절했다가 독살당
했다. 그 또한 부오나로티와 마찬가지로 타락을 혐오했고,—당시 수많
은 고위성직자 사이에 만연했던—또 개혁에 대한 은밀한 공감을 나누

었던 듯하다. 1554년의 대단히 희귀한 소책자로서, 베르제리오가 발간한 몇몇 스트로프(단시)의 진정성을 믿어본다면—이 사람이 개작한 「사랑에 빠진 올란도」의 제24번 가사의 서문으로 쓰였을 단시—베르니는 루터교도에 가깝다.

시의 세계에서, 그는 페트라르카파의 우스꽝스러운 과장을 비판하고 저항했으며 케케묵은 주제를 끊임없이 중언부언하는 방식과, 문학적 허구성에 염증을 느꼈다. 자신의 절정기에 그는 솔직하고, 강하고 진지했다. 미켈란젤로의 작품에 대해 그가 지녔던 열광적 감탄은 그의 예술적 취미가 어떤 것이었는지 알 만하게 한다. 그는 미켈란젤로의 친구가 될 만했다.

이렇게 두 사람 사이에 우정은 열렬했다. 비록 1535년에 베르니가 너무 일찍 사망하는 바람에 끊어지고 말았지만.

그들이 서로 어떻게 알게 되었는지는 알 수 없다. 아마 1533년에, 미켈란젤로가 피렌체 산 로렌초에서 작업하던 시절이거나 조금 전일지 모른다. 1533년 이 성당 참사 겸 시인이 쓴 단시는 흉측하고 음탕한 안드레아 부온델몬티 주교를 조롱한 것인데, 이 거칠고 탐욕스러운 인간은 상당한 돈으로 그 고위직을 샀던 모양으로, 베르니는 그 인간상을 점잖게 그려나가다가 이렇게 이어갔다.

부오나로토가
사순절과 보릿고개를 그릴 때
그는 이 몸뚱이의 초상을 그리고 싶어했다나.

이는 추악한 부온델몬티를 조롱하기 위한 재미있는 발상이다. 반대로 예술가에 대한 이 시인의 정감에 대한 증언은 그 이듬해 1534년에 나타난다. 베르니는 세바스티아노 델 피옴보의 오랜 친구였고, 잘 알다시피 피옴보는 미켈란젤로와 친했다. 이 베네치아 화가가 두 토스카나 사람의 만남을 주선했을 법하다. 베르니는 로마를 그리워하면서 어느 날 세바스티아노에게 운문 한 수를 건넸다. 몇몇 추기경들의 안부를 물으려고 썼다고 했지만 사실은, 과장된 표현으로 열렬하게 부오나로티에 대한 정감과 존경을 표하려는 것이었다. 이는 우정이라기보다 애정에 가깝다.

"여자도 아닌데 나를 사로잡았네."

마찬가지로 경배의 말투로,

"그를 보면서
그를 태워 재로 만들어 봉헌물로 걸어두고 싶은
욕망이 끓었네"

베르니는 그를 무엇보다도 예술가로서 찬미했다.

"이 사람은 진정 조각과 건축 관념의 화신이네"

회화와 시에 대해서도 마찬가지였다.

"나는 그의 그림 몇 점을 보았네.
무지하지만, 그것을 갖고 싶네.
모든 것이 플라톤 식으로 읽히네.

이는 정말 새로운 아폴론, 새로운 아펠레스의 것이네.
이제 창백한 비올레트,
투명한 수정, 나무에 붙은 우아한 짐승을 맛보세.

그는 세상만사를 말하지만, 당신들은 그저 말만 요란할 뿐,
이렇게 당신들은 물론이요
고대인조차, 끝질하는 사람들 모두 불행해지네."

그러나 베르니는 그뿐만 아니라 인간의 도덕적 고상함도 느끼고 인식했다.

"당신은, 그가 선한 사람이라는 것을 알지만
그의 판단과 재능과 절제는 또 어떠한가.
진, 선, 미를 아는 그이니만큼"

과장된 동시에 조롱기가 섞인 이런 어조 때문에 우리가 착각할 수는 없다. 토스카나 사람에게서 순진성과 부드러움은 종종 조롱과 과장의 모습을 띠기 때문이다.
이렇게 베르니가 사용한 언어는 의심의 여지없이 진지하며, 미켈란

젤로도 그 점을 이해했을 것이다. 그것을 로마에서 읽어보고서 그는 곧 이와 비슷한 솜씨로 또 다른 시로 응답한다.

세바스티아노 루치아니 신부는 바사리가 쓴 것과는 다르게, 붓을 놀릴 줄도 더구나 시를 쓸 줄도 몰랐다. 그래서 직접 대답을 하려고 친구 부오나로티를 찾았다. 베르니는 화가와 조각가뿐만 아니라 시인도 칭송했다. 그는 또 유명해진 시 한 편에서, 시의 늪 속에서 같은 말장난을 되풀이하는 페트라르카파의 양서류에 맞섰다. 미켈란젤로는 문인으로서 고상한 의견은 없었지만, 베르니의 이런 판단에 따른 아부를 받아야 했고, 과장되고 즐거운 어조의 찬사로써 응답했다.

"당신이 찬미하는 우리의 부오나로티는
당신의 시를 보면서, 지나친 것이 아니라면
그가 하늘만큼 천 번이나 찬양했소.
그 대리석의 생명이
당신의 이름을 영원하게 하기 부족하다고 하오
당신의 신성한 시들은 그를 위해 그러했건만
(…)
나에 대한 사랑을 베르니에게 감사하시오
그 모든 이 중에서 오직 그 사람만이 진실을 알고
나에 관해서 평가하는 자는 큰 실수를 하는 것이고…"

그는 세바스티아노의 이름으로 시와 같은 다음 편지를 추가했다.

"…모든 것이 창피하오
이 편지를 부치는 사람을 생각해보면
내 이름은 초라하고 우스꽝스럽고 천박하오."

여기저기에서, 이렇게 허세와 지나친 겸손과 터무니없는 찬사로 넘치지만, 그들이 각자의 시에서 받은 진지한 감흥을 감추지는 않았다. 이 두 피렌체 사람은 공을 주고받듯이 경의를 나누고, 한편으로는 진지하면서도 다른 한편 농담을 즐기지만, 이런 미묘하게 빛나는 베일 이면에서, 그들은 서로 진정으로 사랑한다는 것을 알고 있었다. 베르니는 프라 바스티아노에게 시를 띄우고, 미켈란젤로는 마치 자신이 프라 바스티아노인 척하면서 응답하는 가장을 부렸으나, 사실은 두 사람은 실제 수신자로서 시적인 경주를 벌였을 뿐이며, 거기에서 어떤 때는 그들을 묶는 정의 진솔함의 자취를 보여준다.

이런 유망한 우정은 짧기만 했다. 1534년 9월, 부오나로티는 로마에 정착하고 나서 다시는 피렌체로 돌아가지 않았다. 그다음 해, 알레산드로 메디치에게 봉사하던 베르니는 독살당했다.

아무튼, 기질과 취미의 공감이 이 우정을 돈독히 했을 것이다. 즉 아레티노에 대한 반감, 궁정생활의 의무에 대한 혐오, 조국애와 모든 형태의 독재에 저항하는 경향. 베르니는 장어長魚와 흑사병만 노래한 시인이 아니었다. 그는 자기의 짭짤한 농담 속에, 내면의 쓰라림을 감추었다. 그는 때때로 거의 바이런 같은 낭만주의적 억양을 드러내기도 했다.

541

내 마음은 진정 지옥이라네
나는 정말이지 끔찍한 존재라네
나를 삼키는 불길은 정말로 지옥 같네.

108
페보 델 포지오

미켈란젤로의 서간문 가운데, 1533년 12월에 쓴 연애편지 한 통이 있다. 그 주제는 관능적 연애담으로 잘 알려졌다. 사랑하는 사람은 연인이 자신을 더는 사랑하지 않는다고 생각하지만, 그래도 계속 사랑하겠다고 주장한다. 그 증거를 내놓을 준비가 되었다면서.

이 편지는 페보라는 사람에게 쓴 것이다—페보 델 포지오—필자는 이런 표현을 쏟아낸다.

"페보—당신이 나를 엄청나게 미워한다지만, 나는 그 이유를 모르겠소. 그것이 당신에 대한 내 사랑 때문이라고 생각하지는 않소. 다른 사람이 당신께 한 이야기 때문이겠지요. 당신이 믿을 준비도 되어 있지 않을 이야기 말이요. 하지만, 나는 당신께 편지밖에 쓸 수 없소. 또 내가 살아 있는 한, 내가 어디에 있든지, 항상 당신을 사랑과 믿음으로 챙길 것이라는 점은 알아주었으면 하오. 당신의 그 어떤 친구보다 더 말이요. 하느님께서 당신의 눈을 열어주시길 바라오. 당신 자신보다 더 당신의 행복을 원하는 자는 사랑할 줄 알고, 적처럼 미워하는 것이 아님을 당신이 알 수 있도록 말이오."

부오나로티가 친구들에게 보낸 수많은 편지가 남아 있지만 이렇게 독특한 것은 없고, 이런 고통과 사랑의 회한이 담긴 것은 없다. 그토록 타오르는 가슴을 지닌 그에게서 우정은 종종 사랑의 모습과 표현을 띠기도 한다. 우리는 페보 델 포지오가 누구인지 모르는데, 아마 포지오라 카자노 출신일 듯하다. 그는 분명히 예술가는 아니었다. 어디에서도 언급되지 않기 때문이다. 모델일 가능성은 있다. 미켈란젤로의 하소연에 대한 그의 유일한 응답이 미켈란젤로의 서류 속에 보관되었는데, 바로 그것에서 그에 관한 약간의 정보를 얻을 수 있다. 그 편지는 용서를 비는, 겸손을 넘어 거의 비굴한 어조로 씌어졌다. 그는 아버지를 만나러 피사로 가야 한다면서, 빈센초라는 사람에게 붙잡혀 있었기 때문에 그가 미켈란젤로의 집을 찾았을 때에 당신은 이미 떠나버렸다고 했다. 그러면서 그는 미켈란젤로에게 불쾌한 것은 없다고 덧붙인다.

"당신 때문에 화가 날 일이 대체 뭐 있겠습니까. 제게는 아버지 같으시지 않습니까. 더구나 당신이 저를 대해주신 방식에 제가 그런 식으로 반응할 까닭은 없습니다."

그러나 이렇게 주장한 다음 완전히 다른 말투로 그는 미켈란젤로에게 얼마나 열광하는지 밝히고서 미켈란젤로가 자신에게 약속한 도움을 상기하고 그것을 기다리노라고 했다.

"지금, 저는 여기에서 돈이 필요합니다. 옷도 사 입어야 하고, 몬테까지 가야 합니다. 그곳에서 열리는 마상 시합에 참석하고 빈첸초도 만나야 합니다. (…) 사정이 닿는 대로 도와주셨으면 합니다."

이 편지는 1534년 1월에 쓴 것이다. 이 날짜 이후로 페보 델 포지오와 관련된 어떤 기억이나 자료도 없다. 그러나 이 기록으로 사랑을 구하는 노인과 돈을 요구하는 청년의 태도가 얼마나 다른지 알 수 있다. 페보가 미켈란젤로의 선물을 받은 것은 처음이 아니었음이 분명해 보인다. 먹을거리를 위한 선물이 아니라 의복과 오락을 위한 선물이다.

여기에서 빈첸초라는 사람을 빈첸초 페리니로 보기도 한다.—미켈란젤로의 친구로서 그가 니콜로 마르텔리에게 쓴 편지가 있다. 바사리도 그와 같은 암시를 했다—이 사람은 게라르도 페리니의 형제이거나 적어도 친척일 것이다. 부오나로티는 게라르도 페리니와 1522년부터 아는 사이였고, 또 아레티노는 1545년 유명한 편지에서, 토마소 데 카발리에리와 함께 그를 미켈란젤로의 총아寵兒라고—나쁜 뜻에서—인용하고 있다.

어쨌든 이는 순전히 관념적이고 플라토닉하지만, 진정한 애정 문제이다. 미켈란젤로에게는 페보 델 포지오를 위해 지은 시 한 수가 있다. 비토리아 콜론나의 사망에 즈음해서 썼을 것으로 추정하는 이 소네트는 분명히 이 수수께끼 같은 청년에게서 영감을 얻었다.

나는 행운의 덕을 입었으니
포이보스[아폴론의 별명]가 언덕을 모두 불태웠지만

그의 깃털로 대지 위로 나를 끌어올리고
죽음은 내게 그토록 온화했네

이제 그는 내 앞에서 사라지고 그 질주가 그렇게 빠르지 않다며
행복했던 날은 헛되이 내게 약속했었다
이성이 최상이라고….

두 번째 행의 말장난*은 이 소네트가 정말로 페보에게 고취된 것으로 그가 떠나고 나서 쓰였음을 보여준다. 또 다른 소네트 단장도 그에게 바쳐졌다. (너의 생생한 광채가 하늘에서 빛날 때, 얼마나 좋았는지…), 그 두 번째 단락에서는 그에게 소중한 그 이름들을 반복한다.

우리의 지극한 기쁨을 위해 행운의 새는
우리에게, 사랑스러운 아름다운 얼굴의 너 포이보스이로고
또 그것을 네게 보여주려고
높은 언덕까지 날아
거기에서 나는 허둥대고 굴러 떨어진다.

프레이에 다르면, 두 단으로 된 또 다른 소네트는 페보가 떠난 직후에 씌여졌을 것이다. 어쨌든, 여기에서 인용한 시들에 어떤 의심도 없

* 페보는 이탈리아에서 포이보스와 같은 뜻이다. 포지오는 언덕이다.

546

다. 미켈란젤로는 토마소 데 카발리에리와 비토리아 콜론나를 위해서만 연시戀詩를 지은 것은 아니고 페보 델 포지오를 위해서도 지었다. 그리움과 고통에 가득한 연가이다. 반대로 이 청년은 사랑이 아니라 돈을 원했다. 물론 그는 미켈란젤로를 아버지처럼 여겼으나, 미켈란젤로는 그를 아들처럼 여기지 않았고, 그를 찬미하고 사랑하고 애원한다. 페보는 상당한 미남이었을 것이고, 결국 부오나로티 같은 미의 애호가가 감동하고 만족할 수 있었을 것이다. 그렇지만 이런 얼굴과 신체의 아름다움을 빼놓고서, 그는 토마소 데 카발리에리와 달리, 다른 자질들 즉 지성과 가슴이 없었다. 그는 그저 '잘생긴 미남'이었을 뿐이고 못된 짓에 탐닉하는 게으름뱅이라고 상상할 수 있다. 오직 고민거리라고는 잘 입고, 즐기고, 그에게 정을 주는 사람에게 끈덕지게 달라붙어 기생충처럼 착취할 생각뿐이다. 페보 델 포지오에 대한 사랑은 미켈란젤로의 가슴과 시에 쓴맛만을 남겼다.

109
알레산드로 공작의 증오

미켈란젤로가 클레멘스 7세와 심지어 그가 사랑했던 자유의 적인 바초 발로리에게도 봉사하는 것을 감내해야 했지만, 1531년 7월에 피렌체의 주군이 되어 입성하고 그 이듬해에 공작에 오른 알레산드로 메디치에게는 비위를 맞추지 않았다.

이 반목의 첫째 원인은 알레산드로가 부오나로티를 미워했기 때문인 듯하다. 콘디비는 이렇게 말한다.

"미켈란젤로는 엄청난 공포에 시달렸다. 알레산드로 공작이 그를 강하게 비난했기 때문이다. 그는 평판이 자자하듯 잔인하고 앙심을 품은 청년이었다. 그가 교황에 대한 존경심이 없었다면 그를 제거할 수도 있으리라는 데에 의심의 여지는 없다."

이렇게 미켈란젤로를 살해할 생각을 하던 많은 사람 가운데에, 볼로냐의 조각가, 로마의 조각가, 건축가, 말라테스타 발리오니에 뒤이어 알레산드로 메디치가 있었다. 전기작가들은 이런 상호 증오의 이유를 찾으려고 애썼다. 무엇보다 알레산드로는 로마에서, 나중에 클레멘스

7세가 될 사람과 알폰시네 데 메디치의 하녀, 콜레베키오 출신의 촌여인 사이에서 사생아로 태어났고, 예술가들에 대해 완전히 무심하다는 점에서 다른 가족과 완전히 달랐다. 스물을 갓 넘은 이 청년의 유일한 걱정은 피렌체 사람을 길들이고, 여자를 취하는 것이었다. 고작, 처음에는 거물급 인사와 주목받는 시민을 겁주려고 민중적 메뉴에 대한 애정을 보이는 듯했다.

미켈란젤로는 고상한 가문에 속한다고 생각했고 자신의 재능으로, 군주들보다 우위에 있다고 생각했다. 그가 이 도시의 거친 전제군주에게 호의를 보일 수 없었다는 점을 이해하는 편이 좋다. 그는 군주를 칭송하지 않았다. 1533년 5월에, 그는 교황에게—세바스티아노 델 피옴보의 보고서를 제출하게 했던—피렌체 공작으로부터 코뮌에 의해 예술가에게 부당하게 몰수당한 천백 두카토를 되돌려 받게 해달라고 호소했었다.

결국, 알레산드로는 1527년 피렌체 혁명 이후 미켈란젤로의 사고방식을 상기했을 것이다. 장차 공작이 될 이 사람이 도망쳐야 했고, 그때 파괴된 메디치 궁을 '노새 광장'으로 만들고 말았던⋯. 그런데 이 '노새' 중에는, 즉 사생아 중에는 바로 하녀 시모네타 데 콜레베키오의 아들이 포함돼 있었다.

교황 클레멘스 7세는, 묘의 조각가를 후원해왔던 그 돈을 돌려받게 했지만, 특히 징세에 악착같았던 공작은 아버지인 교황이 부과한 이러한 환급에 지극히 불만을 품었다. 그런데 같은 해 1533년에, 알레산드로는 미켈란젤로의 경험과 판단에 의지할 일이 있었다. 그는 피렌체 성문들에 시타델[작은 복합건물]을 지어—파엔차 문과 폴베로사 문 사이에―시민들의 불만을 완화하고 난리가 일어났을 때에 대피소로 삼으려고 했다. 공화정 시절에 부오나로티가 수행했던 역할을 기억하고서 그는 그에게 메디치가와 카를 5세에게 충성하는 유명한 용병대장, 알레산드로 비텔리를 파견했고, 콘디비가 썼듯이, "그는 가능한 한 잘 살펴볼 수 있도록 말을 타고 그를 수행했다." 미켈란젤로는 비텔리와 '말을 타고 다니고' 싶어하지 않았다. "교황에게서 그런 일을 맡았던 적은 없었다면서." 이 요새를 지으려는 생각은 애당초 클레멘스 7세에게서 나왔으나, 이 사업에 미켈란젤로에게 참여하라고 명했던 근거는 어디에도 없다.

미켈란젤로에게 이 시타델 설계도를 요구했지만 그가 조국에 새로운 족쇄를 만드는 데 재능을 쓰고 싶지 않다면서 단호하게 거절했다고 쓴 사람들도 있다. 그러나 이런 주장은 허구다. 당시 피렌체 사정에 밝았던 바사리는 콘디비와 마찬가지로, "피렌체의 성과 시타델을 짓기에 최적의 장소를 찾아주기를" 사람들이 바랐다고 설명한다.

알레산드로가 이런 거절을 상당히 불쾌해했을 것이 틀림없고 미켈란젤로에 대한 미움도 더욱 커졌으리라. 이 작가에 대한 경멸을 표하려고, 그는 장소의 선택을 건축가가 아니라 점성술사에게 맡겼다. 사실 1533년 5월 27일, 점성술로 명성이 높던 카름회 교인, 프라토의 줄리아노 부오나미치가 요새가 들어설 정확한 지점을 낙점하는 점성술을 시행했다. 이렇게 미켈란젤로가 거절했던 것을 점성가가 했다. 오늘날 낮은 요새라고 하는 산 조반니 바티스트 요새의 설계도는, 피에르프란체스코 다 비테르보에게 맡겼다. 이제 미켈란젤로는 공작의 미움을 확신하고서, 피렌체에서 안전하지 않음을 직감했다. 1534년 9월 그를 조국에서 떠날 수밖에 없게 했던 이유 가운데—교황의 부름과 아버지 루도비코의 사망과, 토마소 데 카발리에리와 새로운 우정—만약 후원자 교황이 곧 사망하게 된다면 또다시, 언젠가는 알레산드로의 지시로 살해당할지 모른다는 불안이 있었다. 미켈란젤로가 로마에 도착한 지 단 이틀 뒤에 교황은 정말로 사망했다(1534년 9월 25일). 콘디비는 이 늙은 예술가의 입을 빌려 "마침내 하느님이 도우셨네. 클레멘스가 죽었을 때 피렌체에 없었으니까"라고 했다. 만약 그가 일주일만 늦게 떠났더라도, 우리는 시스티나의 「최후의 심판」을 결코 볼 수 없게 됐을지 모른다.

거의 40여 년간—1490년부터 1534년까지—미켈란젤로는 좋든 싫든 메디치가에 봉사했다. 그가 최소한의 잘못을 저지르지 않았는데 그들 중 누군가 그를 이 세상에서 제거하려고 해서야 되겠는가.

110
조국이여 안녕

1534년 9월 20일, 미켈란젤로는—그가 페보 델 포지오에게 쓴 편지로 알 수 있다—마지막으로 피렌체를 떠났다. 그는 페스키아, 피사를 거쳐 9월 23일 로마에 도착했다. 이제 살아서 다시는 피렌체로 되돌아가지 않게 될 것이다. 영원히 조국을 보지 않게 된다.

그날 아침 포르타 알 프라토 문을 지나면서 그는 마지막으로 그 도시의 길과 벽에 눈길을 주었으리라. 그가 자유로운 공화주의자로서 피렌체로 다시 돌아올 수 있게 될 새로운 정치적 혁명을 바랐을 수도 있다. 그러나 그가 겪어왔듯이 항상 숨기던 간절하던 이런 기적은 결코 일어나지 않았다. 알레산드로 공작을 계승한 코시모 1세는 그를 수차례 피렌체로 불러들이려고 애썼지만, 부오나로티는 이러한 초대와 제의와 시도를 뿌리쳤다. 이제부터 그는 망명객으로서, 사실상 로마에서 그와 마찬가지로 메디치가의 적인, 피렌체 망명 집단의 친구가 된다.

이렇게 이 출발은 그가 염두에 두었든 아니든, 영원한 망명의 길이었다. 남은 30여 년간 피렌체는 추억이고 그리움이고 꿈일 뿐이다.

가을날 문턱에 로마로 길을 재촉하던 그의 머릿속에서 어떤 감정이 일어났을까? 그의 뒤에 무엇을 남겨놓았을까?

그가 좋아하던 부오나로토는 1528년 페스트로 사망했고, 고아가 된 조카 리오나르도는 나중에 미켈란젤로의 상속인이 될 텐데, 이때 열다섯 살이었다. 아버지 루도비코는 바로 그가 로마로 향하던 1534년 6월에 사망하면서 그의 가족과의 마지막 끈도 끊겨버렸다.

그는 자기 뒤에 자신을 미워하던 역겨운 군주 알레산드로를 남겨놓았다. 또 젊은 친구 페보 델 포지오는 그에게 못된 짓을 했다. 다른 친구들, 베르니와 페리니와는 그다지 가깝지 않았다.

그렇지만 그는 자기 재능으로 빚어낸 작품을 남겼다. 시뇨리아 광장에 눈부신 파수꾼처럼 서 있고, 일부는 여전히 끝내지 못한 산 로렌초의 메디치 묘를. 모차 가의 집에는 율리우스 2세의 영묘를 위해 초벌 작업을 해둔 입상들이 있었다. 그는 자신의 손과 상상으로 만들어낸 창작품도, 완성이든 미완이든 다시는 보지 못할 것이다.

특히 그가 피렌체에 넘겨둔 것은 바로 그 칙칙한 집과 좁은 길, 안뜰과 헛되이 방어했던 성곽과 우람한 석탑, 그가 그곳에서 그림을 그리고, 기도하고, 때로는 통곡하며 고뇌하던 성당을 남겨놓았다.

미켈란젤로는 이제 육십대에 접어들었고, 피렌체는 그의 불안한 유년기와 활기 넘치던 청소년기와 고민하던 성숙기의 세계였다. 바로 그 골목에서 그는 처음 자신을 예술의 길로 이끈 동무를 사귀었다. 산 마르코의 정원에서 그는 처음으로 끌로 대리석을 깎고 쪼았다. 라르가 가街의 궁전에서 처음으로 후견인이자 두 번째 아버지를 찾았다. 그가 보았던 가장 넓은 광장에 그는 청년기 최고의 걸작을 세웠다. 피렌체에서, 그는 자신을 깨우친 샘물을 끼얹어주고 공포를 자아냈던 예언자 사보나롤라의 격정적인 목소리를 들었다. 그는 『신곡』을 읽었고, 바로 피렌체에서 자유에 대한 열망을 키웠으며, 자기 삶을 다쳐가면서, 산 미니아토의 망루 꼭대기에서 포탄 세례를 받으며 방어에 나섰다. 바로 피렌체에서 그는 너무 일찍 떠나버린 어머니의 애무를 받았고, 처음으로 모든 사랑 가운데 가장 기쁘고 떨리는 사랑에 가슴이 두근거렸다.

요컨대 그는 자기 삶과 혼에 최상이자 가장 중요한 피렌체를 포기했다. 그렇지만 피렌체는 항상 그의 '정겨운 상상' 속에 살아 있을 것이다. 바로 피렌체에서 그는 늙고 지친 육신을 영원히 산타 크로체 성당에 눕히기를 바랐다. 어린 시절 떠듬떠듬 기도문을 외우던 바로 그 성당에….

이제 그는 로마로 향하고 있었다. 그가 비판하고 숭배했던 곳으로, 그가 젊어서 이미 발을 들여놓았던 곳으로. 로마는 피렌체 다음으로 그가 고향처럼 느꼈던 곳이다. 로마에도 그의 작품이 있다.—산 피에트로의 「피에타」, 시스티나의 천장화. 바로 로마에서 그는 자신의 위대성을 제대로 이해했던 유일한 교황, 율리우스2세를 만났었다. 로마에서는, 믿음직한 친구들이 그를 기다리고 있었다. 세바스티아노 델 피옴보, 특히 그가 그토록 좋아하던 토마소 데 카발리에리가. 로마에서 그는 다른 친구들도 만나게 된다. 또 정신적으로 감탄하던 여인도 만나게 된다. 그는 파울루스 3세의 총애를 받을 것이다. 율리우스 2세 다음으로, 그의 가치와 작품을 진심으로 존중했던 교황 말이다.

피렌체를 포기한 것은 자발적인 망명인 듯하다. 그렇지만 로마에서 그는 망명객이라는 느낌을 받지는 않았다. 그의 이동은 항상 한 방향만을 그렸다. 남쪽에서 북쪽으로. 대도시를 짚어가며. 교황들의 로마, 조상들의 피렌체, 거장들의 볼로냐, 총독들의 베네치아를. 1494년과 1506년 두 차례, 그는 볼로냐에 머물렀다. 더 짧았으나 1494년과 1529년에도 베네치아에 두 번 들렀다. 미켈란젤로는 유랑자의 기질이 없었다. 그는 또 대리석을 캐려고 베르실리아를 여러 차례 찾아갔다. 그리고 다른 사람들의 부탁으로, 페라라, 피사, 아레초에도 들렀다. 그렇지만 그는 이탈리아의 다른 고장을 보고 싶어하지 않았다. 사실 1506년 단 한 번, 그는 터키에 이민할 생각을 했었다. 1529년에는 프랑스로 건너갈까 생각하기도 했다. 그러나 그는 절대 이탈리아 국경을 벗어나지 않았다. 그의 삶 대부분을 피렌체와 로마에서 살았고, 피렌체와 로마 사이의 작은 도시들을 왕래했을 뿐이다.

이제, 그나마 이런 드문 순례도 끝이 났다. 1534년 9월 이후로 그는 다시는 로마 밖으로 움직이지 않았다. 스폴레토 산으로 잠시 피신했던 때를 빼놓고는 말이다. 1534년 9월 23일, 그는 로마로 들어가 죽는 날까지 그곳에서 살게 된다.

말을 타고 알 프라토 문을 빠져나가면서, 하인 우르비노와 함께, 자기의 창조적 열정이 싹 트고 꽃피웠던 아름다운 고향을 다시 한 번 더 보려고 발길을 돌렸을까? 그가 걸어간 길에는 높은 언덕이나 산이 없었다. 그의 시선은 벌써 9월의 따스한 햇살로 밝혀진 피렌체의 아침에서 멀어져갔다. 뒤를 돌아보았다 해도 조토의 종각 꼭대기〔피렌체 대성당 종탑〕와 팔라초 베키오 탑의 정상이나 눈에 들어오지 않았을까. 브루넬레스코가 올린 희고 붉고, 둥근 지붕도 보였으리라. 그의 가슴속에서, 피렌체와 예술가의 감수성에 그토록 소중한 이 감동적인 것을 다시는 볼 수 없다고 예감했을까? 한참 뒤에도 귀향에 대한 여망은 영원히 떠나는 이 조국에 대한 마지막 인사의 쓰라린 슬픔을 가라앉혀주곤 했다. 늙어서, 마르첼 데코르비의 쓸쓸한 집에서 그는 돌아가지 못할 그 출발의 시간, 9월의 상쾌한 아침을 때때로 생각했을 듯하다. 노인의 선잠이나 덧없는 꿈속에서나마 그는 번번이 그 쓰라린 언덕들 사이로 부드럽게 펼쳐지는 아름다운 도시를 다시 보곤 했을 것이다. 그토록 열심히 일하고 고통을 겪었다 하더라도 매일 아침 자신의 천재성을 대낮처럼 환하게 밝혀준, 매일 아침 일어나곤 했던 그 도시를….

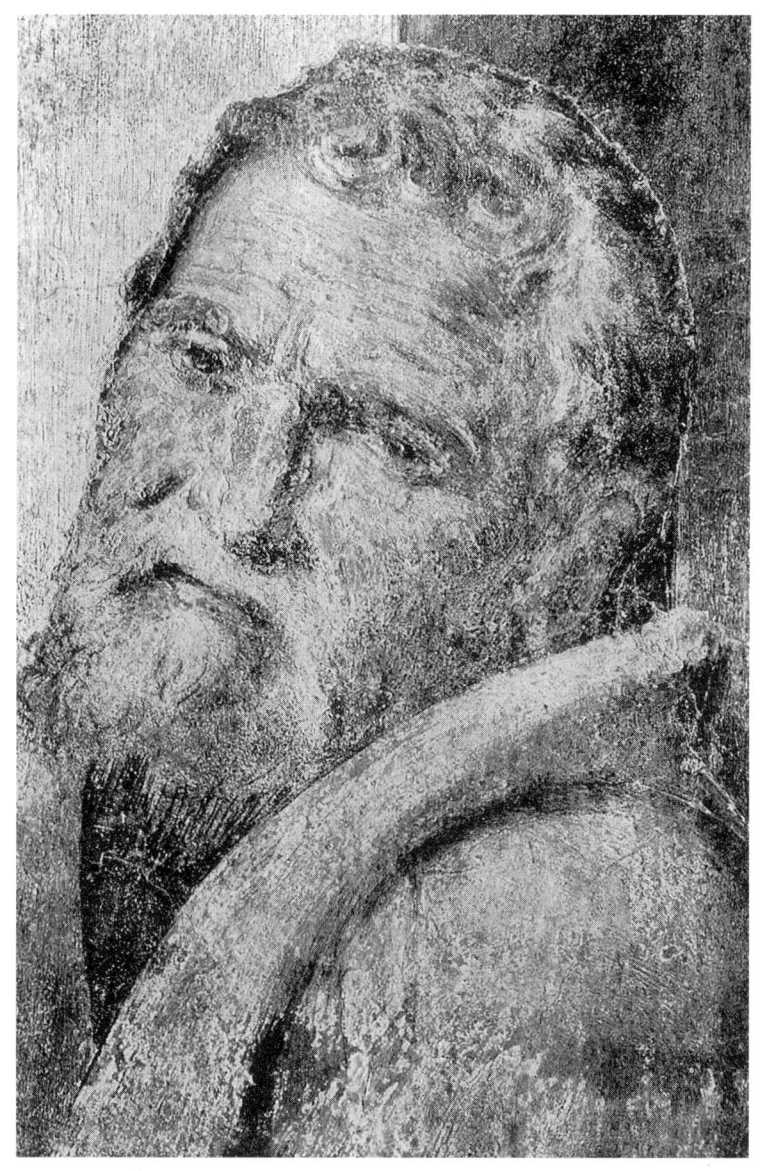

「미켈란젤로 초상화」, 산타 트리니타 데이 몬티 성당 벽화, 로마
이 벽화는 다니엘레가 1553년 이전에 그린 것이다. 바사리는 이 벽화를 언급하면서
초상에 대해 일언반구하지 않았다. 이 초상화는 훨씬 뒤, 18세기에 볼로냐 가문의 흉상을 보고
다시 그렸다.

지은이 조반니 파피니

시인이자 문인이며 문학평론가, 전기작가. 20세기 초 미래파의 역동적 시기에 활동했다. 한때 무솔리니에 동조했던 이력으로 전후에 가톨릭으로 개종해 수도원에서 생활했다. 그가 쓴 『예수 일대기』는 당대의 베스트셀러였으며, 『살아 있는 단테』, 『아우구스티누스』 등의 전기도 남겼다. 또한 『끝장난 인간』 등 여러 소설이 여러 언어로 번역되어 있으며, 최근 유럽과 영미권에서 새롭게 발굴하며 재평가하고 있는 작가다.

옮긴이 정진국

서울과 파리에서 공부하였다. 에밀 말의 『서양미술사』, 앙리 포시용의 『로마네스크와 고딕』, 빅토르 타피에의 『바로크와 고전주의』 등 프랑스 미술사가들의 저작과 존 리월드의 『인상주의』, 『후기인상주의의 역사』, 마테오 마랑고니의 『보기 배우기』, 드니 리우의 『현대미술이란 무엇인가』 등 수많은 미술사와 비평서를 번역했다. 서구 화가들의 애정관에 바탕한 미학을 파헤친 『사랑의 이미지』와, 농촌문화운동을 추적한 『유럽의 책 마을을 가다』를 비롯한 저서들도 내놓았다. 현재는 서울과 파리를 오가며 사진으로 기록하고, 집필하며 번역하는 일에 종사하고 있다.

미켈란젤로 부오나로티 1

1판 1쇄 2008년 12월 3일
1판 2쇄 2018년 12월 20일

지은이 조반니 파피니 | 옮긴이 정진국

펴낸이 강성민 | 편집장 이은혜
마케팅 정민호 이숙재 정현민 김도윤 안남영 | 홍보 김희숙 김상만 이천희

펴낸곳 (주)글항아리 | 출판등록 2009년 1월 19일 제406-2009-000002호

주소 10881 경기도 파주시 회동길 210
전자우편 bookpot@hanmail.net
전화번호 031-955-8891(마케팅) 031-955-8897(편집부)
팩스 031-955-2557

ISBN 978-89-546-0720-9 04990
978-89-546-0719-3 (세트)

글항아리는 (주)문학동네의 계열사입니다.

이 도서의 국립중앙도서관 출판예정도서목록(CIP)은 서지정보유통지원시스템 홈페이지(http://seoji.nl.go.kr)와 국가자료 공동목록시스템(http://www.nl.go.kr/kolisnet)에서 이용하실 수 있습니다. (CIP제어번호 : CIP2008003432)